Martin Aebi / Michael Fischer
Obligationenrecht Allgemeiner Teil

Martin Aebi / Michael Fischer
Obligationenrecht Allgemeiner Teil

Martin Aebi / Michael Fischer

Repetitorium Obligationenrecht Allgemeiner Teil

Kurz gefasste Darstellung mit
Schemata, Übungen und Lösungen
ohne ausservertragliches Haftpflichtrecht

4., überarbeitete Auflage

orell füssli Verlag

4., überarbeitete Auflage 2018
Orell Füssli Verlag, www.ofv.ch
© 2018 Orell Füssli Sicherheitsdruck AG, Zürich
Alle Rechte vorbehalten

Druck und Bindung: CPI books GmbH, Leck

ISBN 978-3-280-07386-5

Die Deutsche Nationalbibliothek verzeichnet diese Publikation in der Deutschen Nationalbibliografie; detaillierte bibliografische Daten sind im Internet unter www.dnb.de abrufbar.

Vorwort

Die Repetitorien Recht basieren auf einem Lernkonzept, das durch die erfahrenen Lehrmittelspezialisten der Compendio Bildungsmedien entwickelt wurde. Die Reihe will und kann nicht Ersatz für die Vorlesung, das Studium der einschlägigen Literatur und die Auseinandersetzung mit der Gerichtspraxis sein, sondern ist lediglich als Ergänzung dazu gedacht.

Im Vordergrund stehen folgende Ziele:

- Repetition vor Prüfungen: Die systematische Kurzdarstellung des Stoffs wird ergänzt mit zahlreichen Beispielen, Grafiken, Verweisen auf die Gerichtspraxis (zum Teil mit Kurzbeschreibungen) sowie Übungsfällen mit Lösungsskizzen.
- Evaluation von allfälligen Wissens- und Verständnislücken, die dank Verweisen auf die Fachliteratur zielgerichtet geschlossen werden können.
- Vorbereitung auf Vorlesungen, Literaturstudium und Arbeit an Falllösungen dank kurzem, klar strukturiertem Überblick.

Das vorliegende Werk enthält eine Darstellung des Allgemeinen Teils des Schweizerischen Obligationenrechts mit Übungsfällen und Lösungen. Im Aufbau folgt es weitestgehend der gesetzlichen Systematik. Der Band wurde von den Autoren während ihrer Vorbereitung auf die Zürcher Anwaltsprüfung im Jahr 2001 erarbeitet, also im wahrsten Sinn des Wortes «von Studierenden für Studierende». Seither ist das Buch auf erfreuliche Resonanz gestossen und erscheint nun bereits in der 4. Auflage, mit nachgeführtem Inhalt.

Dem Konzept der Reihe Repetitorien Recht entsprechend, war es das ursprüngliche und immer noch geltende Ziel der Autoren, dem Leser eine kurze und konzise Darstellung des Stoffgebiets mit der Möglichkeit zur Repetition des Erarbeiteten zu bieten. Entsprechend wurde auf eine eingehende Darstellung von Streitfragen verzichtet. Weiterführende Hinweise auf Rechtsprechung und Literatur erschliessen dem Leser aber die einschlägigen Fundstellen.

Für die äusserst aufmerksame Durchsicht des Manuskripts und zahlreiche wertvolle Hinweise für die vorliegende Neuauflage danken wir Herrn MLaw Maximilian Zickler.

Zürich, im Mai 2018

Martin Aebi
Michael Fischer

Inhaltsübersicht

Vorwort		**5**
Inhaltsübersicht		**6**
Inhaltsverzeichnis		**7**
Abkürzungsverzeichnis		**16**
Literaturverzeichnis		**19**
1. Teil	**Grundlagen**	**21**
2. Teil	**Auslegung und Ergänzung bzw. Anpassung von Verträgen**	**50**
3. Teil	**Inhalt des Vertrags**	**54**
4. Teil	**Willensmängel**	**61**
5. Teil	**Stellvertretung**	**74**
6. Teil	**Widerrufsrecht bei Haustürgeschäften**	**82**
7. Teil	**Ungerechtfertigte Bereicherung**	**83**
8. Teil	**Die Erfüllung**	**88**
9. Teil	**Die Erfüllungsstörungen**	**101**
10. Teil	**Das Erlöschen der Obligationen**	**131**
11. Teil	**Besondere Verhältnisse bei Obligationen**	**143**
12. Teil	**Abtretung und Schuldübernahme**	**156**
Lösungen		**166**
Stichwortverzeichnis		**189**

Inhaltsverzeichnis

Vorwort			**5**
Inhaltsübersicht			**6**
Inhaltsverzeichnis			**7**
Abkürzungsverzeichnis			**16**
Literaturverzeichnis			**19**
1. Teil	**Grundlagen**		**21**
A.	Grundbegriffe		22
	1.	Obligation	22
		1.1 Übersicht	22
		1.2 Forderung und Schuld	22
		1.3 Schuldverhältnis	22
	2.	Entstehungsgründe der Obligation	23
		2.1 Einseitiges Rechtsgeschäft	24
		2.2 Vertrag	24
		2.3 Unerlaubte Handlung	24
		2.4 Ungerechtfertigte Bereicherung	24
		2.5 Culpa in contrahendo	24
		2.6 Geschäftsführung ohne Auftrag	24
		2.7 Übrige Entstehungsgründe	25
	3.	Rechtsgeschäft	25
		3.1 Willenserklärung im Allgemeinen	25
		3.2 Empfangsbedürftige Willenserklärung im Besonderen	25
		3.3 Arten von Rechtsgeschäften	26
	4.	Vertrauensprinzip	27
	5.	Schuld, Obliegenheit, Schuldhaftung	28
		5.1 Schuld und Obliegenheit	28
		5.2 Schuldhaftung	28
	6.	Unvollkommene Obligation	29
	7.	Gefälligkeitsverhältnis	29
B.	Der Vertrag im Besonderen		30
	1.	Die Vertragsarten	30
		1.1 Übersicht	30
		1.2 Verträge im Allgemeinen	30
		1.3 Schuldverträge im Besonderen	30
		1.4 Arten von Schuldverträgen	30
	2.	Abschluss des Vertrags	32
		2.1 Übersicht	32
		2.2 Vertragsparteien	32
		2.3 Übereinstimmende Willensäusserung	33
		2.4 Antrag	33
		2.5 Annahme	35
		2.6 Konsens und Dissens	35
		2.7 Wesentliche Vertragspunkte und Nebenpunkte	36
	3.	Form der Verträge	37
		3.1 Übersicht	37

	3.2	Grundsatz der Formfreiheit	38
	3.3	Zweck und Arten von Formvorschriften	38
	3.4	Anwendungsbereich der gesetzlichen Formvorschriften	39
	3.5	Umfang des Formzwangs	40
	3.6	Rechtsfolgen der Formungültigkeit	40
	3.7	Gewillkürte Formvorschriften	42
4.	Sondertatbestände beim Vertragsschluss		42
	4.1	Kaufmännisches Bestätigungsschreiben	42
	4.2	Auslobung und Preisausschreiben	43
	4.3	Submission	43
	4.4	Option	43
	4.5	Vertragsverhandlungsverhältnis	44
	4.6	Culpa in contrahendo	44
	4.7	Das abstrakte Schuldbekenntnis	45
	4.8	Allgemeine Geschäftsbedingungen	45
5.	Abweichung von Wille und Erklärung		46
	5.1	Ungewollte Abweichung	46
	5.2	Gewollte Abweichung (Simulation)	47
	5.3	Abgrenzung der Simulation vom fiduziarischen Rechtsgeschäft	47
	5.4	Scherzerklärung und Mentalreservation	48
C.	Übungen zum 1. Teil		48

2. Teil   Auslegung und Ergänzung bzw. Anpassung von Verträgen   50

A.	Übersicht		50
B.	Vertragsauslegung und Vertragsergänzung		50
1.	Übersicht		50
2.	Vertragsauslegung		50
	2.1	Auslegungsmittel	51
	2.2	Auslegungsregeln	51
	2.3	Sonderfälle: Auslegung von AGB und formbedürftigen Verträgen	52
3.	Vertragsergänzung		52
C.	Vertragsanpassung bei «veränderten Verhältnissen»		53

3. Teil   Inhalt des Vertrags   54

A.	Grundsatz der Vertragsfreiheit		54
1.	Begriff		54
2.	Elemente		54
	2.1	Abschlussfreiheit	54
	2.2	Partnerwahlfreiheit	55
	2.3	Inhaltsfreiheit (inkl. Typenfreiheit)	55
	2.4	Formfreiheit	55
	2.5	Aufhebungs- und Änderungsfreiheit	55
B.	Schranken der Vertragsfreiheit		55
1.	Faktische Beschränkung der Vertragsfreiheit		55
2.	Rechtliche Schranken		55
3.	Insbesondere: Rechtliche Schranken der Inhaltsfreiheit		56
	3.1	Vertrag mit unmöglichem Inhalt	56
	3.2	Vertrag mit widerrechtlichem Inhalt	56
	3.3	Vertrag, der gegen die guten Sitten verstösst	57
	3.4	Rechtsfolge bei unmöglichem, rechts- oder sittenwidrigem Inhalt	58
C.	Übervorteilung		59
D.	Vorvertrag		60

4. Teil	**Willensmängel**			**61**
A.	Übersicht			61
B.	Irrtum			62
	1.	Begriff		62
	2.	Erklärungsirrtum		63
		2.1	Überblick	63
		2.2	Formen	63
		2.3	Wesentlicher und unwesentlicher Erklärungsirrtum	63
	3.	Motivirrtum		64
	4.	Grundlagenirrtum		65
	5.	Blosse Rechnungsfehler		66
	6.	Rechtsfolgen		66
C.	Absichtliche Täuschung			67
	1.	Begriff		67
	2.	Voraussetzungen		67
		2.1	Täuschungshandlung	67
		2.2	Täuschungsabsicht	67
		2.3	Kausalzusammenhang	68
	3.	Absichtliche Täuschung durch Dritte		68
	4.	Rechtsfolgen		68
D.	Furchterregung			68
	1.	Begriff		68
	2.	Voraussetzungen		68
		2.1	Drohung	68
		2.2	Widerrechtlichkeit	68
		2.3	«Gegründete» Furcht	69
		2.4	Kausalzusammenhang	69
	3.	Drohung durch Dritte		69
	4.	Rechtsfolgen		69
E.	Rechtslage bei einseitiger Unverbindlichkeit des Vertrags			70
	1.	Übersicht («Theorienstreit»)		70
	2.	Aufhebung des Mangels durch Genehmigung		70
F.	Übungen zum 4. Teil			71
5. Teil	**Stellvertretung**			**74**
A.	Übersicht			74
B.	Stellvertretung mit Ermächtigung			75
	1.	Übersicht		75
	2.	Echte (direkte) Stellvertretung		75
		2.1	Vertretungsmacht	75
		2.2	Handeln im fremden Namen	75
		2.3	Weitere Voraussetzungen	76
		2.4	Wirkung der echten Stellvertretung	76
	3.	Vollmacht		76
		3.1	Begriff	76
		3.2	Form	76
		3.3	Vollmacht und Grundverhältnis	76
		3.4	Umfang der Vollmacht	76
		3.5	Dauer und Untergang der Vollmacht	77
	4.	Exkurs: Insichgeschäfte		78
	5.	Unechte (indirekte) Stellvertretung		78
C.	Stellvertretung ohne Ermächtigung			79
	1.	Übersicht		79

2.	Rechtsverhältnis zwischen Vertretenem und Drittem	80
3.	Rechtsverhältnis zwischen Vertreter und Drittem	80
4.	Rechtsverhältnis zwischen Vertretenem und Vertreter	80
D.	Übungen zum 5. Teil	81

6. Teil   Widerrufsrecht bei Haustürgeschäften   82

A.	Allgemeines	82
B.	Anwendungsbereich	82
C.	Übung zum 6. Teil	82

7. Teil   Ungerechtfertigte Bereicherung   83

A.	Übersicht	83
B.	Allgemeine Voraussetzungen des Bereicherungsanspruchs	83
	1. Bereicherung	84
	2. Entreicherung	84
	3. Ungerechtfertigt	85
	4. Ursache der Bereicherung	85
	4.1 Bereicherung durch Zuwendung des Entreicherten	85
	4.2 Bereicherung durch Eingriff des Bereicherten (Eingriffskondiktion)	85
	4.3 Bereicherung durch Verhalten Dritter oder durch Zufall	85
C.	Rechtsfolge der ungerechtfertigten Bereicherung	86
	1. Bereicherungsanspruch	86
	2. Gegenstand des Bereicherungsanspruchs	86
	3. Umfang des Bereicherungsanspruchs	86
D.	Sonderfälle	86
E.	Verjährung von Ansprüchen aus OR 62 ff.	87
F.	Übungen zum 7. Teil	87

8. Teil   Die Erfüllung   88

A.	Die Erfüllung	88
	1. Begriff	88
	2. Exkurs: Rechtsnatur der Erfüllung	89
B.	Die Person des Erfüllenden	89
	1. Grundsätzlich keine persönliche Leistungspflicht des Schuldners	89
	2. Ausnahmen	89
C.	Die Person des Erfüllungsempfängers	90
	1. Leistung an den Gläubiger	90
	2. Leistung an einen materiell unberechtigten Dritten	90
	2.1 Befreiende Wirkung der Leistung an einen Dritten kraft Gesetzesvorschrift	90
	2.2 Befreiende Wirkung der Leistung an den Dritten kraft Parteivereinbarung	90
	2.3 Weisung des Gläubigers an den Schuldner nach erfolgtem Vertragsabschluss	91
	2.4 Pflicht zur Leistung an einen Dritten aufgrund gerichtlicher Anweisung	91
D.	Gegenstand der Erfüllung	91
	1. Erfüllung durch Leistung des Vereinbarten	91
	1.1 Konkretisierung durch Vertrag	91
	1.2 Gesetzliche Regeln	91
	1.3 Exkurs: Stück-/Gattungsschuld	91
	1.4 Teilleistung (OR 69)	92
	2. Erfüllungssurrogate	92
	2.1 Alternativermächtigung	92
	2.2 Leistung an Erfüllungs statt	92
	2.3 Leistung erfüllungshalber	93

E.	Ort der Erfüllung		93
	1.	Begriff	93
	2.	Mögliche Formen des Erfüllungsorts	93
		2.1 Holschuld	93
		2.2 Bringschuld	93
		2.3 Versendungsschuld	93
	3.	Bestimmung des Erfüllungsorts durch Parteivereinbarung	93
	4.	Bestimmung des Erfüllungsorts durch Gesetz	94
F.	Zeit der Erfüllung		94
	1.	Begriff	94
		1.1 Erfüllbarkeit	94
		1.2 Fälligkeit	94
	2.	Bestimmung der Leistungszeit	94
		2.1 Termin und Frist	94
		2.2 Bestimmung durch Vertrag	95
		2.3 Bestimmung durch Gesetz	95
	3.	Leistungsverweigerungsrechte (OR 82 f.)	95
		3.1 Übersicht	95
		3.2 Einrede des nicht erfüllten Vertrags (OR 82)	95
		3.3 Einrede der Zahlungsunfähigkeit (OR 83)	96
		3.4 Exkurs: Vorleistungspflicht	96
G.	Geldschulden		97
	1.	Begriff	97
	2.	Geldschuld in Landeswährung	97
	3.	Geldschuld in Fremdwährung	97
	4.	Bargeldlose Erfüllung	98
	5.	Zinspflicht (OR 73)	98
		5.1 Begriff	98
		5.2 Entstehung der Zinspflicht	99
	6.	Anrechnung (OR 85–87)	99
H.	Übungen zum 8. Teil		99
9. Teil	**Die Erfüllungsstörungen**		**101**
A.	Übersicht		101
B.	Erfüllungsstörungen nach OR 97		103
	1.	Nichterfüllung (Unmöglichkeit)	103
		1.1 Ursprüngliche objektive und subjektive Unmöglichkeit	104
		1.2 Nachträgliche objektive und subjektive Unmöglichkeit	104
		1.3 Exkurs: Subjektive Unmöglichkeit als Fall des Schuldnerverzugs	104
		1.4 Verschuldete und unverschuldete Unmöglichkeit	104
		1.5 Tatsächliche und rechtliche Unmöglichkeit	104
		1.6 Vorübergehende und dauernde Unmöglichkeit	105
		1.7 Teilweise oder gänzliche Unmöglichkeit	105
	2.	Nicht gehörige Erfüllung («positive Vertragsverletzung»)	105
		2.1 Schlechterfüllung	105
		2.2 Verletzung von Nebenpflichten	105
C.	Anspruch auf Vertragsleistung		106
D.	Schadenersatzpflicht nach OR 97 Abs. 1		106
	1.	Übersicht	106
	2.	Abgrenzungen und Konkurrenzen	107
		2.1 Verhältnis zum Besonderen Teil des OR	107
		2.2 Verhältnis zu den Ansprüchen aus Delikt (OR 41 ff.)	108
		2.3 Ansprüche aus ungerechtfertigter Bereicherung (OR 62 ff.)	108

	3.	Exkurs: Vertrauenshaftung	108
	4.	Schaden	109
		4.1 Begriff	109
		4.2 Schadensarten	109
		4.3 Schadenselemente	109
		4.4 Berechnungsweisen	110
		4.5 Zeitpunkt der Schadensberechnung	110
	5.	Adäquater Kausalzusammenhang	110
	6.	Verschulden	111
		6.1 Allgemeines	111
		6.2 Verschuldensformen	111
		6.3 Objektivierter («normativer») Fahrlässigkeitsbegriff im Besonderen	111
		6.4 Ausnahme: Haftung ohne eigenes Verschulden	112
		6.5 Beweislast	112
	7.	Mass der Haftung und Umfang des Schadenersatzes (OR 99)	112
		7.1 Allgemeines	112
		7.2 Umfang des geschuldeten Schadenersatzes	112
		7.3 Umfang des Verweises in OR 99 Abs. 3	113
	8.	Wegbedingung der Haftung nach OR 100	113
E.	Rücktrittsrecht als Rechtsfolge der Erfüllungsstörungen nach OR 97?		113
F.	Haftung des Schuldners für seine Hilfspersonen (OR 101)		114
	1.	Übersicht	114
	2.	Hilfsperson	114
	3.	Der funktionelle Zusammenhang	115
	4.	Hypothetische Vorwerfbarkeit	115
	5.	Abgrenzung von Hilfsperson und Substitut im Auftragsrecht	116
G.	Unverschuldete nachträgliche Unmöglichkeit (OR 119)		116
	1.	Übersicht	116
	2.	Voraussetzungen	117
	3.	Rechtsfolgen	117
		3.1 Ersatzloser Untergang der Forderung des Gläubigers (Abs. 1)	117
		3.2 Untergang auch der Gegenforderung im vollkommen zweiseitigen Vertrag (Abs. 2)	117
		3.3 Ausnahme (Abs. 3)	118
	4.	Das stellvertretende Commodum	118
H.	Schuldnerverzug nach OR 102		118
	1.	Übersicht	118
	2.	Nichtleistung trotz Leistungsmöglichkeit	119
	3.	Fälligkeit	119
	4.	Mahnung des Schuldners oder bestimmter Verfalltag	119
		4.1 Verzug durch Mahnung (OR 102 Abs. 1)	119
		4.2 Verzug ohne Mahnung (OR 102 Abs. 2)	119
	5.	Verzugshindernde Gründe	120
I.	Verzugsfolgen im Allgemeinen		120
	1.	Übersicht	120
	2.	Verschuldensabhängige Rechtsfolgen	120
		2.1 Verspätungsschaden (OR 103 und 106)	120
		2.2 Zufallshaftung (OR 103)	120
	3.	Verschuldensunabhängige Rechtsfolgen	121
J.	Verzugsfolgen im synallagmatischen Vertrag		121
	1.	Übersicht	121
	2.	Nachfristansetzung	122

		2.1	Grundsatz	122
		2.2	Ausnahmen	123
	3.		Übersicht über Wahlrechte	123
	4.		Erstes Wahlrecht	123
	5.		Zweites Wahlrecht	124
		5.1	Schadenersatz wegen Nichterfüllung («positives Vertragsinteresse»)	124
		5.2	Rücktritt und Ersatz des Schadens («negatives Vertragsinteresse»)	124
		5.3	Abgrenzungen	125
K.			Gläubigerverzug	125
	1.		Begriff	125
	2.		Leistungsangebot des Schuldners	126
	3.		Notwendige Mitwirkungshandlungen des Gläubigers	126
		3.1	Mitwirkungsformen	126
		3.2	Ungerechtfertigte Verweigerung	127
	4.		Rechtsfolge: Gläubigerverzug	127
	5.		Ausnahme: Verzug des Gläubigers als Vertragsverletzung	128
L.			Übungen zum 9. Teil	128

10. Teil Das Erlöschen der Obligationen **131**

A.			Übersicht	131
B.			Beendigung von Schuldverhältnissen	132
C.			Erlöschen von Obligationen im Allgemeinen	132
D.			Die einzelnen Erlöschensgründe	132
	1.		Übersicht	132
	2.		Erlöschen der Nebenrechte (OR 114)	133
	3.		Aufhebungsvertrag (OR 115)	133
	4.		Neuerung (OR 116 f.)	134
		4.1	Voraussetzungen der Novation	134
		4.2	Rechtsfolge im Allgemeinen	134
		4.3	Novation im Kontokorrentverhältnis im Besonderen	134
	5.		Vereinigung (OR 118)	135
	6.		Verrechnung (OR 120 ff.)	135
		6.1	Übersicht	135
		6.2	Voraussetzungen im Allgemeinen	136
		6.3	Existenz zweier Forderungen	136
		6.4	Gegenseitigkeit	136
		6.5	Gleichartigkeit	137
		6.6	Fälligkeit	137
		6.7	Klagbarkeit	137
		6.8	Kein Verrechnungsausschluss	137
		6.9	Verrechnungserklärung	137
		6.10	Wirkungen der Verrechnung	138
E.			Verjährung (OR 127 ff.)	138
	1.		Allgemeines	138
	2.		Gegenstand der Verjährung	138
	3.		Die Verjährungsfristen	139
	4.		Fristbeginn und -berechnung	139
	5.		Stillstand und Hinderung der Verjährung	140
	6.		Unterbrechung der Verjährung (OR 135–138)	140
	7.		Wirkungen der Verjährung	141
	8.		Abgrenzung zur Verwirkung	141
F.			Übungen zum 10. Teil	141

11. Teil	**Besondere Verhältnisse bei Obligationen**		**143**
A.	Mehrzahl von Schuldnern		143
	1.	Teilschuldner	143
	2.	Gemeinschaftliche Schuldner	144
	3.	Solidarschuldner	144
		3.1 Übersicht	144
		3.2 Entstehungsgründe	144
		3.3 Aussenverhältnis	144
		3.4 Innenverhältnis	145
	4.	Sonderfall: Schuldnermehrheit bei unteilbarer Leistung	145
B.	Mehrzahl von Gläubigern		146
	1.	Teilgläubigerschaft	146
	2.	Gemeinschaftliche Gläubiger	146
	3.	Solidargläubiger	146
	4.	Sonderfall: Gläubigermehrheit bei unteilbarer Leistung	146
C.	Beziehungen zu dritten Personen		147
	1.	Eintritt eines Dritten (OR 110)	147
		1.1 OR 110 Ziff. 1	147
		1.2 OR 110 Ziff. 2	147
	2.	«Vertrag zulasten eines Dritten» (OR 111)	147
	3.	Vertrag zugunsten eines Dritten	148
		3.1 Übersicht	148
		3.2 Unechter Vertrag zugunsten Dritter	149
		3.3 Echter Vertrag zugunsten Dritter	149
	4.	Vertrag mit Schutzwirkung zugunsten Dritter	149
D.	Die Bedingungen		150
	1.	Begriff	150
	2.	Zulässigkeit	150
	3.	Arten	150
	4.	Rechtsfolgen der Bedingungen	151
		4.1 Wirkung der Suspensivbedingung	151
		4.2 Wirkung der Resolutivbedingung	151
	5.	Abgrenzungen	152
E.	Sicherung von Forderungen		152
	1.	Übersicht	152
	2.	Haft- und Reugeld	152
		2.1 Haft-, Drauf- und Angeld (OR 158 Abs. 1 und 2)	152
		2.2 Reugeld (OR 158 Abs. 3)	152
	3.	Konventionalstrafe	152
		3.1 Übersicht	152
		3.2 Verfall der Konventionalstrafe	153
		3.3 Erfüllungsanspruch und Konventionalstrafe	153
		3.4 Konventionalstrafe und Gläubigerschaden	153
		3.5 Herabsetzung übermässig hoher Konventionalstrafen	154
F.	Übungen zum 11. Teil		154
12. Teil	**Abtretung und Schuldübernahme**		**156**
A.	Übersicht		156
B.	Abtretung von Forderungen		156
	1.	Begriff	156
	2.	Abtretung als formbedürftiges Rechtsgeschäft	157
	3.	Gegenstand der Abtretung	157
		3.1 Grundsatz	157

		3.2	Ausnahmen	158
		3.3	Abgrenzungen	158
	4.		Wirkungen der Abtretung	159
		4.1	Hauptwirkung: Forderungsübergang	159
		4.2	Nebenwirkungen	159
		4.3	Verhältnis zwischen Zessionar und Schuldner	159
		4.4	Verhältnis zwischen Zedent und Zessionar	160
		4.5	Verhältnis zwischen dem Schuldner und dem Zedenten	161
	5.		Gläubigerwechsel ohne Abtretung	161
	6.		Kausale oder abstrakte Natur der Abtretung	161
C.			Schuldübernahme	162
	1.		Übersicht	162
	2.		Interne Schuldübernahme nach OR 175	162
		2.1	Voraussetzungen	162
		2.2	Rechtswirkungen	162
	3.		Externe Schuldübernahme (OR 176 ff.)	163
		3.1	Voraussetzungen	163
		3.2	Rechtswirkungen	163
	4.		Schuldbeitritt (kumulative Schuldübernahme)	164
	5.		Übernahme eines Vermögens oder Geschäfts	164
		5.1	Voraussetzungen	164
		5.2	Rechtswirkungen	164
	6.		OR 182 f.	165
D.			Übungen zum 12. Teil	165

Lösungen	**166**
Lösungen zum 1. Teil	166
Lösungen zum 4. Teil	169
Lösungen zum 5. Teil	174
Lösung zum 6. Teil	175
Lösungen zum 7. Teil	176
Lösungen zum 8. Teil	177
Lösungen zum 9. Teil	179
Lösungen zum 10. Teil	184
Lösungen zum 11. Teil	185
Lösungen zum 12. Teil	187

| **Stichwortverzeichnis** | **189** |

Abkürzungsverzeichnis

Abs.	Absatz
AG	Aktiengesellschaft
AGB	Allgemeine Geschäftsbedingungen
a.M.	anderer Meinung
ArG	Bundesgesetz über die Arbeit in Industrie, Gewerbe und Handel (Arbeitsgesetz) vom 13. März 1964 (SR 822.11)
Art.	Artikel
Aufl.	Auflage
AVB	Allgemeine Vertragsbedingungen
BBG	Bundesgesetz über die Berufsbildung (Berufsbildungsgesetz) vom 13. Dezember 2002 (SR 412.10)
BBl	Bundesblatt
BewG	Bundesgesetz über den Erwerb von Grundstücken durch Personen im Ausland vom 16. Dezember 1983 (SR 211.412.41)
BGE	In der Amtlichen Sammlung publizierter Entscheid des Schweizerischen Bundesgerichts (Bundesgerichtsentscheid)
BGer	Bundesgericht
BGG	Bundesgesetz über das Bundesgericht (Bundesgerichtsgesetz) vom 17. Juni 2005 (SR 173.110)
BK	Berner Kommentar
BSK	Basler Kommentar
bspw.	beispielsweise
bzgl.	bezüglich
bzw.	beziehungsweise
ca.	circa
CHF	Schweizer Franken
c.i.c.	culpa in contrahendo
cm	Zentimeter
d.h.	das heisst
E.	Erwägung
etc.	et cetera (und so weiter)
EUR	Euro
f./ff.	und (fort)folgende/r (Seite[n], Randnummer[n] etc.)
FusG	Bundesgesetz über Fusion, Spaltung, Umwandlung und Vermögensübertragung (Fusionsgesetz) vom 3. Oktober 2003 (SR 221.301)
GBP	Britische Pfund
gem.	gemäss
ggf.	gegebenenfalls

gl.M.	gleicher Meinung
GmbH	Gesellschaft mit beschränkter Haftung
GoA	Geschäftsführung ohne Auftrag
h	Stunde
Hi-Fi	High Fidelity
h.L.	herrschende Lehre
Hrsg.	Herausgeber
i.c.	in casu (im konkreten Fall)
i.d.R.	in der Regel
i.e.S.	im engeren Sinne
inkl.	inklusive
insb.	insbesondere
IPRG	Bundesgesetz über das Internationale Privatrecht vom 18. Dezember 1987 (SR 291)
i.S.(v.)	im Sinne (von)
i.V.m.	in Verbindung mit
i.w.S.	im weiteren Sinne
Kap.	Kapitel
KG	Bundesgesetz über Kartelle und andere Wettbewerbsbeschränkungen (Kartellgesetz) vom 6. Oktober 1995 (SR 251)
KKG	Bundesgesetz über den Konsumkredit vom 23. März 2001 (SR 221.214.1)
km	Kilometer
lit.	litera (Buchstabe)
m.a.W.	mit anderen Worten
Mio.	Million
m.w.H.	mit weiteren Hinweisen
N	Note
Nr.	Nummer
OFK	Orell Füssli Kommentar
OR	Bundesgesetz betreffend die Ergänzung des Schweizerischen Zivilgesetzbuches (Fünfter Teil: Obligationenrecht) vom 30. März 1911 (SR 220)
PauRG	Bundesgesetz über Pauschalreisen vom 18. Juni 1993 (SR 944.3)
Pra	Die Praxis des Bundesgerichts (Basel)
PrHG	Bundesgesetz über die Produktehaftpflicht (Produktehaftpflichtgesetz) vom 18. Juni 1993 (SR 221.112.944)
recht	recht, Zeitschrift für juristische Weiterbildung und Praxis (Bern)
RGZ	Entscheidungen des [deutschen] Reichsgerichts in Zivilsachen
S.	Seite
s.	siehe
SchKG	Bundesgesetz über Schuldbetreibung und Konkurs vom 11. April 1889 (SR 281.1)
SchlT ZGB	Schlusstitel zum Zivilgesetzbuch
SIA	Schweizerischer Ingenieur- und Architektenverein

SJZ	Schweizerische Juristen-Zeitung (Zürich)
sog.	sogenannt
SR	Systematische Sammlung des Bundesrechts
StGB	Schweizerisches Strafgesetzbuch vom 21. Dezember 1937 (SR 311.0)
SVG	Strassenverkehrsgesetz vom 19. Dezember 1958 (SR 741.01)
u.a.	unter anderem
USD	US-Dollar
u.U.	unter Umständen
UWG	Bundesgesetz gegen den unlauteren Wettbewerb vom 19. Dezember 1986 (SR 241)
v.a.	vor allem
vgl.	vergleiche
VKKG	Verordnung zum Konsumkreditgesetz vom 6. November 2002 (SR 221.214.11)
VVG	Bundesgesetz über den Versicherungsvertrag (Versicherungsvertragsgesetz) vom 2. April 1908 (SR 221.229.1)
WKR	Übereinkommen der Vereinten Nationen über Verträge über den internationalen Warenkauf (Wiener Kaufrechtsübereinkommen) vom 11. April 1980 (SR 0.221.211.1)
WZG	Bundesgesetz über die Währung und die Zahlungsmittel vom 22. Dezember 1999 (SR 941.10)
z.B.	zum Beispiel
ZGB	Schweizerisches Zivilgesetzbuch vom 10. Dezember 1907 (SR 210)
Ziff.	Ziffer
zit.	zitiert
ZK	Zürcher Kommentar
ZPO	Schweizerische Zivilprozessordnung (Zivilprozessordnung) vom 19. Dezember 2008 (SR 272)
ZR	Blätter für Zürcherische Rechtsprechung (Zürich)

Literaturverzeichnis

Die aufgeführten Werke werden – sofern nicht anders aufgeführt – mit dem Namen der Autoren, der Seitenzahl, dem Paragrafen und/oder der Randnote zitiert.

Berner Kommentar, zum Schweizerischen Privatrecht, Bern ab 1910, unterschiedliche Auflagen, herangezogen wurde jeweils die aktuellste Aufl. (zit. BK-BEARBEITER).

BUCHER EUGEN, Schweizerisches Obligationenrecht, Allgemeiner Teil ohne Deliktsrecht, 2. Aufl., Zürich 1988 (zit. Bucher).

FEIT MICHAEL/PEYER PATRIK R./STAUBER DEMIAN, Übungsbuch Obligationenrecht Allgemeiner Teil, Repetitionsfragen, Übungsfälle und bundesgerichtliche Leitentscheide, 2. Aufl., Zürich 2013.

GAUCH PETER, Der Werkvertrag, 5. Aufl., Zürich 2011 (zit. GAUCH).

GAUCH PETER/SCHLUEP WALTER R./SCHMID JÖRG/EMMENEGGER SUSAN, Schweizerisches Obligationenrecht Allgemeiner Teil, 10. Aufl., Zürich 2014 (zit. GAUCH/SCHLUEP/BEARBEITER).

GUHL THEO/KOLLER ALFRED/SCHNYDER ANTON K./DRUEY JEAN NICOLAS, Das Schweizerische Obligationenrecht, 9. Aufl., Zürich 2000 (zit. GUHL/BEARBEITER).

HONSELL HEINRICH, Schweizerisches Obligationenrecht, Besonderer Teil, 10. Aufl., Bern 2017 (zit. HONSELL).

HONSELL HEINRICH/VOGT NEDIM PETER/WIEGAND WOLFGANG (Hrsg.), Kommentar zum Schweizerischen Privatrecht, Obligationenrecht I, Art. 1–529, 6. Aufl., Basel 2015 (zit. BSK-BEARBEITER).

HUGUENIN CLAIRE, Obligationenrecht, Allgemeiner und Besonderer Teil, 2. Aufl., Zürich 2014.

KOLLER ALFRED, Schweizerisches Obligationenrecht, Allgemeiner Teil, 4. Aufl., Bern 2017 (zit. KOLLER).

KREN KOSTKIEWICZ JOLANTA/WOLF STEPHAN/AMSTUTZ MARC/FANKHAUSER ROLAND, OR Kommentar, Schweizerisches Obligationenrecht, 3. Aufl., Zürich 2016 (zit. OFK-BEARBEITER).

SCHULIN HERMANN/VOGT NEDIM PETER, Tafeln zum Schweizerischen Obligationenrecht I, Allgemeiner Teil ohne Deliktsrecht, 5. Aufl., Zürich 2012 (zit. SCHULIN/VOGT).

SCHWENZER INGEBORG, Schweizerisches Obligationenrecht, Allgemeiner Teil, 7. Aufl., Bern 2016 (zit. SCHWENZER).

Zürcher Kommentar zum Schweizerischen Zivilgesetzbuch, Zürich ab 1909, unterschiedliche Auflagen. Herangezogen wurde jeweils die aktuellste Auflage (zit. ZK-BEARBEITER).

1. Teil   Grundlagen

Übersicht

Grundbegriffe	▪ Entstehungsgründe der Obligation
	· Einseitiges Rechtsgeschäft
	· Vertrag
	· Unerlaubte Handlung
	· Ungerechtfertigte Bereicherung
	· Culpa in contrahendo
	· Geschäftsführung ohne Auftrag
	· Übrige (gesetzliche Obligationen und faktische Vertragsverhältnisse)
	▪ Rechtsgeschäft, Willenserklärung
	▪ Vertrauensprinzip
	▪ Schuld, Obliegenheit, Haftung
	▪ Unvollkommene Obligation
	▪ Gefälligkeitsverhältnis
Der Vertrag im Besonderen	▪ Die Vertragsarten
	▪ Abschluss des Vertrags
	· Vertragsparteien
	· Übereinstimmende Willenserklärungen
	· Antrag und Annahme
	· Konsens und Dissens
	· Wesentliche Vertragspunkte und Nebenpunkte
	▪ Form der Verträge
	· Grundsatz der Formfreiheit
	· Gesetzliche Formvorschriften und vertraglich vorbehaltene Form
	· Anwendungsbereich der Formvorschriften und Umfang des Formzwangs
Sondertatbestände	▪ Kaufmännisches Bestätigungsschreiben
	▪ Auslobung und Preisausschreiben
	▪ Submission
	▪ Option
	▪ Vertragsverhandlungsverhältnis
	▪ Das abstrakte Schuldbekenntnis
	▪ Allgemeine Geschäftsbedingungen
Abweichung von Wille und Erklärung (OR 18)	▪ Ungewollte Abweichung
	▪ Gewollte Abweichung (Simulation)
	▪ Abgrenzung zum fiduziarischen Rechtsgeschäft
	▪ Mentalreservation und Scherzerklärung

Verwendete Literatur

BUCHER, 24–175; GUHL/KOLLER, §§ 2 f., 12–14; GAUCH/SCHLUEP/SCHMID, N 23–611, §§ 946–1184; SCHWENZER, §§ 3–5, 27–31, 47; BK-KRAMER/SCHMIDLIN, Art. 1–18; ZK-SCHÖNENBERGER/JÄGGI, Art. 1–17; BSK-ZELLWEGER-GUTKNECHT/BUCHER, Einleitung vor Art. 1 ff., Vorbemerkungen zu Art. 1–40, Art. 1–10; BSK-SCHWENZER, Art. 11–17; BSK-WIEGAND, Art. 18.

A. Grundbegriffe

1. Obligation

1.1 Übersicht

Als Obligation wird die zwischen einem Gläubiger und einem Schuldner bestehende Rechtsbeziehung bezeichnet, aus der dem Gläubiger eine Forderung gegen den Schuldner zusteht und die für den Schuldner eine entsprechende Leistungspflicht (Schuld) begründet. Der Gläubiger und der Schuldner werden dabei als Parteien bezeichnet.

Eine Obligation kann verschiedene Entstehungsgründe haben (z.B. einen Vertrag), auf die hinten, S. 23 ff. eingegangen wird.

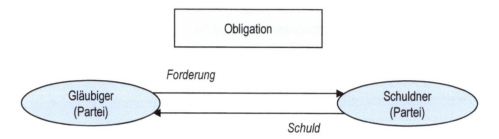

Die gesetzliche Terminologie ist uneinheitlich: Im Gesetz ist lediglich in einigen Überschriften von «Obligation» die Rede (z.B. Erster Titel «Die Entstehung der Obligationen» oder Zweiter Titel «Die Wirkung der Obligationen»). Die einzelnen Bestimmungen enthalten andere Ausdrücke, je nach dem Standpunkt, von dem aus das Rechtsverhältnis betrachtet wird, z.B. «Anspruch» (OR 35 Abs. 3), «Verbindlichkeit» (OR 97 Abs. 1), «Schuldpflicht» (OR 101 Abs. 1), «Forderung» (OR 164 Abs. 1) oder «Verpflichtung» (OR 180 Abs. 1).

Im Übrigen kann «Obligation» auch die Bezeichnung für ein bestimmtes Wertpapier sein (vgl. z.B. OR 752 oder 1156 ff.).

1.2 Forderung und Schuld

Die *Forderung* ist das dem Gläubiger gegen den Schuldner zustehende Recht auf Leistung. Die Forderung wird auch Anspruch genannt.

Gegenstand der Forderung ist die Leistung des Schuldners. Es kann sich dabei um ein Tun (positive Leistung) oder um ein Unterlassen bzw. ein Dulden (negative Leistung) handeln.

- Die Forderung ist ein *subjektives Recht*, d.h., das Recht steht nur dem einzelnen Gläubiger zu. Demgegenüber bezeichnet man mit dem Ausdruck «objektives Recht» die Gesamtheit der bestehenden und alle Rechtsunterworfenen betreffenden Rechtsnormen.

- Die Forderung ist ferner ein *relatives Recht*, d.h., das Recht richtet sich nur gegen einen (oder mehrere) bestimmte(n) Schuldner. Demgegenüber richten sich die absoluten Rechte gegen jedermann (insb. das Persönlichkeitsrecht, die dinglichen Rechte und die Immaterialgüterrechte).

Die *Schuld* ist die der Forderung entgegengesetzte Pflicht des Schuldners auf Leistung.

1.3 Schuldverhältnis

Das Schuldverhältnis umfasst die Gesamtheit der aus einem Rechtsverhältnis entstehenden Rechte und Pflichten. Insb. können sich aus dem Schuldverhältnis gewisse Pflichten ergeben, bevor es zum eigentlichen Vertragsabschluss kommt, so z.B. die Verpflichtung, sich im Rahmen der Vertragsverhandlungen an das Prinzip von Treu und Glauben zu halten (s. S. 44).

Für den Mietvertrag bedeutet das Folgendes:

- Das *Schuldverhältnis* umfasst die Gesamtheit aller Rechte und Pflichten zwischen zwei Parteien, die aus dem Mietverhältnis entstehen, so z.B. die Pflicht des Vermieters, dem Mieter die Sache zum Gebrauch zu überlassen (OR 256 Abs. 1), und die Pflicht des Mieters, dem Vermieter einen Mietzins zu entrichten (OR 257), aber auch das Recht beider Parteien, den Mietvertrag ordentlich zu kündigen (OR 266a Abs. 1).
- Das Mietverhältnis lässt eine Reihe von *Forderungen* und *Schulden* entstehen. So hat der Vermieter das Recht, die Leistung des Mietzinses vom Mieter zu verlangen (Forderung), und der Mieter eine entsprechende Schuld zur Leistung des Mietzinses an den Vermieter.

In der Lehre wird mitunter zwischen Schuldverhältnis i.w.S. (Gesamtheit der Rechte und Pflichten) und Schuldverhältnis i.e.S. (einzelne Obligation) unterschieden.

Ausführlich zur Unterscheidung von Obligation und Schuldverhältnis bzw. zur Unterscheidung von Schuldverhältnis i.e.S. und i.w.S. s. WIEGAND WOLFGANG, Von der Obligation zum Schuldverhältnis, recht 1997, 85 ff.

2. Entstehungsgründe der Obligation

Schematisch lassen sich die möglichen Entstehungsgründe einer Obligation wie folgt darstellen (vgl. SCHULIN/VOGT, Tafel 4):

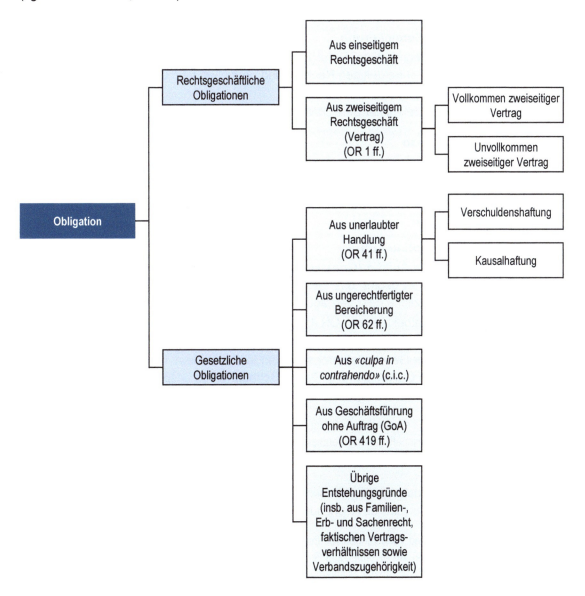

2.1 Einseitiges Rechtsgeschäft

Das einseitige Rechtsgeschäft besteht aus einer einzigen Willenserklärung (zur Willenserklärung s. S. 25 f.). Dazu gehören insb. das Stiftungsgeschäft (ZGB 80), die letztwillige Verfügung (ZGB 498), die Auslobung (OR 8; S. 43), die Ermächtigung (vgl. OR 32 Abs. 1; S. 75 ff.) und das Gestaltungsgeschäft (vgl. dazu S. 26 f.).

2.2 Vertrag

Der Vertrag ist das Ergebnis von inhaltlich übereinstimmenden Willensäusserungen von meistens zwei Parteien, die darauf gerichtet sind, eine dem Willen der Parteien entsprechende Rechtsfolge zu bewirken. Zu den Vertragsarten, dem Zustandekommen sowie den Wirkungen des Vertrags s. S. 30 ff.

2.3 Unerlaubte Handlung

Unerlaubte Handlungen i.S. des Obligationenrechts sind die unter OR 41 ff. zu subsumierenden widerrechtlichen Schadenszufügungen.

Widerrechtlichkeit ist gegeben, wenn die Handlung gegen eine allgemeine gesetzliche Pflicht verstösst, indem entweder ein absolutes Recht des Geschädigten beeinträchtigt (Erfolgsunrecht) oder eine reine Vermögensschädigung durch Verstoss gegen eine einschlägige Schutznorm bewirkt wird (Verhaltensunrecht; BGE 119 II 128 f.; 122 III 192).

Die Ansprüche aus unerlaubter Handlung werden vorliegend nur am Rande und soweit notwendig behandelt. Für eine eingehende Darstellung vgl. die einschlägige Spezialliteratur.

2.4 Ungerechtfertigte Bereicherung

Eine Forderung aus ungerechtfertigter Bereicherung setzt voraus, dass der Schuldner aus dem Vermögen des Gläubigers ohne gültigen Rechtsgrund bereichert worden ist (z.B. durch erneute Bezahlung einer bereits beglichenen Schuld).

Die Ansprüche aus ungerechtfertigter Bereicherung werden auf den S. 83 ff. beschrieben.

2.5 Culpa in contrahendo

Unter den Haftungstatbestand der *«culpa in contrahendo»* (c.i.c., «Verschulden bei Vertragsverhandlungen») fallen schuldhafte Pflichtverletzungen im Rahmen von Vertragsverhandlungen, also vor Abschluss eines Vertrags.

Vgl. dazu hinten, S. 44 f.

2.6 Geschäftsführung ohne Auftrag

Als Geschäftsführung ohne Auftrag (GoA) wird der Fall bezeichnet, in dem sich jemand in die Rechtssphäre eines anderen begibt, d.h. Geschäfte eines anderen wahrnimmt, ohne dass für dieses Handeln eine gesetzliche oder vertragliche Grundlage besteht.

Das Gesetz regelt diese Tatbestände in OR 419 ff. Zu unterscheiden ist zwischen fremdnütziger und eigennütziger GoA:

- Im ersten Fall richtet der Geschäftsführer sein Handeln nach dem mutmasslichen Willen des Geschäftsherrn («echte GoA»). Daraus können Schadenersatzansprüche für den Geschäftsherrn oder aber Ausgleichsansprüche für Aufwendungen des Geschäftsführers entstehen.

Beispiel
Typische Beispiele für einen echte GoA sind etwa die Suchaktion nach einem vermissten Bergsteiger (Suchende sind «Geschäftsführer», Vermisster ist «Geschäftsherr») oder die Zahlung einer fremden Schuld, um eine dem Dritten drohende Betreibung abzuwenden.

- Der zweite Fall betrifft insb. die sog. Geschäftsanmassung («unechte GoA»). Der Geschäftsführer übt ein fremdes subjektives Recht aus mit dem Ziel, einen eigenen Gewinn zu erzielen.

Beispiel
Häufige Beispiele sind Verletzungen von Immaterialgüterrechten (Werbung für das eigene Produkt mit einer fremden Marke). Als eigennütziger Geschäftsführer ohne Auftrag handelt auch der Mieter, der das Mietobjekt nach Beendigung des Mietverhältnisses weiterhin untervermietet (vgl. BGE 126 III 69 ff.).

2.7 Übrige Entstehungsgründe

Obligationen können sich auch aus dem Gesetz ergeben oder gestützt auf faktische Vertrags-verhältnisse sowie aus Verbandszugehörigkeit entstehen:

- *Gesetzliche Schuldverhältnisse* finden sich v.a. im Familien-, Erb- und Sachenrecht, z.B. die Unterhaltspflicht zwischen Ehegatten (ZGB 125), die Unterhaltspflicht der Eltern gegenüber dem Kind (ZGB 276), der Anspruch des Hausgenossen eines Erblassers gegen die Erbschaft (ZGB 606), die Ansprüche aus Verantwortlichkeit des Grundeigentümers (ZGB 679).

- Von *faktischen Vertragsverhältnissen* ist die Rede, wenn sich die Anwendung von vertrag-lichen Bestimmungen auf einen Sachverhalt aufdrängt, obwohl es an einem Vertragsabschluss fehlt. Das ist insb. der Fall bei bereits begonnenen Dauerschuldverhältnissen, die auf unwirk-samen Verträgen beruhen (ausdrücklich geregelt für den Arbeitsvertrag in OR 320 Abs. 3, anerkannt aber auch für die faktische Miete, den faktischen Leasingvertrag oder die faktische Gesellschaft). Als faktischer Vertrag gilt auch die GoA (vgl. vorne, S. 24).

- Obligationen aus *Verbandszugehörigkeit*: z.B. die Beitragspflicht von Vereinsmitgliedern (ZGB 71).

3. Rechtsgeschäft

Das Rechtsgeschäft wird als die private Gestaltung einer Rechtslage umschrieben. Es besteht aus mindestens einer Willenserklärung, die einen rechtlichen Erfolg bezweckt. Im Rahmen eines Rechtsgeschäfts werden häufig mehrere Willenserklärungen abgegeben. Zentral ist dabei der Ver-trag als Ergebnis rechtsgeschäftlichen Handelns.

3.1 Willenserklärung im Allgemeinen

Unter Willenserklärung (auch «Willensäusserung») versteht man die private Willenskundgabe, die auf die Erzielung einer Rechtsfolge gerichtet ist.

Die Willenserklärung setzt sich aus zwei Elementen zusammen, dem (inneren) Willen und dem (äusserlich erkennbaren) Erklärungsvorgang:

- Der *innere Wille* ist der im Kopf einer Partei vorhandene Willensentschluss, der allerdings erst dann rechtlich relevant wird, wenn er geäussert wird.

- Der *Erklärungsvorgang* umfasst einerseits die Abgabe der Erklärung sowie anderseits deren Kenntnisnahme durch eine andere Person. Der Erklärungsvorgang kann schriftlich oder münd-lich, aber auch durch «konkludentes Verhalten», d.h. durch die Vornahme von Handlungen, erfolgen. Das ergibt sich aus OR 1 Abs. 2, wonach die Willensäusserung eine «ausdrückliche oder stillschweigende» sein kann.

  Während bei der *unmittelbaren Erklärung* die Abgabe der Erklärung und deren Kenntnisnahme durch den Empfänger zeitlich zusammenfallen (z.B. mündliche Erklärung), muss die *mittelbare Erklärung* erst übermittelt werden (z.B. Erklärung durch Briefpost oder Empfangsboten).

3.2 Empfangsbedürftige Willenserklärung im Besonderen

Die Willenserklärungen des OR sind regelmässig *empfangsbedürftig*. Die empfangsbedürftige Wil-lenserklärung wird erst wirksam, wenn sie dem Empfänger zugegangen ist («Zugangsprinzip», vgl. z.B. OR 3 Abs. 2 und 5 Abs. 2).

Als zugegangen gilt eine Willenserklärung, wenn sie auf eine Weise in den Machtbereich des Emp-fängers (z.B. Briefkasten, Postfach oder Speicherung auf dem Server bei E-Mail) gelangt, so dass unter normalen Umständen mit ihrer Kenntnisnahme gerechnet werden kann. Eine tatsäch-liche Kenntnisnahme ist also nicht erforderlich.

Nimmt ein Vertreter i.S.v. OR 32 ff. eine Erklärung entgegen, so gilt sie als gegenüber dem Emp-fänger selbst abgegeben (zur Stellvertretung s. S. 74 ff.).

Das Zugangsprinzip erlangt insb. für mittelbare Erklärungen Bedeutung:

- So gilt ein *nicht eingeschriebener Brief* als zugegangen, wenn er zu einer Zeit in den Briefkas-ten des Empfängers gelegt wird, in der mit der Leerung dieses Briefkastens gerechnet werden darf (BGE 118 II 44).

- Für *eingeschriebene Briefe* gilt Folgendes: Kann ein eingeschriebener Brief nicht zugestellt werden, gilt die Sendung als zugegangen, sobald sie bei der Poststelle unter Vorweisung der Abholungseinladung abgeholt werden kann (BGE 140 III 244 E. 5.1). Ausnahmen davon gelten namentlich im Mietrecht, anders auch bei der Zustellung von Gerichtsurkunden.
- Vom Zugangsprinzip erfasst wird auch die *mündliche Mitteilung gegenüber einem Empfangsboten*. Empfangsboten sind etwa Mitbewohner oder Angestellte des Empfängers. Als zugegangen gilt eine gegenüber dem Boten abgegebene Mitteilung in dem Zeitpunkt, wenn der Bote von dieser Kenntnis erhält (beachte aber die abweichende Auffassung, wonach der Zugang erst in dem Moment stattfindet, in dem die Übermittlung der Erklärung an den Geschäftsherrn nach dem gewöhnlichen Lauf der Dinge erwartet werden darf (BK-ZÄCH, vor Art. 32–40, N 21; KOLLER, § 21 N 18).

Nicht empfangsbedürftige Willenserklärungen bilden die Ausnahme, z.B. die letztwillige Verfügung (ZGB 498 ff.) oder die Auslobung (OR 8; S. 43). Diese müssen zwar nicht im Rechtssinne empfangen werden, eine Kenntnisnahme durch einen Dritten ist aber dennoch notwendig, da sie sonst zwangsläufig wirkungslos bleiben (ein Testament, das niemand findet, kann nicht befolgt werden).

3.3 Arten von Rechtsgeschäften

Rechtsgeschäfte können zuerst in einseitige und zwei- bzw. mehrseitige Rechtsgeschäfte unterteilt werden:

- Das *einseitige Rechtsgeschäft* besteht aus einer einzigen Willenserklärung. Hierzu zählen insb. das Stiftungsgeschäft (ZGB 80), die letztwillige Verfügung (ZGB 498), die Auslobung (OR 8; S. 43) und die Ermächtigung (OR 33 Abs. 2; S. 75 ff.).
- Das *zwei- bzw. mehrseitige Rechtsgeschäft* besteht aus zwei bzw. mehreren Willenserklärungen. Zu unterscheiden gilt es hierbei den Vertrag, der aus dem Austausch übereinstimmender Willenserklärungen entsteht (zum Vertrag im Besonderen s. S. 30 ff.), und den Beschluss, der dazu dient, eine einheitliche Entscheidung in einer gemeinsamen Angelegenheit herbeizuführen, z.B. der Vereinsbeschluss (ZGB 66) oder der Beschluss bei der einfachen Gesellschaft (OR 534).

Rechtsgeschäfte können auch gemäss ihrer Rechtsfolge kategorisiert werden:

- Das *Verpflichtungsgeschäft* begründet eine oder mehrere Obligationen. Meist ist es ein Vertrag, durch den sich eine Partei zu einer Leistung bzw. zur Vornahme einer Verfügung (s. nachfolgend) verpflichtet.

Beispiel Beim Kauf ist das Verpflichtungsgeschäft der Vertrag, in dem sich der Verkäufer zur Übergabe des Kaufgegenstands und zur Übertragung des Eigentums daran und der Käufer zur Zahlung des Kaufpreises verpflichten (vgl. OR 184 Abs. 1).

Das Verpflichtungsgeschäft kann ausnahmsweise auch ein einseitiges Rechtsgeschäft sein, z.B. die Auslobung (OR 8; S. 43).

- Das *Verfügungsgeschäft* führt zu einer Änderung des Bestands oder des Inhalts eines Rechts. Durch das Verfügungsgeschäft wird ein Recht übertragen, belastet, geändert oder aufgehoben.

Beispiel Beispiele für ein Verfügungsgeschäft sind die Besitzübertragung (ZGB 714 Abs. 1), die Aufhebung einer Forderung (OR 115) oder die Abtretung einer Forderung (OR 164).

In den meisten Fällen beruht das Verfügungsgeschäft auf einem vorangehenden Verpflichtungsgeschäft (der Kaufvertrag ist das Verpflichtungsgeschäft und die darauf folgende Eigentumsübertragung ist das Verfügungsgeschäft). Das Verpflichtungsgeschäft verpflichtet in diesem Fall eine Partei, ein bestimmtes Verfügungsgeschäft vorzunehmen.

- Das *Gestaltungsgeschäft* wird teilweise als eigene Kategorie und teilweise als Unterfall des Verfügungsgeschäfts behandelt. Es besteht in der Ausübung eines Gestaltungsrechts durch einseitige empfangsbedürftige Willenserklärung. Die Ausübung des Gestaltungsgeschäfts bewirkt die Begründung, Veränderung oder Aufhebung eines Rechts. Entsprechend werden im Wesentlichen die folgenden Arten von Gestaltungsrechten unterschieden:

- *Begründende Gestaltungsrechte* (insb. Kaufs-, Rückkaufs- und Vorkaufsrechte sowie das Recht des Antragsempfängers, durch Annahme des Antrags einen Vertrag zustande zu bringen).
- *Ändernde Gestaltungsrechte*, z.B. das Minderungsrecht des Bestellers im Werkvertrag (OR 368 Abs. 2).
- *Aufhebende Gestaltungsrechte*, z.B. das Kündigungs- und Rücktrittsrecht oder das Recht auf Verrechnung (OR 120 ff.; S. 135 ff.).

Die Ausübung von Gestaltungsrechten ist grundsätzlich bedingungsfeindlich (zu den Bedingungen s. S. 150 ff.). Ausserdem sind Gestaltungsgeschäfte unwiderruflich. Die durch Ausübung eines Gestaltungsrechts geschaffene Rechtslage kann nicht durch einseitige Erklärung wieder rückgängig gemacht werden.

Gestaltungsrechte können, da sie keine Forderungen sind, nicht verjähren (zur Verjährung s. S. 138 ff.).

- Als Gestaltungsrecht besonderer Art wird die *Einrede* bezeichnet. Die Einrede wiederum ist von der *Einwendung* abzugrenzen:
  - Die *Einrede* richtet sich gegen die Durchsetzbarkeit einer Forderung. Der Einredeberechtigte kann die Erfüllung der (unbestrittenermassen bestehenden) Forderung verweigern, und zwar dauernd – z.B. Einrede der Verjährung (OR 127 ff.) – oder vorübergehend – z.B. Einrede des nicht erfüllten Vertrags (OR 82). Einredeweise ist auch die Verrechnung (OR 120 ff.) geltend zu machen (zur Verrechnung s. S. 135 ff.).
  - Demgegenüber ist die *Einwendung* eine Tatsachenbehauptung, die sich gegen den Bestand einer Forderung richtet. So kann z.B. der Bestand einer Forderung bestritten werden, indem der Schuldner einwendet, er sei im Zeitpunkt des Vertragsabschlusses urteilsunfähig gewesen.

Ausführlich zu den Arten von Rechtsgeschäften und zur Einrede GAUCH/SCHLUEP/SCHMID, N 76 ff. und 127 ff.; HUGUENIN, 15 ff.

4. Vertrauensprinzip

Das Vertrauensprinzip dient der Auslegung einer Willenserklärung, wenn der innere Wille und die abgegebene Willenserklärung nicht oder nur teilweise übereinstimmen (zur Willenserklärung im Allgemeinen s. S. 25).

Beispiel Das ist der Fall, wenn der Verkäufer den Preis in EUR angibt, in Wirklichkeit aber GBP meint, und der Käufer in der Folge den Kaufpreis in EUR zahlen will.

Gleiches gilt, wenn eine Willenserklärung mehrdeutig ist und der Empfänger den Erklärenden deshalb nicht richtig versteht.

Beispiel Der Verkäufer gibt den Preis in Dollar an, präzisiert aber nicht, ob es sich um amerikanische oder australische Dollar handelt.

Nach dem Vertrauensprinzip ist eine Willenserklärung so auszulegen, wie sie vom Empfänger nach ihrem Wortlaut und Zusammenhang sowie den gesamten Umständen, die ihr vorausgegangen und unter denen sie abgegeben worden ist, verstanden werden durfte und musste (BGE 138 III 666 f. m.w.H.).

Man spricht dabei vom *objektiven Sinn einer Erklärung* oder von einer *normativen Willenserklärung*. Der objektive Sinn einer Erklärung kann durchaus vom inneren Willen des Erklärenden abweichen. Aus Gründen des Verkehrsschutzes (d.h. des Schutzes der Sicherheit des Geschäftsverkehrs) muss der Erklärende seine Erklärung jedoch so gegen sich gelten lassen, wie sie vom Empfänger verstanden werden durfte und musste.

Die Auslegung einer Willenserklärung nach dem Vertrauensprinzip kann also zu einem Vertrag führen, den die eine Partei gar nicht wollte («normativer Konsens», s. dazu S. 35 f.). Das ist dann der Fall, wenn sich diese Partei den objektiven Sinn ihrer Erklärung anrechnen lassen muss.

Der Käufer im genannten Beispiel darf und muss davon ausgehen, dass der Kaufpreis in EUR zu zahlen ist.

Haben beide Parteien je die Willenserklärung des Gegenübers falsch verstanden, so sind beide Willenserklärungen nach dem Vertrauensprinzip auszulegen. Führt diese Auslegung zu einem Ergebnis, das weder von der einen noch von der anderen Partei gewollt war, so kommt es nicht zum Vertrag. Einen beidseitig unbewussten und ungewollten Vertragsabschluss gibt es nicht (BGE 117 II 406).

Haben beide Parteien «Dollar» gesagt, jedoch die eine australische, die andere kanadische gemeint, und ergibt eine Auslegung nach dem Vertrauensprinzip, dass sie eigentlich beide US-Dollar hätten verstehen dürfen und müssen, so kommt kein Vertrag zustande. Ergibt die Auslegung hingegen, dass beide Parteien kanadische Dollar hätten verstehen dürfen und müssen, so kommt ein Vertrag zustande.

Keine Anwendung findet das Vertrauensprinzip, wenn sich die Parteien richtig verstanden haben: Hat der Erklärende zwar seinen Willen nicht richtig ausgedrückt, wurde er aber vom Empfänger dennoch richtig verstanden, so gilt das wirklich Gemeinte.

Merkt der Käufer, dass der Verkäufer GBP meint, obwohl er EUR angibt, so ist der Preis in GBP geschuldet.

Vgl. dazu auch das Schulbeispiel: Die deutschen Vertragsparteien verwenden im Kaufvertrag irrtümlicherweise das norwegische Wort für «Haifischfleisch», meinen aber übereinstimmend «Walfischfleisch». Vertragsinhalt wird der Kauf von Walfischfleisch (RGZ 99, 147 ff.).

Dem Vertrauensprinzip gegenüber steht das *Willensprinzip*, nach dem es für den massgeblichen Sinn einer Erklärung nur auf den Willen des Erklärenden ankommt und damit nicht auf den Sinn, den der Empfänger in guten Treuen verstehen durfte und musste. Hauptbeispiel für die Auslegung nach dem Willensprinzip ist die letztwillige Verfügung (vgl. BGE 120 II 182 ff.).

5. Schuld, Obliegenheit, Schuldhaftung

5.1 Schuld und Obliegenheit

Die Forderung des Gläubigers wird vom Standpunkt des Schuldners aus *Schuld* genannt. Sie besteht in der einklagbaren Pflicht zur Leistung. Richtige Leistung ist gleichzeitig auch richtige Erfüllung (zur Erfüllung s. S. 88 ff.).

Von der Schuld abzugrenzen ist die *Obliegenheit*, die zwar wie die Schuld ein bestimmtes Verhalten gegenüber einem anderen zum Gegenstand hat. Im Gegensatz zur Schuld ist aber die Erfüllung der Obliegenheit weder einklagbar, noch lässt eine Nichterfüllung der Obliegenheit Schadenersatzansprüche entstehen. Es sind «Pflichten geringerer Intensität».

Dem «Schuldner» einer Obliegenheit erwachsen bei Nichterfüllung allerdings Rechtsnachteile, indem er eigene Rechte verliert oder indem sich seine Rechte mindern. Vgl. dazu die Obliegenheit des Gläubigers zur Mitwirkung bei der Erfüllung durch den Schuldner, S. 126 f., aber auch die Rügeobliegenheit des Käufers (OR 201) oder des Bestellers im Werkvertrag (OR 367 Abs. 1).

5.2 Schuldhaftung

Schuldhaftung bedeutet das Einstehen-Müssen des Schuldners mit seinem Vermögen für die Erfüllung seiner Schuld. Sie wird aktuell, wenn der Schuldner seiner Leistungspflicht nicht nachkommt. Der Gläubiger ist diesfalls berechtigt, zur Durchsetzung seiner Forderung den staatlichen Zwangsapparat in Anspruch zu nehmen.

Die Schuldhaftung ist eine *Realhaftung*, weil der Schuldner nur mit seinem Vermögen und nicht mit seiner Person haftet; sie ist eine *Individualhaftung*, weil der Schuldner nur für die Erfüllung eigener Schulden haftet; sie ist schliesslich eine *Vollhaftung*, weil der Schuldner mit seinem ganzen Vermögen haftet (unter Vorbehalt der Einschränkungen in SchKG 92 f.).

Neben der Schuldhaftung spricht man von «Haftung» auch im Fall der Schadenersatzpflicht (vgl. Marginalien zu OR 41 und 99) oder beim Einstehen-Müssen für die Mängel einer Kaufsache oder eines Werkes (OR 197 Abs. 1 und 2 sowie 370 Abs. 1).

6.   Unvollkommene Obligation

Unvollkommene Obligationen sind aus der Sicht des Schuldners zwar erfüllbar, aus der Sicht des Gläubigers aber nicht mit staatlicher Hilfe erzwingbar. Die Erfüllbarkeit bedeutet insb., dass die Erfüllung einer unvollkommenen Obligation keinen Anspruch auf Rückleistung – z.B. aus ungerechtfertigter Bereicherung (OR 62 ff.) – begründet. Die Rede ist denn auch von «Schuld ohne Haftung».

Die Lehre unterscheidet verschiedene Formen von unvollkommenen Obligationen:

■ Die *Naturalobligation* ist eine Forderung ohne Klagbarkeit. Der Staat verweigert seine Mithilfe bei der Zwangsvollstreckung aus volkswirtschaftlichen, sozialpolitischen oder sittlichen Überlegungen.

Beispiel   Typische Beispiele sind Spiel- und Wettschulden (OR 513 ff., beachte allerdings OR 515 und 515a).

■ Die *sittlichen Pflichten* sind keine Rechtspflichten. Damit ist die Leistung zwar rechtlich nicht geschuldet, möglicherweise aber aus menschlichen Gründen gerechtfertigt (z.B. die Unterstützung von Verwandten über ZGB 328 hinaus).

■ *Einredebelastete Forderungen* sind zwar klagbar, der Schuldner kann aber durch Erhebung einer Einrede deren Durchsetzung verhindern.

Beispiele   Einrede der Verrechnung, vgl. OR 120 ff. und S. 135 ff., und Einrede der Verjährung, vgl. OR 127 ff. und S. 138 ff.

7.   Gefälligkeitsverhältnis

Im Rahmen eines Gefälligkeitsverhältnisses werden Hilfeleistungen des täglichen Lebens erbracht.

Beispiele   Das gelegentliche Kinderhüten unter Freunden, das Giessen der Pflanzen bei Ferienabwesenheit des Nachbarn oder die Mitnahme zur Arbeit im Auto.

Im Unterschied zum Schuldverhältnis begründet das Gefälligkeitsverhältnis keine Erfüllungsverpflichtung. Keine Gefälligkeitsverhältnisse, sondern Schuldverhältnisse sind die gesetzlich geregelten unentgeltlichen Rechtsverhältnisse, nämlich die Schenkung (OR 239 ff.), die Leihe (OR 305 ff.) und der unentgeltliche Auftrag (vgl. OR 394 Abs. 3).

Die Abgrenzung zum Schuldverhältnis kann im Einzelfall schwierig, aber namentlich wegen der Frage der Haftung von grosser Bedeutung sein. Wesentlich für die Annahme eines Gefälligkeitsverhältnisses ist das Fehlen eines Rechtsbindungswillens der Beteiligten. Dabei können die Art der Leistung, ihr Grund und Zweck sowie insb. ein eigenes, rechtliches oder wirtschaftliches Interesse des Leistenden an der gewährten Hilfe berücksichtigt werden, oder auch ein erkennbares Interesse des Begünstigten, fachmännische Beratung und Unterstützung zu erhalten (BGE 116 II 698).

Das Bundesgericht unterstellt die Haftung aus Gefälligkeitsverhältnis dem Deliktsrecht (BGE 116 II 699). In der Lehre wird demgegenüber die Meinung vertreten, denjenigen, der die Leistung erbracht hat, nach vertraglichen Bestimmungen haften zu lassen (GAUCH/SCHLUEP/SCHMID, N 1190a).

Illustrativ zur Abgrenzung zwischen einem Vertrags- und Gefälligkeitsverhältnis s. BGE 137 III 539 ff.

B. Der Vertrag im Besonderen

1. Die Vertragsarten

1.1 Übersicht

Verträge kommen in verschiedenen Rechtsgebieten mit verschiedenen Inhalten und in verschiedenen Ausprägungen vor. Im Folgenden werden die einzelnen Arten von Verträgen aufgelistet (vgl. ausführlich dazu GAUCH/SCHLUEP/SCHMID, N 236 ff.). Die Arten von Schuldverträgen werden im Anschluss daran kurz beschrieben.

1.2 Verträge im Allgemeinen

Nach dem Rechtsgebiet	▪ Personenrechtliche Verträge ▪ Familienrechtliche Verträge ▪ Erbrechtliche Verträge ▪ Sachenrechtliche Verträge ▪ Schuldrechtliche Verträge ▪ Gesellschaftsrechtliche Verträge ▪ Öffentlich-rechtliche Verträge
Nach dem Inhalt	▪ Schuldvertrag ▪ Verfügungsvertrag ▪ Statusvertrag

1.3 Schuldverträge im Besonderen

Nach dem Verhältnis zum Gesetz	▪ Nominatverträge ▪ Innominatverträge

Nach der Zahl der Leistungspflichtigen	▪ Einseitiger Schuldvertrag
	▪ Zweiseitiger Schuldvertrag
	  · Vollkommen zweiseitiger («synallagmatischer») Vertrag
	  · Unvollkommen zweiseitiger Vertrag

Nach dem Verhältnis zur Zeit	▪ Einfacher Schuldvertrag ▪ Dauerschuldvertrag ▪ Sonderfall: Handgeschäft

1.4 Arten von Schuldverträgen

■ Nach ihrem *Verhältnis zum Gesetz* werden die Schuldverträge in Nominat- und Innominatverträge unterteilt:

  ▪ *Nominatverträge* sind die im Besonderen Teil des OR (z.B. Kauf in OR 184 ff. oder Miete in OR 253 ff.) oder in einem Spezialgesetz (z.B. der Versicherungsvertrag im VVG oder der Pauschalreisevertrag im PauRG) ausdrücklich geregelten Verträge.

  ▪ *Innominatverträge* sind Verträge, die im Gesetz nicht besonders geregelt sind. Sie können aus Elementen bestehen, die in keinem gesetzlichen Vertragstyp vorkommen (z.B. der Chartervertrag), oder aber sich aus Elementen von Nominatverträgen zusammensetzen (z.B. der Gastaufnahmevertrag aus Miete, Werkvertrag und Auftrag; ausführlich dazu BSK-AMSTUTZ/MORIN, Einleitung vor Art. 184 ff. N 1 ff.).

■ Nach der *Zahl der Leistungspflichtigen* wird zwischen dem einseitigen und dem zweiseitigen Schuldvertrag unterschieden. Innerhalb der zweiseitigen Verträge sind die vollkommen zweiseitigen (synallagmatischen) und die unvollkommen zweiseitigen Verträge auseinanderzuhalten. Im Einzelnen:

  ▪ Beim *einseitigen Schuldvertrag* verpflichtet sich lediglich eine Partei dazu, eine Leistung zu erbringen. Typische Beispiele sind die Schenkung (OR 239 ff.) oder der unentgeltliche Auftrag (vgl. OR 394 Abs. 3). Dabei ist allerdings zu beachten, dass sowohl die Schenkung als auch der unentgeltliche Auftrag zwar einseitige Verträge, trotzdem aber zweiseitige Rechtsgeschäfte sind.

- Beim *zweiseitigen Vertrag* verpflichten sich beide Parteien dazu, Leistungen zu erbringen:
  - Beim *vollkommen zweiseitigen* Vertrag stehen diese Leistungen in einem Austauschverhältnis, d.h., die Leistung der einen Partei ist die Gegenleistung für diejenige der anderen Partei, z.B. der Kaufpreis und die Kaufsache (OR 184 Abs. 1) oder beim Darlehen die Übergabe der Darlehenssumme und die Zinspflicht (OR 313 Abs. 1). Häufig ist auch die Rede vom «synallagmatischen» Vertrag oder davon, dass die beiden Leistungen im «Synallagma» stehen.
  - Auch beim *unvollkommen zweiseitigen* Vertrag sind beide Parteien zum Erbringen von Leistungen verpflichtet. Diese stehen dann aber nicht im Austauschverhältnis, z.B. die Rückleistung der Darlehenssumme beim unentgeltlichen Darlehen oder der Auslagenersatz beim unentgeltlichen Auftrag (OR 402 Abs. 1).

Die Unterscheidung zwischen dem vollkommen zweiseitigen (synallagmatischen) und dem unvollkommen zweiseitigen Vertrag ist mit Blick auf die Leistungsstörungen von grosser Bedeutung (zu den Leistungsstörungen s. S. 101 ff.). Das gilt insb. für die Leistungsverweigerungsrechte von OR 82 f. und für die Anwendbarkeit der Wahlrechte im Fall des Schuldnerverzugs (OR 102 Abs. 1 i.V.m. OR 107–109) sowie für die nachträgliche unverschuldete Unmöglichkeit (OR 119). Diese Rechtsinstitute stehen nur den Parteien eines synallagmatischen Vertrags zur Verfügung.

Hinweis In terminologischer Hinsicht gilt es zu beachten, dass im Gesetz der vollkommen zweiseitige Vertrag lediglich als «zweiseitiger Vertrag» bezeichnet wird (insb. OR 82 f., 107 und 119 Abs. 2).

- Nach dem *Verhältnis zur Zeit* unterscheidet man zwischen Dauerschuldverhältnis und einfachem Schuldvertrag:
  - Das *Dauerschuldverhältnis* erlischt nicht durch einmalige Leistung, vielmehr hängt der Umfang der vom Schuldner zu erbringenden Gesamtleistung von der Zeitdauer ab, während derer die Leistung erbracht werden soll (z.B. Miete, bei der die Summe der bezahlten Mietzinse von der Dauer des Mietverhältnisses abhängt).
  - Dauerschuldverhältnisse werden durch Kündigung beendet, die nur für die Zukunft wirkt (*«ex nunc»*). Als allgemeiner Grundsatz für Dauerschuldverhältnisse gilt, dass die Kündigung jederzeit «aus wichtigem Grund» möglich sein muss.
  - Der *einfache Schuldvertrag* wird durch Erbringen der einmalig geschuldeten Leistung erfüllt, z.B. Zahlung des Kaufpreises und Übergabe der Kaufsache (OR 184 Abs. 1).

- Das *Handgeschäft* ist der überaus häufige Fall, da das Verpflichtungs- und das Verfügungsgeschäft in zeitlicher und tatsächlicher Hinsicht zusammenfallen (z.B. der Brotkauf in der Bäckerei oder das Gastgeschenk).

2. Abschluss des Vertrags

2.1 Übersicht

Der Abschluss eines gültigen Vertrags bedarf der übereinstimmenden Willensäusserungen betreffend alle wesentlichen Punkte durch handlungsfähige und verfügungsberechtigte Parteien.

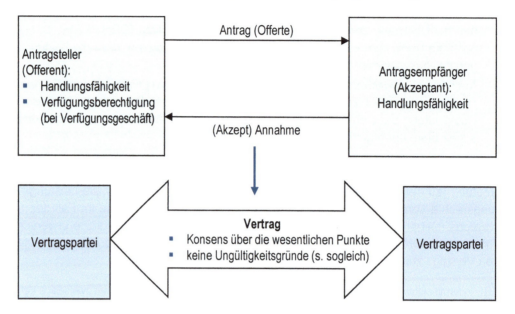

Der Vertrag kommt also grundsätzlich durch übereinstimmende Willensäusserungen der Parteien zustande. Damit er überdies *gültig* zustande kommt und die Vertragswirkungen eintreten, ist vorausgesetzt, dass keine Gültigkeitsmängel vorhanden sind.

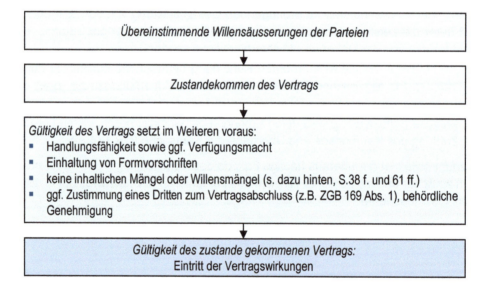

2.2 Vertragsparteien

Vertragsparteien sind diejenigen natürlichen oder juristischen Personen, die durch den Vertragsabschluss berechtigt und verpflichtet werden.

Vertragspartei können einzelne oder auch mehrere Personen zusammen sein.

Beispiel   Drei Freunde kaufen zusammen von einem Garagisten für die Ferien einen VW-Bus.

Die Vertragsparteien müssen handlungsfähig sein. Die Handlungsfähigkeit ergibt sich aus den Bestimmungen des ZGB:

- Für *natürliche Personen* kommen ZGB 17 ff. zur Anwendung. Ist eine Vertragspartei urteilsunfähig, ist der Vertrag nichtig (ZGB 18). Ist die Partei zwar urteilsfähig, aber handlungsunfähig, ist der Vertrag für sie zwar in den meisten Fällen unverbindlich; dieser Mangel kann aber durch Genehmigung des gesetzlichen Vertreters geheilt werden (ZGB 19 und 19a).

Hinweis Der gute Glaube in die Handlungsfähigkeit wird nicht geschützt.

- *Juristische Personen* sind handlungsfähig, sobald die nach Gesetz und Statuten hierfür unentbehrlichen Organe bestellt sind (ZGB 54).

Ist der abzuschliessende Vertrag ein Verfügungsgeschäft, so muss der verfügenden Partei grundsätzlich die *Verfügungsmacht über den Vertragsgegenstand* zustehen, damit die Vertragswirkung eintritt.

Beispiel Der Verkäufer muss zur Verfügung über das Eigentum am Kaufgegenstand berechtigt sein, damit er dem Käufer das Eigentum übertragen kann; vorbehalten bleibt der gutgläubige Erwerb nach ZGB 933.

2.3 Übereinstimmende Willensäusserung

Zum Abschluss eines Vertrags ist die übereinstimmende gegenseitige Willensäusserung der Parteien erforderlich (OR 1 Abs. 1). Diese kann ausdrücklich oder stillschweigend sein (OR 1 Abs. 2).

Eine Übereinstimmung der Willensäusserungen liegt vor, wenn der Antrag und die Annahme sich inhaltlich decken. Man spricht dabei von *Konsens*.

Zur Erinnerung: Haben die Parteien einen Konsens erzielt, so ist der Vertrag *zustande gekommen*. Damit er überdies *gültig* ist, muss er frei von Ungültigkeitsgründen sein (vgl. Schema, S. 32).

2.4 Antrag

Damit einer Willenserklärung die Wirkungen eines Antrags (Offerte) zukommen, muss sie verschiedene Voraussetzungen erfüllen:

- *Voraussetzungen:* Der Antrag ist eine empfangsbedürftige Willenserklärung, in der der Antragsteller seinen Willen erklärt, einen Vertrag mit bestimmtem Inhalt abzuschliessen.

  Der Antrag muss inhaltlich bestimmt genug sein. Er muss eine eindeutige Bestimmung der Parteien ermöglichen und im Übrigen alle wesentlichen Punkte umfassen, die Teil des angestrebten Vertrags werden sollen (s. S. 36 f.).

  Der Merksatz, wonach ein Antrag mit einem «Ja» muss angenommen werden können, ist insofern zu präzisieren, als im Rahmen eines gültigen Antrags dem Empfänger noch die Bestimmung des Umfangs der Vertragswirkungen überlassen werden kann (z.B. Antrag, eine vom Empfänger zu bestimmende Anzahl von grünen Sommerhosen der Grösse 36–38 zu liefern).

- *Wirkungen:* Einerseits kann der Empfänger durch die Annahme den Vertrag zustande kommen lassen (zur Annahme s. S. 35). Andererseits bindet der Antrag den Antragsteller, d.h., der Antrag ist grundsätzlich unwiderrufbar und unveränderlich. Die Dauer der Bindung hängt davon ab, ob der Antrag mit einer Annahmefrist verbunden wurde (OR 3–5).

  Setzt der Antragsteller dem Empfänger eine *Annahmefrist*, so bleibt er bis zum Ablauf dieser Frist gebunden (OR 3 Abs. 1). Die Frist muss i.d.R. kalendarisch bestimmbar sein.

  Die Bindungswirkungen eines nicht befristeten Antrags ergeben sich aus dem Gesetz. Dabei ist zu differenzieren, ob der Antrag unter Anwesenden (OR 4) oder unter Abwesenden (OR 5) gestellt wurde (ausführlich dazu GAUCH/SCHLUEP/SCHMID, N 403 ff.):

  - Ein *Antrag unter Anwesenden* muss «sogleich» angenommen werden, ansonsten der Antragsteller wieder frei wird (OR 4 Abs. 1). Als unter Anwesenden gestellt gilt auch ein Antrag, der durch einen Stellvertreter (OR 32 ff.) oder per Telefon erfolgt (OR 4 Abs. 2).

  - Beim *Antrag unter Abwesenden* bleibt der Antragsteller so lange gebunden, als er den «Eingang der Antwort bei ihrer ordnungsmässigen und rechtzeitigen Absendung erwarten darf», wobei davon auszugehen ist, dass der Antrag rechtzeitig angekommen sei (OR 5 Abs. 1 und 2). Der Antragsteller bleibt also während einer Frist gebunden, die sich aus den Zeitabschnitten für den Transport des Antrags, für eine «angemessene Überlegungszeit» sowie für den Transport der Annahme zusammensetzt. Für die Antwort ist ein Transportmittel zu wählen, das mindestens gleich schnell ist wie dasjenige für den Antrag (wird der Antrag z.B. per A-Post gestellt, so muss mindestens per A-Post geantwortet werden; vgl. zum Antrag unter Abwesenden BGE 98 II 109 ff.).

Beispiele Anträge per Telefax, E-Mail und anderen elektronischen Kommunikationsmitteln gelten grundsätzlich als unter Abwesenden gestellt (vgl. GAUCH/SCHLUEP/SCHMID, N 412).

Damit die Annahme wirksam wird, muss sie vor Ablauf der (vom Antragsteller gesetzten oder gesetzlichen) Frist beim Antragsteller eintreffen (vgl. OR 3 Abs. 2 und 5 Abs. 3). Trifft eine rechtzeitig abgesandte Annahme verspätet ein und will der Antragsteller nicht mehr gebunden sein, so muss er dies dem Annehmenden unverzüglich mitteilen (OR 5 Abs. 3).

Mit unbenutztem Ablauf der Frist wird der Antragsteller wieder frei, d.h., er ist nicht mehr an seinen Antrag gebunden. Eine verspätete Annahme wirkt nicht mehr als solche, gilt aber ihrerseits als neuer Antrag (beachte aber ggf. OR 5 Abs. 3).

In OR 6a und 7 enthält das Gesetz verschiedene Vermutungen betreffend den Antrag:

■ Die *Zusendung unbestellter Sachen* gilt nicht als rechtswirksamer Antrag (vgl. OR 6a Abs. 1). Der Empfänger einer unbestellten Sache darf diese verbrauchen, ohne ersatzpflichtig zu werden, da er nicht verpflichtet ist, diese aufzubewahren (OR 6a Abs. 2).

Nach OR 6a Abs. 3 ist aber der Empfänger einer *offensichtlich irrtümlich zugesandten Sache* verpflichtet, den Absender zu benachrichtigen, damit dieser die Sache wieder abholen kann.

■ OR 7 regelt den «Antrag ohne Verbindlichkeit» und enthält Vermutungen zur Auskündung und zur Auslage:

  ▪ Von einem *Antrag ohne Verbindlichkeit* geht das Gesetz aus, wenn der Antragsteller dem Antrag eine die Behaftung ablehnende Erklärung beifügt (z.B. «unverbindlich» oder «freibleibend») oder wenn sich ein solcher Vorbehalt aus den Umständen ergibt (z.B. bei der Submissionsausschreibung; OR 7 Abs. 1).

  ▪ Die *Versendung von Tarifen, Preislisten und dergleichen* (Auskündung) bedeutet «an sich» keinen Antrag (OR 7 Abs. 2), es sei denn, der Empfänger kann aufgrund der Umstände vom Gegenteil ausgehen. Typische Beispiele sind etwa Versandhauskataloge oder Kataloge von Warenhäusern.

  ▪ Die *Auslage von Waren* zum Kauf oder zur Vermietung mit Angabe des Preises ist dagegen i.d.R. ein Antrag (OR 7 Abs. 3). Der Antrag kann dabei von jedermann angenommen werden, er bezieht sich aber nur gerade auf den ausgestellten Gegenstand (illustrativ BGE 105 II 23 ff.).

Der *Antrag mit Widerrufsvorbehalt* ist gesetzlich nicht geregelt, aber unbestrittenermassen zulässig. Er kann so lange (mit verpflichtender Wirkung) angenommen werden, als der Antragsteller nicht widerrufen hat.

Unter den in OR 9 Abs. 1 enthaltenen Voraussetzungen ist ausnahmsweise auch der vorbehaltlose Antrag widerruflich. Nach OR 9 Abs. 1 ist der Widerruf einerseits zulässig, wenn er beim Empfänger vor oder zusammen mit dem Antrag eintrifft oder aber wenn der Antrag zwar bereits eingetroffen ist, dem Empfänger der Widerruf aber zuerst zur Kenntnis gebracht wird.

Kein Antrag ist schliesslich die *Einladung zur Offertstellung («invitatio ad offerendum»)*, in der der «Antragsteller» bloss seine grundsätzliche Bereitschaft zum Vertragsabschluss kundtut bzw. den Empfänger auffordert, ein Angebot zu unterbreiten. Gesetzliche Beispiele sind insb. der Antrag ohne Verbindlichkeit oder die Auskündung (OR 7 Abs. 1 und 2).

Der Antrag kann grundsätzlich *formfrei*, d.h. ausdrücklich oder stillschweigend (OR 1 Abs. 2), erfolgen. Untersteht allerdings der Vertrag besonderen Formvorschriften (vgl. OR 11 und 16; zu den Formvorschriften s. S. 37 ff.), so gelten diese auch für den Antrag.

2.5 Annahme

Wie der Antrag ist auch die Annahme eine empfangsbedürftige Willenserklärung, durch die der Empfänger dem Antragsteller sein Einverständnis mit dem angebotenen Vertragsabschluss kundtut. Die Annahme muss sich inhaltlich mit dem Antrag decken und erfolgt ausdrücklich (z.B. durch ein «Ja» oder «Gerne») oder konkludent (z.B. indem der Kunde im Selbstbedienungsladen die Schokolade bereits auf dem Weg zur Kasse verspeist oder indem sich der Spaziergänger «Blumen zum Selberschneiden» nimmt).

Eine gültige Annahme bewirkt das Zustandekommen des Vertrags. Erfolgen Antrag und Annahme unter Abwesenden (OR 5), so gilt der Vertrag im Zeitpunkt der Absendung der Annahme als geschlossen (OR 10 Abs. 1). Diese Bestimmung kann insb. beim Abschluss von Kaufverträgen unter Abwesenden von Bedeutung sein, weil nach OR 185 Abs. 1 die Gefahr der Sache grundsätzlich im Zeitpunkt des Vertragsabschlusses auf den Käufer übergeht. Geht also z.B. die Kaufsache unter, während sich die Annahme auf dem (Post-)Weg zum Verkäufer befindet, so behält dieser den Anspruch auf den Kaufpreis, ist aber selbst nicht mehr zur Leistung verpflichtet.

Passives Verhalten und insb. *Schweigen auf einen Antrag* gilt grundsätzlich nicht als Annahme (BGE 123 III 59). Den Antragsempfänger trifft keine Pflicht zur Antwort, was insb. auch dann gilt, wenn der Antragsteller erklärt, der Vertrag gelte bei ausbleibender Ablehnung des Antrags als abgeschlossen. Die *Ausnahme* von diesem Grundsatz enthält OR 6, wonach ein Vertrag als abgeschlossen gilt, sofern der Antrag innert angemessener Frist nicht abgelehnt wird und wenn die besondere Natur des Geschäfts oder die Umstände eine ausdrückliche Annahme nicht erwarten lassen. Von einer derartigen «besonderen Natur» geht man aus, wenn das Geschäft für den Antragsempfänger nur Vorteile mit sich bringt (z.B. Schenkung oder Aufhebungsvertrag). Als «Umstände» werden etwa bestehende Geschäftsbeziehungen mit entsprechenden Gepflogenheiten genannt (vgl. ausführlich dazu GAUCH/SCHLUEP/SCHMID, N 453 ff.).

Eine «Annahme», die gegenüber dem Inhalt des Antrags wesentliche Änderungen enthält, hat keine vertragsbegründende Wirkung. Es handelt sich dabei vielmehr um einen neuen Antrag (vgl. aber die Besonderheiten beim kaufmännischen Bestätigungsschreiben, S. 42 f.).

| Beispiel | Lautet der Antrag eines Copy-Shops an einen Kunden auf CHF 0.15 pro Kopie und die vom Kunden als Annahme abgegebene Antwort «Einverstanden zu CHF 0.10 pro Kopie», so kommt kein Vertrag zustande. Der Inhaber des Copy-Shops hat aber seinerseits die Möglichkeit, den Vertrag durch Annahme des Angebots des Kunden (zu CHF 0.10) zum Abschluss zu bringen. |

Die Voraussetzungen der Widerruflichkeit der Annahme entsprechen denjenigen zur Widerruflichkeit des Antrags (OR 9 Abs. 2).

Die Ausführungen zur *Form* des Antrags gelten für die Annahme entsprechend, allerdings mit der Besonderheit, dass der Antragsteller für die Annahme eine bestimmte Form vorschreiben kann.

2.6 Konsens und Dissens

Konsens besteht zwischen den Parteien, wenn ihre Willensäusserungen übereinstimmen. Unterschieden wird zwischen natürlichem und normativem Konsens:

- *Natürlicher Konsens*: Haben sich die Parteien richtig verstanden und stimmen ihre Willen überein, so spricht man von natürlichem Konsens (Normalfall). Der natürliche Konsens wird auch tatsächlicher Konsens genannt.

- *Normativer Konsens*: Die Frage nach dem normativen Konsens stellt sich, wenn mindestens eine Partei die andere nicht richtig verstanden hat. Aufgrund des Vertrauensprinzips ist dann der objektive Sinn der nicht richtig verstandenen Aussage zu ermitteln (zum Vertrauensprinzip s. S. 27 f.). Führt diese Auslegung zu einer Übereinstimmung der Willenserklärung mit der Gegenerklärung, so liegt ein Konsens im Umfang der Übereinstimmung vor. Der normative Konsens wird auch «rechtlicher Konsens» genannt.

Der Kunde bestellt bei der Bäckerei Brioches, obwohl er eigentlich Semmeln wollte. Durfte die Verkäuferin nach dem Vertrauensprinzip davon ausgehen, dass er Brioches meinte, so kommt ein Vertrag über den Kauf von Brioches zustande (u.U. kann sich der Kunde aber auf einen Willensmangel berufen, vgl. dazu S. 61 ff.).

Sowohl der natürliche wie der normative Konsens erfüllen das in OR 1 Abs. 1 enthaltene Vertragserfordernis der übereinstimmenden Willenserklärung. Der normative Konsens ist mit dem natürlichen «gleichwertig».

Zu erinnern ist daran, dass ein normativer Konsens über einen Inhalt, den keine Partei wollte, nicht möglich ist (vgl. Kap. «Vertrauensprinzip», S. 27 f.).

Dissens liegt vor, wenn kein Konsens herrscht, d.h., wenn weder ein tatsächlicher noch ein normativer Konsens ermittelt werden kann.

■ Von *offenem Dissens* spricht man, wenn die Parteien sich zwar übereinstimmend verstanden, aber nicht geeinigt haben. Beide Parteien verstehen sich also je richtig und sind sich ihres Dissenses bewusst. (Der Verkäufer verlangt z.B. CHF 60.–, während der Käufer nur CHF 50.– anbietet).

■ *Versteckter Dissens* liegt vor, wenn die Parteien sich übereinstimmend geäussert, aber abweichend verstanden haben (beide Parteien sagen z.B. Dollar, die eine meint australische Dollar, die andere aber amerikanische Dollar).

Ein Vertragsabschluss ist trotz verstecktem Dissens möglich, und zwar wenn eine der Parteien aufgrund des Vertrauensprinzips in ihrem Verständnis der Aussage der anderen zu schützen ist (normativer Konsens; vgl. dazu BGE 123 III 39 f.).

Immer noch empfehlenswert dazu KÜNZLE HANS RAINER, Konsens und Dissens, in: recht 1992, 52 ff.

2.7 Wesentliche Vertragspunkte und Nebenpunkte

Aus OR 2 Abs. 1 ergibt sich, dass der Vertragsabschluss einen Konsens über die wesentlichen Vertragspunkte voraussetzt. Vertragspunkte können objektiv oder subjektiv wesentlich sein. Mangelnder Konsens über die Nebenpunkte hindert das Zustandekommen des Vertrags hingegen nicht (die Auslegung von OR 2 Abs. 1 ist strittig, vgl. dazu GAUCH/SCHLUEP/SCHMID, N 994 ff. und N 997 f.).

Schematisch dargestellt ergibt sich Folgendes (die vom Konsenserfordernis betroffenen Vertragspunkte sind mit ausgezogenen Linien markiert):

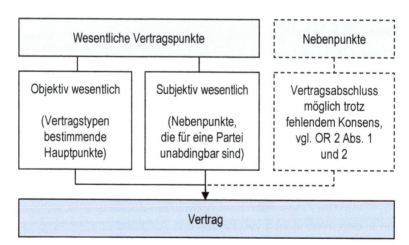

Die *objektiv wesentlichen Vertragspunkte umfassen nach heute wohl h.L. das, was nach den Umständen gerade genügt, um ein sinnvolles Ganzes zu ergeben* (z.B. GUHL/KOLLER, § 13 N 8; s. auch die Erläuterungen hierzu bei GAUCH/SCHLUEP/SCHMID, N 332 ff.).

Sie werden auch als unentbehrliche Vertragsbestandteile bzw. *«essentialia negotii»* (etwa «das Wesentliche des Vertrags») bezeichnet. Es sind diese unentbehrlichen Bestandteile des Vertrags (BGE 119 II 347), über die sich die Parteien geeinigt haben müssen, damit der Vertrag zustande kommt. Entsprechend ist denn auch die richterliche (oder gesetzliche) Vertragsergänzung in objektiv wesentlichen Vertragspunkten ausgeschlossen (zur Vertragsergänzung s. S. 50 ff.).

Beispiele
Die objektiv wesentlichen Vertragspunkte sind beim Kauf der Kaufgegenstand und der Kaufpreis und beim Mietvertrag die Mietsache sowie die Höhe des Mietzinses (BGE 119 II 347 ff.).

Die *subjektiv wesentlichen Vertragspunkte* sind objektiv unwesentlich. Sie sind jedoch für mindestens eine Partei unabdingbare Voraussetzung für den Vertragsabschluss (BGE 97 II 55).

Wer objektiv unwesentliche Punkte als Bedingung seines Vertragswillens ansieht (und diese damit als subjektiv wesentlich betrachtet), muss das deutlich zu erkennen geben, sonst wirkt die Vermutung aus OR 2 Abs. 1 gegen ihn und für die Bindung (BGE 118 II 34).

Zum Vertragsabschluss kommt es auch, wenn über die *Nebenpunkte («accidentalia negotii»)* kein Konsens erzielt wurde oder wenn diese vorbehalten wurden (vgl. OR 2 Abs. 1). Ggf. sind die Nebenpunkte vom Richter zu ergänzen (OR 2 Abs. 2).

Beispiel
Beim Kauf können das Zahlungs- oder Lieferbedingungen sein. Sind sich also die Parteien eines Kaufvertrags zwar über die Kaufsache und den Kaufpreis einig, nicht aber über die Zahlungsfristen, so kommt der Vertrag dennoch zustande. Die Zahlungsfristen können ggf. – im Gegensatz zum Kaufpreis – auch vom Richter festgelegt werden.

Die Unterscheidung zwischen den objektiv und den subjektiv wesentlichen sowie den Nebenpunkten spielt auch bei der richterlichen Ergänzung des lückenhaften Vertrags eine Rolle (vgl. dazu S. 50 ff.).

3. Form der Verträge

3.1 Übersicht

Grundsätzlich gilt für Verträge, dass sie ohne besondere Formerfordernisse geschlossen werden können. Die Ausnahmen vom Grundsatz können gesetzlicher Natur sein oder von den Parteien vorgesehen werden. Die Einhaltung einer gesetzlichen Formvorschrift ist grundsätzlich Gültigkeitserfordernis für einen Vertrag (OR 11 Abs. 2); von der vertraglich vorbehaltenen Form wird vermutet, dass sie Abschluss- und nicht bloss Beweisform sei (OR 16 Abs. 1).

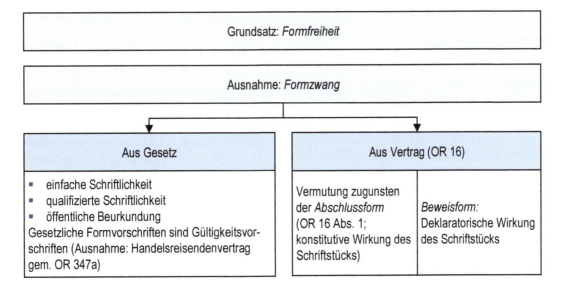

Nach der Art der Formvorbehalte treten bei Formmängeln unterschiedliche Rechtsfolgen ein:

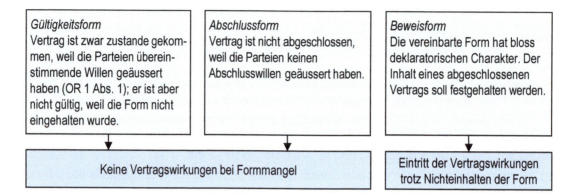

3.2 Grundsatz der Formfreiheit

Aus OR 11 Abs. 1 ergibt sich, dass Verträge grundsätzlich ohne Rücksicht auf ihre Form gültig zustande kommen und wirksam sein können. Das entspricht dem in OR 1 Abs. 2 enthaltenen Prinzip, wonach Willenserklärungen auch stillschweigend, also durch konkludentes Verhalten, erfolgen können.

Ausnahmen vom Grundsatz der Formfreiheit müssen entweder gesetzlich verankert sein oder aber von den Parteien vertraglich vereinbart werden.

3.3 Zweck und Arten von Formvorschriften

Das Gesetz enthält für bestimmte Rechtsgeschäfte Formvorschriften. Entsprechend den verschiedenen Zwecken, die diese Formen zu erfüllen haben, sind mehrere Arten vorgesehen. Es sind dies die einfache und die qualifizierte Schriftlichkeit sowie die öffentliche Beurkundung.

Als *Zweck der Formvorschriften* werden genannt:

■ Schutz der Vertragschliessenden (Übereilungsschutz);

■ Rechtssicherheit unter den Parteien und im Verhältnis zu Dritten;

■ Einheitlichkeit als sichere Grundlage für die Führung öffentlicher Register (insb. beim Rechtsverkehr mit Grundstücken);

■ Information (insb. aus Gründen des Konsumentenschutzes oder des Schutzes der «schwächeren Vertragspartei»; vgl. u.a. den Formularzwang gem. OR 266l Abs. 2 im Mietrecht).

Je nachdem kann eine Formvorschrift mehreren Zwecken gleichzeitig dienen. Es kann aber auch einer der Zwecke im Vordergrund stehen.

Rechtsprechung So hat das Bundesgericht z.B. in BGE 82 II 52 festgehalten, das Erfordernis der Schriftlichkeit diene bei der Zession (vgl. OR 165 Abs. 1) nicht dem Schutz des Zedenten, sondern bestehe nur im Interesse der Rechtssicherheit. Dritte sollten anhand der Zessionsurkunde feststellen können, wem die Forderung zustehe (zur Zession s. Kap. «Abtretung von Forderungen», S. 156 ff.). Vgl. zu den unterschiedlichen Funktionen von Formvorschriften beim Grundstückkaufvertrag und beim Handelsreisendenvertrag BGE 116 II 700 ff.

Die verschiedenen *Arten von Formvorschriften* lassen sich wie folgt unterscheiden:

■ *Einfache Schriftlichkeit*, deren Erfordernisse in OR 13–15 enthalten sind. Notwendig sind eine Erklärung in Schriftform und die eigenhändige Unterzeichnung des Schriftstücks, wobei die Unterzeichnung nur – aber immerhin – durch alle Personen zu erfolgen hat, die sich verpflichten (OR 13 Abs. 1).

Beim einseitig verpflichtenden Vertrag – z.B. Zession (OR 165 Abs. 1) oder Schenkungsversprechen (OR 243 Abs. 1) – genügt also die Unterschrift des Abtretenden bzw. des Schenkenden.

Es gibt kein Erfordernis der Urkundeneinheit. Bei mehrseitigen Verträgen können die verschiedenen Unterschriften auf verschiedenen Urkunden stehen, wobei diese aber ausgetauscht werden müssen.

Die Unterschrift ist grundsätzlich eigenhändig zu leisten (OR 14 Abs. 1). Ausnahmen sehen OR 14 Abs. 2, 2bis und 3 sowie OR 15 vor (vgl. dazu den Gesetzestext).

Streitig ist, ob die *durch Fax übermittelte Unterschrift* den Anforderungen von OR 14 Abs. 1 an die Eigenhändigkeit genügt. Nach der Lehre soll die durch Fax übermittelte unterschriebene Urkunde dem Austausch von Erklärungen mittels Brief unter Privatparteien gleichgestellt werden (BGE 121 II 255 = Pra 85 Nr. 147 m.w.H.; Frage durch das Bundesgericht offengelassen). Ungenügend ist die Übermittlung per Fax jedenfalls für Rechtsschriften an amtliche Gerichte (BGE 121 II 256 = Pra 85 Nr. 147). Im Betreibungsverfahren ist hingegen die Erhebung eines Rechtsvorschlags per Fax zulässig (BGE 127 III 181 f.).

Beim *E-Mail-Verkehr* fehlt es naturgemäss an einer Unterschrift. Schriftlichkeit i.S.v. OR 13 ff. liegt damit nicht vor. Der am 1. Januar 2005 in Kraft getretene OR 14 Abs. 2bis stellt allerdings die qualifizierte elektronische Signatur der eigenhändigen Unterschrift gleich.

Gem. IPRG 5 Abs. 1 gilt, dass Gerichtsstandsvereinbarungen «schriftlich, durch Telegramm, Telex, Telefax oder in einer anderen Form der Übermittlung, die den Nachweis der Vereinbarung durch Text ermöglicht», abgeschlossen werden können (vgl. zum Ganzen ausführlich GAUCH/SCHLUEP/SCHMID, N 516 ff.). ZPO 17 Abs. 2 sieht vor, dass eine Gerichtsstandsvereinbarung schriftlich oder in einer anderen Form, die den Nachweis durch Text ermöglicht, erfolgen muss.

■ *Qualifizierte Schriftlichkeit* setzt zusätzlich zur einfachen Schriftlichkeit weitere Elemente voraus.

Zu nennen sind die letztwillige Verfügung, die von Anfang bis Ende eigenhändig zu verfassen und zu unterzeichnen ist (ZGB 505 Abs. 1), oder die Bürgschaftserklärung natürlicher Personen, bei der ein Haftungsbetrag von bis zu CHF 2'000.– eigenhändig angegeben werden muss (OR 493 Abs. 2 Satz 2).

■ Bei der *öffentlichen Beurkundung* wird das Rechtsgeschäft durch eine vom Staat mit dieser Aufgabe betraute Person in einem Schriftstück festgehalten.

Die für die öffentliche Beurkundung notwendigen Elemente (insb. Verfahren und Form im Einzelnen) haben die Kantone für ihr Gebiet selber zu bestimmen (SchlT ZGB 55 Abs. 1). Dennoch ist die öffentliche Beurkundung ein Begriff des Bundesrechts, was u.a. bedeutet, dass sich die Mindestanforderungen sowie der Anwendungsbereich der öffentlichen Beurkundung aus dem Bundesrecht ergeben. Ausserdem bewirkt nach ZGB 9 die öffentliche Beurkundung, dass die Urkunde für die durch sie bezeugten Tatsachen vollen Beweis erbringt, solange nicht die Unrichtigkeit ihres Inhalts nachgewiesen ist. Diese verstärkte Beweiskraft begründet also eine Vermutung, die durch den Beweis des Gegenteils widerlegbar ist (BGE 127 III 254).

3.4 Anwendungsbereich der gesetzlichen Formvorschriften

Der Anwendungsbereich der gesetzlichen Formvorschriften wird jeweils im Einzelfall bestimmt. Die wichtigsten Fälle sind die folgenden:

■ *Einfache Schriftlichkeit:* Abtretung (OR 165 Abs. 1); Vorkaufsvertrag über ein Grundstück, der den Kaufpreis nicht enthält (OR 216 Abs. 3); Schenkungsversprechen (OR 243 Abs. 1); Vereinbarung eines Konkurrenzverbots im Arbeitsrecht (OR 340 Abs. 1).

■ *Qualifizierte Schriftlichkeit:* letztwillige Verfügung (ZGB 505 Abs. 1); Bürgschaft natürlicher Personen, die den Betrag von CHF 2'000.– nicht übersteigt (OR 493 Abs. 2 Satz 2).

■ *Öffentliche Beurkundung:* Aufhebung oder Abänderung gesetzlicher Eigentumsbeschränkungen (ZGB 680 Abs. 2); Grundstückkauf (OR 216 Abs. 1 und 2 i.V.m. ZGB 657 Abs. 1); Vorkaufsvertrag über ein Grundstück, der den Kaufpreis enthält (OR 216 Abs. 2); Schenkung von Grundstücken oder dinglichen Rechten (OR 243 Abs. 2); Bürgschaft natürlicher Personen, die den Betrag von CHF 2'000.– übersteigt (OR 493 Abs. 2 Satz 2).

3.5 Umfang des Formzwangs

Der Umfang des Formzwangs ergibt sich in einigen wenigen Fällen ausdrücklich aus dem Gesetz, so z.B. bei der Bürgschaft (OR 493) oder beim Konsumkredit (KKG 9 f.).

In den übrigen Fällen unterliegen dem Formzwang einerseits alle objektiv wesentlichen, anderseits aber auch die subjektiv wesentlichen Punkte, sofern sie ihrer Natur nach ein Element des betreffenden Vertrags bilden (BGE 119 II 135 ff., insb. Regesten 1 und 2 = Pra 82 Nr. 209).

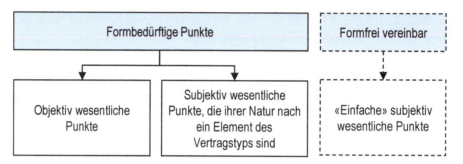

Beispiel

Für den Grundstückkaufvertrag gilt demnach, was folgt.

- Der öffentlichen Beurkundung bedürfen:
  - als *objektiv wesentliche Punkte* die Parteibezeichnungen (inkl. Vertretungsverhältnisse), das Grundstück (Kaufgegenstand) und der Kaufpreis;
  - als *subjektiv wesentlicher Punkt, der seiner Natur nach ein Element des Vertragstyps ist,* z.B. eine Architektenklausel mit Einfluss auf den Kaufpreis (zur Architektenklausel vgl. BGE 98 II 305 ff.).
- Nicht der öffentlichen Beurkundung bedürfen die *«einfachen» subjektiv wesentlichen Punkte* (obwohl sie als solche für mindestens eine Partei eine *«conditio sine qua non»* für den Abschluss des Vertrags sind) wie z.B. eine Zusicherung betreffend die Unbebaubarkeit der Nachbargrundstücke.

Illustrativ dazu: BGE 113 II 402 ff.

3.6 Rechtsfolgen der Formungültigkeit

Zunächst ist auf das Schicksal des formungültigen Vertrags einzugehen. Im Anschluss daran werden die Fragen einer möglichen Konversion des formungültigen Vertrags und der Haftung bei Formungültigkeit erörtert.

Dem Grundsatz nach stellen gesetzliche Formvorschriften Gültigkeitserfordernisse dar. Das äussert sich insb. in OR 11 Abs. 2, wonach von der Einhaltung der gesetzlichen Formvorschriften die Gültigkeit des Vertrags abhängt, sofern nicht etwas anderes bestimmt ist.

In der Frage nach den Rechtsfolgen der Formungültigkeit stehen sich im Wesentlichen zwei Argumentationslinien gegenüber. Auf der einen Seite steht diejenige des Bundesgerichts, das von einer Nichtigkeit des formungültigen Vertrags ausgeht, wobei die Berufung auf die Formungültigkeit unter gewissen Voraussetzungen rechtsmissbräuchlich sein kann. Auf der anderen Seite geht die Lehre von einer relativen und deshalb heilbaren Nichtigkeit aus.

Schematisch dargestellt ergibt sich, was folgt:

- Nach der *Rechtsprechung des Bundesgerichts* ist ein formungültiger Vertrag absolut nichtig und das Geschäft damit unwirksam. Ist die Berufung auf den Formmangel nach erfolgter Erfüllung jedoch rechtsmissbräuchlich (ZGB 2 Abs. 2), so wird die Nichtigkeit nicht beachtet und der Vertrag unter den Parteien so behandelt, wie wenn er gültig wäre (BGE 98 II 316):

Rechtsprechung des Bundesgerichts
zu den Rechtsfolgen des Formmangels

Grundsatz: Nichtigkeit des Vertrags
- Vertrag ist unheilbar unwirksam.
- Nichtigkeit ist von Amtes wegen zu beachten.
- Bereits Geleistetes kann über die Vindikation (ZGB 641 Abs. 2) oder aus ungerechtfertigter Bereicherung zurückgefordert (OR 62 ff.) werden; ggf. kann auf Berichtigung des Grundbuchs geklagt werden (ZGB 975 Abs. 1).

Relativierung des Grundsatzes durch das Rechtsmissbrauchsverbot (ZGB 2 Abs. 2), wobei das Vorliegen eines Rechtsmissbrauchs nicht nach starren Regeln, sondern unter Würdigung aller Umstände des konkreten Falles zu entscheiden ist (BGE 112 II 111).
Rechtsmissbrauch ist insb. in den folgenden Fällen anzunehmen:
- Beidseitige freiwillige (teilweise) Erfüllung des Vertrags in Kenntnis des Formmangels.
- Partei, die sich auf den Formmangel beruft, hat diesen arglistig herbeigeführt, bewusst in Kauf genommen oder zum eigenen Vorteil gewollt.
- Zweckwidrige Berufung auf den Formmangel (z.B. um sich Gewährleistungsansprüchen der Gegenpartei zu entziehen).

Ist die Berufung auf den Formmangel rechtsmissbräuchlich,
so wird der Formmangel nicht beachtet.

- Die *h.L.* geht im Grundsatz ebenfalls von der Unwirksamkeit des formungültigen Geschäfts aus. Der Mangel bewirkt danach eine relative Nichtigkeit. Erfüllen aber die Parteien in der Folge den (formungültigen) Vertrag freiwillig und in Kenntnis des Formmangels, so soll der Vertrag durch Erfüllung geheilt werden.

  Über die dogmatische Konstruktion der «Heilung» besteht jedoch Uneinigkeit (vgl. Schwenzer, N 31.36 ff.).

Herrschende Lehre
zu den Rechtsfolgen des Formmangels

Grundsatz: «Relative Nichtigkeit» des Vertrags
Die relative Nichtigkeit soll nicht von Amtes wegen zu beachten sein, sondern nur von den Parteien geltend gemacht werden können.

Heilung des formungültigen Vertrags durch freiwillige Erfüllung in Kenntnis des Formmangels. Der geheilte Vertrag ist gültig, wie wenn kein Formmangel bestanden hätte.

Von *praktischer Relevanz* ist die Frage nach den Rechtsfolgen eines Formmangels insb. bei Grundstückkäufen. Der Grundstückkaufvertrag bedarf nach OR 216 Abs. 1 i.V.m. ZGB 657 Abs. 1 der öffentlichen Beurkundung. Gelegentlich verurkunden die Parteien nur einen Teil des Kaufpreises, um Steuern und Gebühren zu sparen (vgl. dazu Gauch/Schluep/Schmid, N 563 ff.).

Im Zusammenhang mit den Rechtsfolgen der Formungültigkeit sind überdies die Fragen nach einer möglichen *Konversion* sowie nach der *Haftung* für einen aus der Formungültigkeit entstandenen Schaden von Bedeutung:

- Auch wenn das OR keine entsprechende Bestimmung enthält, ist unbestritten, dass eine Umdeutung *(Konversion)* des formungültigen Rechtsgeschäfts in ein formfrei gültiges grundsätzlich möglich ist. Anstelle des nichtigen Rechtsgeschäfts wird das andere als zustande gekommen betrachtet, wenn anzunehmen ist, dass es auch bei Kenntnis der Nichtigkeit des beabsichtigten Geschäfts gewollt wäre.

Ausserdem muss das Ersatzgeschäft inhaltlich im formungültigen Geschäft enthalten sein und darf nicht weiter reichen als das von den Parteien beabsichtigte Geschäft. Schliesslich muss das Ersatzgeschäft einen ähnlichen Zweck und Erfolg anstreben wie das nichtige (BGE 124 III 119).

Beispiel   Möglich ist demnach die Konversion einer formungültigen Zession in eine formfrei erteilbare Inkassovollmacht (zur Zession s. Kap. «Abtretung von Forderungen», S. 156 ff.).

■ Eine *Haftung* für den aus der Formungültigkeit entstandenen Schaden kann denjenigen treffen, der den Formmangel verschuldet hat (Haftung aus c.i.c., S. 44 f.).

Beispiel   Das kann der Fall sein, wenn die eine Partei den Formmangel arglistig herbeigeführt hat oder aber wenn die eine Partei der anderen den bemerkten Formmangel verschwiegen hat, obwohl eine Aufklärungspflicht bestanden hätte (zur Aufklärungspflicht s. Kap. «Täuschungshandlung», S. 67).

Eine Haftung für den Formmangel scheidet von vornherein aus, wenn dieser von beiden Parteien absichtlich herbeigeführt wurde.

3.7   Gewillkürte Formvorschriften

Die Parteien sind frei, auch für einen grundsätzlich formlos gültigen Vertrag eine bestimmte Form vorzusehen. Sie können dabei sowohl die Art der Form als auch deren Bedeutung festlegen. Die Vereinbarung einer bestimmten Form selber bedarf keiner besonderen Form und kann somit auch konkludent erfolgen.

Da es für die Formvorschriften keinen *«Numerus clausus»* gibt, können die Parteien entweder eine der drei gesetzlich vorgesehenen Formen wählen oder aber eine eigene Form bestimmen.

Weiter können die Parteien vorsehen, dass die Form Gültigkeitserfordernis mit konstitutiver (rechtserzeugender) Wirkung *(Abschlussform)* sein oder lediglich Beweisfunktion mit deklaratorischer Wirkung *(Beweisform)* haben soll.

OR 16 Abs. 1 enthält eine Vermutung zugunsten der Abschlussform. Es ist also im Zweifel davon auszugehen, dass Parteien, die einen Formvorbehalt vereinbaren, nicht gebunden sein wollen, bis der Vertrag in der entsprechenden Form abgeschlossen ist. Die Einhaltung der vereinbarten Form wird damit zu einer Voraussetzung für das Zustandekommen des Vertrags (vgl. OR 1 Abs. 1). Ein nach Vertragsabschluss vereinbarter Formvorbehalt hat auf die Wirksamkeit des bereits Vereinbarten keinen Einfluss mehr, sondern dient lediglich Beweiszwecken.

Nach OR 16 Abs. 2 wird vermutet, dass Parteien, die sich ohne nähere Bezeichnung für die schriftliche Form entscheiden, die einfache Schriftlichkeit gem. OR 13–15 meinen.

Der vertraglich vereinbarte Formvorbehalt kann jederzeit formfrei aufgehoben werden (OR 12 gilt nur für gesetzliche Formvorschriften). So ist z.B. ein Verzicht auf eine vorbehaltene Schriftform dann anzunehmen, wenn die vertraglichen Leistungen trotz Nichteinhaltung der Form vorbehaltlos erbracht und entgegengenommen werden (BGE 105 II 78; 125 III 268).

4.   Sondertatbestände beim Vertragsschluss

4.1   Kaufmännisches Bestätigungsschreiben

Das kaufmännische Bestätigungsschreiben ist die schriftliche Bestätigung eines unter Kaufleuten mündlich bereits geschlossenen Vertrags.

Stimmt der Inhalt des mündlich abgeschlossenen Vertrags mit dem schriftlich bestätigten überein, so kommt dem Bestätigungsschreiben in eventuellen späteren Streitigkeiten Beweisfunktion zu; im Übrigen ergeben sich aber keine weiteren Probleme.

Steht aber fest, dass das Bestätigungsschreiben vom mündlich Vereinbarten abweicht, so stellt sich die Frage nach der *konstitutiven Wirkung des Bestätigungsschreibens*, also danach, ob der mündlich bereits abgeschlossene (und gültige) Vertrag durch ein anderslautendes Bestätigungsschreiben einseitig abgeändert werden kann.

Rechtsprechung Das Bundesgericht hat sich in BGE 114 II 250 ff. mit der Frage auseinandergesetzt. Danach kann ein kaufmännisches Bestätigungsschreiben, das unwidersprochen geblieben ist, konstitutive Wirkung haben, wenn es vom Verhandlungsergebnis nicht derart abweicht, dass nach dem Grundsatz von Treu und Glauben nicht mehr mit dem Einverständnis des Empfängers gerechnet werden darf (im genannten Entscheid wurde die konstitutive Wirkung verneint). Ausführlich dazu GAUCH/SCHLUEP/SCHMID, N 1158a ff.

4.2 Auslobung und Preisausschreiben

Auslobung nach OR 8 ist das öffentliche Versprechen einer Belohnung für die Vornahme einer Leistung:

- Dabei richtet sich das *Versprechen* an die Öffentlichkeit, mindestens aber an unbestimmte Personen eines bestimmten Kreises. Die *Leistung* kann im Rahmen des gesetzlich Zulässigen von beliebiger Art sein und insb. auch von mehreren Personen erbracht werden. Entsprechendes gilt für die *Belohnung*.

Beispiel Finderlohn für das Wiederauffinden der verlorenen Windjacke oder Tageskarte für jeden Teilnehmer an Umfrage der öffentlichen Verkehrsbetriebe.

- Der Auslobende bleibt gebunden, solange er nicht rechtswirksam widerruft. Der Widerruf ist unter den Voraussetzungen von OR 8 Abs. 2 zulässig, wobei der Ersatz der Aufwendungen geschuldet ist, die mit Blick auf die versprochene Leistung in guten Treuen gemacht worden sind. Der Ersatz ist auf den Betrag der ausgesetzten Belohnung begrenzt. Dem Auslobenden steht der Beweis offen, dass die Leistung doch nicht gelungen wäre.

Das *Preisausschreiben* gem. OR 8 ist eine Auslobung, die im Rahmen eines Wettbewerbs stattfindet, den der Auslobende veranstaltet.

Im Gegensatz zur Auslobung setzt das Preisausschreiben eine Anmeldung voraus, die aber auch gleichzeitig mit dem Erbringen der Leistung zusammenfallen kann. Ausserdem erwartet der Auslobende in jedem Fall mehrere Teilnehmer, verspricht die Belohnung jedoch nicht für sämtliche Leistungen, sondern nur für einzelne, die bestimmten Anforderungen genügen.

Beispiel Wappenscheibe für den Gewinner der vereinsinternen Tennismeisterschaften oder Erteilung des Bauauftrags an den Gewinner des Architekturwettbewerbs.

4.3 Submission

Die Submission wird insb. zur Beschaffung von Leistungen (typischerweise im Bauwesen) eingesetzt. Dabei werden mehrere Anbieter eingeladen, ein Angebot mit den Konditionen, zu denen sie die Leistung zu erbringen bereit sind, zu unterbreiten.

Im Unterschied zur Auslobung und zum Preisausschreiben handelt es sich bei der Submission um eine Einladung zur Offertstellung und nicht um einen Antrag seitens des Submittenten.

Ausführlich dazu GAUCH/SCHLUEP/SCHMID, N 1056a ff.

4.4 Option

Nach BGE 122 III 15 ist eine Option das Recht einer Partei, durch einseitige Willenserklärung unmittelbar ein inhaltlich bereits festgelegtes Vertragsverhältnis herbeizuführen oder zu verlängern. Der abgeschlossene Vertrag ist ein aufschiebend bedingtes Rechtsgeschäft, wobei die Bedingung in der Ausübung des Optionsrechts durch die berechtigte Partei liegt.

Beispiel Gesetzlich geregelte Beispiele sind das Kaufs-, das Vorkaufs- und das Rückkaufsrecht bei Grundstücken (OR 216a ff.).

4.5 Vertragsverhandlungsverhältnis

Dem eigentlichen Vertragsabschluss gehen häufig Vertragsverhandlungen voraus. Dabei spricht man vom *Vertragsverhandlungsverhältnis*. Dessen Parteien sind einander zu einem Verhalten nach Treu und Glauben verpflichtet.

Hintergrund dieser Pflicht ist der Gedanke, dass das Vertrauen, das sich die Parteien von Vertragsverhandlungen hinsichtlich der Richtigkeit, der Ernsthaftigkeit und der Vollständigkeit der gegenseitigen Erklärungen entgegenbringen, besonderen rechtlichen Schutz verdient (BGE 120 II 336).

Aus diesen allgemeinen Treuepflichten werden insb. die Pflicht zu ernsthaftem Verhandeln, die Pflicht zur Rücksichtnahme, das Verbot, den Verhandlungspartner zu täuschen, sowie die Pflicht, in der eigenen Rechtssphäre Massnahmen zum Schutz der Rechtsgüter der Gegenpartei zu treffen, abgeleitet.

Eine Verletzung dieser Pflichten kann eine Ersatzpflicht des Schädigers zur Folge haben, auch wenn es in der Folge nicht zu einem Vertragsabschluss kommt (Haftung aus *«culpa in contrahendo»*, s. nachfolgend).

4.6 Culpa in contrahendo

Unter den Haftungstatbestand der *«culpa in contrahendo»* (c.i.c, «Verschulden bei Vertragsverhandlungen») fallen schuldhafte Pflichtverletzungen im Rahmen von Vertragsverhandlungen.

Die c.i.c. ist ein anerkannter eigenständiger Haftungstatbestand, dessen dogmatische Einordnung aber nach wie vor Mühe bereitet (vgl. dazu GAUCH/SCHLUEP/SCHMID, N 962a ff.). Das Gesetz regelt die c.i.c. nicht allgemein. Die in OR 26, 36 Abs. 2, 39 Abs. 1 und 2 sowie ZGB 19b Abs. 2 enthaltenen Anspruchsgrundlagen sind jedoch Ausdruck des hinter der c.i.c. stehenden Gedankens.

Entsteht zwischen zwei Parteien, die nicht durch einen Vertrag verbunden sind, durch das treuwidrige Verhalten der einen Partei der anderen einen Schaden, so hat der Schädiger diesen zu ersetzen (zu Anwendungsfällen s. nachfolgend).

Diese Schadenersatzpflicht setzt grundsätzlich eine Pflichtverletzung, einen dadurch adäquat kausal verursachten Schaden sowie ein Verschulden des Verletzenden voraus. Das Verschuldenserfordernis entfällt, wo das im Gesetz ausdrücklich vorgesehen ist (vgl. z.B. OR 39 Abs. 1 und 101 sowie ZGB 19b Abs. 2).

Die Ersatzpflicht wird insb. in den folgenden Fällen bejaht (vgl. dazu SCHWENZER, N 47.07 ff.):

- *Nichtzustandekommen eines Vertrags:* Einer Haftung aus c.i.c. setzt sich die Partei eines Vertragsverhandlungsverhältnisses aus, die das Zustandekommen des Vertrags verhindert, indem sie der Gegenpartei die ihr bekannte ursprüngliche Unmöglichkeit (OR 20 Abs. 1) nicht mitteilt. Als treuwidrig und somit haftungsbegründend gilt auch der Abbruch von Vertragsverhandlungen, wenn feststeht, dass gar nie ein Abschlusswille bestanden hat.

- *Nachteiliger Vertragsabschluss:* Kommt es zu einem für die eine Partei nachteiligen Vertragsabschluss, weil die andere ihren Aufklärungs- und Informationspflichten nicht nachgekommen ist, so kann ein Anspruch aus c.i.c. trotz dem Zustandekommen des Vertrags entstehen. Der Anspruch aus c.i.c. setzt allerdings voraus, dass der Gegenpartei etwas verschwiegen wurde, das sie nicht kannte und nicht zu kennen verpflichtet war. Dabei ist jedoch niemand gehalten, im Interesse des Gegners umsichtiger zu sein, als dieser ist und sein kann (BGE 102 II 84).

- *Schutzpflichten im Hinblick auf absolute Rechte der anderen Vertragspartei:* Jeder Verhandlungspartner ist verpflichtet, dafür zu sorgen, dass die Rechtsgüter der Gegenpartei im Rahmen der Vertragsverhandlungen nicht beeinträchtigt werden.

Beispiel	Pflicht, eine übergebene Musterkollektion sorgfältig aufzubewahren, oder Pflicht zur Geheimhaltung von Tatsachen, die im Rahmen der Verhandlungen bekannt werden.

Als Folge der Schwierigkeiten bei der dogmatischen Erfassung der c.i.c. ist in der Lehre die Frage nach der Verjährung von Ansprüchen aus c.i.c. sowie nach der Hilfspersonenhaftung umstritten (vgl. dazu GAUCH/SCHLUEP/SCHMID, N 971 ff.).

Nach bundesgerichtlicher Rechtsprechung unterliegen die Ansprüche der kurzen (1-jährigen) *Verjährungsfrist von OR 60* aus dem Deliktsrecht (BGE 134 III 395; zur Verjährung s. S. 138 ff.). Die *Haftung für das Verhalten von Hilfspersonen* soll sich dagegen nach den vertragsrechtlichen Regeln von *OR 101* richten (BGE 108 II 421 f.; zur Hilfspersonenhaftung s. S. 114 ff.).

4.7 Das abstrakte Schuldbekenntnis

Gem. OR 17 ist ein Schuldbekenntnis auch ohne Angabe eines Verpflichtungsgrunds gültig. Beim abstrakten Schuldbekenntnis handelt es sich um eine Erklärung des Schuldners gegenüber dem Gläubiger, welche die Existenz einer Schuld bestätigt, jedoch ohne Nennung des Schuldgrunds.

Die Bezeichnung «abstraktes Schuldbekenntnis» ist unpräzis. Zwar kann sich der Gläubiger einer durch Schuldbekenntnis anerkannten Schuld auf das Schuldbekenntnis als Klagegrund stützen, es steht dem Schuldner aber nach wie vor der Nachweis offen, dass die Schuld nicht besteht oder nicht klagbar ist.

Rechtliche Hauptwirkung des abstrakten Schuldbekenntnisses i.S.v. OR 17 ist also eine Umkehr der Beweislast (BGE 105 II 187 = Pra 69 Nr. 30).

4.8 Allgemeine Geschäftsbedingungen

Allgemeine Geschäftsbedingungen (AGB) sind Vertragsbestandteile, die mit Blick auf den massenweisen Einsatz vorformuliert werden. Sie werden auch allgemeine Vertragsbedingungen (AVB) genannt.

Sie können durch eine Vertragspartei (insb. Versicherungen und Banken) oder durch einen Dritten (insb. Interessenverband, z.B. die SIA-Normen oder der Mietvertrag des Hauseigentümerverbands) aufgesetzt werden.

AGB dienen regelmässig der Rationalisierung, aber auch der Risikoüberwälzung. Im Vordergrund steht also das Interesse des Verwenders, eine grosse Anzahl von Verträgen mit Blick sowohl auf den Vertragsabschluss als auch auf die Abwicklung zu standardisieren. Der Verwender ist damit i.d.R. in der stärkeren Position, weil sein Gegenüber lediglich die Möglichkeit hat, den angebotenen Vertrag als Ganzes zu akzeptieren oder abzulehnen.

Es ist festzuhalten, dass AGB keine objektive Geltung haben und nur dann zum Vertragsinhalt werden, wenn sie gültig übernommen werden. Sie müssen der übernehmenden Partei vor dem Vertragsabschluss zur Annahme vorgelegen haben. Das ist in der Praxis häufig nicht der Fall.

Beispiel Treffen die AGB eines Reiseveranstalters erst nachdem der Flug gebucht worden ist zusammen mit den Flugscheinen beim Kunden ein, so sind die AGB nicht Vertragsbestandteil geworden. Der Richter wird im Streitfall dem Reiseveranstalter die Berufung auf die AGB versagen.

Trotz einer Übernahme können AGB ungültig sein. Das ist insb. der Fall, wenn:

- die Parteien eine abweichende individuelle Abrede getroffen haben,
- eine global zustimmende Partei keine Gelegenheit hatte, den Inhalt der AGB einzusehen,
- die AGB eine besondere Bestimmung enthalten, deren Inhalt von dem abweicht, was vernünftigerweise erwartet werden darf (Ungewöhnlichkeitsregel, vgl. BGE 109 II 452 ff.), oder
- weil das Gesetz die Regelung eines bestimmten Punktes in AGB ausdrücklich untersagt (z.B. OR 256 Abs. 2 lit. a und 288 Abs. 2 lit. a).

Eine generelle gesetzliche Regelung der AGB hat in der Schweiz nicht stattgefunden. In UWG 8 sanktioniert der Gesetzgeber unlauteres Verhalten durch die «Verwendung missbräuchlicher Geschäftsbedingungen».

Ausführlich zu den AGB und zu UWG 8 s. GAUCH/SCHLUEP/SCHMID, N 1116 ff.

5.   Abweichung von Wille und Erklärung

Nach seiner Marginalie befasst sich OR 18 einerseits mit der Auslegung und andererseits mit der Simulation. Die Auslegung von Verträgen wird hinten, S. 50 ff., behandelt.

Das Abweichen von Wille und Erklärung kann ungewollt oder gewollt sein. Die gewollte Abweichung ist entweder ein geheimer Vorbehalt (Mentalreservation), eine Scherzerklärung oder ein Scheingeschäft (Simulation). Zur Mentalreservation und zur Scherzerklärung s. S. 48.

Vom Wortlaut von OR 18 Abs. 1 sind nur die ungewollte Abweichung und die Simulation erfasst:

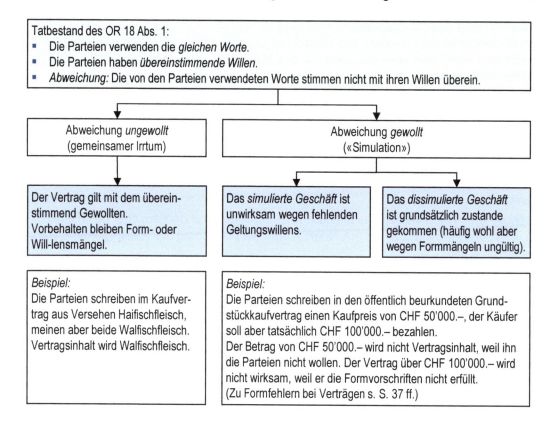

5.1   Ungewollte Abweichung

Entsteht die Abweichung zwischen dem von den Parteien Bezeichneten und dem von den Parteien Gemeinten ungewollt, liegt ein gemeinsamer Irrtum vor.

Gelingt der Nachweis, dass der wirkliche übereinstimmende Wille vom geäusserten übereinstimmenden abweicht, so gilt nach OR 18 Abs. 1 «sowohl nach Form als nach Inhalt der übereinstimmende wirkliche Wille und nicht die unrichtige Bezeichnung oder Ausdrucksweise», die von den Parteien aus Irrtum gebraucht wurde. OR 18 Abs. 1 bringt in diesem Fall den Gedanken von *«falsa demonstratio non nocet»* (eine falsche Bezeichnung schadet nicht) zum Ausdruck.

Das gilt insb. auch dann, wenn die Parteien übereinstimmend ein ganzes Vertragsverhältnis aus Versehen falsch benennen. Trägt die Vertragsurkunde z.B. den Titel «Mietvertrag», erfüllt aber der abgeschlossene Vertrag die Voraussetzungen des Pachtvertrags (OR 275 ff.), so sind die Bestimmungen über den Pachtvertrag anzuwenden. M.a.W.: Auf die von den Parteien irrtümlicherweise verwendete Bezeichnung eines Vertrags kommt es nicht an (BGE 99 II 313).

Vorbehalten bleiben die Fälle, in denen der (wirklich gewollte) zustande gekommene Vertrag einer bestimmten Form bedurft hätte.

Beispiel   Vgl. das Beispiel im vorstehenden Schema, aber auch den Fall, dass die Parteien einen schriftlichen «Schenkungsvertrag» auf den Tod des Schenkers hin vereinbaren, das aufgesetzte Schriftstück aber den Formerfordernissen des Erbvertrags (öffentliche Beurkundung unter Mitwirkung von zwei Zeugen gem. ZGB 512 i.V.m. ZGB 499) nicht genügt.

Als Grundsatz ist aber festzuhalten: Der Vertrag gilt so, wie die Parteien es *wollten,* und nicht so, wie sie es *sagten.*

5.2 Gewollte Abweichung (Simulation)

Von gewollter Abweichung (oder *Simulation*) ist die Rede, wenn die Parteien absichtlich eine falsche Bezeichnung wählen, um die wahre Absicht hinter dem Vertrag zu verbergen.

In terminologischer Hinsicht gilt Folgendes: Je nachdem, ob sich die Simulation auf das ganze Geschäft oder bloss auf einen Teil davon bezieht, spricht man von *Voll-* oder *Teilsimulation.* Das Scheingeschäft wird *simuliert* genannt. Das eigentlich gewollte, verdeckte Geschäft ist das *dissimulierte.*

Nach OR 18 Abs. 1 ist das simulierte Geschäft unwirksam, weil es von den Parteien nicht gewollt ist, d.h., weil es dafür am Geltungswillen fehlt.

Besteht jedoch «hinter» dem simulierten ein dissimuliertes Geschäft, so kommt dieses zustande (übereinstimmende Willen der Parteien gem. OR 18 Abs. 1), und zwar grundsätzlich gültig.

In vielen Fällen wird das Rechtsgeschäft aber wegen eines Formmangels ungültig sein. Hauptanwendungsfall ist der Grundstückkauf mit Schwarzzahlung zum Zweck der Steuer- und Gebührenersparnis (zu den Formproblemen bei Grundstücksgeschäften s. unter Kap. «Umfang des Formzwangs», S. 40).

Der simulierte Vertrag ist grundsätzlich auch gegenüber Dritten unwirksam. Dabei ist jedoch OR 18 Abs. 2 zu beachten, wonach geschützt wird, wer gestützt auf ein schriftliches Schuldbekenntnis gutgläubig eine simulierte Forderung (Schuldurkunde) erworben hat (vgl. dazu auch Kap. «Verhältnis zwischen Zessionar und Schuldner», S. 159 f.).

5.3 Abgrenzung der Simulation vom fiduziarischen Rechtsgeschäft

Das fiduziarische Rechtsgeschäft zeichnet sich durch drei Merkmale aus:

- Das *Grundgeschäft* (stets ein Auftrag oder ein auftragsähnliches Vertragsverhältnis), im Rahmen dessen die eine Partei (Fiduziant) die andere (Fiduziar) beauftragt, im eigenen Namen, aber im Interesse und auf Rechnung des anderen tätig zu sein;
- sodann die *Übertragung eines Rechts* durch den Fiduzianten auf den Fiduziar und schliesslich
- die *fiduziarische Abrede,* worin der Treuhänder verspricht, im Rahmen des mit dem Grundgeschäft erteilten Auftrags das ihm übertragene Recht überhaupt nicht oder nur im Interesse des Fiduzianten auszuüben und es unter bestimmten Voraussetzungen weiter- oder zurückzuübertragen (ZR 98 Nr. 29).

Häufiger Anwendungsfall des fiduziarischen Rechtsgeschäfts ist die *Sicherungsfiduzia,* bei der die Abtretung eines Rechts oder die Übereignung einer Sache der Sicherstellung eines Gläubigers dient. Dieser verpflichtet sich, das Recht rückzuübertragen, sobald er befriedigt ist. Anstelle des auftragsrechtlichen Grundgeschäfts treffen die Parteien bei der Sicherungsfiduzia die obligatorische Sicherungsabrede. Zur Sicherungsfiduzia vgl. BGE 119 II 326 ff.

Nach h.L. und Rechtsprechung ist die fiduziarische Übertragung eines Rechts ernst gemeint und nicht simuliert, obwohl die Parteien die Verfügungsbefugnis des Fiduziars regelmässig einschränken (den eigentlichen Erfolg, nämlich die unbeschränkte Übertragung des Rechts, also gar nicht wollen). Charakteristisch für die Fiduzia ist der Umstand, dass der Fiduziar «mehr kann, als er darf», was auch mit dem Ausdruck «überschiessende Rechtsmacht» umschrieben wird. Eine abweichende Minderheitsmeinung hält die Fiduzia für ein simuliertes Geschäft.

Die Frage ist insb. im Konkurs des Fiduziars von Bedeutung, und zwar mit Blick auf ein mögliches Aussonderungsrecht des Fiduzianten (vgl. dazu GAUCH/SCHLUEP/SCHMID, N 1029 ff.).

Rechtsprechung Das Bundesgericht lehnt ein auf OR 401 Abs. 3 gestütztes Aussonderungsrecht des Fiduzianten ab (BGE 117 II 429 ff.).

5.4 Scherzerklärung und Mentalreservation

Sowohl die Scherzerklärung wie auch die Mentalreservation sind Fälle der gewollten Abweichung von Wille und Erklärung:

- Bei der *Scherzerklärung* fehlt dem Erklärenden der Geschäftswille. Merkt dies die Gegenpartei (oder hätte sie es merken müssen), liegt kein Vertrag vor. Durfte aber aufgrund des Vertrauensprinzips auf das Vorliegen eines Geschäftswillens geschlossen werden, so kommt es zwar zum Vertragsabschluss, die erklärende Partei kann sich jedoch auf einen Erklärungsirrtum nach OR 24 Abs. 1 Ziff. 1 berufen. Vorbehalten bleibt eine Schadenersatzpflicht gestützt auf OR 26 (zu den Willensmängeln s. S. 61 ff.).

- Bei der *Mentalreservation* täuscht eine Partei einen Geschäftswillen lediglich vor, was aber die andere Partei nach dem Vertrauensprinzip weder merken kann noch muss. Die Mentalreservation ist rechtlich unerheblich; der Vertrag kommt mit dem von den Parteien übereinstimmend erklärten Willen zustande.

C.   Übungen zum 1. Teil

Lösungen S. 166

Übung 1

Der Malermeister M will per Fax weisse Dispersionsfarbe bestellen. Auf dem Formular gibt er aus Versehen die Bestellnummer von Autolack an. Er erhält den Autolack zugestellt.

Ist unter den folgenden Voraussetzungen ein Vertrag zustande gekommen?

a) M bestellt seit Langem halbjährlich eine grössere Menge weisser Dispersionsfarbe und kennt den Inhaber des Farbengeschäfts, I, noch aus der gemeinsamen Lehrzeit.

b) M schickt die Bestellung an einen grossen Farbenhersteller.

Übung 2

D und S vereinbaren mündlich den Kauf von 2'000 kg Stangen-Hanf (Industriehanf) aus Manila durch D, und zwar zu CHF 9.– pro kg. Im Anschluss an die Besprechung schickt S dem D ein Schreiben mit folgendem Inhalt: «Gemäss unserer heutigen Absprache habe ich Ihnen zu liefern: 2'000 kg Hanf in Stangen zum Preis von CHF 9.– pro kg Originalgewicht.»

D erwidert S umgehend, das Originalgewicht (von Manila) könne nicht in Betracht kommen, es sei vielmehr auf das bei der Ablieferung in Wohlen festzustellende Gewicht abzustellen. Jede Partei beharrt auf ihrem Standpunkt (vgl. BGE 41 II 252 ff.).

Ist ein Vertrag zustande gekommen?

Übung 3

Der Fotograf F und der Verlag V kommen überein, den Bericht eines Biologen über dessen Reise durch den tropischen Regenwald mit den Bildern von F zu illustrieren. Das Honorar von F wird auf pauschal CHF 2'500.– festgelegt. Über das Format wird nicht diskutiert. Während F sich einen gebundenen Band von mindestens 40 cm x 30 cm vorstellt, beabsichtigt der Verlag, eine broschierte Ausgabe im Format A5 herauszugeben. F erfährt dies und macht geltend, er hätte unter diesen Umständen nie einen Vertrag geschlossen.

Ist ein Vertrag zustande gekommen?

Übung 4

Der Kunde ergreift im Selbstbedienungsladen ein Joghurtglas. Auf dem Weg zur Kasse lässt er dieses aus Unachtsamkeit fallen. Das Joghurtglas zerbricht.

Worauf kann der Ladeninhaber seinen Anspruch stützen?

Übung 5

Student S will sich einen neuen Computer kaufen, wobei er sein altes Gerät «an Zahlung geben» möchte. Händler H bietet ihm an, das alte Gerät zu CHF 200.– an den Kaufpreis des neuen Geräts anzurechnen, was S als zu niedrig ablehnt. Er verlässt den Laden. Kurz darauf bereut er die Ablehnung des Angebots. Am nächsten Tag kehrt S in den Laden zurück und teilt H mit, er sei nun doch einverstanden.

Wie ist die Rechtslage (ohne Vertragsqualifikation)?

Übung 6

Die Katze von A ist entlaufen. Auf kleinen Plakaten, die er im Quartier aufhängt, setzt er für «das Wiederauffinden meines Katers» einen Finderlohn von CHF 500.– aus. Nachbar N findet das Tier tot in seinem Garten und teilt dies A mit.

Hat N Anspruch auf die CHF 500.–?

Übung 7

K interessiert sich in der Buchhandlung für eine bestimmte Ausgabe von Lessings «Nathan der Weise», die dort aber nicht vorrätig ist. Die Buchhändlerin bestellt das Buch, und K verspricht, es in der folgenden Woche abzuholen. Über das Wochenende erhält K das Buch von einer Tante geschenkt. Er meldet sich deshalb nicht mehr in der Buchhandlung. Die Buchhändlerin ruft ihn Ende Woche an und fordert ihn auf, das Buch wie vereinbart abzuholen.

Muss K das Buch abholen?

Übung 8

K, wohnhaft in Zürich, sammelt Oldtimer. In einer Fachzeitschrift entdeckt er ein Inserat, in dem V, wohnhaft in Genf, ein von K seit langer Zeit gesuchtes Modell zum Kauf anbietet. Im Anschluss an ein Telefongespräch zwischen den beiden schickt V dem K per Post einen unterzeichneten Kaufvertrag. Diesen bringt K am Samstagmorgen gegengezeichnet zur Post. In der Nacht auf Sonntag dringen Jugendliche in die abgeschlossene Garage von V ein und entwenden das betreffende Fahrzeug zum Zweck einer Strolchenfahrt. Da sie mit der altertümlichen Mechanik nicht vertraut sind, verlieren sie in einer Kurve die Kontrolle über das Auto und fahren eine Böschung hinunter. Das Auto erleidet einen Totalschaden.

Welche Ansprüche bestehen zwischen K und V?

Übung 9

K will von V ein Stück Bauland kaufen. Sie vereinbaren einen Kaufpreis von CHF 600'000.–. In den Kaufvertrag, den sie dem Notar zur öffentlichen Beurkundung mitbringen, schreiben sie aber nur einen Kaufpreis von CHF 450'000.–, um «im Dorf nicht ins Gerede zu kommen», ausserdem spare man ja so noch ganz schön Steuern. Der Vertrag wird beurkundet und der Grundbucheintrag vorgenommen. K beginnt mit dem Bau des geplanten Einfamilienhauses, bezahlt jedoch die restlichen CHF 150'000.– unter Hinweis auf den im öffentlich beurkundeten Vertrag enthaltenen Kaufpreis von CHF 450'000.– nicht.

Besteht ein Anspruch des V?

2. Teil Auslegung und Ergänzung bzw. Anpassung von Verträgen

A. Übersicht

Vertragsauslegung	▪ Auslegungsmittel
	▪ Auslegungsregeln
	▪ Sonderfälle (AGB und formbedürftige Rechtsgeschäfte)
Vertragsergänzung	
Vertragsanpassung	

Sowohl die Auslegung und Ergänzung als auch die Anpassung von Verträgen an veränderte Verhältnisse setzen voraus, dass ein Vertrag zustande gekommen ist:

■ Die *Auslegung* lässt sich beschreiben als die Ermittlung dessen, was die Parteien im Zeitpunkt des Vertragsabschlusses wollten (Vertragsinhalt), wenn sie sich darüber im Nachhinein uneinig sind.

■ Ein Vertrag bedarf der *Ergänzung*, wenn er unvollständig ist, weil ein bestimmtes, sich im Zusammenhang mit seiner Abwicklung stellendes Problem von den Parteien nicht geregelt worden ist und dafür auch im Gesetz keine Lösung gefunden werden kann.

■ Eine *Anpassung an veränderte Umstände* ist nötig, wenn sich das Umfeld, in dem der Vertrag abgewickelt werden soll, in für die Parteien unvorhersehbarer und unzumutbarer Weise geändert hat.

Diese scheinbar klaren Differenzierungen können in der Praxis schwierig zu treffen sein.

B. Vertragsauslegung und Vertragsergänzung

1. Übersicht

Wie erwähnt, setzen die Vertragsauslegung wie auch die Vertragsergänzung voraus, dass ein Vertrag zustande gekommen ist.

Besteht zwischen den Parteien Uneinigkeit darüber, ob überhaupt ein Vertrag zustande gekommen ist, so liegt ein *Konsensstreit* vor (s. S. 35 f.). Dieser ist vom Richter zu entscheiden. Im Fall eines Konsensstreits werden die Willenserklärungen der Parteien ausgelegt, um zu ermitteln, ob diese in den wesentlichen Punkten übereinstimmen und damit ein Vertrag zustande gekommen ist.

Der Vertrag ist *auszulegen*, wenn feststeht, dass ein Vertrag zustande gekommen ist, die Parteien sich aber nicht auf dessen Inhalt einigen können. Weist ein Vertrag Lücken auf, d.h., sind bestimmte Punkte von den Parteien nicht geregelt worden, so ist er zu *ergänzen*.

Theoretisch ist die Vertragsauslegung von der Vertragsergänzung zu trennen: Im Wege der Auslegung versucht der Richter, den übereinstimmenden Willen der Parteien zu ermitteln. Lässt sich der übereinstimmende Parteiwille nicht feststellen, so ist der Vertrag lückenhaft und zu ergänzen.

In der Praxis lassen sich aber die Vertragsauslegung und die Vertragsergänzung nur selten klar auseinanderhalten.

2. Vertragsauslegung

Ziel der Vertragsauslegung ist es, zu ermitteln, was die Parteien im Zeitpunkt des Vertragsabschlusses gewollt haben, wenn sie zwar an der Wirksamkeit des zwischen ihnen geschlossenen Vertrags nicht zweifeln, sich jedoch über dessen Inhalt nicht einig sind.

Durch die Auslegung soll vorrangig das von den Parteien *übereinstimmend wirklich Gewollte* ermittelt werden (subjektive Auslegung). Nach OR 18 Abs. 1 ist das übereinstimmend wirklich Gewollte auch dann massgebend, wenn es in der (mündlichen oder schriftlichen) Erklärung nicht zum Ausdruck kommt.

Lässt sich der übereinstimmende wirkliche Willen der Parteien nicht mehr feststellen, ist der mutmassliche Vertragswille mittels objektiver Auslegung der Parteierklärungen nach dem Vertrauensprinzip zu ermitteln.

Rechtsprechung Vgl. dazu BGE 118 II 365 f.: «Der Inhalt eines Vertrags bestimmt sich in erster Linie durch subjektive Auslegung, d.h. nach dem übereinstimmenden wirklichen Parteiwillen (Art. 18 Abs. 1 OR). Nur wenn eine tatsächliche Willensübereinstimmung unbewiesen bleibt, sind zur Ermittlung des mutmasslichen Parteiwillens die Erklärungen der Parteien aufgrund des Vertrauensprinzips so auszulegen, wie sie nach ihrem Wortlaut und Zusammenhang sowie den gesamten Umständen verstanden werden durften und mussten.»

Während es sich bei der Feststellung des wirklichen Willens (subjektive Auslegung) um eine Tatfrage handelt, stellt die Ermittlung des mutmasslichen Parteiwillens im Rahmen der objektiven Auslegung eine Rechtsfrage dar (BGE 126 III 29).

2.1 Auslegungsmittel

Dem Auslegenden stehen verschiedene Auslegungsmittel zur Verfügung. Unterschieden wird zwischen dem primären Auslegungsmittel und den ergänzenden Auslegungsmitteln:

■ Als *primäres Auslegungsmittel* gilt der *Wortlaut*, d.h. die von den Parteien verwendeten Worte. Grundsätzlich ist davon auszugehen, die Parteien hätten ein bestimmtes Wort entsprechend dem allgemeinen Sprachgebrauch verwendet. Anderes kann sich aus der Zugehörigkeit der Parteien zu einem besonderen Kreis von Personen (insb. Fachkreis) ergeben.

■ Als *ergänzende Auslegungsmittel* werden insb. die folgenden genannt:
  - Ort, Zeit und andere Begleitumstände des Vertragsabschlusses;
  - *Verhalten der Parteien* vor und nach Vertragsabschluss;
  - Interessenlage der Parteien bei Vertragsabschluss;
  - Verkehrsauffassung und Verkehrsübung.

2.2 Auslegungsregeln

Neben den Auslegungsregeln, die sich im Gesetz finden (u.a. in OR 16, 76, 220), wurden von der Rechtsprechung und Lehre verschiedene Auslegungsregeln entwickelt, die als «allgemeine Grundsätze der Vertragsauslegung» gelten.

Zu nennen sind insb.:

■ *Auslegung «ex tunc»:* Der Richter hat den Vertrag aus der Sichtweise der Parteien im Zeitpunkt des Vertragsabschlusses auszulegen.

■ *Auslegung nach Treu und Glauben:* Bei der Auslegung ist dem Prinzip von Treu und Glauben Rechnung zu tragen.

■ *Ganzheitliche Auslegung:* Eine einzelne Vertragsbestimmung darf nicht isoliert betrachtet, sondern muss stets im Zusammenhang mit dem ganzen Vertrag ausgelegt werden.

■ *Gesetzeskonforme Auslegung:* Dass die Auslegung gesetzeskonform zu erfolgen hat, bedeutet, dass vom dispositiven Gesetzesrecht abweichende Bestimmungen eng auszulegen sind sowie dass im Zweifel jener Auslegung zu folgen ist, die dem dispositiven Gesetzesrecht entspricht. Eine Partei, die von einer gesetzeskonformen Auslegung abweichen will, hat dies mit hinreichender Deutlichkeit zum Ausdruck zu bringen, sofern sich der entsprechende Vertragswille nicht klar aus den Umständen ergibt (BGE 113 II 51).

■ *Unklarheitsregel:* Ergibt sich aufgrund einer vorgenommenen Auslegung keine eindeutige Bedeutung, so ist im Zweifel diejenige Bedeutung zu wählen, die für den Verfasser ungünstiger ist *(«in dubio contra stipulatorem»)*. Die Regel kommt aber erst zum Zug, wenn die übrigen Auslegungsmittel versagen, und nicht schon dann, wenn die Auslegung einer Bestimmung streitig ist.

Ausführlich und mit reicher Kasuistik dazu s. GAUCH/SCHLUEP/SCHMID, N 1222 ff.

Neben den gesetzlichen und den allgemeinen Auslegungsregeln können die Parteien im Vertrag selber Regeln für die Auslegung festlegen, die für den Richter im Streitfall bindend sind.

Illustrativ zur Auslegung eines Vertrags: BGE 113 II 49 ff.

2.3 Sonderfälle: Auslegung von AGB und formbedürftigen Verträgen

Für die Auslegung von allgemeinen Geschäftsbedingungen (AGB) bzw. allgemeinen Vertragsbedingungen (AVB) sowie von formbedürftigen Verträgen gilt, was folgt:

- *Auslegung von AGB:* Für AGB gelten die gleichen Auslegungsregeln wie für individuelle Verträge. Die gleichen AGB können also in zwei verschiedenen Fällen eine unterschiedliche Bedeutung haben.

- *Auslegung von formbedürftigen Verträgen:* Das Formerfordernis dient regelmässig einem Schutzzweck. Es wird daher die Meinung vertreten, die Auslegung dürfe nur so weit gehen, als der dadurch zu ermittelnde Wille in der formgerechten Erklärung noch angedeutet ist («Andeutungstheorie»). Diese (für die Auslegung von Testamenten anerkannte) Andeutungstheorie wird vom Bundesgericht für die Vertragsauslegung abgelehnt. Die Auslegungs- und die Formfrage werden vielmehr getrennt geprüft.

Rechtsprechung Vgl. dazu BGE 122 III 366: «Formbedürftige Rechtsgeschäfte sind nach den allgemeinen Grundsätzen auszulegen, d.h., es ist nach den gesamten Umständen zu ermitteln, was die Parteien tatsächlich gewollt haben oder wie ihre Erklärungen nach Treu und Glauben zu verstehen sind ... In einem weiteren Schritt ist anschliessend zu beurteilen, ob der nach den allgemeinen Auslegungsmethoden ermittelte Vertragsinhalt in der gesetzlich vorgeschriebenen Form hinreichend zum Ausdruck gebracht worden ist.»

3. Vertragsergänzung

Ist ein Vertrag lückenhaft, so muss er ergänzt werden.

Rechtsprechung «Eine Vertragslücke liegt vor, wenn die Parteien eine Rechtsfrage, die den Vertragsinhalt betrifft, nicht oder nicht vollständig geregelt haben» (BGE 115 II 487).

Daraus geht auch hervor, dass, wie eingangs erwähnt, die Vertragsergänzung voraussetzt, dass ein Vertrag zustande gekommen ist. Entsprechend ist eine Ergänzung in wesentlichen Vertragspunkten grundsätzlich nicht möglich. Besteht allerdings zwischen den Parteien nicht ein Konsens-, sondern ein Inhaltsstreit, so ist auch eine richterliche Ergänzung in subjektiv wesentlichen Vertragspunkten möglich (ausführlich dazu GAUCH/SCHLUEP/SCHMID, N 1270 ff.).

Ob die Vertragslücke von den Parteien bewusst belassen wurde oder unbewusst entstanden ist, spielt dabei keine Rolle.

Der Vertrag kann selbstverständlich von den Parteien selbst ergänzt werden. Können sie sich in dieser Hinsicht nicht einigen, so hat der Richter dispositives Gesetzesrecht beizuziehen oder, wo solches fehlt, eine Regel zu schaffen, die dem hypothetischen Parteiwillen entspricht.

- Von *gesetzlicher Ergänzung* spricht man, wenn die Lücke durch dispositive Gesetzesbestimmungen insb. aus dem Allgemeinen oder Besonderen Teil des OR gefüllt werden kann (z.B. OR 69 zu den Modalitäten der Erfüllung oder OR 206 Abs. 1 zu den Möglichkeiten des Käufers, Ersatz für die mangelhafte Sache zu verlangen). Keine Lücke liegt vor, wenn ein bestimmter Vertragspunkt von zwingendem Gesetzesrecht geregelt wird, da dieser der Verfügung der Parteien ohnehin entzogen ist.

- In *richterlicher Vertragsergänzung* wird der Vertrag vervollständigt, wenn der Richter selbst eine Regel zu schaffen hat, weil eine solche weder von den Parteien verabredet wurde noch im Gesetz zu finden ist. Die vom Richter geschaffene Regel muss dem *«hypothetischen Parteiwillen»* entsprechen.

Rechtsprechung Dabei ist gemäss BGE 115 II 488 zu ermitteln, «was die Parteien nach dem Grundsatz von Treu und Glauben vereinbart hätten, wenn sie den nicht geregelten Punkt in Betracht gezogen hätten». Der Richter hat sich «bei der Feststellung dieses hypothetischen Parteiwillens am Denken und Handeln vernünftiger und redlicher Vertragspartner sowie an Wesen und Zweck des Vertrags zu orientieren».

Illustrativ zur Vertragsergänzung: BGE 115 II 484 ff.

C.   Vertragsanpassung bei «veränderten Verhältnissen»

Die Umstände im Umfeld des Vertrags können sich während dessen Abwicklung so erheblich ändern, dass sich – trotz dem Grundsatz, dass Verträge zu halten sind *(«pacta sunt servanda»)* – die Frage nach der Möglichkeit einer Vertragsanpassung stellt (ausführlich zum Ganzen GAUCH/ SCHLUEP/SCHMID, N 1280 ff.).

Häufig genannt wird in diesem Zusammenhang die *«clausula rebus sic stantibus»*, womit gemeint ist, dass der Vertrag eine (i.d.R. stillschweigend vereinbarte) Klausel enthält, wonach der Vertrag geschlossen wird unter dem Vorbehalt, dass die Verhältnisse (im Wesentlichen) so bleiben, wie sie sind (zur *«clausula rebus sic stantibus»* vgl. BGE 127 III 300 ff.).

Eine Vertragsanpassung kommt dann in Betracht, wenn die Veränderung der Verhältnisse dazu führt, dass die Erfüllung des Vertrags, so wie er geschlossen wurde, zumindest einer Partei nicht mehr zumutbar ist.

Die Vertragsanpassung kann (wie auch die Auslegung) jederzeit von den Parteien gemeinsam vorgenommen werden, und zwar sowohl im Vertrag selbst, indem die Parteien entsprechende Klauseln vereinbaren, oder nachträglich auf dem Weg der Vertragsänderung.

Für den Fall der Uneinigkeit bestehen einerseits gewisse gesetzliche Regeln. Anderseits kann auch der Richter auf Begehren einer Partei den Vertrag an die veränderten Umstände anpassen. Eine solche Anpassung wird in einer Verkürzung oder einer Verlängerung der Vertragsdauer oder in einer Änderung des Vertragsinhalts ohne Änderung der Dauer bestehen.

- *Gesetzliche Anpassungsregeln* finden sich insb. bei den Bestimmungen über die Dauerschuldverhältnisse, so z.B. für die Miete und Pacht («wichtige Gründe» in OR 266g Abs. 1 und 297 Abs. 1), aber u.a. auch in OR 83 Abs. 1, 309 Abs. 2 und 373 Abs. 2.

- Weisen sowohl der Vertrag als auch das Gesetz eine entsprechende Lücke auf, so kann der *Richter* mit einer selbst geschaffenen Regel den Vertrag an die veränderten Umstände anpassen.

U.a. in den folgenden zwei Fällen ist die *Vertragsanpassung ausgeschlossen*:

- Die *Voraussehbarkeit der Verhältnisänderung* schliesst die Vertragsanpassung aus, weil die Vertragserfüllung diesfalls nicht unzumutbar ist.

- Aus dem gleichen Grund soll die Vertragsänderung auch bei *Geringfügigkeit der Äquivalenzstörung* ausgeschlossen sein, also wenn die Verhältnisänderung auf das wertmässige Gleichgewicht der auszutauschenden Leistungen keinen nennenswerten Einfluss hat.

3. Teil   Inhalt des Vertrags

Übersicht

Grundsatz der Vertragsfreiheit
- Begriff
- Elemente
  - Abschlussfreiheit
  - Partnerwahlfreiheit
  - Inhaltsfreiheit (inkl. Typenfreiheit)
  - Formfreiheit
  - Aufhebungs- und Änderungsfreiheit

Schranken der Vertragsfreiheit
- Faktische Beschränkung der Vertragsfreiheit
- Rechtliche Schranken
- Insb.: Rechtliche Schranken der Inhaltsfreiheit
  - Vertrag mit unmöglichem Inhalt
  - Vertrag mit widerrechtlichem Inhalt
  - Vertrag, der gegen die guten Sitten verstösst
  - Rechtsfolge bei unmöglichem, rechts- oder sittenwidrigem Inhalt

Übervorteilung

Vorvertrag

Verwendete Literatur

GAUCH/SCHLUEP/SCHMID, N 611a ff., N 731 ff., N 1075 ff.; SCHWENZER, §§ 25 f., 32; GUHL/KOLLER, § 13; BK-KRAMER, Art. 19–22; BSK-ZELLWEGER-GUTKNECHT, Art. 22; BSK-HUGUENIN/MEISE, Art. 19–21.

A.   Grundsatz der Vertragsfreiheit

1.   Begriff

Der Grundsatz der Vertragsfreiheit beinhaltet, dass Einzelne grundsätzlich frei darüber entscheiden können, ob, mit wem und mit welchem Inhalt sie einen Vertrag abschliessen. Dieser Grundsatz liegt in der Privatautonomie begründet und bildet den klassischen Ausgangspunkt sowie ein wichtiges Grundprinzip des Vertragsrechts.

Die Vertragsfreiheit ist die privatrechtliche Seite der verfassungsmässig garantierten Wirtschaftsfreiheit. Sie steht zudem in engem Zusammenhang mit der Eigentumsgarantie, zu deren Gehalt es gehört, dass der Eigentümer über sein Recht vertraglich verfügen kann (vgl. BGE 113 Ia 139).

Die einzelnen Elemente der Vertragsfreiheit sind die Abschlussfreiheit, die Partnerwahlfreiheit, die Inhaltsfreiheit, die Formfreiheit und die Aufhebungs- bzw. Änderungsfreiheit. Diese verschiedenen Freiheitsaspekte unterliegen jeweils Einschränkungen (vgl. S. 55 ff.).

2.   Elemente

2.1   Abschlussfreiheit

Die Abschlussfreiheit weist sowohl eine positive als auch eine negative Komponente auf. Positiv beinhaltet sie die Freiheit, Verträge nach Belieben abschliessen zu *dürfen*. Negativ schützt sie Privatrechtssubjekte davor, Verträge abschliessen zu *müssen*. Zur Abschlussfreiheit gehört auch die freie Wahl des Abschlussorts.

2.2 Partnerwahlfreiheit

Die Partnerwahlfreiheit umfasst das Recht, mit einem Partner eigener Wahl zu kontrahieren (positiv) bzw. Verträge mit bestimmten Personen nicht abzuschliessen (negativ).

2.3 Inhaltsfreiheit (inkl. Typenfreiheit)

Als einziges Element wird die Inhaltsfreiheit (Vertragsfreiheit i.e.S.) im Gesetz explizit erwähnt (OR 19 Abs. 1). Demgemäss sind die Parteien frei, den Inhalt ihres Vertrags innerhalb der Rechtsordnung beliebig zu bestimmen, wozu v.a. die Ausgestaltung von Leistung und Gegenleistung, aber auch alle übrigen Modalitäten des Vertrags gehören.

Unteraspekt der Inhaltsfreiheit ist die Typenfreiheit, d.h. die Freiheit der Parteien, im Schuldvertragsrecht von den im Besonderen Teil des OR geregelten Nominatverträgen abzuweichen und neue Vertragstypen zu gestalten (Innominatverträge, vgl. dazu ausführlich BSK-AMSTUTZ/ MORIN, Einleitung vor Art. 184 ff.). Ausserhalb des Schuldvertragsrechts ist das Privatrecht vom Prinzip der Typengebundenheit beherrscht.

2.4 Formfreiheit

Das Prinzip der Formfreiheit umfasst die Freiheit, Verträge in beliebiger Form abzuschliessen, zu ändern oder aufzuheben. Es ist eine Folge des Konsensprinzips (OR 1), wonach es für das Eintreten der Vertragswirkungen unerheblich ist, in welcher Form die übereinstimmenden Willenserklärungen ausgetauscht werden. Einer besonderen Form bedürfen Verträge lediglich, wenn es vereinbart (OR 16) oder vorgeschrieben ist (OR 11 Abs. 1; vgl. dazu Kap. «Zweck und Arten von Formvorschriften», S. 38 f.).

2.5 Aufhebungs- und Änderungsfreiheit

Die Aufhebungs- und Änderungsfreiheit ist die Freiheit, abgeschlossene Verträge durch Vereinbarung wieder aufzuheben oder inhaltlich zu ändern.

B. Schranken der Vertragsfreiheit

1. Faktische Beschränkung der Vertragsfreiheit

Eine gewichtige tatsächliche Einschränkung der Vertragsfreiheit ergibt sich schon aus der gelebten Vertragswirklichkeit. Angesprochen wird damit die oft stark ungleich verteilte Verhandlungsmacht zwischen den verschiedenen Wirtschaftsverkehrsteilnehmern. Private werden in solchen Konstellationen praktisch gezwungen, bestimmte Verträge mit diktiertem Inhalt abzuschliessen (so etwa mit Banken und Versicherungen). Der individuell verhandelte Einzelvertrag hat gegenüber dem standardisierten Massenvertrag mit AGB (s. zu den AGB S. 45) erheblich an Bedeutung verloren. Der Grundsatz der einvernehmlichen Selbstbestimmung – einst dem Vertragsfreiheitsprinzip zugrunde liegende Idealvorstellung – wird durch diese Entwicklung infrage gestellt.

2. Rechtliche Schranken

Der Gesetzgeber hat auf die faktische Beschränkung der Vertragsfreiheit insb. zum Schutz der schwächeren Partei mit zahlreichen Korrekturmassnahmen reagiert. Heute darf man daher tendenziell davon ausgehen, dass das Vertragsrecht zunehmend «materialisiert», d.h. «die formale Vertragsfreiheit durch materielle Vertragsgerechtigkeit verdrängt» wird (BGE 123 III 298). Besonders deutlich wird das in den Gebieten des Miet- und Arbeitsrechts und des Konsumentenschutzes.

Zu diesen Gegenmassnahmen zählen z.B. die Beschränkung der Inhaltsfreiheit durch zwingende Normen, das Verbot der Übervorteilung (OR 21; S. 59), die Regelung des Gesamtarbeitsvertrags mit der Möglichkeit zur Allgemeinverbindlicherklärung, die Bekämpfung missbräuchlicher Geschäftsbedingungen durch UWG 8, das Kartellrecht, das Preisüberwachungsrecht und das Aufsichtswesen über Banken und Versicherungen.

Eine ganz allgemeine rechtliche Schranke erwächst der Vertragsfreiheit schon durch das Vertrauensprinzip, wonach Verträge entstehen können, die eine Partei überhaupt nicht oder nicht mit dem entsprechenden Inhalt gewollt hat. Das Ziel des Vertrauensschutzes geniesst hier Vorrang vor dem autonomen Parteiwillen (ausgenommen bleibt der Fall eines wesentlichen Erklärungsirrtums; dazu s. S. 63 f.).

Des Weiteren sind die einzelnen Aspekte der Vertragsfreiheit durch verschiedene Verbote sowie Bewilligungs- und Kontrahierungspflichten beschränkt, z.B. in KG 7 (Missbrauch marktbeherrschender Stellung), ZGB 27 f. (Persönlichkeitsrecht), BBG 10 (Mitspracherechte der Lernenden), ArG 29 Abs. 3 (Beschäftigungsverbote), BewG 2 (Verkauf von Grundstücken an Ausländer).

Vgl. dazu ausführlich GAUCH/SCHLUEP/SCHMID, N 619 ff.

3. Insbesondere: Rechtliche Schranken der Inhaltsfreiheit

Die rechtlichen Schranken der Inhaltsfreiheit werden in OR 19 Abs. 1 und 20 Abs. 1 aufgeführt. Demgemäss darf der Vertrag keinen unmöglichen oder widerrechtlichen Inhalt haben oder gegen die guten Sitten verstossen.

3.1 Vertrag mit unmöglichem Inhalt

Steht bereits bei Vertragsabschluss fest, dass mindestens eine der versprochenen Leistungen objektiv unmöglich ist – d.h. von einem beliebigen Schuldner nicht erbracht werden kann –, liegt ein Vertrag mit unmöglichem Inhalt vor. Es handelt sich dabei also um Fälle ursprünglicher objektiver Unmöglichkeit.

Beispiel Schulbeispiel: Vertrag, wonach der Schuldner den Atlantischen Ozean zu durchschwimmen hat.

Die Unmöglichkeit kann sowohl auf tatsächlichen als auch auf rechtlichen Gründen beruhen.

Bei höchstpersönlichen Leistungen (vom Schuldner in eigener Person zu erbringen) liegt bei subjektiver Unfähigkeit des Schuldners zugleich objektive Unmöglichkeit vor.

Ein Vertrag mit unmöglicher Leistung liegt nicht nur vor, wenn eine versprochene *Leistung* unmöglich ist, sondern schon bei Unmöglichkeit *irgendeines Vertragsbestandteils* (z.B. Gesellschaftszweck; vgl. zur Unmöglichkeit auch S. 103 ff.).

3.2 Vertrag mit widerrechtlichem Inhalt

Verstösst ein Vertrag gegen eine objektive Norm des schweizerischen Rechts, hat er einen «widerrechtlichen Inhalt».

Bei der Beurteilung des Vertragsinhalts ist wie folgt zu unterscheiden:

- Der *Gegenstand der Vereinbarung* kann widerrechtlich sein.

Beispiel Ein Vertrag, wonach sich der Schuldner verpflichtet, jemanden umzubringen, ist widerrechtlich.

- Der *Abschluss* des Vertrags mit dem *vereinbarten Inhalt* kann widerrechtlich sein.

Beispiel Die Vereinbarung über den Verzicht auf den Widerruf der Vollmacht entgegen OR 34 Abs. 2 ist widerrechtlich.

- Der mittelbare *Vertragszweck* kann widerrechtlich sein.

Beispiel Der Abschluss eines Darlehensvertrags zum Zweck der Abwicklung eines Drogengeschäfts ist widerrechtlich (BGE 112 IV 47 f.).

Bloss individuell (also nicht vereinbarte) anstössige Motive einer Vertragspartei (z.B. Kauf einer Waffe zur Ausführung eines Tötungsdelikts) begründen jedoch keine Widerrechtlichkeit i.S.v. OR 20.

Die Widerrechtlichkeit kann sich ergeben:

- aus einer zwingenden Norm des Privatrechts (z.B. OR 100 Abs. 1) oder
- aus einer Vorschrift des öffentlichen Rechts des Bundes oder der Kantone.

Grundsätzlich keine Widerrechtlichkeit ist gegeben, wenn die verletzte Norm sich nur gegen die subjektive Beteiligung einer Partei richtet, wenn eine versprochene Handlung vertragliche Rechte Dritter verletzt oder wenn ein Verstoss gegen ausländisches Recht vorliegt. Ebenso wenig begründet der Verstoss gegen ein Verbot, das sich nur gegen die äusseren Umstände des Vertragsabschlusses richtet, eine Widerrechtlichkeit (z.B. Verkauf nach Ladenschluss, unerlaubte Sonntagsarbeit).

3.3 Vertrag, der gegen die guten Sitten verstösst

Ein Vertrag, der gegen die guten Sitten verstösst, liegt dann vor, wenn das Vereinbarte selbst, der Abschluss des Vertrags mit dem vereinbarten Inhalt oder der mittelbare, aber gemeinsame Zweck des Vertrags sittenwidrig ist.

Nach dem Grund der Sittenwidrigkeit lassen sich zwei Kategorien von Verträgen unterscheiden, einerseits Verträge, die das Persönlichkeitsrecht einer Partei (ZGB 27) verletzen, und anderseits Verträge, die anderweitig gegen die guten Sitten verstossen:

- *Verletzung des Persönlichkeitsrechts:* Der in OR 19 Abs. 2 explizit erwähnte «Verstoss gegen das Recht der Persönlichkeit» bildet einen Unterfall der Sittenwidrigkeit. ZGB 27 Abs. 2 bestimmt, dass sich niemand seiner Freiheit entäussern oder sich in ihrem Gebrauch in einem das Recht oder die Sittlichkeit verletzenden Grad beschränken darf.

  Eine Verletzung des Persönlichkeitsrechts kann sich ergeben:

  - entweder aus dem Gegenstand der Bindung – wenn z.B. höchstpersönliche Bereiche wie physische und psychische Integrität, Intimsphäre, Ehe, Familie oder Religion tangiert sind –
  - oder aus einem Übermass der Bindung hinsichtlich Dauer/Intensität («Knebelungsverträge»), z.B. übermässige Konkurrenzverbote, Verträge auf übermässig lange Zeit.

- *Sonstiger Verstoss gegen die guten Sitten:*

Rechtsprechung	Ein sonstiger Verstoss gegen die guten Sitten liegt vor, wenn ein Vertrag gegen die «herrschende Moral, d.h. gegen das allgemeine Anstandsgefühl oder gegen die der Gesamtrechtsordnung immanenten ethischen Prinzipien und Wertmassstäbe» verstösst (BGE 115 II 235).

Diese Moral ist jedoch stetigem gesellschaftlichem Wandel unterworfen.

Ein Vertrag ist demnach als sittenwidrig zu qualifizieren, wenn er Werte verletzt oder gefährdet, die nach allgemeiner gesellschaftlicher Auffassung den Prinzipien von Vertragsfreiheit und -treue überzuordnen sind.

Folgende Fallgruppen haben sich in der Rechtsprechung herausgebildet:

- *Verträge, die auf eine sexuelle Leistung gerichtet sind:* Darunter fallen z.B. Verträge mit einer Prostituierten oder Verträge zur öffentlichen Darstellung des Geschlechtsverkehrs.
- *Verträge, die gegen sozialethische Wertungen verstossen:* Als Beispiele zu nennen sind etwa Schmiergeldversprechen, bezahlte Mithilfe bei einer Dissertation, Verträge zur Verfälschung der Wettbewerbssituation beim Steigerungskauf, bezahlte Beihilfe eines Anwalts zur Erbschleicherei.

  Differenziert werden muss in Bezug auf den entgeltlichen Verzicht auf eine rechtliche Befugnis: Sittenwidrigkeit ist nur bei einer verpönten Kommerzialisierung der Rechtsposition gegeben (vgl. BGE 123 III 101 ff.).

- *Erhebliche Disparität von Leistung und Gegenleistung:* Nach überwiegender Auffassung wird diese Problematik abschliessend vom Tatbestand der Übervorteilung gem. OR 21 geregelt (s. S. 59). Die Rechtsprechung liess jedoch bzgl. der Vereinbarung überhöhter Darlehenszinsen vereinzelt Ausnahmen zu (BGE 93 II 189 ff., Zinssatz von 26%).

- *Beeinträchtigung obligatorischer Rechte Dritter:* Die Sittenwidrigkeit solcher Vereinbarung wird nur bei Vorliegen qualifizierter Voraussetzungen bejaht.
- *Verstoss gegen ausländisches Recht:*

Rechtsprechung Ein dem schweizerischen Recht unterstehender Vertrag, der gegen ausländisches Recht verstösst, ist sittenwidrig, wenn die betreffenden Normen «von derartiger Tragweite sind, dass die Duldung ihrer Verletzung auch im Inland geeignet wäre, eine dem Gemeinwohl gefährliche Verwirrung und Verwilderung der sittlichen Begriffe hervorzurufen und somit zugleich die öffentliche Ordnung des Inlandes zu verletzen» (BGE 76 II 41).

3.4 Rechtsfolge bei unmöglichem, rechts- oder sittenwidrigem Inhalt

Haben Verträge einen unmöglichen, rechts- oder sittenwidrigen Inhalt, sind sie nichtig. Ist jedoch nur ein Teil des Vertrags vom Mangel betroffen, so kann Teilnichtigkeit die Folge sein. Im Einzelnen:

■ *Nichtigkeit des Vertrags (OR 20 Abs. 1):* Ein Vertrag, der einen widerrechtlichen oder unmöglichen Inhalt hat oder gegen die guten Sitten verstösst, ist gem. OR 20 Abs. 1 nichtig.

Traditioneller Auffassung zufolge vermag ein nichtiger Vertrag keine rechtsgeschäftlichen Wirkungen zu erzeugen. Die Nichtigkeit wirkt *ex tunc* (d.h. auf den Zeitpunkt des Vertragsabschlusses zurück), ist absolut und unheilbar. Der Zweck der Nichtigkeit besteht darin, den Zustand, wie er vor Vertragsabschluss herrschte, wiederherzustellen. Die Leistungen aus einem nichtigen Vertrag erfolgen ohne Rechtsgrund und sind rückabzuwickeln (durch Vindikation, ZGB 641 Abs. 2, allenfalls durch Grundbuchberichtigungsklage, ZGB 975, oder subsidiär aus ungerechtfertigter Bereicherung, OR 62 ff.; zur Letzteren vgl. S. 83 ff.). Die Nichtigkeit ist von Amtes wegen zu beachten, und jedermann darf sich darauf berufen.

Diese Ausführungen gelten jedoch nicht uneingeschränkt:

- Verträge, die gegen eine Norm des öffentlichen Rechts verstossen, sind nicht in jedem Fall nichtig. Nichtigkeit tritt nur ein, wenn diese Rechtsfolge vom Gesetz ausdrücklich vorgesehen wird oder sich aus dem Sinn und Zweck der verletzten Norm ergibt (vgl. BGE 114 II 279 ff. = Pra 78 Nr. 37).
- Beschränkt sich die Auswirkung einer persönlichkeitsrechtswidrigen Bindung nach ZGB 27 Abs. 2 auf eine der Vertragsparteien, so soll nur der Träger des geschützten Rechts sich auf die Unwirksamkeit des Vertrags berufen können. Der Gegenpartei wird die Berufung auf den Mangel gegen den Willen des Geschützten versagt (vgl. BGE 129 III 213 f.).
- Bei unsittlichen und widerrechtlichen Verträgen ist eine Rückforderung des Geleisteten gem. OR 66 ausgeschlossen.

■ *Blosse Teilnichtigkeit (OR 20 Abs. 2):* Betrifft der Inhaltsmangel bloss einzelne Teile eines Vertrags, so sind gem. OR 20 Abs. 2 nur diese nichtig, sobald nicht anzunehmen ist, dass der Vertrag ohne die nichtigen Teile überhaupt nicht geschlossen worden wäre. Zweck dieser Norm ist es, die Rechtsfolge der Nichtigkeit auf das Notwendigste zu beschränken. Nicht der Vertrag, sondern der Mangel soll beseitigt werden.

Die Annahme einer blossen Teilnichtigkeit erfordert eine objektive Voraussetzung (dass der Mangel bloss ein Teilmangel ist) und eine subjektive Voraussetzung (dass nicht anzunehmen ist, der Vertrag wäre ohne den nichtigen Teil überhaupt nicht geschlossen worden, «hypothetischer Parteiwille») Voraussetzung.

Für die Anwendung von OR 20 Abs. 2 ist es in objektiver Hinsicht also erforderlich, dass sich der Vertrag in einen mängelfreien und einen mangelhaften Teil aufspalten lässt.

Sofern die objektive Voraussetzung der Teilbarkeit gegeben ist, wird nach OR 20 Abs. 2 die Teilnichtigkeit vermutet («geltungserhaltende Reduktion»). Wenn jedoch anzunehmen ist, dass der Vertrag ohne den nichtigen Teil überhaupt nicht geschlossen worden wäre, so ist dennoch der gesamte Vertrag nichtig. Ob eine solche Ausnahme gegeben ist, muss anhand des hypothetischen Parteiwillens ermittelt werden. Massgeblich ist hierbei, was die Parteien als vernünftig und korrekt handelnde Vertragspartner vereinbart hätten, wenn ihnen die Nichtigkeit des betreffenden Teils schon im Zeitpunkt des Vertragsabschlusses bekannt gewesen wäre (zum hypothetischen Parteiwillen s. Kap. «Vertragsergänzung», S. 52 f.).

Ergibt sich aus der Ermittlung des hypothetischen Parteiwillens, dass die Parteien bei Kenntnis des Mangels anstelle des nichtigen Teils eine abweichende Regel vereinbart und den Vertrag mit dieser Ersatzregel abgeschlossen hätten, so ist es gerechtfertigt, den Vertrag so gelten zu lassen, wie er von den Parteien unter diesen Umständen vereinbart worden wäre («modifizierte Teilnichtigkeit»). So wird z.B. in Fällen, in denen entgegen OR 100 Abs. 1 die Haftung für rechtswidrige Absicht oder grobe Fahrlässigkeit ausgeschlossen wurde, regelmässig der Vertrag insofern zu modifizieren sein, als der Haftungsausschluss auf leichtes Verschulden beschränkt wird.

OR 20 Abs. 2 ist dispositives Recht, d.h., die Parteien können innerhalb der gesetzlichen Schranken (OR 19 Abs. 1) selbst durch eine «Nichtigkeitsabrede» bestimmen, wie sich die allfällige Nichtigkeit einer Vertragsklausel auf das Schicksal des restlichen Vertrags auswirkt.

C. Übervorteilung

Im Interesse der schwächeren Vertragspartei lässt OR 21 in Abweichung vom Grundsatz der Vertragsfreiheit eine richterliche Überprüfung des Wertverhältnisses zwischen vertraglicher Leistung und Gegenleistung zu. OR 21 ermöglicht dem Benachteiligten die Anfechtung eines Wuchervertrags, sofern nachfolgende drei Voraussetzungen kumulativ erfüllt sind (anschaulich dazu BGer 4A_491/2015 vom 14. Januar 2016):

- Zwischen den versprochenen Leistungen liegt ein *offenbares Missverhältnis* vor.
- Die Entscheidungsfreiheit des Übervorteilten war im Zeitpunkt des Vertragsabschlusses z.B. durch eine *Notlage*, *Unerfahrenheit* oder *Leichtsinn* beeinträchtigt (allgemein: unterlegene Verhandlungssituation).
- Der Übervorteilende hat die Schwächesituation der anderen Partei bewusst zum Zweck des Vertragsabschlusses ausgebeutet.

Die Überprüfung der Leistungsäquivalenz ist nach freiem richterlichem Ermessen unter Würdigung aller Umstände vorzunehmen. Beurteilungsgrundlage ist der objektive Wert (nach Möglichkeit der Markt- oder Börsenpreis) der Leistungen im Zeitpunkt des Vertragsabschlusses. Im Auge zu behalten ist aber, dass OR 21 nicht das Missverhältnis als solches sanktioniert, sondern die Rücksichtslosigkeit der ausbeutenden Partei. Es dürfen daher keine allzu strengen Anforderungen an das Vorliegen des erforderlichen Missverhältnisses gestellt werden (GAUCH/SCHLUEP/SCHMID, N 734).

Es muss aufseiten des Übervorteilten eine subjektive Ausnahmesituation vorliegen, die ein freies Aushandeln der Bedingungen ausschliesst und den Betroffenen zu aussergewöhnlichen Entschlüssen führt. Die Aufzählung der Ausnahmesituationen im Gesetz hat lediglich beispielhaften Charakter. Auch andere Einflüsse z.B. von Alkohol, Drogen, Medikamenten wie auch Erschöpfungszustände, Abhängigkeiten oder Überraschungssituationen fallen in Betracht.

Die Entscheidungsschwäche des Betroffenen muss vom anderen bewusst ausgenutzt worden sein, gerade um den Vertrag mit dem unverhältnismässigen Inhalt abzuschliessen.

Der Übervorteilte kann den Vertrag unter den eben beschriebenen Voraussetzungen während eines Jahres einseitig für unverbindlich erklären und die erfolgte Leistung zurückfordern (Verwirkungsfrist, s. dazu S. 141). Ob die subjektive Ausnahmesituation noch besteht oder nicht, ist unerheblich. Die Frist gem. OR 21 Abs. 2 beginnt schon mit dem Vertragsabschluss.

Zum Schutz des Übervorteilten verfügt dieser über das Wahlrecht, ob er die Unverbindlichkeit des ganzen Vertrags geltend machen will oder diesen unter Reduktion der wucherischen Leistung auf das marktübliche Mass aufrechterhalten will (analoge Anwendung von OR 20 Abs. 2). Voraussetzung für dieses Wahlrecht ist allerdings auch hier, dass der Vertrag nach dem *normativen* Kriterium des hypothetischen Parteiwillens auch mit dem veränderten Inhalt abgeschlossen worden wäre (vgl. BGE 123 III 300, «Fussballclub»).

Der Ausbeutende kann dem Übervorteilten nach den Regeln der *«culpa in contrahendo»* schadenersatzpflichtig werden (dazu s. S. 44 f.).

D. Vorvertrag

Gem. OR 22 Abs. 1 begründet der Vorvertrag die Verpflichtung zum Abschluss eines künftigen Vertrags. Es handelt sich um einen Schuldvertrag, mit dem sich eine oder jede Partei zum Abschluss eines zukünftigen Schuldvertrags (Hauptvertrag) verpflichtet, sei es zwischen den Parteien des Vorvertrags selbst oder mit einem Dritten.

Gemäss h.L. müssen als Gültigkeitsvoraussetzung die wesentlichen Punkte des Hauptvertrags bereits im Vorvertrag bestimmt oder jedenfalls genügend bestimmbar sein. Eine zum Schutz der Parteien aufgestellte Formvorschrift gilt gem. OR 22 Abs. 2 auch schon für den Abschluss des Vorvertrags (ausdrücklich z.B. in OR 216 Abs. 2 für Vorverträge betreffend den Grundstückkauf).

Vgl. ausführlich dazu BSK-Zellweger-Gutknecht, Art. 22; Gauch/Schluep/Schmid, N 1074 ff.

4. Teil   Willensmängel

Verwendete Literatur

GAUCH/SCHLUEP/SCHMID, N 760 ff.; GUHL/KOLLER, §§ 15–17; BSK-SCHWENZER, Art. 23–31; BK-SCHMIDLIN, Art. 23–31; KOLLER, § 14; SCHWENZER, §§ 36–39.

A.   Übersicht

Irrtum	■ Begriff
	■ Erklärungsirrtum
	■ Motivirrtum
	■ Grundlagenirrtum
	■ Blosse Rechnungsfehler
	■ Rechtsfolgen
Absichtliche Täuschung	■ Begriff
	■ Voraussetzungen
	■ Absichtliche Täuschung durch Dritte
	■ Rechtsfolgen
Furchterregung	■ Begriff
	■ Voraussetzungen
	■ Drohung durch Dritte
	■ Rechtsfolgen
Rechtslage bei einseitiger Unverbindlichkeit des Vertrags	■ Theorienstreit
	■ Aufhebung des Mangels durch Genehmigung

In Abweichung vom Vertrauensprinzip, gemäss welchem der Erklärende an seine Erklärung immer so gebunden ist, wie sie der Empfänger unter den gegebenen Umständen objektiv verstehen musste und durfte, statuieren OR 23–31 eine Reihe von Tatbeständen, welche den Erklärenden berechtigen, sich von seiner Erklärung zu lösen. Es sind dies Fälle, in denen der Erklärende seinen Willen fehlerhaft gebildet oder geäussert hat, also ein Willensmangel vorliegt.

Zu unterscheiden sind die Tatbestände des *Irrtums* (OR 23 ff.), der *absichtlichen Täuschung* (OR 28) und der *Furchterregung* (OR 29 f.).

B. Irrtum

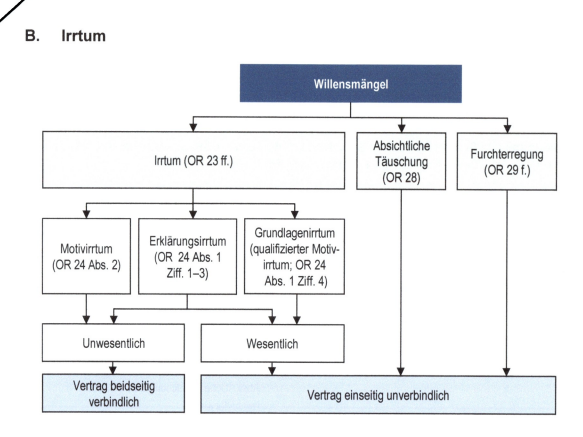

1. Begriff

Der Irrtum gem. OR 23 ff. ist eine *falsche Vorstellung über den Sachverhalt*. Die Vorstellung des Irrenden entspricht nicht oder nicht vollständig der Wirklichkeit. Der falschen Vorstellung gleichzusetzen ist die *fehlende Vorstellung* über einen Sachverhalt. Bewusstes Nichtwissen oder Zweifel an der Richtigkeit der eigenen Vorstellung schliessen den Irrtum jedoch aus.

Der Vertrag ist als Rechtsfolge nach OR 23 nur für denjenigen unverbindlich, der sich beim Abschluss in einem wesentlichen Irrtum befunden hat. Ein Irrtum gilt allgemein als wesentlich, wenn nach den Umständen davon ausgegangen werden muss, dass der Irrende bei Kenntnis des wahren Sachverhalts seine Erklärung nicht oder nicht in dieser Art abgegeben hätte. Erforderlich ist dazu, dass sowohl nach allgemeiner Verkehrsanschauung (objektiv) als auch aus der Sicht des Erklärenden (subjektiv) das Gebunden-Sein an die Erklärung unzumutbar erscheint.

Ob ein Irrtum vorliegt, ist Tatfrage, die Beurteilung seiner Wesentlichkeit dagegen Rechtsfrage.

OR 24 Abs. 1 enthält beispielhaft vier Fälle, in denen ein Irrtum grundsätzlich als wesentlich gilt. OR 24 Abs. 1 Ziff. 1–3 enthält Fälle des Erklärungsirrtums, während OR 24 Abs. 1 Ziff. 4 den Grundlagenirrtum regelt.

Die Fälle des Erklärungsirrtums einerseits und des Grundlagenirrtums anderseits lassen sich entsprechend dem folgenden Schema abgrenzen:

Erklärungsirrtum	Grundlagenirrtum
Wille mängelfrei gebildet	Wille mangelhaft gebildet
Wille mangelhaft kundgegeben	Wille mängelfrei kundgegeben
Keine Übereinstimmung zwischen Wille und Erklärung	Übereinstimmung zwischen Wille und Erklärung

Beispiele

- Hat ein Kunsthändler ein Bild aufgrund eines Schreibfehlers anstatt mit CHF 53'000.– mit CHF 35'000.– zum Verkauf ausgeschrieben, so hat er seinen Willen an sich mängelfrei gebildet, jedoch mangelhaft kundgegeben. Es liegt folglich ein Erklärungsirrtum vor.
- Setzt er hingegen in der irrigen Annahme, das Bild sei kein Original, einen viel zu tiefen Kaufpreis an, so hat er seinen Willen zwar mängelfrei kundgegeben, aber mangelhaft gebildet (im Irrtum über die tatsächliche Sachlage). Es liegt allenfalls ein Grundlagenirrtum vor.

2. Erklärungsirrtum

2.1 Überblick

Charakteristisch für den Erklärungsirrtum ist die falsche oder fehlende Vorstellung des Irrenden über die Bedeutung seines eigenen Erklärungsverhaltens (vgl. BGE 110 II 302). Jemand erklärt etwas, was er nicht erklären will. Folglich wird er auf eine Erklärung behaftet, die nicht seinem wirklichen Willen entspricht.

Vorausgesetzt wird hierfür, dass der Empfänger die Erklärung tatsächlich abweichend vom wirklichen Willen des Erklärenden verstanden hat und nach Treu und Glauben auch abweichend verstehen durfte. Eine Anfechtung kommt daher nur dort infrage, wo nach einer Auslegung aufgrund des Vertrauensprinzips der Vertrag über das irrtümlich Erklärte und nicht über das wirklich Gewollte zustande gekommen ist (zum Vertrauensprinzip s. S. 27 f.). Hat der Empfänger den Erklärenden tatsächlich richtig verstanden oder hätte er ihn nach Treu und Glauben richtig verstehen müssen, so liegt kein Erklärungsirrtum vor.

Der Erklärungsirrtum stellt genau genommen keinen Willensmangel dar. Der Wille des Irrenden wurde an sich mängelfrei gebildet, jedoch mangelhaft kundgetan.

Beispiele

- Schreibt der Kunde – der eigentlich Birnen will – auf dem Bestellformular aus Versehen «Äpfel» statt Birnen, so kommt der Vertrag über Äpfel zustande, sofern der Früchtehändler nach Treu und Glauben davon ausgehen durfte, dass der Käufer Äpfel wollte. Der Kunde hat dann die Möglichkeit, den Vertrag wegen eines Erklärungsirrtums anzufechten (beachte aber OR 25 f.; S. 66 f.).
- Wusste der Früchtehändler aber, dass der Kunde eigentlich Birnen wollte (hat er den Kunden also trotz der falschen Erklärung richtig verstanden), so ist der Vertrag über Birnen zustande gekommen.

2.2 Formen

Es gilt, verschiedene Erscheinungsformen des Erklärungsirrtums zu unterscheiden:

- *Irrtum im Erklärungsakt:* Der Fehler liegt in der Erklärungshandlung (z.B. verschreibt oder verspricht sich der Erklärende).
- *Inhaltsirrtum:* Der Erklärende hat zwar das Erklärungszeichen gewollt, diesem jedoch eine andere Bedeutung beigemessen, als ihm nach normativer Auslegung zukommt (z.B. Übersetzungsfehler beim Erklärenden).
- *Übermittlungsirrtum gem. OR 27:* Er wird den Vorschriften über den Irrtum unterstellt. Erfasst wird die unrichtige Übermittlung durch eine Übermittlungsperson (z.B. Bote, Dolmetscher, Mäkler, Agent, Post- und Telegrafenanstalt). Streng auseinanderzuhalten sind hier der Bote, der lediglich eine fremde Willenserklärung übermittelt, und der direkte Stellvertreter (OR 32), der den Vertrag für den Vertretenen durch seine eigene Willenserklärung abschliesst (zur Stellvertretung vgl. S. 74 ff.). OR 27 gilt nur für den Erklärungs-, nicht für den Empfangsboten.

2.3 Wesentlicher und unwesentlicher Erklärungsirrtum

Je nachdem, ob der Erklärungsirrtum als wesentlich oder unwesentlich zu qualifizieren ist, zeitigt er unterschiedliche Rechtsfolgen. Nur der wesentliche Erklärungsirrtum berechtigt den Irrenden zur Vertragsanfechtung.

OR 24 Abs. 1 Ziff. 1–3 enthalten eine beispielhafte Aufzählung von Fällen, in denen die Wesentlichkeit des Erklärungsirrtums vermutet wird:

- *Ziff. 1:* Zustimmung zu einem anderen als dem gewollten Vertrag *(error in negotio).* Der geschlossene Vertrag muss nach seinem gesamten Inhalt ein wesentlich anderer als der gewollte sein (z.B. Kauf statt Miete). Unter Ziff. 1 zu subsumieren sind auch Fälle, in denen der Irrende überhaupt keinen Vertrag eingehen wollte (z.B. Scherzerklärung, Handbewegung an Versteigerung).
- *Ziff. 2:* Irrtum über die Identität der Sache oder der Person *(error in objecto vel in persona).* Nicht erfasst ist der Irrtum über blosse Eigenschaften von Sachen oder Personen (Eigenschaftsirrtum). Ein Identitätsirrtum i.S.v. Ziff. 2 liegt demgegenüber vor, wenn eine Sache nach objektiven Massstäben zum vertraglichen Zweck keinen vernünftigen Bezug hat (vgl. BGE 45 II 433 ff.: Hundertmal teurerer chemisch reiner Kalisalpeter zu pharmazeutischen Zwe-

cken statt Kalisalpeter zu Düngezwecken). Ein Eigenschaftsirrtum kann u.U. zur Anfechtung wegen Grundlagenirrtums (S. 65 f.) berechtigen.

- *Ziff. 3:* Irrtum über Umfang der Leistung und Gegenleistung *(error in quantitate)*. Massgebend ist, ob eine erhebliche Differenz zwischen tatsächlich vereinbarter und gewollter Leistung bzw. Gegenleistung vorliegt. Gegenstand des Irrtums i.S.v. Ziff. 3 ist immer der Umfang der Leistung oder Gegenleistung. Der blosse Irrtum über deren Wert ist ein Motivirrtum (OR 24 Abs. 2), ggf. ein Grundlagenirrtum (OR 24 Abs. 1 Ziff. 4).

Im Einzelfall kann allerdings auch ein unter die vorstehende Aufzählung fallender Irrtum objektiv oder subjektiv als unwesentlich zu beurteilen sein.

Beispiel Wenn jemand sich bei einer Hotelreservation verschreibt und anstelle des ihm bekannten Zimmers Nr. 41 die Nr. 14 reserviert, ist der Irrtum als unwesentlich zu bezeichnen, sofern sich beide Zimmer bzgl. Lage, Einrichtung und Preis nicht unterscheiden (SCHWENZER, N 37.14).

Ein Erklärungsirrtum ist dann wesentlich, wenn erstens anzunehmen ist, der Irrende hätte dem Vertrag mit dem vom Partner vorgestellten Inhalt nicht zugestimmt (subjektive Wesentlichkeit). Wäre der Vertrag hingegen nach dem Urteil des Irrenden auch so abgeschlossen worden, wie der Partner ihn verstanden hat, so ist der Irrtum unwesentlich, und der Vertrag gilt mit dem betreffenden Inhalt.

Beispiel Hat ein unkundiger Hundekäufer beim Züchter eigentlich einen West-Highland-Terrier kaufen wollen, fälschlicherweise aber einen Jack-Russell-Terrier bestellt, so gilt der Erklärungsirrtum als unwesentlich, sofern er den Vertrag auch über den Jack-Russell-Terrier abgeschlossen hätte (ihm die Hunderasse also an sich gleichgültig war). Der Kaufvertrag über den Jack-Russell-Terrier ist somit grundsätzlich gültig zustande gekommen.

Für die Bejahung eines wesentlichen Erklärungsirrtums ist zweitens erforderlich, dass die Diskrepanz zwischen dem objektiven Sinn der Erklärung und dem wirklichen Willen des Irrenden nach der allgemeinen Verkehrsanschauung tatsächlich von Bedeutung ist (objektive Wesentlichkeit). Die Rechtsfolge der einseitigen Unverbindlichkeit wäre in Fällen von «Kleinlichkeit» des Irrenden unangemessen.

Beispiel Objektiv wesentlich ist ein Irrtum dann, wenn der Irrende wegen mangelnder Sprachkenntnisse anstatt eines Mietvertrags einen Kaufvertrag über ein Auto abschliesst.

Ob dem Irrenden ein Verschulden zukommt, ist für die Frage der Verbindlichkeit des Vertrags irrelevant. Trifft ihn jedoch der Vorwurf der Fahrlässigkeit, wird er nach Massgabe von OR 26 schadenersatzpflichtig.

Vgl. zu den Abgrenzungen des Erklärungsirrtums von Motivirrtum, Missverständnis des Erklärungsempfängers, Falscherklärung und gemeinsamem Irrtum nach OR 18 Abs. 1 GAUCH/SCHLUEP/SCHMID, N 829 ff.

3. Motivirrtum

Der Motivirrtum ist ein Irrtum im Beweggrund zum Vertragsabschluss (irrige Vorstellung über den Sachverhalt), also in der Bildung des Geschäftswillens.

Beispiel Ein Motivirrtum liegt vor, wenn ein Gastgeber für das Abendessen eine Hammelkeule einkauft und nicht weiss, dass fast alle Gäste strikte Vegetarier sind.

Gem. OR 24 Abs. 2 ist der Motivirrtum grundsätzlich unwesentlich. Der Vertrag ist also trotz des Irrtums verbindlich. Erst wenn dem Motivirrtum die qualifizierenden Eigenschaften des Grundlagenirrtums nach OR 24 Abs. 1 Ziff. 4 zukommen (vgl. dazu nachfolgendes Kap.), ist der Vertrag für den Irrenden unverbindlich.

Zu beachten bleibt Folgendes: Kannte der Vertragspartner des Irrenden nicht nur dessen Beweggrund zum Vertragsabschluss, sondern auch den Irrtum darüber und bestand für ihn eine Aufklärungspflicht, so liegt im Unterlassungsfall eine absichtliche Täuschung (OR 28) vor (s. S. 67 f.).

4. Grundlagenirrtum

Der Grundlagenirrtum gem. OR 24 Abs. 1 Ziff. 4 ist ein qualifizierter Motivirrtum, welcher im Gegensatz zum Fall des OR 24 Abs. 2 als wesentlich betrachtet wird. Er ist gegeben, «wenn der Irrtum einen bestimmten Sachverhalt betraf, der vom Irrenden nach Treu und Glauben im Geschäftsverkehr als eine notwendige Grundlage des Vertrags betrachtet wurde» (OR 24 Abs. 1 Ziff. 4).

Zur Erinnerung: Der falschen Vorstellung ist die fehlende Vorstellung gleichzusetzen. Angesichts des Prinzips der Vertragstreue und der Grundregel des OR 24 Abs. 2 dürfen die Voraussetzungen des Grundlagenirrtums nicht leichthin angenommen werden.

Der Sachverhalt, der vom Irrenden als «notwendige Grundlage des Vertrags betrachtet wurde», ist der irrtümlich vorgestellte, von der Wirklichkeit abweichende Sachverhalt. Er kann auch eine Rechtslage betreffen (z.B. die Überbaubarkeit eines Grundstücks, s. BGE 95 III 21).

Wie beim Erklärungsirrtum sind für die Bejahung des Tatbestands auch beim Grundlagenirrtum ein subjektives und ein objektives qualifizierendes Merkmal kumulativ Voraussetzung:

- In *subjektiver Hinsicht* ist erforderlich, dass der Irrende den irrtümlich vorgestellten Sachverhalt zur Zeit des Vertragsabschlusses als «notwendige Grundlage des Vertrags betrachtet». Der vorgestellte Sachverhalt ist aufseiten des Irrenden *«conditio sine qua non»* für den Vertragsabschluss. Hätte sich der Erklärende nicht im Irrtum befunden, so wäre der Vertrag überhaupt nicht oder nicht mit dem betreffenden Inhalt abgeschlossen worden.

- In *objektiver Hinsicht* wird vorausgesetzt, dass der Irrende den vorgestellten Sachverhalt «nach Treu und Glauben im Geschäftsverkehr» als notwendige Grundlage des Vertrags betrachten durfte (BGE 118 II 62 und 118 II 301). Es muss sich also bei objektiver Betrachtung rechtfertigen, dass der Irrende den vorgestellten Sachverhalt für eine notwendige Grundlage des Vertrags hält (BGE 113 II 27).

  V.a. in Bezug auf das Vorliegen der objektiven Voraussetzung eines Grundlagenirrtums besteht in der Rechtsanwendung ein erheblicher Wertungsspielraum. Aus diesem Grund kommt der einschlägigen Gerichtspraxis besondere Bedeutung zu. Vgl. hierzu die Kasuistik bei GAUCH/SCHLUEP/SCHMID, N 793.

Von Bedeutung sind weiter die strittigen Fragen nach der Erkennbarkeit der Wesentlichkeit, nach dem Irrtum über einen zukünftigen Sachverhalt sowie nach dem Verhältnis von Grundlagenirrtum und Gewährleistungsrecht:

- *Erkennbarkeit des Irrtums für die Gegenpartei:* Inwiefern es für die Gegenpartei *erkennbar* sein muss, welche Bedeutung der irrtümlich vorgestellte Sachverhalt (subjektiv) für den Irrenden hat, ist umstritten (für die Erkennbarkeit s. z.B. BGE 110 II 303; ablehnend KOLLER, § 14 N 61 ff.; GAUCH/SCHLUEP/SCHMID, N 781).

- *Irrtum über einen zukünftigen Sachverhalt:*

Rechtsprechung   Nach der bundesgerichtlichen Rechtsprechung kann ein zukünftiger Sachverhalt Gegenstand eines Grundlagenirrtums sein, sofern einerseits die Verwirklichung des zukünftigen Sachverhalts bei Vertragsabschluss von beiden Parteien als sicher angesehen wurde oder anderseits «zwar nur die sich auf den Irrtum berufende Partei fälschlicherweise annahm, ein zukünftiges Ereignis sei sicher, aber auch die Gegenpartei ... hätte erkennen müssen, dass die Sicherheit für die andere Partei Vertragsvoraussetzung war» (BGE 118 II 300). Die Frage ist umstritten (ablehnend u.a. GAUCH/SCHLUEP/SCHMID, N 795 ff.)

- *Verhältnis zwischen kaufrechtlicher Sachgewährleistung und Grundlagenirrtum:* Der Käufer einer mangelhaften Sache hat die Wahl, ob er Ansprüche aus der kaufrechtlichen Sachgewährleistung (OR 197 ff.) geltend machen will oder ob er den Kaufvertrag unter Berufung auf Grundlagenirrtum anfechten will (BGE 127 III 85 f.; kritisch dazu u.a. GAUCH/SCHLUEP/SCHMID, N 807 m.w.H.). Eine Ausnahme soll für den Viehhandel gelten (BGE 111 II 70 f.).

Im Zusammenhang mit dem Verhältnis zwischen kaufrechtlicher Sachgewährleistung und Grundlagenirrtum sind insb. die folgenden zwei Punkte zu beachten:

- Ein Käufer, der Minderungs- oder Wandelungsansprüche geltend macht, genehmigt den Vertrag i.S.v. OR 31 Abs. 1. Die Berufung auf den Grundlagenirrtum ist danach nicht mehr möglich (BGE 127 III 85 f.).

- Diese Praxis ist nicht auf das Gewährleistungsrecht des *Werkvertrags* anwendbar. Das Werk entsteht erst nach Vertragsabschluss. Es kann deshalb nicht Gegenstand eines Grundlagenirrtums sein. Die Bestimmungen über die Gewährleistung des Unternehmers (OR 367 f.) sind ausschliesslich anwendbar (GAUCH, N 2317).

Die *Fahrlässigkeit des Irrtums* steht der Unverbindlichkeit des Vertrags wegen Grundlagenirrtums nicht entgegen. Wer fahrlässig irrt, kann jedoch gem. OR 26 zu Schadenersatz verpflichtet werden, wenn er den Vertrag nicht gegen sich gelten lässt (BGE 96 II 105).

5. Blosse Rechnungsfehler

Gem. OR 24 Abs. 3 hindern blosse Rechnungsfehler die Verbindlichkeit des Vertrags nicht, sind aber zu berichtigen. Ein blosser Rechnungsfehler («offener Kalkulationsirrtum») i.S. des Gesetzes liegt vor, wenn die Parteien die einzelnen Elemente der Berechnung zum Vertragsgegenstand gemacht haben und das Resultat der Rechnung auf einem Fehler beruht (BGE 116 II 687 f.).

Beispiel Wenn ein Schreiner eine schriftliche Offerte für den Ausbau einer Küche einreicht, welche die einzelnen Posten offen ausweist, er bei der Addition aber einen Fehler macht, so ist nach Vertragsabschluss der berichtigte Gesamtbetrag massgebend.

Im Gegensatz dazu ist kein «blosser Rechnungsfehler» anzunehmen, wenn die Berechnungsgrundlage selbst nicht zum Vertragsinhalt gemacht wurde («versteckter Kalkulationsirrtum»).

Beispiel Eine Partei verrechnet sich bei der Erstellung einer Pauschalofferte («Ich führe die Verkabelung ihres Hi-Fi-Systems für CHF 2'000.– aus»).

6. Rechtsfolgen

Gem. OR 23 ist der Vertrag für denjenigen unverbindlich, der sich beim Abschluss in einem wesentlichen Irrtum befunden hat (Grundregel: einseitige Unverbindlichkeit des Vertrags, vgl. dazu S. 70 f.). Der Irrende muss sich jedoch innert der 1-Jahres-Frist von OR 31 auf die Unverbindlichkeit des Vertrags berufen.

Diese Grundregel wird ergänzt durch eine Reihe von Einzelregeln:

- Gem. *OR 25 Abs. 1* ist die Berufung auf den Irrtum unstatthaft, wenn sie Treu und Glauben widerspricht. Ein Verstoss gegen Treu und Glauben liegt insb. vor, wenn die Geltendmachung des Irrtums eine unnütze Rechtsausübung darstellt oder ein krasses Missverhältnis der Interessen vorliegt (BGE 123 III 200).

- Nach *OR 25 Abs. 2*, einem Anwendungsfall des Missbrauchsverbots von Abs. 1, muss der Irrende den Vertrag gelten lassen, wie er ihn verstanden hat, sobald sich der andere hierzu bereit erklärt. Diese Regel ist auf den wesentlichen Erklärungsirrtum zugeschnitten und verbietet es dem Erklärenden, sich widersprüchlich zu verhalten *(«venire contra factum proprium»)*. Vorausgesetzt wird, dass die Erklärung des Vertragsgegners, den Vertrag i.S. des Irrenden gelten zu lassen, unmittelbar auf die Berufung des Irrenden auf den Irrtum folgt.

- Hat der Irrende, der den Vertrag nicht gegen sich gelten lässt, den Irrtum der eigenen Fahrlässigkeit zuzuschreiben, so ist er gem. *OR 26 Abs. 1* zum Ersatz des negativen Vertragsinteresses verpflichtet, es sei denn, der andere habe den Irrtum gekannt oder hätte ihn kennen sollen. Gem. Abs. 2 der Bestimmung kann der Richter, wo es der Billigkeit entspricht, auch auf Ersatz des positiven Vertragsinteresses erkennen (zum negativen und positiven Vertragsinteresse s. unter dem Kap. «Berechnungsweisen» S. 110). Es handelt sich bei OR 26 um eine Haftung aus c.i.c. (s. zur c.i.c. S. 44 f.).

Hat sich der Irrende erfolgreich auf die Unverbindlichkeit des Vertrags berufen, müssen noch nicht erbrachte Leistungen nicht mehr erbracht werden. Schon erbrachte Leistungen müssen rückgewährt werden. Die Geltendmachung der Rückgewährsansprüche erfolgt durch *Vindikation* (ZGB 641 Abs. 2), allenfalls durch *Grundbuchberichtigungsklage* (ZGB 975) oder subsidiär aus *ungerechtfertigter Bereicherung* (OR 62 ff.; zur ungerechtfertigten Bereicherung vgl. S. 83 ff.).

Bei beidseitig erbrachten Leistungen hat die Rückabwicklung Zug um Zug gegen Rückgabe des Empfangenen zu erfolgen (BGE 129 III 327 f.).

C. Absichtliche Täuschung

1. Begriff

Absichtliche Täuschung ist die Verleitung eines anderen zum Abschluss eines Vertrags oder zur Vornahme eines sonstigen Rechtsgeschäfts durch Erweckung eines Irrtums oder durch rechtswidrige Ausnützung eines schon bestehenden Irrtums.

OR 28 schützt die Freiheit des Willens im rechtsgeschäftlichen Bereich. Die Bestimmung soll verhindern, dass eine Partei aufgrund eines Motivirrtums, der auf absichtlicher Täuschung beruht, einen Vertrag schliesst. Ohne diesen Irrtum würde sie den Vertrag entweder überhaupt nicht oder nicht zu denselben Bedingungen abschliessen. Erforderlich ist ein Kausalzusammenhang zwischen dem durch die Täuschung hervorgerufenen Irrtum und dem Vertragsabschluss.

Da die absichtliche Täuschung einen Verstoss gegen die guten Sitten und den geschäftlichen Anstand darstellt, genügt jeder Irrtum, unabhängig davon, ob er nach der Irrtumslehre wesentlich oder unwesentlich ist (OR 28 Abs. 1).

2. Voraussetzungen

2.1 Täuschungshandlung

Erste Voraussetzung ist eine Täuschungshandlung, welche in der Vorspiegelung falscher oder im Verschweigen bzw. Unterdrücken richtiger Tatsachen bestehen kann (BGE 117 II 228). Die Handlung muss sich immer auf Tatsachen beziehen, also auf objektiv feststellbare Zustände oder Ereignisse tatsächlicher oder rechtlicher Natur (im Gegensatz zu bloss subjektiven Werturteilen oder Meinungsäusserungen).

Das Verschweigen von Tatsachen ist nur dann eine Täuschung, wenn eine Aufklärungspflicht besteht, welche sich aus besonderer gesetzlicher Vorschrift, Vertrag oder dem Grundsatz von Treu und Glauben und den herrschenden Anschauungen ergeben kann. Wann dies zutrifft, ist im konkreten Einzelfall zu bestimmen (BGE 116 II 434). Allgemein lässt sich auf die Verkehrsgepflogenheiten, die Geschäftserfahrung und Informationsmöglichkeiten der Parteien sowie die Rechtsnatur des jeweiligen Vertragsverhältnisses abstellen.

Aber: Eine allgemeine Pflicht, den Vertragspartner über für ihn bedeutsame Umstände aufzuklären, besteht nicht.

2.2 Täuschungsabsicht

Zweite Voraussetzung ist die Täuschungsabsicht. Hierzu gehören einerseits die Kenntnis des Täuschenden von der Unwahrheit seiner Behauptungen oder von der unrichtigen Vorstellung beim Getäuschten und anderseits die Absicht, den Getäuschten zum Vertragsabschluss oder zur Vornahme des Rechtsgeschäfts zu verleiten. Nicht erforderlich ist die Absicht des Täuschenden, die andere Partei zu schädigen oder sich einen Vermögensvorteil zu verschaffen.

Für die Täuschungsabsicht genügt auch Eventualvorsatz. Eine Täuschung nimmt z.B. in Kauf, wer in der Vertragsverhandlung trotz Unkenntnis eines Sachverhalts irgendwelche Behauptungen aufstellt. Lediglich fahrlässige Falschangaben fallen nicht unter OR 28, können aber Schadenersatzansprüche aus c.i.c. begründen.

2.3 Kausalzusammenhang

Zwischen dem durch die Täuschung hervorgerufenen Irrtum und dem Vertragsabschluss muss ein Kausalzusammenhang bestehen. Dieser ist gegeben, wenn der Getäuschte ohne den Irrtum den Vertrag überhaupt nicht oder nicht zu denselben Bedingungen abgeschlossen hätte, der Irrtum also Ursache für den betreffenden Vertragsabschluss war.

3.   Absichtliche Täuschung durch Dritte

Nicht nur die Täuschung durch die Gegenpartei, sondern auch die von Dritten begangene Täuschung wird gem. OR 28 Abs. 2 berücksichtigt, sofern der Vertragspartner des Getäuschten zur Zeit des Vertragsabschlusses die Täuschung gekannt hat oder hätte kennen sollen.

4.   Rechtsfolgen

Die Rechtsfolgen der absichtlichen Täuschung sind grundsätzlich die gleichen wie jene des wesentlichen Irrtums: einseitige Unverbindlichkeit des Vertrags zugunsten des Getäuschten. Diese Rechtsfolge tritt auch ein, wenn der Irrtum kein wesentlicher i.S. von OR 23 f. ist. Der Getäuschte muss sich innerhalb der 1-Jahres-Frist von OR 31 auf die Unverbindlichkeit des Vertrags berufen. Hätte der Getäuschte den Vertrag bei Kenntnis der richtigen Sachlage zu anderen Konditionen geschlossen, kommt eine analoge Anwendung von OR 20 Abs. 2 in Betracht (s. S. 58 f.).

Dem Getäuschten können gegenüber dem Täuschenden neben den Rückabwicklungsansprüchen (vgl. dazu Kap. «Irrtum – Rechtsfolgen», S. 66 f.) weitere Ansprüche aus unerlaubter Handlung (OR 41 ff.) oder c.i.c. zustehen.

Macht der Getäuschte die Unverbindlichkeit des Vertrags nicht rechtzeitig geltend, so ist gem. OR 31 Abs. 3 der Anspruch auf Schadenersatz nicht ohne Weiteres ausgeschlossen.

D.   Furchterregung

1.   Begriff

In OR 29 f. ist der Tatbestand der Furchterregung geregelt. Ein Vertragsschliessender wird «von dem anderen oder von einem Dritten widerrechtlich durch Erregung gegründeter Furcht zur Eingehung eines Vertrags bestimmt» (OR 29 Abs. 1). Die Furchterregung gem. OR 29 stellt insofern einen Willensmangel dar, als der Bedrohte durch sie zu einem Willensentschluss und zu einer Willensäusserung veranlasst wird. Der Wille des Bedrohten ist daher nicht frei. Ohne Furcht (Kausalzusammenhang) würde er den Vertrag überhaupt nicht oder nicht zu den betreffenden Bedingungen abschliessen (BGE 110 II 133).

2.   Voraussetzungen

2.1 Drohung

Die Drohung ist eine Beeinflussung der Entschlussfreiheit des Bedrohten durch In-Aussicht-Stellen eines künftigen Übels.

2.2 Widerrechtlichkeit

Die Furchterregung muss widerrechtlich sein. Dies ist einmal dann der Fall, wenn schon der angedrohte Nachteil an sich widerrechtlich ist (z.B. Morddrohung, aber auch Drohung mit vertragswidrigem Verhalten). Aber auch die Drohung mit einer an sich erlaubten Handlung kann widerrechtlich sein, nämlich dann, wenn die Furcht vor Geltendmachung eines Rechts missbraucht wird, um sich unter Benützung der Notlage des Bedrohten einen übermässigen Vorteil zu verschaffen (OR 30 Abs. 2).

Das ist der Fall, wenn durch eine Drohung mit Betreibung dem Schuldner eine Schuldanerkennung für eine erheblich höhere Schuld abgenötigt wird als die tatsächlich bestehende (BGE 84 II 624).

Die Drohung mit Strafanzeige wird immer dann als widerrechtlich betrachtet, wenn kein innerer Zusammenhang zu dem angestrebten Zweck besteht.

Drohung mit Anzeige wegen Steuerhinterziehung zum Zweck der Erlangung besserer Einkaufskonditionen.

Über den Wortlaut von OR 30 Abs. 2 hinaus umfasst die «Geltendmachung eines Rechts» jedes Verhalten, das dem Drohenden freigestellt, also nicht schon an sich widerrechtlich ist.

Ein Architekt weiss von zwielichtigen Vorkommnissen in der Amtspraxis seines potenziellen Auftraggebers, des Gemeinderats G. Der Architekt droht dem Gemeinderat, einen Journalisten der Lokalzeitung zu informieren. Er will G dadurch einen Auftrag zu überhöhtem Honorar abnötigen.

2.3 «Gegründete» Furcht

Die erregte Furcht muss eine «gegründete» sein. Das in Aussicht gestellte Übel muss sich für den Bedrohten selbst oder für eine ihm nahe verbundene Person als eine nahe und erhebliche Gefahr z.B. für Leib und Leben, Ehre oder Vermögen darstellen (OR 30 Abs. 1). In Betracht kommt neben den im Gesetz erwähnten Fällen auch die Gefahr für die Freiheit, die Geheimsphäre oder andere persönliche Rechtsgüter. Es ist dabei aus der Sicht des Bedrohten zu beurteilen, ob der Drohende in der Lage ist, die angedrohte Gefahr zu realisieren (subjektiver Standpunkt des Bedrohten).

2.4 Kausalzusammenhang

Die gegründete Furcht muss für den Willensentschluss kausal sein. Zu beweisen ist mithin, dass nicht andere Überlegungen wie etwa Mitleid oder Vermeidung eines riskanten Prozesses dafür ausschlaggebend gewesen waren, einen Vertrag mit dem entsprechenden Inhalt abzuschliessen.

3. Drohung durch Dritte

Die Person des Drohenden ist grundsätzlich gleichgültig, kann also auch ein Dritter sein. Bei Drohung durch einen Dritten kommt es nicht darauf an, ob die Gegenpartei von der Drohung Kenntnis gehabt hat. Die gesetzliche Regelung der Furchterregung unterscheidet sich insofern von jener der absichtlichen Täuschung.

Kommt der Vertragspartner durch die Geltendmachung des Willensmangels durch den Bedrohten zu Schaden, so ist ihm dieser Schaden, «wo es der Billigkeit entspricht», zu ersetzen, sofern er von der Drohung nichts wusste und nichts wissen musste (OR 29 Abs. 2). Ein Verschulden des Anfechtenden ist nicht erforderlich.

4. Rechtsfolgen

Auch die Furchterregung macht den Vertrag gleich wie andere Willensmängel einseitig unverbindlich. Das gilt auch, wenn ein Dritter gedroht hat und die Gegenpartei des Bedrohten davon weder wusste noch wissen konnte (s. aber mögliche Entschädigung nach Billigkeit gem. OR 29 Abs. 2). Hätte der Bedrohte den Vertrag ohne Drohung zu anderen Bedingungen abgeschlossen, kommt eine analoge Anwendung von OR 20 Abs. 2 in Betracht (s. S. 58 f.).

Für die Schadenersatzpflicht des Drohenden gegenüber dem Bedrohten sowie die Rückabwicklungsansprüche gelten die gleichen Regeln wie bei der absichtlichen Täuschung.

E. Rechtslage bei einseitiger Unverbindlichkeit des Vertrags

1. Übersicht («Theorienstreit»)

Wenn ein Vertrag an einem wesentlichen Willensmangel leidet, ist er nach OR 23, 28 Abs. 1 und 29 Abs. 1 für die betroffene Partei unverbindlich (einseitige Unverbindlichkeit). Zur rechtlichen Bedeutung dieser einseitigen Unverbindlichkeit stehen drei Theorien im Widerstreit, die *Ungültigkeitstheorie*, die *Anfechtungstheorie* sowie die *Theorie der geteilten Ungültigkeit*:

■ Gemäss der *Ungültigkeitstheorie* entfaltet der einseitig unverbindliche Vertrag wie der nichtige Vertrag von Anfang an keine Wirkung. Er ist ungültig.

   Diese Unverbindlichkeit darf jedoch nicht von Amtes wegen berücksichtigt werden. Nur die betroffene (irrende, getäuschte oder bedrohte) Partei wird geschützt, wenn sie die Ungültigkeit geltend macht. Dem Vertragsgegner ist es hingegen verwehrt, sich gegen den Willen der betroffenen Partei auf die Ungültigkeit des Vertrags zu berufen. Solange sich die betroffene Partei nicht auf die Unverbindlichkeit beruft, hat er den Vertrag gegen sich gelten zu lassen, wie wenn er verbindlich wäre. Der Vertrag ist somit suspensiv bedingt (zu den Bedingungen s. S. 150 ff.). Das Bundesgericht hat sich u.a. in BGE 114 II 143 für die Ungültigkeitstheorie ausgesprochen (zustimmend GAUCH/SCHLUEP/SCHMID, N 890 ff.).

■ Gemäss der in Deutschland herrschenden *Anfechtungstheorie* ist der einseitig unverbindliche Vertrag für beide Parteien gültig. Die betroffene Partei verfügt jedoch über ein Anfechtungsrecht. Bei Ausübung dieses Rechts wird der Vertrag *ex tunc* aufgehoben. Der Vertrag ist somit resolutiv bedingt.

   Das Bundesgericht hat die Anfechtungstheorie in BGE 114 II 143 explizit verworfen (anders dagegen ein Teil der Lehre, vgl. die Aufstellung in GAUCH/SCHLUEP/SCHMID, N 897, sowie die ausführliche Kritik bei BK-SCHMIDLIN, Art. 23 f., N 127 ff.).

■ Nach der Theorie der geteilten Ungültigkeit ist der Vertrag für die betroffene Partei von Anfang an ungültig, für die andere hingegen gültig. Das Bundesgericht hat seine Haltung gegenüber dieser Theorie in BGE 114 II 143 offengelassen (klar ablehnend dagegen GAUCH/SCHLUEP/SCHMID, N 899 f.).

Praktische Konsequenzen aus dem Theorienstreit können sich für die Verjährung allfälliger Ansprüche aus ungerechtfertigter Bereicherung (OR 62 ff.; S. 83 ff.) ergeben. So beginnt die absolute 10-jährige Verjährungsfrist (OR 67 Abs. 1) nach der Ungültigkeitstheorie mit der Leistung (Leistung einer Nichtschuld), bei der Anfechtungstheorie erst mit der Anfechtung (Leistung aus nachträglich wegfallendem Grund).

Vgl. hierzu BGE 114 II 131 ff., insb. 142 ff. («Picasso-Fall»), sowie BK-SCHMIDLIN, Art. 23 f., N 127 ff.; GAUCH/SCHLUEP/SCHMID, N 1483; OFK-DASSER, Art. 31, N. 18 ff.

2. Aufhebung des Mangels durch Genehmigung

Gem. OR 31 Abs. 1 hat sich der durch Irrtum, Täuschung oder Furcht beeinflusste Teil binnen *Jahresfrist* auf die Unverbindlichkeit des Vertrags zu berufen, ansonsten der Vertrag als genehmigt gilt. Diese fingierte Genehmigung bewirkt, dass eine spätere Berufung auf die Unverbindlichkeit des Vertrags ausgeschlossen ist und der Vertrag *ex tunc* wirksam wird.

Die Erklärung ist an keine besondere Form gebunden und kann auch dadurch erfolgen, dass eine schon erbrachte Leistung zurückgefordert wird. Sie ist bedingungsfeindlich und unwiderruflich. Falls jedoch der Erklärungsgegner das Bestehen des Gestaltungsrechts oder dessen wirksame Ausübung bestreitet, ist ein Widerruf der Anfechtungserklärung zulässig (BGE 128 III 75 f.).

Die Jahresfrist ist *Verwirkungsfrist* (BGE 114 II 141; zur Verwirkung s. S. 141). Gem. OR 31 Abs. 2 beginnt sie in den Fällen des Irrtums und der Täuschung mit deren Entdeckung, in den Fällen der Furcht mit deren Beseitigung zu laufen. Ein Irrtum oder eine Täuschung gilt erst bei sicherer Kenntnis des Willensmangels als entdeckt (BGE 108 II 105).

Die betroffene Partei kann den Vertrag schon vor Ablauf der Frist ausdrücklich oder durch konkludentes Verhalten genehmigen. Eine solche Genehmigung darf jedoch nur angenommen werden, wenn der Betroffene deutlich zu verstehen gibt, dass er sich mit dem mangelhaften Vertrag abgefunden hat, was die Kenntnis des Mangels voraussetzt (BGE 108 II 105).

Umstritten ist, ob neben der relativen 1-jährigen Verwirkungsfrist von OR 31 eine absolute Verwirkungsfrist von 10 Jahren ab Vertragsabschluss existiert. Das Bundesgericht hat dies in BGE 114 II 141 verneint.

Die Frist für die Berufung auf die Unverbindlichkeit ist zu unterscheiden von der Verjährungsfrist für allfällige Rückforderungsansprüche aus ungerechtfertigter Bereicherung, welche sich nach OR 67 bemisst (zur ungerechtfertigten Bereicherung vgl. S. 83 ff.).

F. Übungen zum 4. Teil

Lösungen S. 169

Übung 10

Die Eheleute E beherbergen seit einigen Jahren den 80-jährigen vermögenden und erbenlosen F und beabsichtigen, sich das Vermögen des F nach seinem Ableben zu sichern. Sie wenden sich zu diesem Zweck an Rechtsanwalt R und bringen diesen dazu, F zum Verbleiben bei den E sowie zu deren Einsetzung als einzige Testamentserben zu veranlassen. R soll dafür die Hälfte der Erbschaft erhalten. 1 Jahr später stirbt F und hinterlässt ein Testament, das die Eheleute E als Alleinerben vorsieht (vgl. BGE 66 II 257 f.).
Hat R einen Anspruch gegen die Eheleute E?

Übung 11

A überlässt B, gestützt auf einen schriftlichen Darlehensvertrag, CHF 5'000.– zu einem Zins von 5%. A weiss, dass B mit dem Geld die für einen geplanten Einbruch in ein Einfamilienhaus in Wallisellen benötigten Werkzeuge sowie ein Fluchtauto kaufen will.

Laut Vertrag wird die Darlehenssumme einschliesslich Zins «1 Monat nach der Durchführung des ‹Projekts Wallisellen›» fällig. Der Einbruch misslingt. A klagt gegen B, gestützt auf den schriftlichen Vertrag.

Hat A Aussicht auf Erfolg?

Übung 12

Der Arbeitgeber D schliesst mit E, dessen Asylgesuch abgewiesen wurde, einen Arbeitsvertrag. Ist ein gültiger Vertrag zustande gekommen?

Übung 13

S ist ein leidenschaftlicher Spieler und Briefmarkensammler. Er hat gegenüber seiner Bank beträchtliche Geldschulden. In Kürze werden Darlehen in der Höhe von CHF 50'000.– fällig. Die Bank hat kürzlich in einem Schreiben «aufgrund der gemachten Erfahrungen» ein hartes Vorgehen angekündigt. Aus beruflichen Gründen kann sich S keine Betreibungen leisten.

H kennt die Situation von S. Er bietet ihm an, einen Teil seiner Briefmarkensammlung zu CHF 55'000.– abzukaufen (auf dem Markt erhielte man bei richtiger Planung des Verkaufs mindestens das Doppelte). S nimmt das Angebot widerwillig an und unterschreibt den ihm vorgelegten Vertrag.

Wenig später nimmt die Pechsträhne von S ein Ende, und er gewinnt eine beträchtliche Geldsumme. Die Lösung seiner Probleme wäre ihm nun auch ohne den Verkauf der Briefmarkensammlung möglich. H drängt auf Aushändigung der Sammlung und weist auf den schriftlichen Vertrag hin.

Welche Möglichkeiten hat S?

Übung 14

Die Tochter T von Metzger M hat sich im Juni mit S, der ebenfalls Metzger ist, verlobt. Die Hochzeit ist für den nächsten Sommer geplant. M will sich aus dem Berufsleben zurückziehen. Im Herbst verkauft er den Metzgereibetrieb zu einem überaus günstigen Preis an S. Mitte Februar wird S von T überraschend verlassen; an eine Hochzeit ist nicht mehr zu denken.

Kann M den Vertrag rückgängig machen?

Übung 15

K kauft beim Händler H im Frühling 2001 ein Occasions-Cabriolet, dessen Kilometerzähler ca. 25'000 km anzeigt. Im Herbst 2001 stellt ein Freund von K, der Experte beim Strassenverkehrsamt ist, fest, dass der Kilometerzähler manipuliert wurde. Als Experte sieht er, dass das Auto schon mindestens 75'000 km gefahren wurde.

a) Wie ist die Rechtslage in den folgenden Fällen (auf die Problematik der Sachmängel ist jeweils nicht einzugehen):

   aa) Händler H hat den Kilometerzähler selbst zurückgedreht.

   bb) A, Angestellter von H, hat bei der Revision des Autos vor dessen Verkauf den Kilometerstand ohne das Wissen von H zurückgedreht.

   cc) K kümmert sich zunächst nicht weiter darum und wird im Sommer 2002 von einem Freund auf die rechtliche Bedeutung von manipulierten Kilometerzählern hingewiesen.

   dd) *Variante:* K kauft das Auto von seinem Freund P, der Sachbearbeiter bei einer Bank ist. P hatte das Auto kurz zuvor seinerseits von einem Bekannten (B) gekauft. B hat den Kilometerstand manipuliert, wovon P nichts wusste.

b) Nach welcher Theorie beurteilen sich gemäss bundesgerichtlicher Rechtsprechung die Rechtsfolgen eines mit Willensmängeln behafteten Vertrags? Wodurch ist diese Theorie gekennzeichnet?

Übung 16

A kauft seinem Bruder B zum Geburtstag zwölf Flaschen eines teuren Bordeaux-Weins aus dem Nachlass eines Weinsammlers.

Wie ist die Rechtslage in den folgenden Fällen?

a) B hatte sich einen anderen Jahrgang gewünscht.

b) Die Etiketten wurden nachträglich auf die Flaschen geklebt. In Tat und Wahrheit ist in den Flaschen ein billiger Verschnitt. Der beschenkte B als Weinexperte merkt das sofort.

c) A hatte schon vor dem Kauf das Gefühl, die Etiketten klebten etwas schräg auf den Flaschen. Er hielt jedoch die Fälschung von Wein für eher unwahrscheinlich und kaufte die Flaschen trotzdem.

d) Falls in den vorangehenden Fällen eine Anfechtung möglich ist: Innerhalb welcher Zeitspanne hat sie zu erfolgen?

Übung 17

Motorradmechaniker M offeriert seinem Kunden V die Reparatur seiner Vespa für einen Gesamtbetrag von CHF 524.80. Gemäss Aufstellung in der schriftlich überreichten Offerte setzt sich der Betrag zusammen aus CHF 480.– für Arbeit (6 Stunden zu CHF 80.–) und CHF 54.80 für Material. Vespa-Fahrer V findet das Angebot fair und akzeptiert es.

Wie viel ist nach erfolgter Reparatur geschuldet?

Übung 18

Schreinermeister M kennt die Buchhaltungspraxis seines Geschäftspartners, der Sägerei S (Einzelfirma), und er weiss auch, dass S in grösserem Umfang Steuern hinterzieht. Mit unzweideutigen Bemerkungen bringt er S dazu, ihm sehr günstige Konditionen einzuräumen.

Was kann S tun (steuer- und strafrechtliche Aspekte sind nicht zu berücksichtigen)?

Übung 19

Eigenheimbesitzer E will sein Haus total renovieren, wozu auch ein neuer Anstrich der Aussenfassade gehört. Im Baufachmarkt wird er vom völlig unqualifizierten Aushilfsverkäufer A beraten. Dieser verkauft ihm eine grössere Menge Farbe und preist diese trotz seines Unwissens als «beständig gegen Wind und Wetter» an. Wieder zu Hause angekommen, wird E von seinem Freund F darauf aufmerksam gemacht, dass die gekaufte Farbe für den vorgesehenen Zweck absolut ungeeignet sei.

Was kann E tun?

5. Teil   Stellvertretung

Verwendete Literatur

GAUCH/SCHLUEP/SCHMID, N 1304 ff.; KOLLER, §§ 15–21; GUHL/KOLLER, §§ 18–21; SCHWENZER, §§ 40–43; BK-ZÄCH, Art. 32–40; BSK-WATTER, Art. 32–40.

A.   Übersicht

Stellvertretung mit Ermächtigung	▪ Echte (direkte) Stellvertretung
	· Vertretungsmacht
	· Handeln im fremden Namen
	· Weitere Voraussetzungen
	▪ Unechte (indirekte) Stellvertretung
	▪ Vollmacht
Stellvertretung ohne Ermächtigung	▪ Rechtsverhältnis zwischen Vertretenem und Drittem
	▪ Rechtsverhältnis zwischen Vertreter und Drittem
	▪ Rechtsverhältnis zwischen Vertretenem und Vertreter

Grundsätzlich kann jede Person nur für sich selbst Rechtshandlungen vornehmen. Die in den OR 32 ff. geregelte Stellvertretung ermöglicht in Durchbrechung dieses Grundsatzes rechtserhebliches Handeln einer Person mit Wirkung für eine andere. Am Vertretungsverhältnis sind regelmässig drei Personen beteiligt: Derjenige, der sich vertreten lässt (Vertretener oder Geschäftsherr), derjenige, der anstelle des Vertretenen handelt (Vertreter), sowie derjenige, mit dem der Vertreter kontrahiert (Dritter).

Der *Vertreter* gibt eine eigene Erklärung mit Wirkung für den *Vertretenen* ab (aktive Stellvertretung) oder nimmt eine Erklärung mit Wirkung für den Vertretenen entgegen (passive Stellvertretung). Streng vom Vertreter zu unterscheiden ist der *Bote*, dem lediglich die Funktion zukommt, eine fremde Erklärung zu übermitteln.

Das Gesetz unterscheidet die beiden grundlegenden Fälle der Stellvertretung mit Ermächtigung (OR 32–37) sowie der Stellvertretung ohne Ermächtigung (OR 38 f.). Weiter ist zu unterscheiden, ob der Vertreter im Namen des Vertretenen (echte Stellvertretung) oder im eigenen Namen (unechte Stellvertretung) handelt. Stellvertretung im eigentlichen Sinne ist nur die echte Vertretung (vgl. BGE 126 III 64).

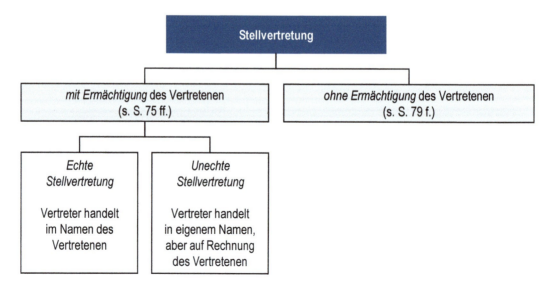

B. Stellvertretung mit Ermächtigung

1. Übersicht

Die Vertretungswirkung kann grundsätzlich auf zwei verschiedene Arten erreicht werden. Bei der *unechten (oder indirekten, mittelbaren) Stellvertretung* treten die Rechtswirkungen zuerst beim Vertreter ein, der sie darauf durch weitere Rechtshandlungen auf den Vertretenen überträgt (OR 32 Abs. 3). Bei der *echten (oder direkten, unmittelbaren) Stellvertretung* gem. OR 32 Abs. 1 hingegen treten die Rechtswirkungen direkt beim Vertretenen selbst ein.

2. Echte (direkte) Stellvertretung

Die direkte Vertretungswirkung tritt ein, sofern der Vertreter einerseits über die Vertretungsmacht verfügt und anderseits dem Dritten gegenüber bei Abschluss eines Rechtsgeschäfts ausdrücklich oder stillschweigend erklärt, dass die Rechtswirkungen dieses Geschäfts beim Vertretenen entstehen sollen (Handeln im fremden Namen).

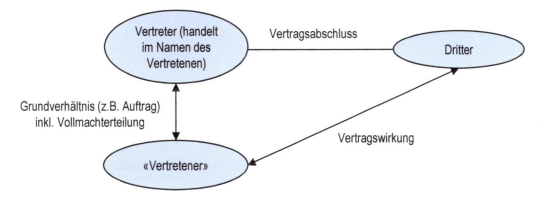

2.1 Vertretungsmacht

Die Vertretungsmacht («Ermächtigung») besteht in der Rechtsmacht des Vertreters, für den Vertretenen zu handeln. Sie setzt einen Rechtsgrund voraus, nach welchem zwischen dem gewillkürten Vertreter, dem gesetzlichen Vertreter und dem Organvertreter unterschieden werden kann:

- Die Vertretungsmacht des *gewillkürten Vertreters* beruht auf einem Rechtsgeschäft, d.h. auf einer Willenserklärung, durch welche der Vertretene dem Vertreter das Recht zur Vertretung einräumt (Vollmacht).

- Die Vertretungsmacht des *gesetzlichen Vertreters* beruht auf Gesetz, z.B. Eltern (ZGB 304 Abs. 1) oder Vertretungsbeistandschaft (ZGB 394).

- Die Vertretungsmacht des *Organvertreters* schliesslich beruht auf seiner Stellung als Organ einer juristischen Person (ZGB 55). Die Vertretungsmacht der Gesellschafter von Kollektiv- bzw. Kommanditgesellschaften ergibt sich aus OR 563 ff. bzw. 603 ff.

Im Folgenden beschränken sich die Ausführungen auf die gewillkürte Stellvertretung.

2.2 Handeln im fremden Namen

Die Vertretungswirkung tritt grundsätzlich nur dann ein, wenn der Vertreter dem Dritten gegenüber im fremden Namen handelt. Die dafür vorausgesetzte Erklärung des Vertreters kann entweder ausdrücklich oder stillschweigend erfolgen. Gem. OR 32 Abs. 2 genügt es, dass der Dritte aus den Umständen auf das Vertretungsverhältnis schliessen muss (z.B. bei Verkaufspersonal im Ladengeschäft).

Ausnahmsweise tritt die Vertretungswirkung auch dann ein, wenn der Vertreter nicht im fremden, sondern im eigenen Namen handelt. Gem. OR 32 Abs. 2 gilt dies in Fällen, in denen es dem Dritten gleichgültig ist, mit wem er den Vertrag schliesst. Dies dürfte u.a. bei den Handgeschäften des täglichen Lebens regelmässig der Fall sein (z.B. Kiosk). Dem Erfordernis der «Gleichgültigkeit» ist schon Genüge getan, wenn der Dritte bereit wäre, den Vertrag auch mit dem Vertretenen zu schliessen. Es ist nicht erforderlich, dass er den Vertrag mit einem beliebigen Dritten schliessen würde (BGE 117 II 390 f.).

Unterstehen Rechtsgeschäfte einer gesetzlichen Formvorschrift und erstreckt sich der Formzwang auch auf die am Geschäft beteiligten Parteien, so muss auch das Vertretungsverhältnis, mithin der Vertretene als Beteiligter aus der Urkunde hervorgehen (für den Grundstückkauf vgl. BGE 112 II 332).

2.3 Weitere Voraussetzungen

Der *Vertreter* muss *urteilsfähig* sein. Blosse Handlungsunfähigkeit eines urteilsfähigen Vertreters schadet nicht. Der *Vertretene* dagegen muss sowohl für die Vollmachtserteilung als auch für den Eintritt der Vertretungswirkung *handlungsfähig* sein.

Die Rechtshandlung, die der Vertreter vornimmt, darf *nicht vertretungsfeindlich* sein. Im Schuldrecht gilt der Grundsatz der Vertretungsfreundlichkeit. Hingegen kennen insb. das Familien- und das Erbrecht Rechtshandlungen, für die eine Vertretung ausgeschlossen ist, insb. Verlobung (ZGB 90 ff.), Eheschliessung (ZGB 97 ff.) und Verfügung von Todes wegen (ZGB 498 ff.).

2.4 Wirkung der echten Stellvertretung

Sofern vorstehende Voraussetzungen erfüllt sind, treten sämtliche Rechtswirkungen des Geschäfts unmittelbar beim Vertretenen und beim Dritten ein.

3. Vollmacht

3.1 Begriff

Die Vollmacht ist die durch Rechtsgeschäft erteilte Vertretungsmacht. Die Erteilung der Vollmacht ist ein einseitiges, empfangsbedürftiges und vom Grundverhältnis (z.B. Auftrag) losgelöstes Rechtsgeschäft («Bevollmächtigung»). Der Vertretene erklärt dem Vertreter, Letzterer sei befugt, ihn Dritten gegenüber zu vertreten.

3.2 Form

Soweit keine gesetzliche Ausnahme besteht (z.B. OR 348b Abs. 1, 493 Abs. 6, 689b Abs. 2), ist die Bevollmächtigung formfrei gültig, kann also auch stillschweigend durch konkludentes Verhalten erteilt werden. Dies gilt selbst dann, wenn die Vollmacht für den Abschluss eines formbedürftigen Vertrags (z.B. OR 216) erteilt wird (BGE 112 II 332, in der Lehre umstritten).

3.3 Vollmacht und Grundverhältnis

Die Bevollmächtigung bewirkt selbst keine Handlungspflichten. Sie bildet jedoch häufig Bestandteil eines Vertrags (z.B. Arbeitsvertrag), den der Vollmachtgeber mit dem Vertreter abschliesst (Grundgeschäft). Rechte und Pflichten des Vertreters ergeben sich dann aus diesem Grundgeschäft.

Die Vollmacht ist als selbstständiges Rechtsverhältnis vom Grundgeschäft zu unterscheiden. Sie ist im Bestand unabhängig vom Grundgeschäft («abstrakt»). Zu beachten ist jedoch die Vermutung von OR 396 Abs. 2, wonach der Auftraggeber vermutungsweise auch die zur Auftragsausführung notwendige Vollmacht erteilt. Umgekehrt fällt mit der Aufhebung des Auftrags vermutungsweise auch die Vollmacht dahin. Rechtlich ist jedoch auch hier die Vollmacht unabhängig vom Grundverhältnis.

3.4 Umfang der Vollmacht

Der Umfang der Vollmacht beurteilt sich gem. OR 33 Abs. 2 nach dem Inhalt der Bevollmächtigung. Sofern nicht feststeht, dass der Vertreter den Vollmachtgeber tatsächlich richtig verstanden hat, ist die Bevollmächtigung nach dem Vertrauensprinzip auszulegen.

Daraus folgt, dass nicht nur konkret abredewidriges Verhalten von der Vollmacht nicht gedeckt sein kann, sondern auch jegliches Handeln, das erkennbar den Interessen des Vollmachtgebers zuwiderläuft. Es besteht dabei insofern ein enges Verhältnis zwischen der Vollmacht und dem Grundverhältnis, als sich die Vollmacht auf alle Handlungen erstreckt, die der Vertreter aus dem gesamten Vertragsverhältnis heraus vornehmen darf, um die Interessen des Vertretenen zu fördern.

Weisungen des Vertretenen über den Gebrauch der Vollmacht sind rechtlich als Beschränkungen der Vollmacht zu qualifizieren.

Es kann in sachlicher Hinsicht unterschieden werden zwischen Spezial-, Gattungs- und Generalvollmacht:

- Bei einer *Spezialvollmacht* hat der Vertreter Vollmacht zum Abschluss eines bestimmten einzelnen Geschäfts.
- Die *Gattungsvollmacht* ermächtigt den Vertreter zur Vornahme von Geschäften bestimmter Gattung.
- Eine *Generalvollmacht* liegt vor, wenn dem Vertreter Vollmacht für alle Geschäfte wirtschaftlicher Natur erteilt wird, die ein bestimmtes Vermögen betreffen (beachte aber OR 396 Abs. 3).

Praktisch bedeutsam sind die *kaufmännischen Vollmachten*. Hier wird der Umfang der Vertretungsbefugnis gesetzlich umschrieben. Die gesetzliche Regelung ist zwar dispositiver Natur, doch dürfen gutgläubige Dritte auf den im Gesetz umschriebenen Umfang der Vertretungsmacht vertrauen (vgl. z.B. OR 460 Abs. 3):

- OR 459 f.: Prokura;
- OR 462: Handlungsbevollmächtigter;
- OR 348b Abs. 2: Handelsreisender.

Des Weiteren lassen sich Einzel- und Kollektivvollmacht unterscheiden:

- Die *Einzelvollmacht* ermächtigt den Vertreter, allein für den Vertretenen zu handeln.
- Bei der *Kollektivvollmacht* ist für Handlungen für den Vertretenen die Mitwirkung anderer Vertreter erforderlich.

Hat der Vollmachtgeber die Vollmacht einem Dritten mitgeteilt, so beurteilt sich ihr Umfang nach Massgabe der erfolgten Mitteilung (OR 33 Abs. 3). Der Vertretene kann folglich dem gutgläubigen Dritten die mangelnde Vertretungsmacht des Vertreters nicht entgegenhalten, sofern der Dritte die Vollmachtskundgabe vor Vertragsabschluss nicht zur Kenntnis genommen hat. Die Kundgabe der Vollmacht kann auch stillschweigend erfolgen.

Die Mitteilung der Vollmacht nach OR 33 Abs. 3 begründet keine Vertretungsmacht, sondern lediglich den *Schutz von gutgläubigen Dritten* durch Eintritt der Vertretungswirkung (strittig, vgl. GAUCH/SCHLUEP/SCHMID, N 1405 ff. m.w.H.).

3.5 Dauer und Untergang der Vollmacht

Die Dauer der Vollmacht richtet sich grundsätzlich nach dem Inhalt der Bevollmächtigung. So erlischt z.B. die Spezialvollmacht mit Abwicklung des Geschäfts, auf das sie sich bezieht. Ist die Vollmacht zeitlich befristet oder auflösend bedingt, so erlischt sie mit Ablauf der Frist oder mit Eintritt der Bedingung. Zudem ist regelmässig davon auszugehen, dass die Vollmacht stillschweigend auf die Dauer des Grundverhältnisses befristet ist.

Zur Erinnerung: Aufgrund der Abstraktheit der Vollmacht erlischt diese mit Beendigung des Grundgeschäfts jedoch nicht automatisch.

Die Vollmacht kann gem. OR 34 Abs. 1 vom Vertretenen jederzeit widerrufen werden, womit sie erlischt. Das Widerrufsrecht ist unverzichtbar (OR 34 Abs. 2).

Der Widerruf kann auch stillschweigend erfolgen (z.B. indem der Vertretene ein Einzelgeschäft, für das er eine Vollmacht erteilt hat, selbst abschliesst).

Nach h.L. bewirkt auch der Verzicht des Vertreters das Erlöschen der Vollmacht.

Hat der Vollmachtgeber die Vollmacht nach aussen kundgetan, so kann er deren gänzlichen oder teilweisen Widerruf gutgläubigen Dritten nur dann entgegenhalten, wenn er ihnen auch den Widerruf mitgeteilt hat (OR 34 Abs. 3).

Das Erlöschen der Vollmacht wird in verschiedenen Fällen gesetzlich vermutet (OR 35 Abs. 1 und 2). Sofern nicht das Gegenteil vereinbart worden ist oder sich aus der Natur des Rechtsgeschäfts etwas anderes ergibt, erlischt die Vollmacht mit dem Tod, der Verschollenerklärung, dem Verlust der Handlungsfähigkeit oder dem Konkurs des Vollmachtgebers oder des Bevollmächtigten. Die gleiche Wirkung hat die Auflösung einer juristischen Person, einer Kollektivgesellschaft oder Kommanditgesellschaft.

Bankvollmachten werden oft explizit über den Tod hinaus erteilt («postmortale Vollmacht»). Der Bevollmächtigte vertritt dann die Erben des Vollmachtgebers, wobei jeder Erbe einzeln die Vollmacht widerrufen kann. Dabei können sich in der Praxis aber Formprobleme ergeben, da die postmortale Vollmacht dem Vertreter keine materiellen Rechte am Nachlass verschaffen kann (GAUCH/SCHLUEP/SCHMID, N 1370).

Ist dem Bevollmächtigten eine Vollmachtsurkunde ausgestellt worden, so ist er nach dem Erlöschen der Vollmacht zur Rückgabe der Urkunde verpflichtet (OR 36 Abs. 1). Gem. OR 36 Abs. 2 haften der Vollmachtgeber oder seine Rechtsnachfolger gutgläubigen Dritten für den entstandenen Schaden, wenn sie es schuldhaft unterlassen haben, sich rechtzeitig um die Rückgabe der Urkunde zu bemühen.

Mit dem Erlöschen der Vollmacht entfällt auch die Vertretungsmacht des Vertreters. Zum Schutz des gutgläubigen Vertreters wird jedoch gem. OR 37 Abs. 1 die Weitergeltung der Vollmacht fingiert, solange diesem das Erlöschen der Vollmacht nicht bekannt geworden ist. Damit wird der Vertreter vor dem Haftungsrisiko von OR 39 Abs. 1 geschützt. Ausgenommen sind nach OR 37 Abs. 2 Fälle, in denen der Dritte vom Erlöschen der Vollmacht Kenntnis hatte oder gehabt haben müsste, da diesfalls eine Haftung des Vertreters nach OR 39 Abs. 1 ausgeschlossen ist.

4. Exkurs: Insichgeschäfte

Das sog. Insichgeschäft ist dadurch gekennzeichnet, dass der Vertreter einen Vertrag mit sich selbst abschliesst, d.h., der ganze Vertragsabschluss wickelt sich in der Person des Vertreters ab. Es sind dabei zwei Hauptarten zu unterscheiden:

- *Selbstkontrahieren:* Jemand schliesst einen Vertrag, indem er auf der einen Seite als Vertreter einer Vertragspartei handelt und auf der anderen Seite selbst als Vertragspartei auftritt (z.B. beauftragt X den Y mit dem Verkauf seines Autos. Y kauft das Auto selbst).
- *Doppelvertretung:* Jemand schliesst einen Vertrag, indem er für beide Vertragsparteien als direkter Stellvertreter handelt (z.B. beauftragt X den Y mit dem Verkauf seines Autos. Y ist gleichzeitig von Z beauftragt, für ihn ein Auto zu kaufen. Y schliesst darauf im Namen von X als Verkäufer mit sich im Namen des Z als Käufer einen Kaufvertrag über das Auto. Vertragsparteien sind X und Z, je vertreten durch Y).

Solche Insichgeschäfte sind *grundsätzlich unzulässig*, da sie mit einem Interessenkonflikt verbunden sind (vgl. z.B. BGE 112 II 506). Sie sind jedoch dort erlaubt, wo eine Benachteiligung der Vertretenen naturgemäss ausgeschlossen ist oder wo der Vertreter zu einem entsprechenden Vertragsabschluss besonders ermächtigt wurde. Eine Benachteiligung des Vertretenen ist etwa dann nicht zu befürchten, wenn der Kaufs- oder Verkaufspreis zuvor genau bestimmt worden ist (z.B. Y muss das Auto für CHF 10'000.– verkaufen) oder wenn ein Markt- oder Börsenpreis existiert.

Der Vertreter, der unbefugterweise mit sich selbst einen Vertrag abschliesst oder beide Vertragsparteien vertritt, ist dazu nicht bevollmächtigt. Das unzulässige Insichgeschäft ist somit schwebend unwirksam (OR 38; s. hierzu Kap. «Stellvertretung ohne Ermächtigung», S. 79 f.).

5. Unechte (indirekte) Stellvertretung

Eine unechte Stellvertretung gem. OR 32 Abs. 3 liegt vor, wenn der Vertreter zwar für Rechnung des Vertretenen, aber im eigenen Namen handelt (z.B. Börsenhändler). Der Dritte hat somit den Eindruck, der Vertreter schliesse ein eigenes Geschäft ab. Ob ein Handeln im eigenen Namen vorliegt, beurteilt sich dabei aufgrund des nach dem Vertrauensprinzip ausgelegten Verhaltens des Vertreters.

Beispiel Die unattraktive Schauspielerin A weiss, dass für die Besetzung einer Rolle eine gut aussehende Darstellerin gesucht wird. Sie bewegt daher ihre hübsche Berufskollegin B dazu, den Vertrag unter ihrem Namen (A) abzuschliessen. Aus diesem Vertrag wird dennoch B verpflichtet, da der Vertragspartner nicht erkennen musste, dass B unter fremden Namen handelt (BK-ZÄCH, Art. 32 N 173).

Kommt man – wie im vorstehenden Beispiel – aufgrund einer Auslegung nach dem Vertrauensprinzip zum Schluss, dass der Vertreter im eigenen Namen gehandelt hat, so gilt das Folgende:

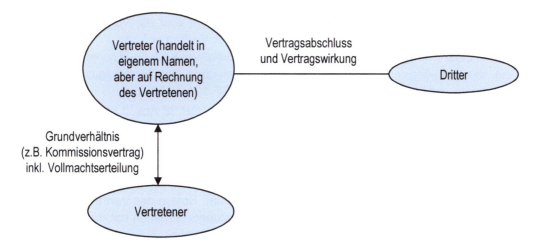

Der Vertrag entfaltet hier unmittelbar nur Wirkung zwischen dem *Vertreter* und dem *Dritten*, wobei diese Wirkungen – sofern möglich – letztlich auf den Vertretenen übertragen werden (Schauspielerin B im obigen Beispiel kann den Vertrag aufgrund ihrer persönlichen Leistungspflicht nicht übertragen). Der *Vertretene* steht in keinerlei Rechtsbeziehung zum Dritten, lediglich zum Vertreter (zumeist Kommissionsverhältnis, OR 425 ff.).

Der Vertreter hat die Wirkungen des mit dem Dritten abgeschlossenen Vertrags nach den allgemeinen Grundsätzen auf den Vertretenen zu übertragen: Forderungen nach Zessionsrecht (OR 164 ff.; S. 156 ff.), Schulden gemäss den Regeln über die Schuldübernahme (OR 175 ff.; S. 162 ff.) und dingliche Rechte nach den Bestimmungen des Sachenrechts (z.B. ZGB 714). Das Auftragsrecht enthält in OR 401 eine Sonderregel, wonach vom Vertreter (Beauftragten) erworbene Forderungen unter bestimmten Voraussetzungen von Gesetzes wegen auf den Vertretenen übergehen. Gem. OR 425 gilt OR 401 auch für die Kommission.

Vgl. dazu ausführlich BSK-WATTER, Art. 32 N 29 ff.; BK-ZÄCH, Art. 32 N 165 ff.; OFK-SCHÖBI, Art. 32, N 9 ff.

C. Stellvertretung ohne Ermächtigung

1. Übersicht

Stellvertretung ohne Ermächtigung liegt vor, wenn jemand einen Vertrag im fremden Namen schliesst, ohne über die dafür erforderliche Vollmacht zu verfügen. Die Vollmacht hat entweder überhaupt nie oder nie im für das betreffende Geschäft erforderlichen Umfang bestanden, oder sie ist nachträglich erloschen oder beschränkt worden.

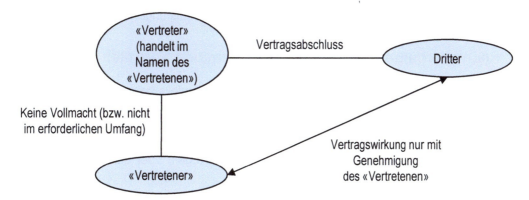

Für die Darstellung der daraus resultierenden Rechtslage ist es sinnvoll, die Rechtsverhältnisse zwischen den verschiedenen Beteiligten je einzeln zu betrachten.

2. Rechtsverhältnis zwischen Vertretenem und Drittem

OR 38 Abs. 1 enthält den Grundsatz, wonach der Dritte durch das rechtsgeschäftliche Handeln des Vertreters ohne Vertretungsmacht gebunden wird, nicht aber der Vertretene. Letzterer hat jedoch die Möglichkeit, den Vertrag zu genehmigen. Der Vertrag befindet sich in einem Schwebezustand. Einer allfälligen Genehmigung kommt rückwirkende Kraft zu, d.h., es tritt eine Rechtslage ein, wie wenn der Vertreter mit Vollmacht gehandelt hätte. Die Genehmigung ist eine Gestaltungserklärung und kann auch konkludent erfolgen (BGE 101 II 230).

Im Gesetz ist keine Frist für die Genehmigung enthalten. OR 38 Abs. 2 sieht jedoch vor, dass der Dritte dem Vertretenen eine solche Frist ansetzen kann und nicht mehr gebunden ist, wenn die Genehmigungserklärung nicht rechtzeitig erfolgt. Die Frist muss angemessen sein, wobei sich die Angemessenheit nach den Umständen des Einzelfalls bestimmt.

Lehnt der Vertretene die Genehmigung des Vertrags ab oder erfolgt keine Genehmigung innert angesetzter Frist, so ist der Vertrag endgültig unwirksam. Sofern der Vertretene aufgrund des unwirksamen Rechtsgeschäfts vom Dritten schon Leistungen erhalten hat, muss er sie zurückerstatten (Vindikations- oder Bereicherungsanspruch des Dritten).

Eine Schadenersatzpflicht des Vertretenen kann entstehen, wenn er eine ausgegebene Vollmachtsurkunde nach Erlöschen der Vollmacht nicht zurückfordert (OR 36 Abs. 2).

In Ausnahmefällen hindert das Fehlen der Vollmacht den Eintritt der Vertretungswirkung nicht (OR 33 Abs. 3, 34 Abs. 3, 37 Abs. 1: Gutglaubensschutz). Der Vertretene wird in diesen Fällen auch ohne Genehmigung unmittelbar mit dem Vertragsabschluss durch den Vertreter gebunden.

3. Rechtsverhältnis zwischen Vertreter und Drittem

Der Vertreter, der ohne Vollmacht gehandelt hat, wird nicht selbst an den von ihm geschlossenen Vertrag gebunden. Er haftet dem Dritten jedoch gem. OR 39 Abs. 1 und 2 auf Schadenersatz (Haftung aus c.i.c.). Die Haftung richtet sich gem. OR 39 Abs. 1 auf das negative Interesse. Ein Verschulden des Vertreters ist hierfür nicht erforderlich. Bei Verschulden des Vertreters kann der Richter jedoch gem. OR 39 Abs. 2 auf das positive Interesse erkennen, sofern es der Billigkeit entspricht (zum negativen und positiven Vertragsinteresse s. S. 110).

Voraussetzung für eine Haftung ist einmal, dass die Vertretungswirkung endgültig ausbleibt, d.h. der Vertrag für den Vertretenen nicht verbindlich wird (durch Genehmigung oder aufgrund von Gutglaubensschutzbestimmungen).

Zudem ist erforderlich, dass der Dritte im Zeitpunkt des Vertragsabschlusses keine Kenntnis von der fehlenden Vollmacht hatte. Entgegen dem Gesetzeswortlaut ist das Kennen-Müssen der Kenntnis nicht gleichzusetzen. Das Kennen-Müssen schliesst eine Haftung nicht aus, stellt aber einen Reduktionsgrund dar (BGE 116 II 692 ff.).

Nach bundesgerichtlicher Rechtsprechung unterliegt die Schadenersatzforderung der ausservertraglichen Verjährungsfrist von OR 60 (BGE 104 II 94).

Neben dem Schadenersatzanspruch können Vindikations- oder Bereicherungsansprüche gegen den Vertreter bestehen, sofern er für den Vertretenen bereits Leistungen angenommen hat.

4. Rechtsverhältnis zwischen Vertretenem und Vertreter

Nach dem zwischen dem Vertretenen und dem Vertreter allenfalls bestehenden Grundverhältnis und den daraus resultierenden Pflichten ist zu beurteilen, ob der Vertreter dem Vertretenen gegenüber schadenersatzpflichtig wird. Hat der Vertreter durch sein Verhalten einen Vertrag mit dem Vertretenen verletzt, kommt eine Haftung nach OR 97 ff. infrage. Ansonsten gelangen die Regeln über die unerlaubte Handlung (OR 41 ff.), allenfalls die Regeln über die GoA (OR 419 ff.) zur Anwendung.

D. Übungen zum 5. Teil

Lösungen S. 174

Übung 20

Zwei Stellvertreter verhandeln über einen Vertrag. Beide Stellvertreter sind von ihren jeweiligen Auftraggebern angewiesen worden, deren Identität nicht preiszugeben.

Können bei einem Vertragsabschluss die Vertretungswirkungen eintreten?

Übung 21

V kontaktiert für seinen Auftraggeber A den Galeristen G in einem ersten unverbindlichen Schreiben, um im Namen von A über den Kauf einer grösseren Eisenplastik zu verhandeln. In einem zweiten Brief an den Galeristen vertippt sich die Sekretärin von V, sodass dessen Angebot auf CHF 75'000.– anstelle der diktierten CHF 55'000.– lautet. G nimmt das Angebot an.

Kommt ein Vertrag gültig zustande und, wenn ja, mit welchem Inhalt?

Übung 22

Millionär M beauftragt seinen Wirtschaftsberater mit der inhaltlichen Ausgestaltung und der Niederschrift seines Testaments.

Ist das sinnvoll?

Übung 23

H ist Inhaber der im Handelsregister eingetragenen Einzelfirma «Sport H» in J. Mitarbeiter im Betrieb ist S, der registermässig über keine Unterschriftsberechtigung verfügt. S unterzeichnet eigenmächtig unter dem Firmenstempel «Sport H» einen als «Einrichtungsauftrag» benannten Vertrag mit der U AG über die Einrichtung eines neuen Sportgeschäfts zu Kosten von ca. CHF 200'000.– (vgl. BGE 120 II 197 ff.).

Ist H vertraglich gebunden?

6. Teil Widerrufsrecht bei Haustürgeschäften

Verwendete Literatur

GAUCH/SCHLUEP/SCHMID, N 476 ff.; GUHL/KOLLER, § 13 N 38; KOLLER, § 7 N 70 ff.; SCHWENZER, N 28.63 ff.; BSK-KOLLER-TUMLER, Art. 40a–40f.

A. Allgemeines

Das Widerrufsrecht bei Haustürgeschäften und ähnlichen Verträgen hat in den OR 40a–40f eine ausführliche Regelung erfahren. Mit Ausnahme einiger Bemerkungen zum sachlichen Anwendungsbereich wird hier deshalb auf den Gesetzestext verwiesen.

B. Anwendungsbereich

OR 40a, der zusammen mit den OR 40b und 40c zu lesen ist, knüpft zur Festlegung des sachlichen Anwendungsbereichs an die Art der Vertragsanbahnung an. Erfasst werden grundsätzlich alle Arten von entgeltlichen Konsumentenverträgen, denen im Rahmen der Anbahnungssituation ein typisches Überraschungsmoment innewohnt. Der Vertragsabschluss wird in diesen Situationen auf Initiative des Anbieters auf überraschende Weise an den Konsumenten herangetragen.

OR 40b enthält eine Aufzählung entsprechender Anbahnungssituationen, welche als abschliessend betrachtet wird. Vorbehalten bleiben rechtsmissbräuchliche Umgehungstatbestände.

Als Sonderfälle können beispielhaft folgende Sachverhalte erwähnt werden:

- Verträge, die mittels Telefonanrufen in Wohnräumlichkeiten, am Arbeitsplatz oder im Auto angebahnt werden (Telefonmarketing), unterliegen dem Widerrufsrecht.
- Verträge, die auf schriftlichem Weg oder vergleichbar angebahnt werden (z.B. auf dem Korrespondenzweg, mittels Telefax, Angebote des schriftlichen Versandhandels [Kataloge]), unterliegen dem Widerrufsrecht nicht.

Gem. OR 40a Abs. 2 sind Versicherungsverträge (zu Unrecht) vom Widerrufsrecht ausgenommen.

C. Übung zum 6. Teil

Lösung S. 175

Übung 24

Am 23. November 2018 sendet die V AG dem M einen Prospekt für Sicherheitsanlagen zusammen mit einer Geschäftsantwortkarte nach Hause. Die Karte hat u.a. folgenden Wortlaut:

«... Schicken Sie mir bitte weitere Informationen.

... Ich interessiere mich für den Kauf einer Sicherheitsanlage und bitte um telefonische Kontaktaufnahme an folgendem Datum: _____.»

M sendet die Karte daraufhin an die V AG zurück, wobei er das zweite Kästchen ankreuzt und den 30. November 2018 als Datum wählt. Daraufhin ruft ein Spezialist der V AG den M an und es kommt zu einem mündlichen Vertrag über den Kauf einer Sicherheitsanlage. Mit Schreiben vom 1. Dezember 2018 bestätigt die V AG den Kaufvertrag des vorherigen Tages schriftlich.

Kann M den Kauf widerrufen?

7. Teil   Ungerechtfertigte Bereicherung

Verwendete Literatur

BUCHER, 651 ff.; GUHL/KOLLER, §§ 27 f.; GAUCH/SCHLUEP/SCHMID, N 1465 ff.; SCHWENZER, §§ 55–59; BSK-SCHULIN, Art. 62–66; BSK-HUWILER, Art. 67; KOLLER, §§ 30–33.

A.   Übersicht

Voraussetzungen des Anspruchs aus ungerechtfertigter Bereicherung	▪ Bereicherung ▪ «Entreicherung» ▪ Ungerechtfertigt ▪ Entstehung der Bereicherung · durch Leistung des Entreicherten · durch Eingriff des Bereicherten · durch Zufall
Rechtsfolge der ungerechtfertigten Bereicherung	▪ Bereicherungsanspruch («Kondiktion») ▪ Gegenstand und Umfang des Bereicherungsanspruchs
Ausschluss des Bereicherungs-anspruchs	▪ Freiwillige Bezahlung einer Nichtschuld (OR 63 Abs. 1) ▪ Bezahlung einer verjährten Schuld ▪ OR 66 («Gaunerlohn»)
Verjährung	Absolute und relative Frist

Die ungerechtfertigte Bereicherung ist neben dem Vertrag und der unerlaubten Handlung der dritte im OR geregelte Entstehungsgrund von Obligationen. Der Anspruch aus ungerechtfertigter Bereicherung dient dem Ausgleich von Vermögensverschiebungen, die einer inneren Rechtfertigung entbehren.

Nach der römisch-rechtlichen Terminologie wird der Anspruch aus ungerechtfertigter Bereicherung auch heute noch «Kondiktion» genannt.

B.   Allgemeine Voraussetzungen des Bereicherungsanspruchs

Der Anspruch aus ungerechtfertigter Bereicherung setzt nach dem Wortlaut von OR 62 Abs. 1 die *Bereicherung* des einen aus dem Vermögen eines anderen voraus (dass der andere also *entreichert* ist) sowie dass diese Bereicherung *ungerechtfertigt*, d.h. ohne gültigen Rechtsgrund erfolgte.

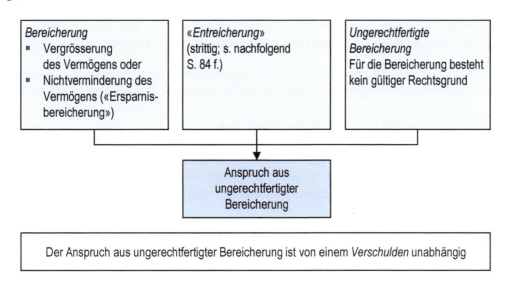

Je nach *Ursache* für die ungerechtfertigte Bereicherung werden die Kondiktionen unterschiedlich typisiert.

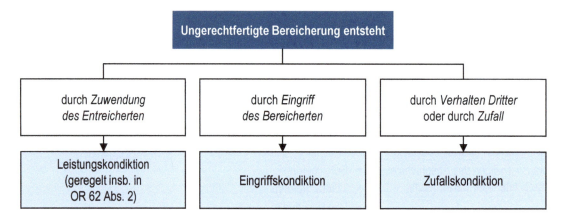

1. Bereicherung

Die Bereicherung besteht in einem Vermögensvorteil, der dem Bereicherten zugekommen ist. Die Bereicherung wird üblicherweise wie folgt umschrieben:

- *Vergrösserung des Vermögens:*
  - entweder durch Vergrösserung der Aktiven (z.B. Erwerb von Eigentum oder Forderungen, Verfügung über ein fremdes Recht zum eigenen Vorteil);
  - oder durch Verminderung der Passiven (z.B. Befreiung von einer Schuld, grundlose Erfüllung einer Schuld durch einen Dritten).
- *Nichtverminderung des Vermögens:*
  - entweder durch Nichtverminderung der Aktiven;
  - oder durch Nichterhöhung der Passiven.

  Dazu gehört insb. die Ersparnisbereicherung, bei der eine Ausgabe, die unter normalen Umständen zu tätigen gewesen wäre, ausgeblieben ist.

Beispiele Beispiele dafür sind etwa der ermüdete Bergwanderer, der sich Zutritt zu einer Berghütte verschafft und sich so die Kosten für das Hotel erspart, oder die Nutzung einer patentierten Erfindung ohne entsprechende Lizenz.

2. Entreicherung

Umstritten ist, ob der Anspruch aus ungerechtfertigter Bereicherung notwendigerweise eine Entreicherung beim Anspruchsberechtigten voraussetzt bzw. ob dem Vermögensvorteil des Bereicherten eine Vermögenseinbusse des Entreicherten entsprechen muss (ob ein Bereicherungsanspruch im obigen Beispiel auch besteht, wenn der Eigentümer die benützte Berghütte in dieser Zeit nicht vermietet hätte; Übersicht bei GAUCH/SCHLUEP/SCHMID, N 1564 ff.).

Rechtsprechung Nach der früheren Rechtsprechung des Bundesgerichts sollte der bereicherungsrechtliche Ausgleich ungerechtfertigter Vermögensverschiebungen auf klar begrenzte Tatbestände beschränkt werden, «die dadurch gekennzeichnet sind, dass die Entreicherung des Anspruchsberechtigten unmittelbar auf die Bereicherung eines anderen zurückzuführen ist» (BGE 117 II 409 f.).

Verlangt wurde also ein Kausalzusammenhang zwischen dem Vorteil und der Einbusse, was zur Folge hatte, dass kein Anspruch gegeben war, wenn es trotz Bereicherung an einer Entreicherung fehlte, und dass der Entreicherte höchstens im Umfang seiner Einbusse Ersatz verlangen konnte.

Rechtsprechung In BGE 129 III 652 hielt das Bundesgericht demgegenüber fest, ein Bereicherungsanspruch setze «nicht voraus, dass zwischen dem Bereicherungsgläubiger und dem Bereicherungsschuldner eine unmittelbare Vermögensverschiebung stattgefunden hat». Auszugleichen sei vielmehr die Bereicherung, die der Schuldner *auf Kosten eines anderen* erlangt hat (vgl. auch schon BGE 129 III 425).

Danach soll ein Bereicherungsanspruch im obigen Beispiel wohl auch dann bestehen, wenn der Eigentümer die Berghütte in der fraglichen Zeit nicht anderweitig hätte nutzen können, d.h., es an einer Entreicherung im eigentlichen Sinne fehlt.

3. Ungerechtfertigt

Eine Bereicherung ist ungerechtfertigt i.S.v. OR 62 ff., wenn sie durch keinen Rechtsgrund *(causa)* gedeckt wird.

Ein Rechtsgrund kann sich insb. aus dem Gesetz oder einem Vertrag ergeben, so bildet z.B. der Mietvertrag den Rechtsgrund für die Zahlungen des Mieters an den Vermieter.

4. Ursache der Bereicherung

4.1 Bereicherung durch Zuwendung des Entreicherten

Hauptfall für die Entstehung eines Anspruchs aus ungerechtfertigter Bereicherung ist die Leistung des Entreicherten ohne gültigen Grund; die Rede ist deshalb von der «Leistungskondiktion». Das Gesetz unterscheidet in OR 62 Abs. 2 drei Fälle, und zwar die Leistung («Zuwendung») «ohne jeden gültigen Grund», die Leistung «aus einem nicht verwirklichten Grund» und die Leistung «aus einem nachträglich weggefallenen Grund». Im Einzelnen:

- Eine *Zuwendung ohne gültigen Grund* liegt vor, wenn die Parteien sich über den Rechtsgrund nicht geeinigt haben oder wenn die erfüllte Forderung nicht bestand. M.a.W., wenn zwischen dem Leistenden und dem Leistungsempfänger ein Schuldverhältnis überhaupt nicht oder zumindest nicht wirksam begründet wurde oder im Zeitpunkt der Leistung schon wieder weggefallen war.

- Aus einem *nicht verwirklichten Grund* ist die Zuwendung, wenn sie in Erwartung eines (noch nicht bestehenden) zukünftigen Rechtsgrunds, der dann aber nicht eintritt, erbracht wird.

- Von *nachträglich weggefallenem Grund* ist die Rede, wenn der Rechtsgrund, gestützt auf den geleistet wurde, nachträglich wieder wegfällt.

Beispiel Typische Beispiele sind die Berufung auf die einseitige Unverbindlichkeit des Vertrags (OR 21 und 23 ff.) und der Widerruf einer vollzogenen Schenkung (OR 249).

4.2 Bereicherung durch Eingriff des Bereicherten (Eingriffskondiktion)

Die Bereicherung wird nicht durch eine Leistung des Entreicherten herbeigeführt, sondern durch den Bereicherten selbst, indem er ohne Rechtsgrund, also unberechtigterweise, in das Vermögen des Entreicherten eingreift. Die Eingriffskondiktion dient dem wirtschaftlichen Ausgleich in Fällen des Gebrauchs bzw. des Verbrauchs oder der Nutzung von fremden Gütern.

4.3 Bereicherung durch Verhalten Dritter oder durch Zufall

Die Bereicherung kann auch eintreten:

- durch das Verhalten eines unbeteiligten Dritten (Bankangestellter veranlasst Falschbuchung) oder

- ohne Zutun von Personen (Computerfehler führt zu Falschbuchung). Die Rede ist dann von Zufall.

C. Rechtsfolge der ungerechtfertigten Bereicherung

1. Bereicherungsanspruch

Grundsätzlich ist die ungerechtfertigt empfangene Bereicherung zurückzuerstatten (OR 62 Abs. 1). Der Entreicherte hat als Gläubiger gegen den Bereicherten als Schuldner eine Forderung, den sog. Bereicherungsanspruch.

<table>
<tr><td>**Rechtsprechung**</td><td>Der Anspruch aus ungerechtfertigter Bereicherung hat «gegenüber den andern Klagen subsidiären Charakter. Wo eine andere Klage möglich ist, liegt nicht noch ein Bereicherungsanspruch vor» (BGE 102 II 338).</td></tr>
</table>

Besteht also z.B. ein vertraglicher oder ein sachenrechtlicher Anspruch, so wird der Bereicherungsanspruch verdrängt. Dieser Grundsatz der Subsidiarität wird in der neueren Lehre kritisch gewürdigt (vgl. GAUCH/SCHLUEP/SCHMID, N 1499 ff.; SCHWENZER, N 59.03 ff.; KOLLER, § 33 N 19 ff.).

Beruht die ungerechtfertigte Bereicherung dagegen auf einer unerlaubten Handlung i.S.v. OR 41 ff., so konkurrieren die beiden Ansprüche (vgl. z.B. ZGB 726 Abs. 3 und 727 Abs. 3).

2. Gegenstand des Bereicherungsanspruchs

Grundsätzlich ist die ungerechtfertigte Bereicherung *in natura* herauszugeben, d.h., es besteht ein Anspruch auf *Naturalrestitution*. Praktische Bedeutung hat das insb. bei rechtsgrundlos abgetretenen Forderungen, die durch Rückzession zurückzuerstatten sind.

Der Bereicherungsanspruch wird bei der rechtsgrundlosen Übertragung einer Sache grundsätzlich nicht aktuell, da das Eigentum beim Verfügenden bleibt und diesem ein Vindikationsanspruch (vgl. ZGB 641 Abs. 2) gegen den rechtsgrundlos Besitzenden zusteht.

Kann die Leistung nicht *in natura* erstattet werden, so ist *Wertersatz* geschuldet. Das ist insb. der Fall bei Arbeits- und Dienstleistungen oder wenn die übertragene Sache aus sachenrechtlichen Gründen (z.B. Einbau oder Vermischung nach ZGB 671, 726 f.) in das Eigentum des Bereicherten übergegangen ist.

3. Umfang des Bereicherungsanspruchs

Die ungerechtfertigterweise empfangene Bereicherung ist *grundsätzlich in vollem Umfang* zurückzuerstatten.

Zu beachten ist allerdings die *Einwendung der nicht mehr vorhandenen Bereicherung* (vgl. OR 64): Der gutgläubig Bereicherte kann die Rückerstattung insoweit verweigern, als er zur Zeit der Rückforderung nicht mehr bereichert ist.

<table>
<tr><td>**Beispiel**</td><td>Gutgläubig ist der Empfänger einer irrtümlich erfolgten Zahlung, wenn er aufgrund der Umstände davon ausgehen durfte, dass die Zahlung tatsächlich für ihn bestimmt war. Was der Empfänger bis zum Zeitpunkt der Rückforderung bereits ausgegeben hat, kann nicht mehr zurückgefordert werden.</td></tr>
</table>

Neben dem eigentlichen Bereicherungsgegenstand hat der Bereicherte auch einen allfälligen, aus der Bereicherung gezogenen *Nutzen* (z.B. Zins) herauszugeben.

Die praktische Bedeutung von OR 65 (Aufwand des Bereicherten zur Instandhaltung der Sache) ist gering, da sich die Herausgabe einer rechtsgrundlos übertragenen Sache regelmässig nach sachenrechtlichen Bestimmungen richtet.

D. Sonderfälle

Keinen Anspruch aus ungerechtfertigter Bereicherung hat der Leistende in folgenden Fällen:

- Bei *freiwilliger Bezahlung einer Nichtschuld* (vgl. OR 63 Abs. 1). Anders ist die Lage jedoch, wenn sich der Leistende mit Blick auf seine Leistungspflicht in einem Irrtum befand: Er kann dann das Geleistete gleichwohl zurückfordern. Auf die Entschuldbarkeit des Irrtums kommt es nicht an (vgl. BGE 64 II 121 ff.).

Hatte der Zahlende jedoch Zweifel am Bestand der Schuldpflicht, ist der Anspruch wiederum ausgeschlossen.

Auch keine Anwendung findet OR 63 Abs. 1, wenn die eine Partei eines synallagmatischen Vertrags zwar in Kenntnis von dessen Unwirksamkeit, jedoch im Vertrauen auf die (in der Folge ausbleibende) Gegenleistung ihre eigene Leistung erbringt (vgl. dazu BGE 115 II 29). Dies gilt grundsätzlich in allen Fällen von Zuwendungen aus einem nicht verwirklichten Grund.

■ Die *Bezahlung einer verjährten Schuld oder die Erfüllung einer sittlichen Pflicht* (s. S. 29, unter dem Kap. «Unvollkommene Obligation») begründen keinen Anspruch aus ungerechtfertigter Bereicherung (OR 63 Abs. 2).

■ Nach *OR 66* kann nicht zurückgefordert werden, was in der Absicht, einen rechtswidrigen Erfolg herbeizuführen, gegeben wurde. Nach h.L. und gemäss jüngerer Rechtsprechung des Bundesgerichts soll sich der Anwendungsbereich der Bestimmung auf die Fälle des «Gaunerlohns», d.h. auf die Fälle, da eine Leistung «zur Anstiftung oder Belohnung eines rechts- oder sittenwidrigen Handelns des Gegners gegeben wurde», beschränken (vgl. Übersicht bei GAUCH/SCHLUEP/SCHMID, N 1548 ff.; BGE 134 III 444 f.).

E.   Verjährung von Ansprüchen aus OR 62 ff.

OR 67 Abs. 1 enthält eine relative und eine absolute Verjährungsfrist:

■ Die relative Frist von 1 Jahr beginnt zu laufen, sobald der Entreicherte von seinem Anspruch Kenntnis erhalten hat.

■ Die absolute Frist (10 Jahre) beginnt mit der Entstehung des Anspruchs.

OR 67 Abs. 2 hat keine praktische Bedeutung erlangt.

F.   Übungen zum 7. Teil

Lösungen S. 176

Übung 25

M erhält anlässlich der Wohnungsbesichtigung von V eine «provisorische Zusage». M zahlt schon im Voraus das Mietzinsdepot auf das Konto des V ein, weil er sich dadurch bessere Chancen für den Vertragsabschluss erhofft. Dazu kommt es in der Folge aber nicht.

Kann M sein Geld zurückfordern?

Übung 26

Medizinstudent M hat sein Grundstudium an der Universität Genf beendet. Er hat daher den Vertrag für seine Genfer Mietwohnung gekündigt und ist nach Zürich gezogen. Die Abschlussrechnung des Elektrizitätswerks für seine alte Wohnung hat er vergangenen Monat fristgerecht bezahlt. Trotzdem erhält er für die betreffende Rechnung eine Mahnung. M ist eine etwas zerstreute Persönlichkeit. Er meint zwar, die geforderte Zahlung schon geleistet zu haben, ist sich aber nicht ganz sicher. In seiner persönlichen Buchhaltung herrscht nicht erst seit dem Umzug ein kräftiges Chaos, weshalb er vergeblich nach dem Zahlungsbeleg sucht. Um sich unnötigen Ärger zu ersparen, entschliesst er sich kurzerhand, die Rechnung erneut zu bezahlen. Tags darauf findet er den gesuchten Beleg als Buchzeichen in seiner Ausgabe des «Pschyrembel».

Kann er die zweite Zahlung zurückfordern?

8. Teil Die Erfüllung

Übersicht

Person des Erfüllenden	▪ Grundsatz: keine persönliche Leistungspflicht
	▪ Ausnahmen aus Gesetz, Vertrag oder den Umständen
Person des Erfüllungsempfängers	▪ Leistung an den Gläubiger
	▪ Leistung an einen materiell nicht berechtigten Dritten
	· Grundsatz: keine befreiende Wirkung
	· Ausnahmen
Gegenstand der Erfüllung	▪ Erfüllung durch Leistung des Vereinbarten
	▪ Stück-/Gattungsschuld
	▪ Erfüllungssurrogate
Ort der Erfüllung	▪ Holschuld
	▪ Bringschuld
	▪ Versendungsschuld
	▪ Bestimmung des Erfüllungsorts
	· durch Parteivereinbarung
	· durch Gesetz
Zeit der Erfüllung	▪ Erfüllbarkeit/Fälligkeit
	▪ Bestimmung der Leistungszeit
	▪ Leistungsverweigerungsrechte von OR 82 f.
Besonderheiten bei der Erfüllung von Geldschulden	▪ Geldschulden in Landes-/Fremdwährung; bargeldlose Erfüllung
	▪ Zinspflicht
	▪ Anrechnung

Verwendete Literatur

BUCHER, 291 ff.; GUHL/KOLLER, §§ 11, 29 f.; GAUCH/SCHLUEP/EMMENEGGER, N 2001 ff.; SCHWENZER, §§ 73–76; ZK-SCHRANER, Art. 68–90; BSK-LEU, Art. 68–90; BK-WEBER, Art. 68–90.

A. Die Erfüllung

1. Begriff

Der Begriff der Erfüllung wird im OR nicht definiert. Grundsätzlich erfüllt der Schuldner, indem er dem Gläubiger nach Gegenstand, Zeit und Ort richtig leistet. Anders formuliert wird im Zusammenhang mit der Erfüllung danach gefragt, *wer wem wann wo welche Leistung* zu erbringen hat.

Der Inhalt der Obligation kann sich aus Vertrag oder Gesetz ergeben und aus einer Handlung («Tun») oder in einem Unterlassen bestehen. Durch die richtige Erfüllung geht die einzelne Obligation einschliesslich aller Nebenrechte unter (OR 114 Abs. 1).

Zur Erinnerung: Ist die erfüllte Obligation Teil eines Schuldverhältnisses (z.B. Mietzins für 1 Monat in einem Mietvertrag), so ist der Untergang der einzelnen Forderung vom Untergang des ganzen Schuldverhältnisses zu unterscheiden. Das Schuldverhältnis erlischt erst mit Erfüllung sämtlicher damit verbundener Pflichten (im Mietverhältnis u.a. die Rückgabe der Mietsache in ordnungsgemässem Zustand gem. OR 267 Abs. 1). Zur Unterscheidung zwischen Schuldverhältnis und Obligation, s. S. 22 f.

2. Exkurs: Rechtsnatur der Erfüllung

Die Frage nach der Rechtsnatur der Erfüllung wird unterschiedlich beantwortet (Vertragstheorie, Theorie der realen Leistungsbewirkung und eingeschränkte Vertragstheorie). GAUCH/SCHLUEP/EMMENEGGER zeigen aber auf, dass sich die Theorien letztlich v.a. mit dem Problem der Geschäftsfähigkeit des Schuldners und des Gläubigers sowie mit der Frage, ob die Erfüllung einen entsprechenden «Erfüllungswillen» voraussetze, befassen. Ferner kommen sie zum Schluss, dass die Frage nach der Rechtsnatur der Erfüllung von geringer praktischer Tragweite sei (zum Ganzen GAUCH/SCHLUEP/EMMENEGGER, N 2004 ff.).

B. Die Person des Erfüllenden

1. Grundsätzlich keine persönliche Leistungspflicht des Schuldners

Grundsätzlich ist der Schuldner nur dann verpflichtet, persönlich zu erfüllen, wenn es bei der Leistung auf seine Persönlichkeit ankommt (OR 68). Der Schuldner kann also grundsätzlich durch einen Dritten, sei dieser Hilfsperson (vgl. OR 101) oder Beauftragter (Substitut, vgl. OR 398 Abs. 3), erfüllen lassen (zur Abgrenzung von Hilfsperson und Substitut s. S. 116).

| Beispiel | Der Hauseigentümer, der sein Haus neu streichen lassen will, schliesst einen entsprechenden Vertrag mit einem Malermeister. Der Malermeister kann die geschuldete Leistung auch durch seinen (genügend qualifizierten) Angestellten erbringen lassen. |

Die Leistung eines Dritten kann auch rechtswirksam sein, wenn sie ohne Wissen und sogar gegen den Willen des Schuldners geschieht (vgl. BGE 123 III 164).

2. Ausnahmen

Eine *persönliche Leistungspflicht* kann sich aus dem Gesetz ergeben, von den Parteien vertraglich vereinbart werden oder aus den Umständen hervorgehen.

I.d.R. ergibt sich die Pflicht zur persönlichen Erfüllung für den Schuldner aus der Tatsache, dass die vereinbarte Leistung so stark durch die individuellen Eigenschaften des Schuldners geprägt ist, dass sie nicht von einem Dritten erbracht werden kann.

- *Persönliche Leistungspflicht aus Gesetz:* Eine gesetzliche Vermutung für die persönliche Leistungspflicht besteht insb. für den Arbeitnehmer (OR 321), den Unternehmer (OR 364 Abs. 2), den Verlaggeber (vgl. OR 380 i.V.m. OR 392 Abs. 1), den Beauftragten (OR 398 Abs. 3), den Mäkler (OR 412 i.V.m. OR 398 Abs. 3), den Aufbewahrer (OR 472 Abs. 1), den geschäftsführenden Gesellschafter (OR 535 Abs. 1), die Organe juristischer Personen und den Willensvollstrecker (vgl. ZGB 517 f.).
- *Persönliche Leistungspflicht aus Vertrag oder aus den Umständen:* Die Parteien können ohne Weiteres vereinbaren, dass der Schuldner persönlich zu erfüllen habe. Gleiches kann sich auch aus den Umständen ergeben.

| Beispiel | Der Hauseigentümer will den Garten vom Gärtnermeister persönlich gepflegt haben und nicht durch den Angestellten. |

Dabei ist aber zu betonen, dass die Verpflichtung zur persönlichen Leistungspflicht nicht jeden Beizug eines Dritten ausschliesst. Der Schuldner darf sich einer Hilfsperson bedienen, solange das materielle Hauptgewicht auf seiner Leistung liegt, wobei u.U. die Aufsicht und Kontrolle durch den Schuldner genügen kann (BK-WEBER, Art. 68 N 32).

| Beispiel | Obliegt einem Anwalt die Betreuung eines Mandats, so ist es durchaus zulässig, dass der Anwalt Rechtsfragen, die sich im Zusammenhang mit dem Mandat stellen, durch einen Praktikanten abklären lässt. |

C. Die Person des Erfüllungsempfängers

1. Leistung an den Gläubiger

Erfüllt wird grundsätzlich durch Leistung an den Gläubiger persönlich.

Als Leistung an den Gläubiger persönlich gilt auch die Leistung an einen von diesem bevollmächtigten Stellvertreter (vgl. OR 32 Abs. 1; zur Stellvertretung s. S. 74 ff.).

2. Leistung an einen materiell unberechtigten Dritten

Die Leistung an einen materiell nicht berechtigten Dritten bewirkt grundsätzlich keine gültige Erfüllung. Das Risiko der Leistung an einen Unberechtigten trägt grundsätzlich der Schuldner, selbst wenn er gutgläubig ist.

Ausnahmen von diesem Grundsatz ergeben sich aus dem Gesetz, einer Parteivereinbarung, einer nachträglichen Weisung des Gläubigers oder einer gerichtlichen Anweisung sowie aus der Verkehrsübung.

Dabei wiederum sind insb. die folgenden Fälle zu unterscheiden:

- Ist der Schuldner zur Leistung an den Dritten verpflichtet, so erfüllt er durch Leistung an den Gläubiger nicht.
- Hat der Schuldner dagegen das Recht, an den Dritten zu leisten, kann er wahlweise durch Leistung an den Gläubiger oder an den Dritten erfüllen.

2.1 Befreiende Wirkung der Leistung an einen Dritten kraft Gesetzesvorschrift

- *Gesetzliche Pflicht zur Leistung an einen Dritten:* Im Vordergrund steht SchKG 99, wonach der Schuldner einer gepfändeten Forderung nach der Anzeige der Pfändung rechtsgültig nur noch an das Betreibungsamt leisten kann. Weitere Beispiele finden sich in ZGB 773 Abs. 1 und 906 Abs. 3 sowie in SchKG 205 Abs. 1.
- *Gesetzliches Recht zur gültigen Leistung an den Dritten:* Der Schuldner wird vom Gesetz ermächtigt, mit befreiender Wirkung an einen (materiell unberechtigten) Dritten zu leisten: Beispiele sind die Erfüllung durch Hinterlegung (OR 92, 96, 168 Abs. 1, 259g Abs. 1, 288 Abs. 1 und 1032) und Wertpapiere mit Legitimationsklausel (vgl. OR 976, 978 Abs. 1 und 1006 Abs. 1).

Im Fall der erfolgten, aber noch nicht notifizierten Zession (OR 167) kann der gutgläubige Schuldner ebenfalls durch Leistung an den Dritten, nämlich den ehemaligen Gläubiger, erfüllen. Vorausgesetzt ist allerdings Gutgläubigkeit des Schuldners; ein Wahlrecht wird diesem also nicht gewährt (zu OR 167 s. Kap. «Verhältnis zwischen Zessionar und Schuldner», S. 159 f.).

2.2 Befreiende Wirkung der Leistung an den Dritten kraft Parteivereinbarung

Die Parteien können vereinbaren, dass eine richtige Erfüllung nur an einen Dritten möglich ist, wobei zwei Fälle zu unterscheiden sind:

- Der Schuldner hat auf Rechnung des Gläubigers an den Dritten zu leisten.

Beispiel   Der Schuldner leistet an eine Bank und tilgt damit die der Bank gegenüber bestehende Darlehensschuld seines Gläubigers, womit im Ergebnis eine Zuwendung an den Gläubiger vorliegt.

- Der Schuldner verpflichtet sich gegenüber dem Gläubiger, an den Dritten und auf Rechnung dieses Dritten zu leisten. Diesfalls ist der Dritte berechtigt, direkt vom Schuldner die Erfüllung zu fordern; es liegt ein echter Vertrag zugunsten Dritter vor (OR 112 Abs. 2; vgl. S. 148 f.).

Die Parteien können ausserdem ein Wahlrecht des Schuldners vereinbaren, das diesem die richtige Erfüllung durch Leistung sowohl an den Gläubiger wie auch an einen Dritten ermöglicht. Dritter ist diesfalls häufig eine Bank («Zahlstelle»).

2.3 Weisung des Gläubigers an den Schuldner nach erfolgtem Vertragsabschluss

Unter der Voraussetzung, dass sich dadurch die Lage des Schuldners nicht verschlechtert, ist der Gläubiger auch nach erfolgtem Vertragsabschluss bzw. ohne entsprechende Vereinbarung berechtigt, durch eine einseitige Weisung an den Schuldner Leistung an einen Dritten zu verlangen (vgl. OR 468 Abs. 2).

2.4 Pflicht zur Leistung an einen Dritten aufgrund gerichtlicher Anweisung

Das Gericht kann den Schuldner verpflichten, an einen Dritten zu leisten. Der Schuldner kann diesfalls nur mehr durch Leistung an diesen Dritten richtig erfüllen. Hauptanwendungsfall ist die Anweisung des Gerichts an den Schuldner des säumigen Unterhaltspflichtigen, die Zahlungen an den Unterhaltsberechtigten zu leisten (ZGB 132 Abs. 1, 177 und 291).

D. Gegenstand der Erfüllung

1. Erfüllung durch Leistung des Vereinbarten

Gegenstand der Erfüllung sind grundsätzlich die geschuldete Leistung sowie (ggf.) die mit dieser verbundenen nicht selbstständig einklagbaren Nebenpflichten (zu den Nebenpflichten s. S. 105 f.). Wird der Inhalt der Leistungspflicht von den Parteien nur ungenügend bestimmt, so muss er näher konkretisiert werden.

1.1 Konkretisierung durch Vertrag

Innerhalb der Schranken des Gesetzes (insb. ZGB 27 und OR 19 f. [vgl. S. 56 ff.]) können die Parteien vereinbaren, dass die nähere Bestimmung der Leistungspflicht dem Gläubiger, dem Schuldner oder einem Dritten zukommen soll.

1.2 Gesetzliche Regeln

Für den Fall, dass eine Regelung durch die Parteien fehlt, enthalten OR 71 f. Vermutungen zugunsten eines schuldnerischen Wahlrechts:

- *Individualisierungsrecht bei Gattungsschulden (OR 71*; s. nachfolgendes Kap.): Haben die Parteien lediglich eine Gattungsschuld vereinbart, so steht dem Schuldner das Individualisierungsrecht zu (Abs. 1), wobei er nicht Ware unter mittlerer Qualität anbieten darf (Abs. 2).
- *Wahlobligation (OR 72):* Eine Wahlobligation liegt vor, wenn von zwei oder mehreren (nicht notwendig gleichwertigen) Schulden nur eine zu erbringen ist. Das Wahlrecht steht im Zweifel dem Schuldner zu. Ist eine der geschuldeten Leistungen ursprünglich unmöglich, konzentriert sich die Schuld auf die noch mögliche Leistung (zur Unmöglichkeit im Allgemeinen s. S. 103 ff.).

Beispiel   Der Gärtner soll Saisonblumen pflanzen, entweder rote oder blaue.

Die Wahlobligation ist von der Alternativvermächtigung zu unterscheiden (s. S. 92).

1.3 Exkurs: Stück-/Gattungsschuld

- *Stückschuld* ist eine individuell bestimmte Sachleistung (z.B. ein von Eugen Huber signiertes Exemplar des ZGB).
- Die *Gattungsschuld* ist eine der Gattung nach bestimmte Sache (z.B. beliebiges Exemplar der amtlichen Ausgabe des ZGB).
- Von *begrenzter Gattungsschuld* oder Vorratsschuld ist die Rede, wenn eine Gattungsschuld mit speziellen Eigenschaften gemeint ist (z.B. alle Rinder eines bestimmten Züchters).

Hinweis   Davon zu unterscheiden ist die Abgrenzung zwischen *vertretbaren Sachen* (werden im Allgemeinen nach Zahl, Mass oder Gewicht bestimmt) und *unvertretbaren Sachen*. Vgl. dazu Schwenzer, N 8.02.

Das Bundesgericht geht von einem *relativen Gattungsbegriff* aus. Danach ist die Grenze zwischen Stückschulden und Gattungsschulden nach dem Parteiwillen zu ziehen, ergibt sich also nicht aus der «Natur der Sache». Dasselbe Objekt kann demnach je nach Parteivereinbarung Gegenstand einer Stückschuld oder einer Gattungsschuld sein. Ein abstrakter Gattungsbegriff, der sich aus dem Wesen oder der Natur der Sache ergäbe, wird ausdrücklich abgelehnt (vgl. BGE 121 III 456 f.).

Von praktischer Relevanz ist die Frage insb. bei der *Abgrenzung von Schlecht- und Nichterfüllung beim Kauf* und den sich daraus ergebenden Konsequenzen für den Gläubiger hinsichtlich der Rügepflichten. Weist die Lieferung des Gattungsschuldners nicht die geforderten Gattungsmerkmale auf, so hat er nicht erfüllt (sondern etwas anderes, ein *«aliud»*, geliefert). Es kommen OR 97 ff. zur Anwendung. Hingegen hat der Schuldner einer Stückschuld bei Lieferung einer mangelhaften Sache zwar erfüllt, kann aber ggf. aus Gewährleistungsrecht (OR 197 ff.) in Anspruch genommen werden (dabei ist v.a. die kurze Verwirkungsfrist von OR 201 im Auge zu behalten).

Illustrativ zum Ganzen BGE 121 III 453 ff. («Hubstaplerfall»); ausserdem (Besprechungen von BGE 121 III 453): LANZ RAPHAEL, Die Abgrenzung zwischen Falschlieferung (aliud) und Schlechtlieferung (peius) und ihre Relevanz, in: recht 1996, 248 ff., und KRAMER ERNST A., Noch einmal zur Aliud-Lieferung beim Gattungskauf, recht 1997, 78 ff.

1.4 Teilleistung (OR 69)

Gem. OR 69 Abs. 1 braucht der Gläubiger bei Fälligkeit der ganzen Schuld eine Teilleistung nicht anzunehmen und gerät somit auch nicht in Annahmeverzug (s. S. 125 ff.), wenn er eine solche zurückweist. Allerdings kann die Ablehnung einer Teilleistung, deren Umfang nur unwesentlich vom Vereinbarten abweicht, gegen Treu und Glauben verstossen (vgl. BGE 75 II 137 ff., i.c. war die Verweigerung der Annahme jedoch gerechtfertigt).

Die Pflicht zur Annahme einer Teilleistung kann sich aus Vereinbarung ergeben oder wenn der Gläubiger nur eine Teilleistung gefordert hat. Aus dem Gesetz ergibt sich diese Pflicht z.B. bei der Verrechnung (OR 120 ff.) oder beim Anspruch des Bürgen auf Annahme von Teilzahlungen in der Höhe seines Kopfanteils (OR 504 Abs. 1 Satz 2). Ferner ist der Gläubiger verpflichtet, eine Teilleistung zu akzeptieren, wenn der Schuldner die Forderung lediglich teilweise bestreitet und den unbestrittenen Teil der Forderung leisten will (vgl. BGE 133 III 602 ff.).

Über den Wortlaut hinaus («Teilzahlung») gilt OR 69 für sämtliche teilbaren Leistungen.

2. Erfüllungssurrogate

Der Schuldner kann sich unter bestimmten Umständen auch durch Erbringen einer anderen als der geschuldeten Leistung befreien, und zwar bei Vorliegen einer Alternativermächtigung, im Fall der Leistung an Erfüllungs statt oder bei der Leistung erfüllungshalber.

2.1 Alternativermächtigung

Der Gläubiger gestattet dem Schuldner, eine andere als die geschuldete Leistung zu erbringen. Während beide Leistungen erfüllbar sind, kann lediglich die geschuldete gefordert und eingeklagt werden (anders bei der Wahlobligation, bei der beide Leistungen alternativ klagbar sind, vgl. S. 91).

Ein Beispiel für den Fall einer gesetzlichen Alternativermächtigung findet sich in OR 84 Abs. 2, wonach der Schuldner einer in der Schweiz erfüllbaren Fremdwährungsschuld diese auch in CHF bezahlen darf (s. dazu S. 97 f.).

2.2 Leistung an Erfüllungs statt

Die Parteien vereinbaren, dass die vom Schuldner *erbrachte* Leistung die (andere) *vereinbarte* ersetzen soll. Leistung an Erfüllungs statt setzt einen Änderungsvertrag zwischen den Parteien voraus.

| Beispiel | Der zahlungsunfähige Gast im Wirtshaus geht Teller waschen. Statt der vereinbarten Geldleistung erbringt der Gast eine Arbeitsleistung. |

2.3 Leistung erfüllungshalber

Der Schuldner erbringt eine andere als die geschuldete Leistung, und zwar mit der Abrede, dass der Gläubiger das Erhaltene verwerte. Der erzielte Erlös wird auf die ursprüngliche Forderung angerechnet.

Beispiel   Der Galerist verkauft einem Freund sein Auto. Der Freund übergibt dem Galeristen ein Bild, das dieser über seine Galerie verkauft. Der Erlös des Bildes wird an den Kaufpreis angerechnet.
(Je nach den Umständen kann auch ein Tausch gem. OR 237 f. vorliegen.)

Zwischen dem mit der Verwertung des Geleisteten betrauten Gläubiger und dem Schuldner besteht ein auftragsähnliches Verhältnis, was sich insb. in einer besonderen Sorgfaltspflicht (vgl. OR 398) und der Verpflichtung, einen allfälligen Überschuss aus der Verwertung herauszugeben, äussert (vgl. OR 400).

E.   Ort der Erfüllung

1.   Begriff

Am Erfüllungsort ist die geschuldete Leistung in der geschuldeten Weise, zur richtigen Zeit, an und durch die richtige Person zu erbringen. Damit ist der Erfüllungsort der «Vollzugsort der Leistung» (BK-WEBER, Art. 74 N 7). Leistung und Gegenleistung im vollkommen zweiseitigen Vertrag können unterschiedliche Erfüllungsorte haben.

Der *Erfüllungsort* ist abzugrenzen vom *Gerichtsstand*, der für das Bundeszivilrecht grundsätzlich in der Schweizerischen Zivilprozessordnung geregelt ist (ZPO 9 ff.), und vom *Betreibungsort* (SchKG 46 ff.).

2.   Mögliche Formen des Erfüllungsorts

2.1   Holschuld

Der Schuldner einer Holschuld ist verpflichtet, die Leistung an seinem (Wohn-)Sitz für den Gläubiger bereitzuhalten und sie diesem, wenn er sie abholt, zu übergeben. Ist nichts anderes bestimmt, liegt bei einer Obligation grundsätzlich eine Holschuld vor (OR 74 Abs. 2 Ziff. 3).

2.2   Bringschuld

Der Schuldner einer Bringschuld ist verpflichtet, die Leistung am (Wohn-)Sitz des Gläubigers zu erbringen, wobei das Bringen oder Überbringen-Lassen, und damit auch das Risiko sowie die Kosten des Transports, grundsätzlich Teil der Erfüllungshandlung sind.

2.3   Versendungsschuld

Der Schuldner einer Versendungsschuld (auch «Schickschuld») ist verpflichtet, an seinem (Wohn-)Sitz oder am Lageort der Sache (vgl. OR 74 Abs. 2 Ziff. 2) zu leisten (Erfüllungsort), muss aber i.S. einer Nebenpflicht den Leistungsgegenstand an den Bestimmungsort versenden. Die richtige Erfüllung erfolgt durch die vertragsgemässe Versendung (OFK-KREN KOSTKIEWICZ, Art. 74, N 10).

Die Versendungsschuld wird im Allgemeinen Teil des OR nicht geregelt, aber in OR 185 Abs. 2 und 189 als bekannt vorausgesetzt. Hauptanwendungsfall für eine Versendungsschuld ist der Distanzkauf (OR 189).

3.   Bestimmung des Erfüllungsorts durch Parteivereinbarung

Den Parteien steht es frei, einen Erfüllungsort für die geschuldete Leistung zu vereinbaren. Sie können eine unmittelbare oder eine mittelbare Vereinbarung treffen:

- Der unmittelbar vereinbarte Erfüllungsort wird direkt bezeichnet (z.B. Erfüllungsort ist der Sitz der AG).

- Der mittelbar bestimmte Erfüllungsort wird generalklauselartig festgelegt, bedarf im Einzelfall aber der Konkretisierung (z.B. Erfüllungsort am Sitz des Vereins, der sich gemäss den Vereinsstatuten wiederum nach dem Wohnsitz des jeweiligen Vereinspräsidenten richtet).
- Der Erfüllungsort kann sich auch aus den Umständen ergeben (OR 74 Abs. 1), wobei namentlich der Gegenstand der Leistung (Arbeit am Betriebsort), die Natur der Verpflichtung (Übergabe der Schlüssel für eine Mietwohnung im betreffenden Gebäude), die Verkehrssitte und auch das Prinzip von Treu und Glauben zu berücksichtigen sind (ausführlich BK-Weber Art. 74 N 74 ff.).

4. Bestimmung des Erfüllungsorts durch Gesetz

Für den Fall, dass eine Parteivereinbarung fehlt, enthält das Gesetz in OR 74 allgemeine Regeln zur Bestimmung des Erfüllungsorts:

- Gem. OR 74 Abs. 2 Ziff. 1 sind *Geldschulden* Bringschulden. Sie sind am (Wohn-)Sitz des Gläubigers zu zahlen.
- Gem. OR 74 Abs. 2 Ziff. 2 liegt der Erfüllungsort für *Stückschulden* da, wo die Sache sich zur Zeit des Vertragsabschlusses befand.
- In OR 74 Abs. 2 Ziff. 3 findet sich schliesslich die *Auffangregelung*, wonach Verbindlichkeiten mangels anderer Abrede am (Wohn-)Sitz des Schuldners zu erfüllen sind.

Beispiele für gesetzliche Erfüllungsortsbestimmungen finden sich auch im Besonderen Teil des OR und in anderen Gesetzen: U.a. für die Rückgabe der hinterlegten Sache (OR 477), verschiedentlich im Wertpapierrecht, für Zahlungen des Pfandschuldners (ZGB 861), für die Zahlung einer betriebenen Schuld (SchKG 12 Abs. 1) und für bestimmte Prämienzahlungen (VVG 22).

F. Zeit der Erfüllung

1. Begriff

Der Ausdruck «Zeit der Erfüllung» (Marginalie zu OR 75 ff.) hat eine Doppelbedeutung: Mit Eintritt der «Zeit der Erfüllung» kann grundsätzlich die «Erfüllung sogleich geleistet und gefordert werden» (OR 75). D.h., die Schuld wird einerseits *erfüllbar*, aber auch *fällig*.

Die Erfüllbarkeit kann vor der Fälligkeit eintreten, nicht aber umgekehrt (vgl. auch OR 81 Abs. 1).

1.1 Erfüllbarkeit

Die Erfüllbarkeit zeitigt die folgenden Wirkungen:

- Ist eine Leistung erfüllbar, so bedeutet das für den *Schuldner*, dass er das Recht hat, die Leistung zu erbringen.
- Für den *Gläubiger* bedeutet Erfüllbarkeit, dass er die angebotene Leistung annehmen muss, ansonsten er in Gläubigerverzug gerät (vgl. S. 125 ff.).

1.2 Fälligkeit

Als Hauptfolgen der Fälligkeit sind zu nennen:

- Mit Eintritt der Fälligkeit hat der Gläubiger das Recht (aber nicht die Pflicht!), die geschuldete Leistung vom Schuldner zu fordern, und der Schuldner ist verpflichtet, diese zu erbringen.
- Grundsätzlich beginnt mit Eintritt der Fälligkeit die Verjährung zu laufen (OR 130 Abs. 1).
- Gem. OR 81 Abs. 2 hat der Schuldner, der eine erfüllbare Leistung vor der Fälligkeit erbringen will, keinen Anspruch auf Diskont.

2. Bestimmung der Leistungszeit

2.1 Termin und Frist

- Der *Termin* ist ein bestimmter Zeitpunkt (z.B. 1. Januar 2015, Karfreitag 2015, Ende Jahr).
- Die *Frist* ist ein Zeitraum (z.B. 2 Wochen, 1 Monat).

2.2 Bestimmung durch Vertrag

Grundsätzlich ist es Sache der Parteien, die Zeit der Erfüllung durch Vereinbarung von Terminen und Fristen festzulegen (OR 75). Ergänzend zu allfälligen Parteivereinbarungen stellt das Gesetz in OR 76–80 Auslegungsregeln für die Bestimmung der Leistungszeit bereit. Diese Regeln gelten unter dem Vorbehalt einer spezialgesetzlichen Regelung in der gesamten schweizerischen Rechtsordnung.

2.3 Bestimmung durch Gesetz

Für die meisten Vertragsarten sieht das OR (meist dispositive) Sondervorschriften vor, die entweder als Fälligkeitsbestimmungen (u.a. OR 213 Abs. 1, 257c, 281, 318, 475 Abs. 1) oder als Erfüllbarkeitsbestimmungen (u.a. OR 476 Abs. 1) ausgestaltet sind.

Für den Fall, dass die Parteien keine Vereinbarung betreffend die Fälligkeit getroffen haben und diese sich auch nicht aus einer Sondervorschrift oder den Umständen ergibt, enthält OR 75 die subsidiäre Vermutung, dass die Erfüllung «sogleich», d.h. unmittelbar nach der Entstehung der Forderung, geleistet und gefordert werden kann (vgl. auch OR 81 Abs. 1).

3. Leistungsverweigerungsrechte (OR 82 f.)

3.1 Übersicht

Leistung und Gegenleistung eines vollkommen zweiseitigen Vertrags (s. dazu S. 30 f.) stehen im *Austauschverhältnis*. Deshalb will das Gesetz verhindern, dass eine bereits erbrachte Leistung vom Empfänger nicht honoriert wird. OR 82 f. gewähren dem Gläubiger der Gegenleistung (und Schuldner der eigenen Leistung) daher ein Zurückbehaltungsrecht als Sicherungs- und Druckmittel. Anders formuliert: Sind die Voraussetzungen von OR 82 oder 83 erfüllt, braucht der Schuldner trotz Fälligkeit nicht zu leisten.

Die Leistungsverweigerungsrechte von OR 82 f. setzen einen vollkommen zweiseitigen Vertrag voraus. Im ersten Fall darf die eigene Leistung zurückbehalten werden, wenn die Gegenleistung nicht mindestens angeboten wurde (OR 82). Im zweiten Fall darf die eigene Leistung zurückbehalten werden, wenn die Zahlungsfähigkeit der Gegenpartei nicht gewährleistet ist (OR 83).

Während OR 82 auf Verträge, die eine Leistung Zug um Zug vorsehen, zugeschnitten ist, liegt die Hauptbedeutung von OR 83 im Schutz der vorleistungspflichtigen Partei.

Illustrativ zur Abgrenzung von OR 82 und 83 BGE 105 II 28 ff.

3.2 Einrede des nicht erfüllten Vertrags (OR 82)

Im vollkommen zweiseitigen Vertrag darf eine Partei gem. OR 82 ihre Leistung zurückbehalten, wenn:

- die Erfüllungsbewirkung oder Erfüllungsbereitschaft der Gegenpartei fehlt,
- die beiden Leistungspflichten bestehen und fällig sind und
- keine Vorleistungspflicht besteht, also Erfüllung Zug um Zug geschuldet ist (zur Vorleistungspflicht s. S. 96).

Leistung Zug um Zug ist gleichzeitige Erfüllung der im Austauschverhältnis stehenden Pflichten. Dass die Leistungen Zug um Zug zu erbringen sind, wird für vollkommen zweiseitige Verträge vermutet. OR 184 Abs. 2 sieht es für den Kaufvertrag sogar ausdrücklich vor. Der Ausdruck «Zug um Zug» ist aber nicht wörtlich zu verstehen. Die Einräumung kurzer Zahlungsfristen ändert nichts an der Gleichzeitigkeit des Leistungsaustauschs (ausführlich zum Ganzen BK-WEBER, Art. 82 N 135 ff.).

| Beispiel | B will sich von A ein Haus bauen lassen, wobei sich B zu einer Anzahlung verpflichtet. Fälligkeit der Anzahlung und vorgesehener Baubeginn ist am 1. März. Stellt sich vor dem 1. März heraus, dass A nicht in der Lage sein wird, rechtzeitig zu beginnen, kann B, gestützt auf OR 82, seine Anzahlung zurückbehalten. |

OR 82 findet auch Anwendung auf *Dauerschuldverhältnisse* (obwohl die Leistungen nicht Zug um Zug zu erbringen sind) und analog auf die *Rückabwicklung dahingefallener vollkommen zweiseitiger Verträge* (vgl. dazu Kap. «Rücktritt und Ersatz des Schadens», S. 124 f.).

Nach h.L. findet OR 82 auch auf die Parteien des *Sukzessivlieferungsvertrags* Anwendung, der im Abschluss eines einheitlichen Vertrags über die Lieferung der Ware in zeitlich getrennten Teilleistungen besteht (BGer 4A_589/2016 vom 2. März 2017 E. 6). Die Anwendbarkeit von OR 82 beim Sukzessivlieferungsvertrag wird bejaht, weil es sich um ein einheitliches Rechtsverhältnis handelt, bei dem die Leistungspaare nicht isoliert zu betrachten sind (BK-WEBER, Art. 82 N 85).

Stehen die Leistungen nicht in einem Austauschverhältnis, ist OR 82 nicht direkt anwendbar. So kann z.B. der Entlehner mit Anspruch auf Verwendungsersatz (vgl. OR 307 Abs. 2) die Rückgabe der geliehenen Sache nicht vom Ersatz seiner Verwendungen abhängig machen. Aus Billigkeitsgründen wird hier aber von h.L. und Rechtsprechung einer Partei dennoch ein Leistungsverweigerungsrecht eingeräumt, bis ihr die aus demselben Rechtsverhältnis zustehende Gegenleistung erbracht wird (BGE 128 V 226; 122 IV 328; *«obligatorisches Retentionsrecht»*, vgl. GAUCH/SCHLUEP/EMMENEGGER, N 2216 ff.).

Prozessual ist das Leistungsverweigerungsrecht einredeweise geltend zu machen, d.h., es wird nicht von Amtes wegen berücksichtigt.

3.3   Einrede der Zahlungsunfähigkeit (OR 83)

Im vollkommen zweiseitigen Vertrag darf eine Partei gem. OR 83 Abs. 1 ihre Leistung zurückbehalten, wenn:

- die andere Partei nach Vertragsabschluss zahlungsunfähig wird und
- ihr eigener Anspruch gefährdet ist, weil er nicht sichergestellt wird.

Die zurückhaltende Partei ist sodann gem. OR 83 Abs. 2 berechtigt, der anderen eine Frist anzusetzen, binnen welcher der gefährdete Anspruch sicherzustellen ist (z.B. durch eine Bankgarantie). Erfolgt keine Sicherstellung, ist die zurückhaltende Partei zum Rücktritt vom Vertrag berechtigt. Für die Fristansetzung und den Vertragsrücktritt ist grundsätzlich nach den Regeln von OR 107 ff. vorzugehen (s. S. 121 ff.).

3.4   Exkurs: Vorleistungspflicht

Eine *Vorleistungspflicht* besteht, wenn die eine Partei vor der anderen zu leisten hat. Je nach Ausgestaltung der Vorleistungspflicht spricht man von *beständiger Vorleistungspflicht* oder von *nicht beständiger Vorleistungspflicht*. Im Einzelnen:

- *Beständige Vorleistungspflicht:* Die Erbringung der Leistung ist Bedingung für den Eintritt der Fälligkeit der Gegenleistung. Solange die vorleistungspflichtige Partei nicht leistet, wird die Gegenleistung nicht fällig. Zwischen Vor- und Gegenleistung bleibt also eine Frist bestehen, die mit Erbringung der Vorleistung zu laufen beginnt.

Beispiel   Der Käufer verpflichtet sich, die Ware 1 Monat nach Erhalt zu zahlen. Solange die Ware nicht geliefert worden ist, wird der Kaufpreis nicht zur Zahlung fällig.

- *Nicht beständige Vorleistungspflicht:* Die Parteien vereinbaren unterschiedliche Fälligkeitstermine, ohne dass die eine Leistung eine Bedingung für die andere Leistung bildet.

Beispiel   Die Parteien eines Kaufvertrags vereinbaren, dass der Verkäufer am 1. Januar zu liefern, der Käufer am 1. Februar zu zahlen hat. Der Kaufpreis wird diesfalls am 1. Februar zur Zahlung fällig, und zwar unabhängig davon, ob der Verkäufer seine Leistung erbringt. Hat der Verkäufer bis am 1. Februar nicht geliefert, so stehen sich zwei fällige Leistungen gegenüber, und beide Leistungen sind Zug um Zug zu erbringen. Das führt dazu, dass beide Parteien bei Ausbleiben der Leistung der anderen Partei sich auf OR 82 berufen können.

Vgl. dazu BGE 127 III 199 ff.

G. Geldschulden

Verwendete Literatur

Botschaft zum WZG vom 26. Mai 1999 (BBl 1999, 7258 ff.).

1. Begriff

Das Zivilrecht kennt keine Definition des Geldbegriffs. In der Praxis wird zwischen Geld i.e.S. und Geld i.w.S. unterschieden:

■ *Geld i.e.S.* sind die gesetzlichen Zahlungsmittel mit Zwangskurs. Diese hat der Gläubiger einer Geldschuld anzunehmen, ansonsten er in Gläubigerverzug gerät (zum Gläubigerverzug s. S. 125 ff.).

■ Als *Geld i.w.S. (Verkehrsgeld)* gelten die faktischen Zahlungsmittel. Das sind u.a. ausländische Münzen und Banknoten, ausser Kurs gesetzte schweizerische Münzen und Banknoten, Checks, Kreditkarten, Giralgeld (Anweisungen von Bank- und Postcheckguthaben), WIR-Geld sowie das elektronische Geld. Zahlung mit Geld i.w.S. ist grundsätzlich Leistung an Erfüllungs statt (s. S. 92).

Geldschulden sind in erster Linie Summenschulden. Der Schuldner erfüllt durch Leistung des geschuldeten Betrags. Das gilt grundsätzlich auch bei Geldentwertung (ausführlich dazu GAUCH/SCHLUEP/EMMENEGGER, N 2288 ff.).

Geld ist Gegenstand einer Gattungsschuld, wenn für einen bestimmten Betrag Geldzeichen einer bestimmten Gattung geschuldet sind («Geldsortenschuld», z.B. ein Bündel 20er-Noten im Wert von CHF 1'000.–, eine Rolle Münzen).

Geld ist Gegenstand einer Stückschuld, wenn eine individualisierte Banknote oder Münze geschuldet ist. Die Geldstückschuld ist eine Sachleistungsschuld, weshalb bei Schuldnerverzug keine Verzugszinsen zu bezahlen sind (OR 104 Abs. 1; z.B. mit einer künstlerischen Zeichnung versehene Banknote).

Die Bestimmung der geschuldeten Geldsumme kann direkt oder indirekt geschehen:

Beispiele

■ *Direkte Bestimmung:* Nennung eines festen Betrags (Kaufpreis von CHF 39.90, Monatsmiete für eine Wohnung von CHF 1'896.– inkl. Nebenkosten).

■ *Indirekte Bestimmung:* Bezug auf Tariflisten (Dienstleistung für CHF 200.–/h; Gerichtskosten, die sich nach dem Streitwert und dem Arbeitsaufwand bemessen).

Geldmangel ist nie ein Fall der Leistungsunmöglichkeit (s. dazu S. 103 ff.), daher der Merksatz «Geld hat man (zu haben)».

2. Geldschuld in Landeswährung

Gemäss der seit dem 1. Mai 2000 in Kraft stehenden Fassung von OR 84 Abs. 1 sind Geldschulden in gesetzlichen Zahlungsmitteln der geschuldeten Währung zu bezahlen. Von dieser Pflicht kann auf dem Weg der Vereinbarung abgewichen werden.

Die schweizerische Währungseinheit ist der Franken, der in 100 Rappen aufgeteilt ist (WZG 1). Gesetzliche Zahlungsmittel sind vom Bund ausgegebene Münzen, von der Schweizerischen Nationalbank ausgegebene Banknoten und auf Franken lautende Sichtguthaben bei der Schweizerischen Nationalbank (WZG 2). Die Annahmepflicht ist bei Banknoten unbeschränkt und bei Münzen auf 100 Stück begrenzt (WZG 3).

3. Geldschuld in Fremdwährung

OR 84 Abs. 2 enthält eine gesetzliche Ersetzungsbefugnis: Lautet eine Schuld auf eine Fremdwährung, also eine Währung, die am Zahlungsort nicht Landeswährung ist, so erfüllt der Schuldner vermutungsweise auch dann richtig, wenn er in Landeswährung leistet. Der Gläubiger einer

Fremdwährungsschuld hat hingegen keine entsprechende Befugnis und kann nur Zahlung in der vereinbarten Fremdwährung verlangen (vgl. BGE 134 III 154 f.) Umzurechnen ist nach dem Wechselkurs im Zeitpunkt der Fälligkeit. Das Risiko eines ungünstigeren Wechselkurses im Zeitpunkt der Zahlung trägt der Gläubiger.

Beispiel   Eine in der Schweiz zu erfüllende und auf USD lautende Schuld kann vom Schuldner in CHF erfüllt werden.

Die Parteien können die gesetzliche Ersetzungsbefugnis wegbedingen und Leistung ausschliesslich in Fremdwährung vereinbaren, indem sie das Wort «effektiv» oder einen ähnlichen Zusatz verwenden («Effektivklausel», OR 84 Abs. 2).

4.   Bargeldlose Erfüllung

Zur Erfüllung mittels bargeldloser Zahlung s. ausführlich GAUCH/SCHLUEP/EMMENEGGER, N 2311 ff. Festzuhalten ist an dieser Stelle Folgendes:

■ Bargeldlose Zahlung ist ein Erfüllungssurrogat und damit keine Zahlung im Rechtssinne. Die Nennung eines Kontos auf dem Geschäftspapier des Gläubigers wird aber als Ermächtigung zur Überweisung bzw. als generelle Zustimmung zur Annahme von Zahlungen durch Überweisung gewertet.

■ Erfüllungszeitpunkt bei der Postanweisung ist die Einzahlung am Postschalter, jedenfalls dann, wenn die Post vom Gläubiger als Zahlstelle bezeichnet wird (BGE 124 III 147 f.).

■ Für die Bestimmung des Erfüllungszeitpunkts bei *Banküberweisungen* ist zwischen Hausüberweisungen (Gläubiger und Schuldner bei derselben Bank) und Kettenüberweisungen (Gläubiger und Schuldner bei unterschiedlichen Banken) zu unterscheiden:

  ▪ Bei der *Hausüberweisung* ist auf den Zeitpunkt der Gutschrift auf dem Konto des Gläubigers abzustellen.

  ▪ *Kettenüberweisungen* werden über ein von der Schweizerischen Nationalbank geführtes *Clearing*-System abgewickelt, in dessen Rahmen jede Bank über ein Konto verfügt. Erteilt der Schuldner seiner Bank einen Zahlungsauftrag, veranlasst diese die sog. Interbankbuchung von ihrem *Clearing*-Konto auf dasjenige der Bank des Gläubigers, die den Betrag wiederum dem bei ihr geführten Gläubigerkonto gutschreibt. Weil jede Partei die Gefahr von Verzögerungen und Verlusten der eigenen Bank selbst tragen soll und auch ein allfälliger Widerruf nur an die eigene Bank möglich ist, gilt als Erfüllungszeitpunkt der Abschluss der Interbankbuchung.

5.   Zinspflicht (OR 73)

5.1   Begriff

Zinsen sind die Vergütung für die Überlassung oder Vorenthaltung einer Geldsumme, sofern sich diese Vergütung nach der Zeit und als Quote des Kapitals berechnet. Diese Quote wird regelmässig in Prozenten bestimmt.

Liegen die genannten Charakteristika, also Abhängigkeit von der Zeit und vom Kapital, vor, handelt es sich unabhängig von der gewählten Parteibezeichnung immer um eine Zinsschuld.

Der Zins ist als *Nebenrecht* in seinem Bestand von der Hauptforderung abhängig («akzessorisch»). Daraus ergibt sich u.a. die Vermutung, dass mit der Zession einer Forderung auch die rückständigen Zinse auf den Erwerber übergehen (OR 170 Abs. 3) und dass die Durchsetzbarkeit des Zinses grundsätzlich von derjenigen der Hauptforderung abhängt (OR 89 Abs. 2, 114 Abs. 2 und 133).

Keine Zinsen sind u.a. *Miet- und Pachtzinsen* (geschuldet für die Überlassung einer Sache, nicht einer Geldsumme), *Renten* (sind nicht für die Überlassung von Kapital geschuldet, sondern bilden alleinigen Schuldgrund) und *Annuitäten* (ratenweise Rückzahlung eines Darlehens unter gleichzeitiger Verzinsung).

5.2 Entstehung der Zinspflicht

Die Zinspflicht kann durch vertragliche Vereinbarung der Parteien oder direkt aus dem Gesetz entstehen:

- *Entstehung aus Vertrag:* Die Zinspflicht entsteht grundsätzlich durch Parteivereinbarung, wobei das sowohl ausdrücklich (vgl. OR 313 Abs. 1) wie auch stillschweigend geschehen kann. Die Höhe des Zinssatzes wird von den Parteien festgelegt. Mangels Abrede beträgt er pro Jahr 5% der Hauptschuld (OR 73 Abs. 1).

  Es bestehen keine allgemeinen bundesrechtlichen Vorschriften über einen Maximalzinsfuss (vgl. aber VKKG 1, wonach der effektive Jahreszins bei Konsumkrediten 15% nicht überschreiten darf). Zu berücksichtigen sind jedoch v.a. OR 21 (Übervorteilung), StGB 157 (Wucher) sowie das interkantonale Konkordat über Massnahmen zur Bekämpfung von Missbräuchen im Zinswesen (SR 221.121.1 [seit 2005 nicht mehr in der SR des Bundes publiziert]; nur neun Mitgliedskantone). Ausserdem enthalten verschiedene kantonale Erlasse Höchstzinsvorschriften.

  OR 105 Abs. 3 und 314 Abs. 3 stellen zwar zum Schutz des Schuldners ein Zinseszinsverbot auf. Dieses Verbot ist jedoch nicht zwingend und deshalb nur beschränkt wirksam.

- *Entstehung aus Gesetz:* Die Zinspflicht ergibt sich aus zahlreichen Gesetzesvorschriften, u.a. Verzugszins (OR 104 Abs. 1), Schadenszins (Bestandteil der Schadenersatzforderung nach OR 97 ff. oder 41 ff.) und Verwendungszins (Auslagen und Verwendungen des Beauftragten nach OR 402 Abs. 1).

6. Anrechnung (OR 85–87)

Hat der Schuldner bei demselben Gläubiger sowohl Kapital- wie auch Zinsschulden oder mehrere verschiedene Geldschulden (z.B. mehrere Darlehen), so sind Zahlungen unter dem Vorbehalt anderslautender Vereinbarung wie folgt anzurechnen:

- Die Annahme einer Teilzahlung durch den Gläubiger ist ein Entgegenkommen gegenüber dem Schuldner (vgl. OR 69 Abs. 1). OR 85 sieht deshalb vor, dass die Teilzahlung in erster Linie der Deckung offener Zinszahlungen und weiterer Kosten (Abs. 1) sowie der Tilgung des ungesicherten Teils einer Schuld dienen soll (Abs. 2). Bestreitet der Schuldner die Zinsen und die Kosten, ohne rechtsmissbräuchlich zu handeln, muss seine Teilzahlung an das Kapital angerechnet werden, welches er anerkennt (vgl. BGE 133 III 604 ff.).

- OR 86 geht davon aus, dass ein Schuldner gegenüber demselben Gläubiger zwar mehrere (gleichartige) Forderungen zu erfüllen hat, das Geleistete aber nicht ausreichend ist (z.B. der Mieter, der bei einem Vermieter mehrere Objekte gemietet hat). Abs. 1 räumt dem Schuldner ein Recht zur Abgabe einer Anrechnungserklärung ein. Macht er davon keinen Gebrauch, steht das Recht dem Gläubiger zu (Abs. 2). Ohne Parteierklärung erfolgt die Anrechnung nach Gesetz (vgl. den Gesetzestext von OR 87).

H. Übungen zum 8. Teil

Lösungen S. 177

Übung 27

Das aus der Regierung ausscheidende Mitglied R bestellt für die «Ahnengalerie» im Amtshaus beim bekannten Maler M ein Porträt. Anlässlich der ersten Porträtsitzung erscheint aber lediglich der Assistent von M und richtet aus, M werde sich dann «um den letzten Schliff» kümmern. Muss sich R damit zufriedengeben?

Übung 28

Der in Konstanz wohnhafte K kauft beim Bootshändler B in Romanshorn ein altes Segelboot. Als Kaufpreis vereinbaren die Parteien EUR 50'000.–, zahlbar innerhalb von 10 Tagen nach Ablieferung. Im Zeitpunkt des Vertragsabschlusses beträgt der Kurs EUR 1.– = CHF 1.48.

K geht bereits im Zeitpunkt des Vertragsabschlusses davon aus, dass es zu einer massiven Abwertung des EUR gegenüber dem CHF kommen wird. In der Tat beträgt der Kurs unmittelbar nach der Ablieferung des Segelboots EUR 1.– = CHF 1.40.

Wie wird sich K vermutlich verhalten (massgebend ist einzig das OR)?

Übung 29

«Spielschulden sind Ehrenschulden.»

a) Wie kommt es zu diesem Merksatz?

b) Inwiefern ist er zu präzisieren?

Übung 30

a) Wodurch ist die Stück-, wodurch die Gattungsschuld charakterisiert?

b) Inwiefern ist die Frage von besonderer Bedeutung?

c) Ist in den folgenden Fällen eher von einer Stück- oder einer Gattungsschuld auszugehen?

    aa) 100 kg Gruyère-Käse;

    bb) für einen bestimmten Bau speziell bearbeitete Armierungseisen;

    cc) Milch eines bestimmten Hofes.

Übung 31

K, wohnhaft in Zürich, kauft von V, wohnhaft in Pontresina, ein Pferd, ohne dass der Erfüllungsort speziell vereinbart wird.

Wo sind die folgenden Leistungen zu erbringen?

a) Übergabe des Pferdes;

b) Zahlung des Kaufpreises.

Übung 32

Autokäufer A hat mit Verkäufer V vereinbart, dass er den Kaufpreis für das bereits übergebene Auto binnen 30 Tagen überweisen werde. A gerät in einen finanziellen Engpass und schlägt V vor, den Kaufpreis ratenweise zu tilgen.

Muss V das akzeptieren?

Übung 33

Gastwirt G und die Brauerei B AG haben einen sog. «Bierlieferungsvertrag» geschlossen. Darin verpflichtet sich G zum exklusiven Bezug von Getränken von B während mehrerer Jahre. Dafür gewährt ihm die Brauerei günstige Bezugskonditionen und stellt die technische Einrichtung für den Ausschank zur Verfügung. Die Vertragsparteien rechnen monatlich ab. Die B AG gerät in einen Produktionsengpass und kommt mit der anstehenden Lieferung in Verzug. G weigert sich darauf, die Rechnung für den vergangenen Monat zu bezahlen, bis eine Nachlieferung erfolgt.

Darf er das?

9. Teil   Die Erfüllungsstörungen

Verwendete Literatur

BUCHER, 318 ff., 328 ff., 416 ff.; GUHL/KOLLER, §§ 4, 31–33; GAUCH/SCHLUEP/EMMENEGGER, N 2388 ff., 2482 ff.; SCHWENZER, §§ 60–70; BK-WEBER, Art. 97–109; ZK-SCHRANER, Art. 91–96; ZK-AEPLI, Art. 119; BSK-BERNET, Art. 91–96; BSK-WIEGAND, Art. 97–109, 119.

A.   Übersicht

Grundfolge der Leistungsstörung	Anspruch auf Vertragsleistung
Voraussetzungen für den Schadenersatz nach OR 97 Abs. 1	▪ Nichterfüllung (Unmöglichkeit) ▪ Nicht gehörige Erfüllung (positive Vertragsverletzung) ▪ Exkurs: Vertrauenshaftung ▪ Schaden ▪ Adäquater Kausalzusammenhang ▪ Verschulden

Rechtsfolgen der Nichterfüllung	▪ Schadenersatzpflicht
	  · Mass der Haftung
	  · Wegbedingung der Haftung
	▪ Exkurs: Rücktrittsrecht als Rechtsfolge der nicht gehörigen Erfüllung

Hilfspersonenhaftung	▪ Hilfsperson ▪ Funktioneller Zusammenhang ▪ Hypothetische Vorwerfbarkeit ▪ Abgrenzung vom Substitut im Auftragsrecht
Unverschuldete nachträgliche Unmöglichkeit (OR 119)	▪ Voraussetzungen ▪ Rechtsfolgen ▪ Das stellvertretende Commodum
Voraussetzungen des Schuldnerverzugs (OR 102 ff.)	▪ Nichtleistung trotz Leistungsmöglichkeit ▪ Fälligkeit ▪ Mahnung des Schuldners oder bestimmter Verfalltag ▪ Fehlen verzugshindernder Gründe
Verzugsfolgen im Allgemeinen	▪ Verschuldensabhängige Verzugsfolgen ▪ Verschuldensunabhängige Verzugsfolgen
Verzugsfolgen im synallagmatischen Vertrag	▪ Nachfristansetzung ▪ Wahlrechte nach OR 107–109 ▪ Erstes Wahlrecht ▪ Zweites Wahlrecht

Gläubigerverzug	▪ Voraussetzungen
	  · Leistungsangebot des Schuldners
	  · Verweigerung notwendiger Mitwirkungshandlungen durch den Gläubiger
	▪ Rechtsfolge
	  · Gläubigerverzug als Folge einer Obliegenheitsverletzung
	  · Ausnahme: Gläubigerverzug als Vertragsverletzung

Das OR kennt keinen allgemeinen Begriff der Erfüllungsstörung (anders z.B. das WKR, vgl. dazu HONSELL, 145 ff.). Seitens des *Schuldners* ist zu unterscheiden zwischen Unmöglichkeit (keine Leistung), nicht gehöriger Leistung (Schlechtleistung, «positive Vertragsverletzung») und Verzug (verspätete Leistung).

Verhindert der *Gläubiger* die richtige Erfüllung, sei es, indem er die Leistung nicht entgegennimmt, sei es, dass er notwendige Mitwirkungshandlungen unterlässt, so spricht man von Gläubigerverzug.

Die Regeln über die Erfüllungsstörungen gelten grundsätzlich für sämtliche Obligationen, ungeachtet ihres Entstehungsgrunds und Inhalts (also neben vertraglichen Obligationen z.B. auch Schadenersatz nach OR 41 ff., Vermächtnisse gem. ZGB 562 oder sachenrechtliche Herausgabeansprüche gem. ZGB 641 Abs. 2). Vorbehalten sind *lex specialis*-Bestimmungen, welche sich insb. im Besonderen Teil des OR finden (z.B. die Werkmängelhaftung des Unternehmers).

Eine schematische Darstellung der Erfüllungsstörungen ergibt Folgendes:

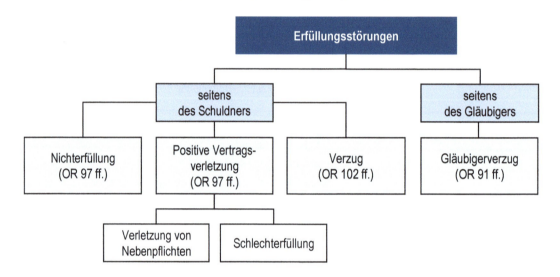

9. Teil: Die Erfüllungsstörungen

B. Erfüllungsstörungen nach OR 97

1. Nichterfüllung (Unmöglichkeit)

Unmöglichkeit liegt vor, wenn der Schuldner die geschuldete Leistung nicht erbringen kann.

Die Unmöglichkeit kann (objektiv oder subjektiv) ursprünglich oder (objektiv oder subjektiv) nachträglich sein. Ferner ist wesentlich, ob der Schuldner die Unmöglichkeit zu vertreten hat. Eine schematische Darstellung ergibt Folgendes:

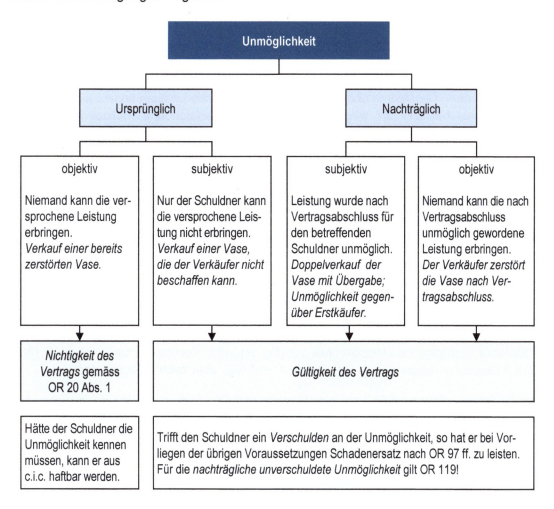

Daneben werden weitere Unterscheidungen getroffen (Beschreibung im Einzelnen unter den nächstfolgenden Kap.):

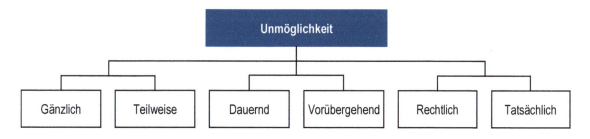

Die Rechtsfolgen der *nachträglichen unverschuldeten Unmöglichkeit* richten sich nach OR 119 (s. S. 116 ff.).

1.1 Ursprüngliche objektive und subjektive Unmöglichkeit

Ursprüngliche Unmöglichkeit bedeutet, dass die Leistung bereits im Zeitpunkt des Vertragsabschlusses unmöglich war.

- Ist die Leistung *ursprünglich objektiv unmöglich*, d.h. sie kann von niemandem erbracht werden, so kommt der Vertrag bei übereinstimmenden Willen zwar zustande, er ist aber nichtig (unmöglicher Inhalt, OR 20 Abs. 1; vgl. dazu S. 56). Hat der Schuldner die Unmöglichkeit gekannt, oder hätte er diese bei pflichtgemässer Vorsicht kennen müssen, so kann er aus *«culpa in contrahendo»* ersatzpflichtig werden (zur c.i.c. s. S. 44 f.).

Beispiel Der Verkäufer schliesst einen Vertrag über eine im Moment des Vertragsabschlusses bereits zerstörte Vase.

- Eine *ursprünglich subjektiv unmögliche* Leistung kann nur vom konkreten Schuldner nicht erbracht werden. Der Vertrag über eine subjektiv unmögliche Leistung kommt gültig zustande, der Schuldner hat aber den wegen der Unmöglichkeit entstandenen Schaden nach OR 97 Abs. 1 zu ersetzen, sofern er gewusst hat oder hätte wissen müssen, dass er zur Erbringung nicht in der Lage sein würde (Übernahmeverschulden).

Beispiel Der Verkäufer schliesst einen Vertrag über eine Vase, die er nicht beschaffen kann.

1.2 Nachträgliche objektive und subjektive Unmöglichkeit

Die *nachträgliche Unmöglichkeit* einer Leistung tritt erst nach Vertragsabschluss ein.

- Ist eine Leistung *nachträglich objektiv unmöglich*, kann sie von niemandem mehr erbracht werden.

Beispiel Der Verkäufer zerstört die Vase nach Vertragsabschluss.

- Ist nur der infrage stehende Schuldner zur Leistung nicht mehr in der Lage, liegt dagegen *subjektive nachträgliche Unmöglichkeit* vor. Die h.L. und Rechtsprechung (vgl. BGE 135 III 218 ff.) subsumiert diesen Fall unter OR 97 Abs. 1 (vgl. aber nachfolgendes Kap.).

Beispiel Der Verkäufer verkauft die Vase vor der Übergabe an den Käufer ein zweites Mal und übergibt sie dem Zweitkäufer. Gegenüber dem Erstkäufer wird die Übergabe dadurch subjektiv unmöglich.

1.3 Exkurs: Subjektive Unmöglichkeit als Fall des Schuldnerverzugs

Subjektive Unmöglichkeit, und zwar sowohl ursprüngliche wie nachträgliche, ist nach GAUCH/ SCHLUEP/EMMENEGGER (N 2575 ff.) kein Fall der Unmöglichkeit i.S.v. OR 97 und 119, sondern eine Form des Schuldnerverzugs, und zwar weil die Leistung i.d.R. von einem Dritten erbracht werden kann. Entsprechend postulieren sie die Anwendung von OR 102 ff.

1.4 Verschuldete und unverschuldete Unmöglichkeit

- Nur die vom Schuldner *verschuldete* nachträgliche Unmöglichkeit begründet dessen Schadenersatzpflicht (OR 97 Abs. 1).
- Ist die Leistung durch Umstände, die der Schuldner nicht zu verantworten hat, also *unverschuldeterweise,* unmöglich geworden, gilt die Forderung des Gläubigers als erloschen (OR 119 Abs. 1; s. dazu S. 116 ff.).

1.5 Tatsächliche und rechtliche Unmöglichkeit

- *Tatsächliche Unmöglichkeit* liegt vor, wenn die Leistung aus tatsächlichen Gründen nicht mehr erbracht werden kann, wenn also z.B. die zu liefernde Sache untergegangen ist, der Schuldner gestorben ist oder die wirtschaftlichen Umstände eine Erfüllung nicht erlauben.
- *Rechtliche Unmöglichkeit* setzt voraus, dass die Rechtsordnung einer richtigen Erfüllung entgegensteht. Wenn also seit Vertragsabschluss z.B. gesetzliche Handelsschranken errichtet wurden oder der Vertragsgegenstand enteignet oder gepfändet wurde.

1.6 Vorübergehende und dauernde Unmöglichkeit

■ Kann die Leistung in absehbarer Zukunft noch erbracht werden, ist sie bloss *vorübergehend unmöglich*. Grundsätzlich liegt ein Fall des Verzugs (s. S. 118 ff.) vor, es sei denn, die Leistung wäre für den Gläubiger zu einem späteren Zeitpunkt nutzlos.

■ Ist die Leistung hingegen *dauernd unmöglich*, ist ihre Erbringung ausgeschlossen, und es sind die Bestimmungen über die Unmöglichkeit anzuwenden.

1.7 Teilweise oder gänzliche Unmöglichkeit

■ Bei *teilweiser Unmöglichkeit* (auch «Teilunmöglichkeit» genannt) ist der Schuldner verpflichtet, die noch mögliche Leistung zu erbringen und im Übrigen den durch die teilweise Unmöglichkeit entstandenen Schaden zu ersetzen, sofern ihn ein Verschulden trifft. Hat die Restleistung für den Gläubiger einen unverhältnismässig geringen Wert, darf er die Annahme verweigern und vollen Schadenersatz verlangen.

■ Bei *gänzlicher Unmöglichkeit* ist die ganze Leistung unmöglich und der entstandene Schaden in vollem Umfang zu ersetzen, sofern der Schuldner die Unmöglichkeit verschuldet hat.

2. Nicht gehörige Erfüllung («positive Vertragsverletzung»)

Als nicht gehörige Erfüllung (OR 97 Abs. 1) werden all jene Fälle bezeichnet, die sich weder der Nichterfüllung noch dem Verzug zuordnen lassen. Die Lehre hat dafür den Begriff der «positiven Vertragsverletzung» geprägt. Innerhalb der positiven Vertragsverletzungen ist zwischen der *Schlechterfüllung* und der *Verletzung von Nebenpflichten* zu unterscheiden.

2.1 Schlechterfüllung

Schlechterfüllung liegt vor, wenn die Hauptleistung zwar erbracht worden ist, jedoch nicht in vertragsgemässer Art und Weise. Die Schlechterfüllung wird denn auch als «Verletzung von Qualitätsvorschriften» bezeichnet.

■ *Sach- und Werkleistungen:* Schlecht erfüllte Pflichten zur Erbringung von Sach- und Werkleistungen weisen nicht die vertraglich vereinbarte – oder gesetzlich geforderte (OR 71 Abs. 2) – Qualität auf. Das Gesetz enthält regelmässig Spezialbestimmungen betreffend die Rechtsfolgen der Schlechterfüllung von Sach- und Werkleistungen, so insb. im Kauf-, Werkvertrags- und Mietrecht (vgl. dazu hinten, unter dem Kap. «Abgrenzungen und Konkurrenzen», S. 107).

■ *Dienstleistungen:* Die Schlechterfüllung eines Dienstleistungsvertrags stellt i.d.R. einen Sorgfaltsverstoss dar, weil die Schuldpflicht nicht im Bewirken eines bestimmten Erfolgs besteht, sondern im sorgfältigen Tätigwerden (insb. OR 321e Abs. 1 für den Arbeitsvertrag und 398 Abs. 1 und 2 für den Auftrag jeweils i.V.m. OR 97 Abs. 1). Zur Abgrenzung von Vertragsverletzung und Verschulden s. Kap. «Objektivierter (‹normativer›) Fahrlässigkeitsbegriff im Besonderen», S. 111.

Als positive Vertragsverletzung wird auch der «antizipierte Vertragsbruch» qualifiziert (wenn sich aus dem Verhalten des Schuldners ergibt, dass er den Vertrag nicht wird halten wollen; s. dazu auch Kap. «Verzug ohne Mahnung (OR 102 Abs. 2)», S. 119).

2.2 Verletzung von Nebenpflichten

Die dogmatische Begründung wie auch die Umschreibung der Nebenpflichten ist in vielerlei Hinsicht umstritten (gute Übersicht bei BSK-WIEGAND, Einleitung zu Art. 97–109 N 5 ff. und Art. 97 N 32 ff.).

Praktisch von Interesse ist letztlich, ob es sich um erzwingbare Verpflichtungen («Nebenleistungspflichten») handelt oder um Nebenpflichten, die nicht erzwungen werden können («Verhaltenspflichten»). Verletzt der Schuldner also eine Nebenleistungspflicht, so kann der Gläubiger deren Erfüllung klageweise verlangen. Geht es dagegen um eine Verhaltenspflicht, so bleiben dem Gläubiger nur die Sekundäransprüche (Schadenersatz).

Auch wenn eine allgemeine Einteilung der Nebenpflichten kaum möglich ist und die Zuordnung im Einzelfall auf dem Weg der Auslegung erfolgen muss, so wird doch wie folgt unterschieden:

■ *leistungsbegleitende Pflichten*, die mit der Leistung in unmittelbarem Zusammenhang stehen bzw. der Erreichung des Vertragszwecks dienen;

■ *Schutz- und Obhutspflichten*, die dem Schutz der Interessen des Gläubigers dienen («loyales Verhalten»).

Im Sinne einer Faustregel gilt, dass die leistungsbegleitenden Pflichten grundsätzlich selbstständig einklagbar sind, die Schutz- und Obhutspflichten dagegen nicht.

C.   Anspruch auf Vertragsleistung

Die primäre Rechtsfolge beim Ausbleiben der vertragsgemässen Erfüllung ist die Durchsetzung der Verpflichtung mithilfe des staatlichen Zwangsapparats. Für den Schuldner besteht also Erfüllungszwang. Erfüllungszwang gilt dort nicht, wo die Forderung wegen Unmöglichkeit untergegangen ist.

OR 98 gibt dem Gläubiger die Möglichkeit, sich vom Richter zur ersatzweisen Vornahme der ausgebliebenen Leistung ermächtigen zu lassen. Dass der Gläubiger zuvor zur Klage gegen den Schuldner auf Erfüllung berechtigt ist (Erfüllungsklage), wird dabei in den OR 97 Abs. 2 und 98 Abs. 1 unbestrittenermassen vorausgesetzt.

■ Im Rahmen der *Erfüllungsklage* findet zunächst ein Erkenntnisverfahren statt. Dieses schliesst mit dem Leistungsurteil ab, das wiederum nach den Regeln des Zivilprozessrechts zu vollstrecken ist (vgl. im Einzelnen GAUCH/SCHLUEP/EMMENEGGER, N 2487 ff.). Vollstreckungsmassnahmen können auch direkt im Leistungsurteil angeordnet werden, womit sich der Gang zum Vollstreckungsgericht erübrigt (ZPO 236 Abs. 3, 337 Abs. 1).

■ *Die Vollstreckung nach OR:* Der Gläubiger einer vom Schuldner nicht (richtig) erbrachten Leistung kann sich, unabhängig von einem schuldnerischen Verschulden, vom Richter ermächtigen lassen, zur Ersatzvornahme zu schreiten (OR 98 Abs. 1). Die Ermächtigung setzt allerdings ein vollstreckbares Leistungsurteil voraus (BGE 142 III 323 ff.).

   Hat der Schuldner dagegen eine Unterlassungspflicht verletzt, kann deren Gläubiger vom Richter die Beseitigung des rechtswidrigen Zustands verlangen und sich ermächtigen lassen, den rechtswidrigen Zustand auf Kosten des Schuldners zu beseitigen (OR 98 Abs. 3). Ein Verschulden des Schuldners ist nicht erforderlich.

■ *Ansprüche auf Geldleistungen:* Die Vollstreckung von Ansprüchen auf Geldleistung richtet sich ausschliesslich nach dem SchKG (vgl. SchKG 38 Abs. 1).

D.   Schadenersatzpflicht nach OR 97 Abs. 1

1.   Übersicht

Neben bzw. anstelle des Erfüllungsanspruchs tritt im Fall der Nicht- oder Schlechterfüllung die Schadenersatzpflicht nach OR 97. Dies ist die Grundnorm des vertraglichen Schadenersatzrechts und setzt im Wesentlichen folgende vier Tatbestandselemente voraus:

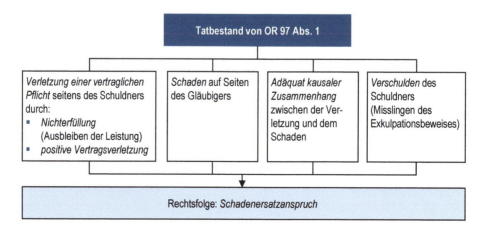

Aus dem Gesetz ergibt sich die folgende *Beweislastverteilung* für die einzelnen Elemente:

- Der *Gläubiger* hat die Pflichtverletzung, den Schaden und den adäquaten Kausalzusammenhang zu beweisen.

- Das Verschulden wird im vertraglichen Schadenersatzrecht grundsätzlich vermutet; dem Schuldner obliegt daher der Beweis des Gegenteils («Exkulpationsbeweis»).

Sind die Vertragsverletzung, der Schaden sowie der adäquate Kausalzusammenhang durch den Gläubiger bewiesen und konnte sich der Schuldner nicht exkulpieren, so tritt als Rechtsfolge grundsätzlich dessen *Pflicht zur Leistung von Schadenersatz* ein.

Im Sinne einer Faustregel kann festgehalten werden, dass die Pflicht zur Leistung von *Schadenersatz* im Vertragsrecht regelmässig von einem *Verschulden* des Schuldners abhängig ist.

Während sich bei (gänzlicher) Unmöglichkeit die ursprüngliche Leistungspflicht in einen Anspruch auf Schadenersatz umwandelt, tritt bei positiver Vertragsverletzung sowie Verzug die Pflicht zur Leistung von Schadenersatz zur ursprünglichen Leistungspflicht hinzu. Mass und Umfang von Haftung und Ersatz sind nach OR 99 f. zu bestimmen.

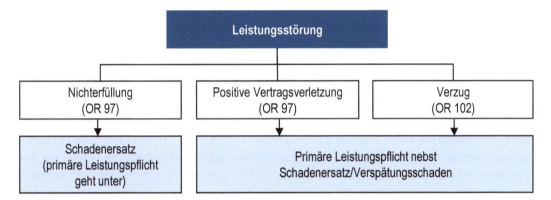

2. Abgrenzungen und Konkurrenzen

Eine vom Schuldner bewirkte Erfüllungsstörung kann Ansprüche aus verschiedenen Rechtsgründen auslösen. Sind die entsprechenden Bestimmungen parallel anwendbar – besteht also Konkurrenz zwischen ihnen –, hat der Gläubiger die Wahl, wie er vorgehen will (sog. *«Anspruchskonkurrenz»*). Die beiden Ansprüche stehen zwar nebeneinander, können aber nicht kumuliert werden. Der Gläubiger erhält also auch bei mehreren Anspruchsgrundlagen nicht mehr ersetzt, als sein Schaden beträgt.

2.1 Verhältnis zum Besonderen Teil des OR

Die Rechtsprechung zum Verhältnis zwischen OR 97 ff. und den Rechtsbehelfen des Besonderen Teils des OR ist uneinheitlich (Kritik u.a. bei BSK-WIEGAND, Einleitung zu Art. 97–109 ff. N 16 und Art. 97 N 27 ff.).

- So wird grundsätzlich eine Konkurrenz der Ansprüche aus OR 97 ff. und der Gewährleistung aus *Kaufvertrag* (OR 197 ff.) angenommen, wobei verlangt wird, dass auch beim Vorgehen nach OR 97 ff. die Rügefrist von OR 201 sowie die Klagefrist von OR 210 und 219 Abs. 3 zu wahren sind. Bedeutsam bleibt in diesem Zusammenhang immerhin, dass die Gewährleistungsansprüche verschuldensunabhängig sind (vgl. demgegenüber OR 97 Abs. 1).

- Das Gewährleistungsrecht des *Werkvertrags* (OR 367–371) verdrängt die allgemeinen Bestimmungen.

- Zum Verhältnis zwischen OR 97 ff. und den *übrigen Rechtsbehelfen des Besonderen Teils des OR* vgl. BK-WEBER, Vorbemerkungen zu Art. 97–109 N 115 ff.

2.2 Verhältnis zu den Ansprüchen aus Delikt (OR 41 ff.)

Erfüllt die schuldnerische Handlung sowohl den Tatbestand der Vertragsverletzung als auch denjenigen der unerlaubten Handlung, so konkurrieren die beiden Ansprüche.

Für den Gläubiger ist ein Vorgehen nach den Bestimmungen über die Vertragsverletzung regelmässig günstiger, weil diese eine Verschuldensvermutung (OR 97 Abs. 1 gegenüber OR 41 Abs. 1) enthalten, die Ansprüche der 10-jährigen Verjährungsfrist (OR 127 ff. gegenüber OR 60 Abs. 1) unterliegen und die Hilfspersonenhaftung strenger ausgestaltet ist (OR 101 Abs. 1 gegenüber OR 55 Abs. 1).

Die Berufung auf die Deliktshaftung drängt sich für den Gläubiger aber u.a. dann auf, wenn er die vertraglichen Ansprüche verwirkt hat, weil er z.B. einer Rügeobliegenheit nicht nachgekommen ist (insb. beim Kauf- und Werkvertrag).

2.3 Ansprüche aus ungerechtfertigter Bereicherung (OR 62 ff.)

Ansprüche aus Vertrag (auch aus Nicht- oder Schlechterfüllung) und Ansprüche aus ungerechtfertigter Bereicherung schliessen einander aus (vgl. dazu auch Kap. «Bereicherungsanspruch», S. 86).

Ein Vertrag bildet den Rechtsgrund für einen Anspruch. Demgegenüber setzt der Anspruch aus ungerechtfertigter Bereicherung gerade voraus, dass für die Bereicherung kein Rechtsgrund vorliegt.

3. Exkurs: Vertrauenshaftung

Entsteht im Vermögen einer Person ein durch die Handlung einer anderen Person adäquat kausal verursachter Schaden, jedoch ohne dass ein Vertrag besteht oder eine unerlaubte Handlung vorliegt, so kann sich eine Haftung des Schädigers aus dem Tatbestand der *Vertrauenshaftung* ergeben. Der Tatbestand der Vertrauenshaftung wurde vom Bundesgericht erstmals in BGE 120 II 331 ff. in Verallgemeinerung der Grundsätze über die c.i.c. (zur c.i.c. vgl. S. 44 f.) als Haftungsgrundlage herangezogen.

Der Tatbestand der Vertrauenshaftung setzt sich aus den folgenden Elementen zusammen:

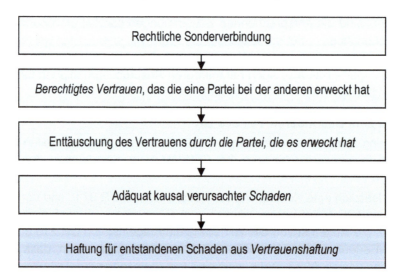

Rechtliche Sonderverbindung

↓

Berechtigtes Vertrauen, das die eine Partei bei der anderen erweckt hat

↓

Enttäuschung des Vertrauens *durch die Partei, die es erweckt hat*

↓

Adäquat kausal verursachter *Schaden*

↓

Haftung für entstandenen Schaden aus *Vertrauenshaftung*

Rechtsprechung BGE 120 II 331 ff. («Swissair-Entscheid»):

Die Konzern-Muttergesellschaft («Swissair») liess eine Tochtergesellschaft mit ihrem Namen Werbeaussagen machen. Der Vertragspartner der Tochtergesellschaft nahm Vermögensdispositionen im Vertrauen auf die Werbeaussagen vor. Die Konzern-Muttergesellschaft hielt die Versprechungen in den Werbeaussagen der Tochter (die sie zugelassen hatte) nicht ein. Die Enttäuschung des berechtigten Vertrauens war adäquat kausal für den entstandenen Schaden des Vertragspartners. Die Konzern-Muttergesellschaft hatte den dem Vertragspartner der Tochtergesellschaft entstandenen Schaden zu ersetzen.

Vgl. dazu ausserdem BGE 121 III 350 ff. (= Pra 85 Nr. 168; «Ringer-Entscheid»), BGE 124 III 297 ff. («Motor-Columbus»), 130 III 645 ff. («Liegenschaftenschätzer») und 142 III 86 ff. («Zertifizierung»).

4. Schaden

4.1 Begriff

Als Schaden gilt eine unfreiwillige Vermögensverminderung. Diese kann in der Verminderung der Aktiven, der Vermehrung der Passiven oder im entgangenen Gewinn bestehen.

Das Recht der Leistungsstörungen dient nicht der Bestrafung desjenigen, der die Obligation schlecht bzw. nicht erfüllt, sondern dem Ausgleich des durch die Schlecht- bzw. Nichterfüllung einer Obligation erlittenen Schadens. Entsprechend setzt der Schadenersatzanspruch immer einen nachweisbaren ökonomischen Schaden voraus. Keinen Anspruch auf Schadenersatz hat demnach, wem durch eine Vertragsverletzung kein messbarer finanzieller Schaden entstanden ist oder wem der Nachweis eines solchen misslingt.

Der Schaden wird grundsätzlich nach der *Differenztheorie* berechnet. Danach entspricht der Schaden der Differenz zwischen dem gegenwärtigen Vermögensstand und dem hypothetischen Stand, den das Vermögen ohne das schädigende Ereignis hätte (vgl. auch Kap. «Schadenersatz wegen Nichterfüllung (‹positives Vertragsinteresse›)», S. 124).

Schaden im Rechtssinne ist immer nur der *Vermögensschaden*. Ein Körperschaden wird also erst zum Schaden im Rechtssinne, wenn er sich ökonomisch messbar ausgewirkt hat (z.B. Arztrechnung, Einkommenseinbussen etc.).

In der Literatur wird unter den Stichworten des Kommerzialisierungs- und des Frustrationsgedankens eine Diskussion über die Relativierung der Differenztheorie geführt. Es geht dabei im Wesentlichen um die Frage nach der Ersatzfähigkeit von wirtschaftlich nicht (oder nur schwer) erfassbaren immateriellen Gütern oder nutzlos gewordene Aufwendungen. M.a.W. geht es um eine Ausweitung des traditionellen Schadensbegriffs auf Fälle, die von der Differenztheorie nicht erfasst werden (ausführlich dazu GAUCH/SCHLUEP/EMMENEGGER, N 2856 ff.).

Nach h.L. und Rechtsprechung gilt aber nach wie vor: Hat eine Vertragsverletzung keinen Schaden zur Folge oder kann ein solcher nicht bewiesen werden, so entsteht kein Anspruch auf Schadenersatz.

4.2 Schadensarten

Die Unterscheidung zwischen den einzelnen Schadensarten, namentlich die im Deliktsrecht zu treffende Unterscheidung von *Personen-, Sach- und reinem Vermögensschaden*, hat im Vertragsrecht keine allzu grosse Bedeutung. Ersatzfähig ist nur der ökonomisch messbare Schaden.

Dabei sind insb. der positive Schaden und der entgangene Gewinn zu nennen:

- *Positiver Schaden («damnum emergens»)* ist eine Vermögensminderung durch Verringerung der Aktiven oder durch Vermehrung der Passiven.

Beispiel   Zerstörung eines Bildes, Heilungskosten bei Körperverletzung.

- *Entgangener Gewinn («lucrum cessans»)* spielt v.a. bei der Berechnung des positiven und negativen Vertragsinteresses eine Rolle.

Beispiele   Liefert der Zementhändler den geschuldeten Zement nicht und kann der Unternehmer deshalb das geplante Folgegeschäft nicht abwickeln, so hat der Zementhändler dem Unternehmer auch den entgangenen Gewinn aus dem Folgegeschäft zu ersetzen.

Von *Drittschaden* ist die Rede, wenn der durch die Vertragsverletzung eingetretene Schaden nicht im Vermögen des Gläubigers, sondern bei einem Dritten eintritt. Der Drittschaden ist grundsätzlich nicht zu ersetzen (vgl. aber die Ausführungen bei GAUCH/SCHLUEP/EMMENEGGER, N 2881 ff.).

4.3 Schadenselemente

Der Schaden setzt sich zusammen aus:

- dem *Wert der ausgebliebenen Leistung* (die primäre Leistungspflicht wandelt sich um in eine sekundäre Schadenersatzpflicht);

- den durch das Ausbleiben der Leistung entstandenen *Kosten* (u.a. Zinsen bei Geldschulden; vorprozessuale Anwaltskosten; berechtigte Aufwendungen, die vom Gläubiger mit Blick auf die Erfüllung getätigt wurden);
- *weiteren Elementen* (z.B. entgangener Gewinn aus einem geplanten Weiterverkauf der nicht gelieferten Sache; Schaden am bestehenden Eigentum, zu dessen Schutz die zu liefernde Sache gedient hätte).

4.4 Berechnungsweisen

Im Wesentlichen kann unterschieden werden zwischen dem positiven und dem negativen Vertragsinteresse:

- Hat der Schuldner das *positive Vertragsinteresse* («Erfüllungsinteresse») zu ersetzen, so ist der Gläubiger so zu stellen, wie wenn der Vertrag richtig erfüllt worden wäre. So tritt z.B. der Schadenersatz nach OR 97 Abs. 1 an die Stelle der ausgebliebenen Leistung. Das Vermögen des Gläubigers soll den gleichen Stand aufweisen, wie wenn richtig erfüllt worden wäre.
- Soll dagegen das *negative Vertragsinteresse* («Vertrauensschaden») ersetzt werden, so ist der Vermögensstand des Gläubigers massgebend, der bestünde, wenn der Vertrag nie abgeschlossen worden wäre (z.B. OR 109 Abs. 1 und 2; dem Gläubiger soll aller Schaden ersetzt werden, der ihm aus dem Dahinfallen des Vertrags entstanden ist). Das können z.B. Auslagen und Aufwendungen im Hinblick auf den Vertragsabschluss und die Vertragsabwicklung sein, aber auch entgangener Gewinn.

Hinweis	Das negative Vertragsinteresse kann grösser sein als das positive, wie nachstehendes Beispiel zeigt.
Beispiel	A und B sind langjährige Geschäftspartner. A verspricht B, ihn mit dem Bau seines Hauses zu betrauen. B verzichtet deswegen auf einen für ihn günstigeren Vertrag mit C. Kommt es in der Folge nicht zur Abwicklung des Vertrags mit A, so kann der Ersatz des negativen Vertragsinteresses für B vorteilhafter sein, weil es den entgangenen (grösseren) Gewinn aus dem Geschäft mit C enthält.

Bei der Schadensberechnung hat ggf. eine *Vorteilsanrechnung* stattzufinden. Sind dem Geschädigten durch die vertragswidrige Handlung neben dem Schaden auch geldwerte Vorteile entstanden, so sind diese vom Schadenersatz abzuziehen. Vorausgesetzt ist allerdings, dass der dem Geschädigten zugekommene Vermögensvorteil mit der Schädigung in einem adäquat kausalen Zusammenhang steht (vgl. dazu BGE 85 IV 106 f.).

4.5 Zeitpunkt der Schadensberechnung

H.L. und Rechtsprechung bezeichnen als Zeitpunkt, in dem der Schaden zu berechnen ist, entweder den Erfüllungszeitpunkt oder den Tag des Urteils. Ausschlaggebend soll der für den Gläubiger günstigere Termin sein.

5. Adäquater Kausalzusammenhang

Zwischen der Vertragsverletzung und dem entstandenen Schaden muss ein adäquat kausaler Zusammenhang bestehen. Mittels der Adäquanz soll überprüft werden, ob die natürliche Kausalkette auch rechtlich relevant ist. Sie dient also einer Einschränkung der Haftungstatbestände: Es soll nicht jeder ursächliche Zusammenhang zwischen einem Verhalten und dem Schaden zu einer Haftung führen, sondern nur der adäquat kausale.

Rechtsprechung	In ständiger Rechtsprechung werden der natürlich kausale und der adäquat kausale Zusammenhang wie folgt beschrieben:
	- Ein pflichtwidriges Verhalten ist dann «*in natürlichem Sinne kausal,* wenn es nicht weggedacht werden kann, ohne dass auch der eingetretene Erfolg [hier der Schaden] entfiele» (BGE 116 IV 310; Hervorhebung eingefügt).
	- Ein Ereignis gilt «als *adäquate Ursache eines Erfolges* ..., wenn es nach dem gewöhnlichen Lauf der Dinge und nach der allgemeinen Lebenserfahrung an sich geeignet ist, einen Erfolg von der Art des eingetretenen herbeizuführen, der Eintritt des Erfolges also durch das Ereignis allgemein als begünstigt erscheint» (BGE 123 III 112; Hervorhebung eingefügt).

Sonderfall der *vertragswidrigen Unterlassung:* Zwischen vertragswidrigen Unterlassungen und einem eingetretenen Schaden fehlt notwendigerweise ein natürlicher Kausalzusammenhang. Daher fragt man in diesen Fällen, ob bei vertragsmässiger Handlung der eingetretene Erfolg hätte vermieden werden können (sog. «hypothetischer Kausalzusammenhang»).

Das Vorliegen des natürlichen Kausalzusammenhangs zwischen einer Handlung und dem eingetretenen Schaden ist Tatfrage, die Überprüfung der Adäquanz hingegen Rechtsfrage (vgl. BGG 95 und 97).

Zu weiteren Kriterien der Haftungsbeschränkung neben der Adäquanz (insb. die Berücksichtigung von hypothetischer Kausalität und von rechtmässigem Alternativverhalten) vgl. GAUCH/SCHLUEP/ EMMENEGGER, N 2946 ff.

6. Verschulden

6.1 Allgemeines

Die Ersatzpflicht des Schuldners für den durch sein Verhalten adäquat kausal verursachten Schaden setzt Verschulden voraus. Im Vertragsrecht besteht eine Vermutung, dass eine nicht gehörige Erfüllung vom Schuldner verschuldet ist. Dem Schuldner steht aber die Möglichkeit offen, sich durch den Beweis des Gegenteils zu entlasten (zur Beweislast s. S. 112).

Während OR 97 Abs. 1 als Grundnorm der vertraglichen Haftung die Voraussetzungen der Haftung und somit auch das Erfordernis des Verschuldens enthält, ergibt sich das *Mass der geschuldeten Sorgfalt* in erster Linie aus OR 99 («Der Schuldner haftet im Allgemeinen für jedes Verschulden», OR 99 Abs. 1). Das Gesetz (z.B. OR 321e Abs. 2 für den Arbeitsvertrag oder 398 Abs. 1 und 2 für den Auftrag) oder die Parteien können etwas anderes vorsehen.

6.2 Verschuldensformen

Grundsätzlich haftet der Schuldner für «jedes Verschulden» (OR 99 Abs. 1). Unterschieden werden im Wesentlichen die folgenden drei Verschuldensformen:

- *Vorsatz* (oder Absicht): Der Schuldner weiss um die Vertragswidrigkeit seiner Handlung und will den dadurch bewirkten Erfolg (Vertragsbruch).
- *Eventualvorsatz:* Der Schuldner weiss um die Vertragswidrigkeit seiner Handlung und nimmt einen dadurch bewirkten Erfolg in Kauf.
- *Fahrlässigkeit:* Fahrlässig handelt, wer die im Verkehr erforderliche Sorgfalt nicht aufwendet. Der Schuldner hat die Vertragsverletzung zwar bewirkt, aber nicht gewollt.

  Die praktisch schwierige Abgrenzung zwischen grober und leichter Fahrlässigkeit spielt v.a. bei der Bemessung des Schadenersatzes (insb. OR 99 Abs. 3 i.V.m. OR 43) und bei den Freizeichnungen (u.a. OR 100 Abs. 1) eine Rolle.

  Im Zusammenhang mit dieser Abgrenzung ist auch die Rede von «Verschuldensgraden».

Ein *Übernahmeverschulden* trifft, wer eine Leistung verspricht, obschon er weiss oder hätte wissen müssen, dass er sie möglicherweise nicht wird erbringen können, bzw. eine Leistung verspricht, obwohl er von Natur aus dazu nicht in der Lage ist (z.B. der übermüdete Arzt oder der überlastete Anwalt).

6.3 Objektivierter («normativer») Fahrlässigkeitsbegriff im Besonderen

Das Verschulden wird im Vertragsrecht i.d.R. nach einem objektivierten Fahrlässigkeitsbegriff («normativer Fahrlässigkeitsbegriff») beurteilt. Für die Beantwortung der Frage, ob der Schuldner eine Vertragsverletzung zu vertreten hat, stellt man deshalb nicht auf seine individuellen Fähigkeiten und auf die konkrete Situation ab.

Das Verhalten des Schuldners wird vielmehr am durchschnittlichen Verhalten eines vernünftigen und ordentlichen Menschen («Massfigur») unter den gleichen Umständen gemessen. Entscheidend ist also, was von einem «durchschnittlichen Schuldner» erwartet werden kann.

Diese Objektivierung zeigt insb. für Obligationen, die nicht einen bestimmten Erfolg (z.B. das fertige Werk), sondern eine Dienstleistung (z.B. die Arbeitsleistung des Arbeitnehmers oder die Geschäftsbesorgung des Beauftragten) zum Gegenstand haben, erhebliche Konsequenzen.

Gelingt dem Gläubiger nämlich der Nachweis der Pflicht-(bzw. Vertrags-)verletzung, kann sich der Schuldner kaum mehr exkulpieren. Dies, weil mit dem Nachweis der Pflichtverletzung regelmässig auch bewiesen ist, dass der Schuldner nicht die von der «Massfigur» zu erwartende Sorgfalt aufgewendet hat. Die (theoretisch klaren) Grenzen zwischen der Vertragsverletzung und dem Verschulden werden also verwischt (ausführlich dazu GAUCH/SCHLUEP/EMMENEGGER, N 2997 ff.).

6.4 Ausnahme: Haftung ohne eigenes Verschulden

Ausnahmsweise haftet der Schuldner auch ohne eigenes Verschulden, und zwar insb. in den folgenden Fällen:

■ Das Verhalten einer *Hilfsperson* wird dem Schuldner direkt zugerechnet (OR 101 Abs. 1). Zu beachten sind dabei allerdings Besonderheiten im Zusammenhang mit der «hypothetischen Vorwerfbarkeit» (s. S. 114 ff.).

■ Der *Schuldner im Verzug* haftet auch für Zufall (OR 103 Abs. 1; s. S. 120).

■ Ausserdem: Garantievertrag (OR 111; s. S. 147 f.), die Übernahme der Einstandspflicht für die Leistungsfähigkeit des Dritten beim Forderungskauf (OR 171 Abs. 2; s. S. 160 f.) oder auch wenn die Parteien vertraglich eine verschuldensunabhängige Haftung vorsehen.

6.5 Beweislast

Im Vertragsrecht wird das Verschulden des nicht richtig Erfüllenden vermutet (vgl. OR 97 Abs. 1), weil der Gesetzgeber davon ausgeht, dass der Schuldner, der eine Leistung verspricht, zu deren vertragsgemässen Erbringung auch in der Lage ist.

Daraus ergibt sich eine von der allgemeinen Regel (vgl. ZGB 8) und auch vom Deliktsrecht (vgl. OR 41 Abs. 1) abweichende Verteilung der Beweislast: Während der geschädigte Gläubiger die Vertragsverletzung, den Schaden und den adäquaten Kausalzusammenhang zu beweisen hat, obliegt dem Schuldner der Nachweis, dass ihn kein Verschulden trifft («Exkulpationsbeweis»).

7. Mass der Haftung und Umfang des Schadenersatzes (OR 99)

7.1 Allgemeines

Nach OR 99 Abs. 1 haftet der Schuldner grundsätzlich für jedes Verschulden, also insb. auch für alle Grade der Fahrlässigkeit (s. dazu Kap. «Verschuldensformen», S. 111).

Ausnahmen dazu können sich einerseits aus dem Gesetz ergeben. So sieht z.B. OR 99 Abs. 2 vor, dass die Haftung des Schuldners insb. dann milder zu beurteilen ist, wenn der Schuldner keinen Vorteil aus einem Geschäft zieht (vgl. dazu BGE 99 II 182). Weitere Anwendungsfälle im Gesetz sind z.B. die Haftung des Schenkers, die nur im Fall der absichtlichen oder der grob fahrlässigen Schädigung besteht (OR 248 Abs. 1), oder die Haftung des unentgeltlich tätigen Gesellschafters, der nicht nach einem objektiven Massstab haftet, sondern mindestens die Sorgfalt aufzuwenden hat, die er in eigenen Angelegenheiten walten lässt (OR 538 Abs. 1).

Anderseits können die Parteien eine Haftungsmilderung auch vertraglich vereinbaren. Das geschieht häufig in AGB (z.B.: «Der Lieferant haftet nur für grobe Fahrlässigkeit»).

7.2 Umfang des geschuldeten Schadenersatzes

Von der Berechnung des *Schadens* (vgl. S. 110) ist die Bemessung des geschuldeten *Ersatzes* zu unterscheiden.

Die Bemessung des Ersatzes hat gem. OR 99 Abs. 3 nach den Bestimmungen über das Mass der Haftung bei unerlaubten Handlungen zu erfolgen.

Der *Höhe des Schadens* ist vom Gläubiger zu beweisen (OR 42 Abs. 1), Art und Grösse des Ersatzes bestimmt der Richter (OR 43 Abs. 1). Ist der Schaden zahlenmässig nicht nachweisbar, so muss der Richter den Schaden nach seinem Ermessen abschätzen und den geschuldeten Ersatz festlegen (OR 42 Abs. 2).

Der Anspruch auf Schadenersatz wird nach oben begrenzt durch die effektive Höhe des Schadens. Der Geschädigte hat überdies Anspruch auf den Schadenszins, der vom Eintritt des schädigenden Ereignisses an geschuldet ist.

Vgl. dazu ausführlich GAUCH/SCHLUEP/EMMENEGGER, N 2905 ff. und HUGUENIN, 263.

7.3 Umfang des Verweises in OR 99 Abs. 3

Über den Verweis in OR 99 Abs. 3 erlangen «die Bestimmungen über das Mass der Haftung bei unerlaubten Handlungen» auch für Fälle der Vertragshaftung Geltung.

Das Gesetz äussert sich nicht ausdrücklich zum Umfang des Verweises. Gemeint sind insb. OR 42–44 über die Festsetzung des Schadens und die Bestimmung des Ersatzes unter Berücksichtigung allfälliger Herabsetzungsgründe sowie OR 45 über den Schadenersatz bei Tötung einer Person (z.B. durch einen Arzt während einer Operation), OR 50 über die Solidarität und OR 54 über die Billigkeitshaftung von Urteilsunfähigen.

8. Wegbedingung der Haftung nach OR 100

Innerhalb der gesetzlichen Schranken können die Parteien bereits bevor der Schaden eingetreten ist («zum voraus»), also bereits im Moment des Vertragsabschlusses, vereinbaren, ob und wie ein im Rahmen der Vertragsabwicklung entstehender Schaden zu ersetzen sei (vgl. OR 100).

- Gem. *OR 100 Abs. 1* kann die Haftung für Vorsatz und grobe Fahrlässigkeit nicht im Voraus wegbedungen werden. Zweck von *OR 100 Abs. 2* ist der Schutz der schwächeren Vertragspartei, wonach der Richter auch eine Beschränkung der Haftung auf leichtes Verschulden für nichtig erklären kann, wenn der Schuldner im Zeitpunkt der Erklärung «im Dienst des anderen Teils» stand (insb. als Arbeitnehmer) oder wenn sich die Verantwortlichkeit aus dem Betrieb eines obrigkeitlich konzessionierten Gewerbes ergibt (z.B. Eisenbahnen, Elektrizitätswerke, Fabriken zur Herstellung gefährlicher Produkte etc.). Als obrigkeitlich konzessioniert i.S.v. OR 100 Abs. 2 gelten auch Banken (vgl. BGE 132 III 449; 112 II 454 ff.).

- Die Haftung kann einerseits für einen bestimmten Grad der Fahrlässigkeit (z.B. leichte Fahrlässigkeit) beschränkt oder wegbedungen werden. Anderseits ist die Beschränkung auf einen bestimmten Maximalbetrag möglich (z.B. Haftung bis zu einem Höchstbetrag von CHF 50'000.–), wobei zu beachten ist, dass auch in diesem Fall die Haftung für Vorsatz und grobe Fahrlässigkeit nicht im Voraus wegbedungen werden kann (OR 100 Abs. 1).

- Besondere Regelungen über die Freizeichnung finden sich beim Kaufvertrag (OR 199), im Miet- und im Pachtrecht (OR 256 Abs. 2 und 288 Abs. 2) sowie in verschiedenen Sondergesetzen (u.a. PauRG 16, SVG 87 Abs. 1 und PrHG 8). Vgl. zum Verhältnis von OR 100 Abs. 1 zu OR 199 Gauch/Schluep/Emmenegger, N 3086 ff.

- Ob eine Haftungsbeschränkungsklausel auch für die Ansprüche aus ausservertraglicher Haftung gelten soll, ist durch Auslegung zu ermitteln. Grundsätzlich ist aber davon auszugehen, dass eine derartige Klausel auch die ausservertragliche Verantwortlichkeit beschränken soll, da andernfalls die Klausel häufig die praktische Bedeutung verlieren würde (vgl. BK-Weber, Art. 100 N 49).

E. Rücktrittsrecht als Rechtsfolge der Erfüllungsstörungen nach OR 97?

OR 97 Abs. 1 sieht als Rechtsfolge für die nicht gehörige Erfüllung nur die Schadenersatzpflicht und kein Rücktrittsrecht nach OR 107 ff. vor (s. Kap. «Verzugsfolgen im synallagmatischen Vertrag», S. 121).

Die Lehre erachtet es als nicht sachgerecht, den von der Nichterfüllung oder nicht gehörigen Erfüllung betroffenen Gläubiger schlechter dastehen zu lassen als den vom Schuldnerverzug betroffenen Gläubiger, dem die Wahlrechte von OR 107 ff. zur Verfügung stehen. Daher wird gefordert, dass dem Gläubiger bei nachträglicher Unmöglichkeit oder nicht gehöriger Erfüllung nebst dem Anspruch auf Schadenersatz auch das Rücktrittsrecht zustehen soll (vgl. dazu BK-Weber, Art. 97 N 269 ff. m.w.H.).

Rechtsprechung In einem neueren Entscheid entschied das Bundesgericht erstmals, dass ein Gläubiger im Fall einer nachträglichen objektiven Unmöglichkeit, die durch den Schuldner zu vertreten ist, ein Rücktrittsrecht hat, wenn der bereits geleistete Teil des Schuldners für ihn jedes Interesse verloren hat (BGer 4A_101/2015 vom 21. Juni 2015 E. 4).

F. Haftung des Schuldners für seine Hilfspersonen (OR 101)

1. Übersicht

Grundsatz: Der Schuldner haftet für allen durch seine Hilfsperson in Ausübung der Schuldpflicht adäquat kausal verursachten Schaden, es sei denn, er vermag nachzuweisen, dass die Hilfsperson mit der von ihm (dem Schuldner) geschuldeten Sorgfalt vorgegangen sei (vgl. OR 101 Abs. 1).

Hinter der Vorschrift steht der Gedanke, dass derjenige, der den Vorteil hat, Pflichten durch eine Hilfsperson erfüllen zu lassen, auch die sich daraus ergebenden Nachteile tragen soll.

Mit dem Ausdruck «Hilfspersonenhaftung» wird also die Haftung *für die* Hilfsperson und nicht die Haftung der Hilfsperson bezeichnet.

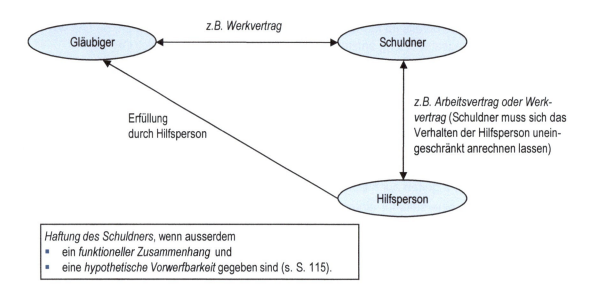

2. Hilfsperson

Hilfsperson i.S.v. OR 101 Abs. 1 ist der vom Schuldner beigezogene und damit zur Vertragserfüllung ermächtigte Gehilfe. Die Hilfsperson kann sowohl eine natürliche wie auch eine juristische Person sein.

Die Hilfsperson i.S.v. OR 101 ist insb. von den folgenden Rechtsfiguren abzugrenzen:

- *Organ der juristischen Person (ZGB 55):* Die schädigende Handlung eines Organs wird der juristischen Person über ZGB 55 Abs. 2 zugerechnet (vgl. auch OR 722 für die AG, OR 817 für die GmbH und OR 899 Abs. 3 für die Genossenschaft). Die Handlung eines Organs ist die Handlung der juristischen Person selbst.

- *Hilfsperson im Deliktsrecht (OR 55):* Während für die vertragliche Hilfspersonenhaftung einzig vorausgesetzt wird, dass sie mit Einwilligung des Schuldners handelt und die Qualifikation des internen Schuldverhältnisses im Übrigen unerheblich ist, muss im Deliktsrecht die Hilfsperson in einem Subordinationsverhältnis zum Geschäftsherrn stehen. Ausserdem steht dem Geschäftsherrn durch den Nachweis, «dass er alle nach den Umständen gebotene Sorgfalt angewendet hat» (OR 55 Abs. 1), ein Exkulpationsbeweis offen (s. Kap. «Hypothetische Vorwerfbarkeit», S. 115).

- Bedeutsam ist ferner die Abgrenzung vom *Substituten im Auftragsrecht* (s. S. 116).

Die rechtliche Qualifikation des Verhältnisses zwischen dem Schuldner und der Hilfsperson ist, wie erwähnt, nicht von Belang. Insb. muss die Hilfsperson nicht in einem Subordinationsverhältnis zum Schuldner stehen.

Entsprechend kann die Hilfsperson:

- *den Schuldner in der Erfüllung der Obligation unterstützen* (der Malergeselle hilft dem Malermeister, der mit dem Hauseigentümer den Vertrag abgeschlossen hat);
- *die Erfüllung allein, aber aufgrund von Weisungen des Schuldners vornehmen* (der Malergeselle arbeitet allein auf der Baustelle, aber nach den Weisungen des Malermeisters) oder aber
- *selbstständig erfüllen* (der Malermeister streicht als Hilfsperson des Totalunternehmers das Haus, dessen schlüsselfertige Erstellung der Totalunternehmer dem Bauherrn versprochen hat).

Die gesetzliche Hilfspersonenhaftung kann unter den Voraussetzungen von OR 101 Abs. 2 und 3 vertraglich im Voraus abgeändert werden.

3. Der funktionelle Zusammenhang

Die Haftung des Schuldners für einen durch seine Hilfsperson verursachten Schaden setzt nicht nur einen adäquat kausalen, sondern auch einen *funktionellen Zusammenhang* voraus. Dieser ist gegeben, wenn die schädigende Handlung zugleich eine Nichterfüllung oder eine schlechte Erfüllung der Schuldpflicht des Geschäftsherrn aus seinem Vertrag mit dem Geschädigten darstellt (BGE 92 II 18). Das Gesetz bringt dieses Erfordernis mit der Formulierung «in Ausübung ihrer Verrichtung» zum Ausdruck.

Beispiele   Eine Handwerker, der bei der Montage einer Lampe mit der Bohrmaschine ein Wasserrohr beschädigt («in Ausübung der Verrichtung»), oder aber ein Handwerker, der im Laufe des Arbeitstags aus bösem Willen die Zierfische des Hauseigentümers vergiftet («bei Gelegenheit der Erfüllung»).

Uneinigkeit herrscht in der Lehre, ob der funktionelle Zusammenhang bereits dann besteht, wenn der Schaden «bei Gelegenheit der Erfüllung» verursacht wurde, oder ob der Schaden durch eine für die Erfüllung des Vertrags notwendige Handlung verursacht worden sein muss. Das Bestehen eines funktionellen Zusammenhangs ist zurückhaltend anzunehmen, weshalb davon auszugehen ist, dass die Hilfspersonenhaftung eine Erfüllungshandlung voraussetzt (ausführlich BK-WEBER, Art. 101 N 119 ff., insb. N 124).

Beispiel   In den oben genannten Beispielen wäre die Hilfspersonenhaftung also nur im ersten Fall zu bejahen.

4. Hypothetische Vorwerfbarkeit

Hypothetische Vorwerfbarkeit bedeutet, dass das Verhalten der Hilfsperson auch ein Verschulden des Schuldners begründen würde.

Bei der Hilfspersonenhaftung wird also nicht auf das effektive Verschulden der handelnden Hilfsperson abgestellt. Entscheidend ist, ob die Handlung der Hilfsperson auch dem Schuldner vorzuwerfen wäre, hätte er diese selbst vorgenommen (die Hilfsperson als das *«Alter Ego»* des Schuldners). Das gilt grundsätzlich selbst dann, wenn die Hilfsperson über grössere Fachkenntnisse als der Schuldner verfügt.

Ist also der durch die Hilfsperson in Ausübung der Verrichtung adäquat kausal verursachte Schaden auch dem Schuldner hypothetisch vorwerfbar, so hat dieser keine Möglichkeit, sich zu exkulpieren.

Das unterscheidet die vertragliche Hilfspersonenhaftung von der ausservertraglichen: Nach OR 55 Abs. 1 steht dem Geschäftsherrn der Nachweis offen, «dass er alle nach den Umständen gebotene Sorgfalt angewendet hat, um einen Schaden dieser Art zu verhüten, oder dass der Schaden auch bei Anwendung dieser Sorgfalt eingetreten wäre».

5. Abgrenzung von Hilfsperson und Substitut im Auftragsrecht

Zieht der Beauftragte *erlaubterweise* einen Dritten zur Erfüllung bei, kann dieser entweder Hilfsperson (OR 101) oder Substitut (OR 398 Abs. 3, 399) sein.

Die Abgrenzung ist in der Lehre umstritten (ausführlich GAUCH/SCHLUEP/EMMENEGGER, N 3058 ff.), aufgrund der unterschiedlichen Haftungslage aber bedeutsam. Während der Schuldner sich das Handeln der Hilfsperson uneingeschränkt zurechnen lassen muss (OR 101 Abs. 1), haftet er bei erlaubter Substitution nur für gehörige Sorgfalt bei der Auswahl und Instruktion des Dritten (OR 399 Abs. 2).

Der *unbefugte* Zuzug eines Dritten ist eine Vertragsverletzung und hat eine Haftung nach OR 97 und 101 zur Folge (vgl. OR 399 Abs. 1).

Im Sinne einer Faustregel kann festgehalten werden, dass Indizien für die Substitution namentlich das vorherrschende Interesse des Auftraggebers (Gläubigers) sowie die selbstständige Geschäftsbesorgung durch den Dritten sind. Zieht der Schuldner (Beauftragte) den Dritten lediglich im eigenen wirtschaftlichen Interesse bei (z.B. zur Kapazitätsvergrösserung), so ist dieser Hilfsperson.

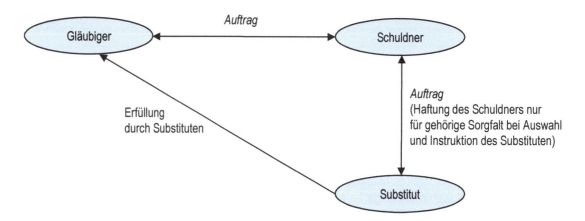

G. Unverschuldete nachträgliche Unmöglichkeit (OR 119)

1. Übersicht

OR 119 regelt die Rechtsfolgen der *nachträglichen, nicht vom Schuldner zu verantwortenden Unmöglichkeit* und damit eine Form der Leistungsstörung. Die Bestimmung wurde aber, mit Blick auf ihre Rechtsfolge (Erlöschen der Forderung), systematisch im Dritten Titel des Allgemeinen Teils und nicht bei den übrigen Erfüllungsstörungen (OR 97 ff.) platziert. Der Tatsache, dass es sich beim Tatbestand um eine Leistungsstörung handelt, ist bei der Anwendung und Auslegung von OR 119 Rechnung zu tragen.

OR 119 führt nur zum Erlöschen der einzelnen Leistungspflicht (bzw. Obligation), nicht zum Untergang des ganzen Schuldverhältnisses.

Zur Erinnerung: GAUCH/SCHLUEP/EMMENEGGER betrachten die nachträgliche subjektive Unmöglichkeit als einen Fall des Verzugs. Deshalb subsumieren sie diese, auch wenn sie unverschuldet ist, nicht unter OR 119 (vgl. GAUCH/SCHLUEP/EMMENEGGER, N 2575 ff.; S. 104).

2. Voraussetzungen

OR 119 Abs. 1 setzt voraus, dass:

- *die Leistung des Schuldners unmöglich geworden ist, und zwar nachträglich objektiv oder subjektiv*, d.h., nach dem Vertragsabschluss ist eine Situation eingetreten, in der der Schuldner zur Erbringung der geschuldeten Leistung nicht mehr in der Lage ist, und
- *der Schuldner die Unmöglichkeit nicht zu vertreten hat*, d.h., dass die Unmöglichkeit nicht seinem Risikobereich zuzuordnen ist, was insb. der Fall ist, wenn:
  - den Schuldner kein eigenes Verschulden trifft;
  - den Schuldner keine Hilfspersonenhaftung trifft oder
  - Zufall oder höhere Gewalt die Leistung untergehen lässt.

3. Rechtsfolgen

Ist die Leistung des Schuldners ohne sein Verschulden nachträglich unmöglich geworden, so erlischt seine Forderung (OR 119 Abs. 1). Im vollkommen zweiseitigen Vertrag hat der Schuldner die bereits empfangene Gegenleistung zurückzuerstatten und verliert die noch nicht erfüllte Gegenforderung (OR 119 Abs. 2).

Musste der Schuldner damit rechnen, dass die unverschuldete Unmöglichkeit ihn an der Leistung hindern würde, oder war dies gar für ihn vorhersehbar, kann er aus c.i.c. (s. S. 44 f.) haftbar werden.

3.1 Ersatzloser Untergang der Forderung des Gläubigers (Abs. 1)

Grundsätzlich erlischt die Forderung des Gläubigers im Zeitpunkt, da die Leistung unmöglich wird, und der Schuldner wird frei, ohne dass er für das Ausbleiben der Leistung haftet.

Versäumt es der Schuldner allerdings schuldhafterweise, den Gläubiger rechtzeitig zu informieren, und erleidet dieser dadurch zusätzlichen Schaden, so hat der Schuldner eine Nebenpflicht verletzt und haftet wegen der Verletzung einer vertraglichen Nebenpflicht aus OR 97 Abs. 1 («Schutz- und Obhutspflicht»; s. S. 105 f.).

3.2 Untergang auch der Gegenforderung im vollkommen zweiseitigen Vertrag (Abs. 2)

Im vollkommen zweiseitigen Vertrag sind mit Blick auf die Gegenleistung drei Fälle zu unterscheiden:

- *Gegenleistung war bereits erbracht:* War die Gegenleistung im Zeitpunkt des Eintritts der Unmöglichkeit bereits erbracht, so haftet der nach Abs. 1 frei gewordene Schuldner nach Abs. 2 «für die bereits empfangene Gegenleistung aus ungerechtfertigter Bereicherung» (vgl. S. 83 ff.). Lehre und Rechtsprechung sind sich aber einig, dass der Rückerstattungsanspruch nach OR 119 Abs. 2 wie derjenige aus OR 109 nach vertraglichen Grundsätzen abzuwickeln sei (vgl. dazu BGE 114 II 152 ff.). Das bedeutet insb., dass die Verjährung der 10-jährigen Frist unterliegt (OR 127) und nicht der 1-jährigen aus OR 67.
- *Gegenleistung war noch nicht erbracht:* Die Leistungspflicht des Gläubigers der nach Abs. 1 erloschenen Forderung fällt ebenfalls dahin («Wer nichts leisten muss, soll auch nichts bekommen»).
- *Gegenleistung war erst teilweise erbracht:* Soweit der Gläubiger der erloschenen Leistung, welcher gleichzeitig Schuldner einer teilbaren Leistung war, letztere bereits teilweise erbracht hat, gelten die Regeln über die vertragliche Rückabwicklung (s. erster Aufzählungspunkt); soweit er sie noch nicht erbracht hat, wird er ebenfalls frei.

3.3 Ausnahme (Abs. 3)

OR 119 Abs. 3 enthält eine Ausnahme zum Grundsatz des Abs. 1 und 2: Geht die Gefahr nach Gesetzesvorschrift oder nach Vertrag vor der Erfüllung auf den Gläubiger über, behält der frei gewordene Schuldner die Gegenforderung und ist nicht verpflichtet, eine bereits erhaltene Gegenleistung zurückzuerstatten.

Das Gesetz sieht insb. in folgenden Fällen diese Ausnahme vor:

■ OR 185 Abs. 1 (Kaufvertrag): Nutzen und Gefahr der Kaufsache gehen im Regelfall mit Abschluss des Kaufvertrags auf den Käufer über. Geht also die Kaufsache nach Abschluss des Vertrags ohne Verschulden des Verkäufers unter, so bleibt der Käufer zur Leistung des Kaufpreises verpflichtet.

■ OR 324a Abs. 1 (Arbeitsvertrag): Der Arbeitgeber bleibt für eine gewisse Zeit zur Zahlung des Lohnes verpflichtet, auch wenn der Arbeitnehmer die Arbeitsleistung unverschuldeterweise nicht erbringen kann.

4. Das stellvertretende Commodum

Erhält der Schuldner für die unverschuldeterweise unmöglich gewordene Leistung Ersatzleistung von einem Dritten, so hat der (nach wie vor leistungspflichtige) Gläubiger einen Anspruch auf diese Ersatzleistung. Die Ersatzleistung wird auch «stellvertretendes *Commodum*» genannt.

Häufig handelt es sich beim stellvertretenden *Commodum* um Versicherungsleistungen, Schadenersatz- oder Enteignungsansprüche.

H. Schuldnerverzug nach OR 102

1. Übersicht

Der Schuldnerverzug ist die Rechtsfolge nicht gehöriger Erfüllung in zeitlicher Hinsicht. Während der *Eintritt* des Schuldnerverzugs verschuldensunabhängig ist, gestalten sich dessen *Konsequenzen* verschieden, je nachdem, ob der Schuldner den Verzug zu vertreten hat oder nicht.

Ob die Regeln über die Nichterfüllung oder diejenigen über den Verzug zur Anwendung gelangen, hängt in erster Linie davon ab, ob die geschuldete Leistung nachholbar ist.

Die Folgen des Schuldnerverzugs im vollkommen zweiseitigen Vertrag werden in einem eigenen Kap. behandelt (s. S. 121 ff.).

2. Nichtleistung trotz Leistungsmöglichkeit

Erste Voraussetzung ist, dass der Schuldner nicht leistet, obwohl ihm das noch möglich wäre. Fällt die Leistungsmöglichkeit weg, so sind die Bestimmungen über die Unmöglichkeit (OR 97 ff. und 119) anzuwenden.

3. Fälligkeit

Die Verbindlichkeit muss fällig sein. Soweit sich nicht etwas anderes aus Gesetz oder Vertrag ergibt, wird eine Verbindlichkeit sofort fällig (vgl. OR 75 ff.; vgl. S. 94 ff.).

4. Mahnung des Schuldners oder bestimmter Verfalltag

Damit der Schuldner einer fälligen Leistung in Verzug gerät, muss der Gläubiger grundsätzlich mahnen (OR 102 Abs. 1). Ausnahmsweise tritt jedoch der Verzug ohne Weiteres mit Ablauf einer bestimmten Zeit ein (OR 102 Abs. 2).

4.1 Verzug durch Mahnung (OR 102 Abs. 1)

Die Mahnung ist eine unmissverständliche Erklärung des Gläubigers, dass er auf der Erbringung der Leistung besteht.

Beispiele — Die Zustellung der Rechnung gilt nicht als Mahnung, wohl aber eine Rechnung mit dem Vermerk «Zweite Rechnung».

Aus der Mahnung muss zwar klar hervorgehen, auf welche Leistung sie sich bezieht; sie kann im Übrigen aber formfrei erfolgen und braucht weder als solche bezeichnet zu werden, noch muss sie eine Androhung der Verzugsfolgen enthalten.

Der Schuldner kann zu einem beliebigen Zeitpunkt gemahnt werden, insb. auch schon vor Eintritt der Fälligkeit (BGE 103 II 102 ff.).

4.2 Verzug ohne Mahnung (OR 102 Abs. 2)

Verzug ohne Mahnung tritt ein, wenn ein Verfalltag verabredet wurde oder wenn aus den Umständen hervorgeht, dass eine Mahnung des Schuldners zwecklos wäre:

- *Verfalltag:* Wurde ein bestimmter Leistungszeitpunkt (Verfalltag) verabredet oder ergibt sich ein solcher aus einer vorbehaltenen und gehörig vorgenommenen Kündigung, so gerät der Schuldner, sofern er nicht leistet, nach diesem Zeitpunkt ohne Weiteres in Verzug.

  Der Zeitpunkt muss kalendarisch genau bestimmt oder bestimmbar sein; er darf also nicht vom Eintritt eines zeitlich ungewissen Ereignisses abhängig sein.

Beispiele — Als Verfalltagsangabe genügt daher «10 Tage nach Vertragsunterzeichnung» oder «am Geburtstag», nicht aber «zahlbar sofort nach Erhalt der Rechnung».

- *Mahnung ist zwecklos:* Ist die Leistung fällig und eine Mahnung zwecklos oder dem Gläubiger nicht zumutbar, so ist dieser ebenfalls davon befreit, den Schuldner durch Mahnung besonders in Verzug setzen zu müssen.

Beispiele
- Das ist namentlich der Fall bei «antizipiertem Vertragsbruch». Ein solcher liegt vor, wenn der Schuldner schon vor Fälligkeit erklärt, dass er nicht leisten werde.
- Eine (weitere) Mahnung ist auch zwecklos, wenn der Schuldner den Zugang der Mahnung absichtlich verhindert.

5. Verzugshindernde Gründe

Sind die obgenannten Voraussetzungen erfüllt, so liegt dennoch *kein Schuldnerverzug* vor, wenn:

- sich der Gläubiger seinerseits mit der Annahme im Verzug befindet, er also im *Gläubigerverzug* ist (zum Gläubigerverzug s. S. 125 ff.);
- der Schuldner *Einreden* erhebt – insb. OR 82 f. (Leistungsverweigerungsrechte, S. 95 f.) sowie OR 127 ff. (Verjährung, S. 138 ff.) – oder
- der Schuldner *Erlass oder Stundung* nachweisen kann.

I. Verzugsfolgen im Allgemeinen

1. Übersicht

Die gesetzlichen Verzugsfolgen finden sich – neben dem Erfüllungsanspruch – in den OR 103–109. Die Pflicht zum Ersatz des Verspätungsschadens sowie die Zufallshaftung sind verschuldensabhängig (OR 103 und 106). Von einem Verschulden unabhängig sind die Pflicht zur Leistung von Verzugszins bei Geldschulden (OR 104 f.) und die Wahlrechte des Gläubigers im vollkommen zweiseitigen Vertrag (OR 107–109; zum Verzug im vollkommen zweiseitigen Vertrag s. S. 121 ff.).

2. Verschuldensabhängige Rechtsfolgen

Hat der Schuldner den Verzug verschuldet, so hat er den durch die Verspätung entstandenen Schaden zu ersetzen und haftet auch für zufällige Unmöglichkeit. Das Verschulden wird vermutet, der Schuldner hat aber die Möglichkeit, sich zu exkulpieren (OR 103 Abs. 2).

Der Schuldner hat grundsätzlich für jedes Verschulden einzustehen (vgl. OR 99 Abs. 1; S. 112 f.) wie auch für die Handlungen seiner Hilfspersonen (OR 101; S. 114 ff.).

2.1 Verspätungsschaden (OR 103 und 106)

Auch die Haftung für Verspätungsschaden unterliegt den allgemeinen Voraussetzungen der Schadenersatzpflicht. Der Schaden ist also nur zu ersetzen, wenn er durch die Verspätung adäquat kausal und vom Schuldner verschuldet verursacht wurde.

Für die Berechnung des Schadens gelten die allgemeinen Grundsätze der Differenztheorie (s. Kap. «Schaden – Begriff», S. 109). Zu vergleichen ist der hypothetische Vermögensstand bei rechtzeitiger Erfüllung mit dem durch die Verspätung verursachten verminderten Vermögensstand im Leistungszeitpunkt.

Als Schadensposten kommen insb. entgangener Nutzungs- oder Wiederverkaufsgewinn sowie die durch die Verzögerung verursachten Kosten und Aufwendungen des Gläubigers infrage.

Illustrativ zum Verspätungsschaden BGE 116 II 441 ff.

2.2 Zufallshaftung (OR 103)

Befindet sich der Schuldner mit seiner Leistung verschuldeterweise im Verzug, so haftet er auch für zufällig eintretende Unmöglichkeit (OR 103 Abs. 1). Zufällig ist im Vertragsrecht ein Ereignis dann, wenn es weder vom Gläubiger noch vom Schuldner verschuldet ist.

Von dieser Haftung kann sich der Schuldner befreien, wenn er nachweist, dass der Zufall die Leistung auch bei rechtzeitiger Erfüllung getroffen hätte (Abs. 2).

3. Verschuldensunabhängige Rechtsfolgen

Ungeachtet eines allfälligen Verschuldens hat der Schuldner, der sich mit der Zahlung einer Geldsumme in Verzug befindet, Verzugszins zu bezahlen (OR 104 f.). Im vollkommen zweiseitigen Vertrag räumt das Gesetz dem vom Verzug betroffenen Gläubiger ein Recht ein, für das weitere Vorgehen aus verschiedenen Möglichkeiten auszuwählen (OR 107–109; vgl. nachfolgendes Kap.).

Als Gedanke hinter der Sanktion der Zinspflicht steht der Ausgleich eines fingierten Kapitalgewinns des Schuldners bzw. Kapitalverlusts des Gläubigers während der Zeit des Verzugs. Entsprechend ist der Verzugszins unabhängig von einem allfälligen Verschulden zu zahlen.

Die Zinspflicht beginnt mit Eintritt des Verzugs zu laufen. Der Verzugszins beträgt grundsätzlich pro Jahr 5% der geschuldeten Summe (OR 104 Abs. 1); etwas anderes kann sich aus Vertrag (Abs. 2) oder aus der Kaufmannseigenschaft der Parteien ergeben (Abs. 3).

Bei verspäteter Leistung von Renten und geschenkten Geldsummen beginnt die Zinspflicht erst mit Anhebung der Betreibung oder der gerichtlichen Klage zu laufen (OR 105 Abs. 1). Haben die Parteien etwas anderes vereinbart, gelten die Regeln über die Konventionalstrafe (Abs. 2; vgl. dazu S. 152 ff.), was insb. bedeutet, dass der Richter die Zinspflicht reduzieren kann (vgl. OR 163 Abs. 3).

Nach OR 105 Abs. 3 ist es verboten, Zinsen auf die verspätete Leistung von Verzugszinsen (Zinseszins) zu erheben. Dieses Verbot ist allerdings dispositiver Natur und hat somit kaum praktische Bedeutung.

J. Verzugsfolgen im synallagmatischen Vertrag

1. Übersicht

Gerät der Schuldner im vollkommen zweiseitigen Vertrag in Verzug, gewährt das Gesetz dem Gläubiger in den OR 107–109 die Möglichkeit, durch Ausübung verschiedener Wahlrechte auf den Verzug zu reagieren.

Erste Voraussetzung für die Ausübung der Wahlrechte ist grundsätzlich die Ansetzung einer angemessenen Nachfrist.

Nach erfolglosem Ablauf dieser Nachfrist kann sich der Gläubiger entscheiden:

- für Klage auf nachträgliche Erfüllung des Vertrags nebst Ersatz des Verspätungsschadens einerseits oder

- für den Verzicht auf die Leistung und an deren Stelle für Schadenersatz anderseits. Entscheidet sich der Gläubiger für den Verzicht auf die Leistung, hat er die Wahl, ob er am Vertrag festhalten oder von diesem zurücktreten will:

  - Im ersten Fall wird er finanziell so gestellt, wie wenn der Vertrag richtig erfüllt worden wäre (es wird ihm das *«positive Vertragsinteresse»* ersetzt).

  - Im zweiten Fall wird er so gestellt, wie wenn der Vertrag nie geschlossen worden wäre (es wird ihm das *«negative Vertragsinteresse»* ersetzt).

Nach dem Wortlaut des Gesetzes ist lediglich die Pflicht zum Ersatz des negativen Vertragsinteresses von einem schuldnerischen Verschulden abhängig (OR 109 Abs. 2). In Lehre und Rechtsprechung weitestgehend unbestritten ist jedoch, dass auch die Pflicht zur Leistung von Schadenersatz nach OR 107 Abs. 2 bei Festhalten am Vertrag (zweites Wahlrecht) nur dann besteht, wenn der Schuldner sich nicht exkulpieren kann (zum zweitem Wahlrecht vgl. S. 124 f.).

Eine schematische Darstellung ergibt, was folgt (verschuldensabhängige Ansprüche sind mit gestrichelten Rahmen gekennzeichnet):

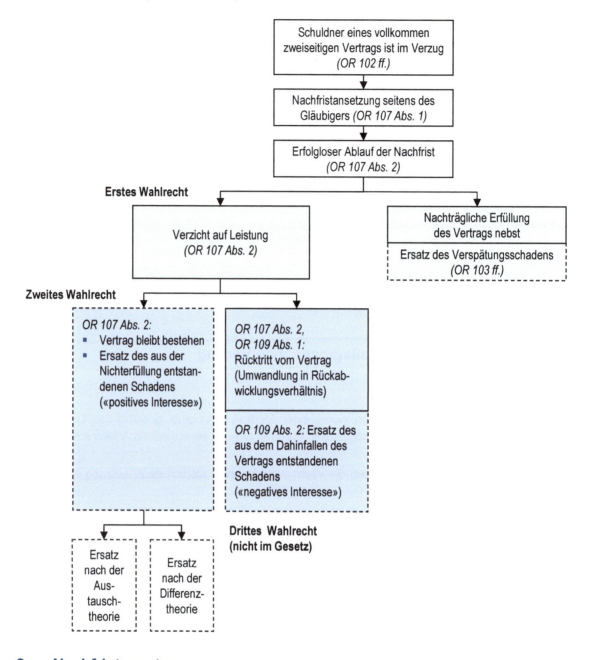

2. Nachfristansetzung

2.1 Grundsatz

Befindet sich der Schuldner mit seiner Leistung im Verzug, hat der Gläubiger eine *angemessene Nachfrist* selbst anzusetzen oder durch die zuständige Behörde ansetzen zu lassen (OR 107 Abs. 1). Die Nachfristansetzung kann bereits zusammen mit der Mahnung erfolgen. Solange der Gläubiger keine Nachfrist gesetzt hat, können die Wahlrechte nicht entstehen, und der Gläubiger kann lediglich auf Erfüllung nebst Ersatz des Verspätungsschadens klagen.

Die Mindestdauer einer angemessenen Nachfrist kann nicht allgemein festgelegt werden, sie ist jeweils für den Einzelfall zu bestimmen (empfehlenswert: Kasuistik bei BK-Weber, Art. 107 N 70 ff.).

Generell gilt jedoch Folgendes:

- Wird eine *zu kurze Nachfrist* angesetzt, muss sich der Schuldner zwar unverzüglich beim Gläubiger beschweren, kann dann aber bis zum Ablauf der «angemessenen» Frist gültig erfüllen (dazu BGE 116 II 440).

- Setzt der Gläubiger hingegen eine *zu lange Frist* an, so bleibt er daran gebunden.
- Eine *gesetzliche Mindestdauer der Nachfrist* besteht zum Schutz der schwächeren Vertragspartei beim Vorauszahlungsvertrag (OR 227h Abs. 1), beim Miet- (OR 257d Abs. 1) sowie Pachtvertrag (OR 282 Abs. 1) und beim Versicherungsvertrag (VVG 20 Abs. 1).

Lässt der Schuldner die Nachfrist ungenutzt verstreichen, kann der Gläubiger entweder das *erste Wahlrecht* ausüben oder aber eine *neue Nachfrist* ansetzen.

2.2 Ausnahmen

OR 108 enthält die Ausnahmen vom Grundsatz. Danach kann die Ansetzung einer Nachfrist unterbleiben, wenn:

- sie zwecklos ist (Ziff. 1);
- die Leistung für den Gläubiger nutzlos geworden ist (Ziff. 2) oder
- die Parteien einen Leistungszeitpunkt vereinbart haben (Ziff. 3). Man spricht dabei von einem «relativen Fixgeschäft» (ein «absolutes Fixgeschäft» liegt demgegenüber vor, wenn es nach dem betreffenden Termin gar nicht mehr nachgeholt werden kann).

Gem. Ziff. 1 kann der Gläubiger auf die Ansetzung einer Nachfrist verzichten, wenn sich aus dem Verhalten des Schuldners ergibt, dass sich diese als unnütz erweisen würde. Das ist insb. der Fall, wenn der Schuldner klar zu erkennen gibt, dass er zur Leistung nicht (mehr) bereit ist oder wenn sich der Schuldner mit seiner Leistung dermassen im Rückstand befindet, dass eine rechtzeitige Erfüllung nicht mehr möglich ist.

Die Abgrenzung zwischen Ziff. 2 und 3 von OR 108 ist schwierig, denn häufig wird für eine Leistung, die für den Gläubiger nach einem bestimmten Termin nutzlos geworden ist, mindestens stillschweigend ein Leistungszeitpunkt vereinbart worden sein. Als Richtschnur mag deshalb gelten, dass sich die Nutzlosigkeit gem. Ziff. 2 aus der «Verkehrsübung» ergibt (z.B. Hochzeitstorte) und dass der gem. Ziff. 3 vereinbarte Leistungszeitpunkt einer Parteivereinbarung entstammt, die Leistung also nicht tatsächlich nutzlos geworden sein muss (z.B. Rücktritt vom Grundstückkaufvertrag bei Nichteinhaltung des Termins für die Kaufpreiszahlung, vgl. BGE 96 II 47 ff.).

3. Übersicht über Wahlrechte

Der erfolglose Ablauf der Nachfrist ist – vorbehältlich der eben genannten Ausnahmen – zwingende Voraussetzung für die Entstehung der Wahlrechte.

Die Erklärung des Gläubigers betreffend die Ausübung des Wahlrechts hat nach dem Wortlaut von OR 107 Abs. 2 «unverzüglich» zu erfolgen. Wie die «angemessene» Dauer der Nachfrist ist auch die Frist, binnen derer «unverzüglich» i.S.v. OR 107 Abs. 2 gehandelt wird, nicht einheitlich bestimmbar. Erforderlich ist jedenfalls, dass dem Gläubiger eine vernünftige Überlegungs- und Entscheidungszeit zur Verfügung steht (zum Begriff «unverzüglich» s. BK-WEBER, Art. 107 N 145).

Auch das zweite und dritte Wahlrecht sind grundsätzlich unverzüglich auszuüben (in der Lehre umstritten; differenzierte Stellungnahme bei BK-WEBER, Art. 107 N 147 ff.), d.h., der Gläubiger hat dem Schuldner nach Ablauf der Nachfrist zu erklären, wie er vorgehen will.

M.a.W.: Bleibt der Gläubiger nach Ablauf der Nachfrist (zu lange) untätig, kann er nur mehr Erfüllung nebst Schadenersatz verlangen. Allerdings darf der Gläubiger auch eine weitere Nachfrist ansetzen und nach deren Ablauf die Wahlrechte ausüben.

4. Erstes Wahlrecht

Mit der Ausübung des ersten Wahlrechts muss sich der Gläubiger entscheiden, ob er:

- die *nachträgliche Leistung* nebst *Ersatz des durch die Verspätung entstandenen Schadens* (OR 107 Abs. 2 Halbsatz 1) verlangen will, der Schuldner also zum Erbringen der geschuldeten Leistung verpflichtet bleibt, oder
- *auf die Leistung* verzichten und *geldwerten Ersatz des durch die Nichtleistung entstandenen Schadens* verlangen will (OR 107 Abs. 2 Halbsatz 2).

Entscheidet sich der Gläubiger für die Leistung nebst Ersatz des Verspätungsschadens, kommen die allgemeinen Verzugsfolgen (OR 103 ff.) zur Anwendung.

Verzichtet der Gläubiger dagegen auf die Leistung, so ergibt sich die im Folgenden zu beschreibende Situation.

5. Zweites Wahlrecht

Entscheidet sich der Gläubiger für den Verzicht auf die geschuldete Leistung, gewährt ihm das Gesetz ein weiteres Wahlrecht. Er kann sich einerseits für Schadenersatz wegen Nichterfüllung entscheiden oder vom Vertrag zurücktreten und Schadenersatz verlangen.

5.1 Schadenersatz wegen Nichterfüllung («positives Vertragsinteresse»)

Verzichtet der Gläubiger zwar auf die geschuldete Leistung, will aber dennoch am Vertrag festhalten, so tritt eine Vertragsänderung ein, und der Schuldner hat nunmehr anstelle der Primärleistung Schadenersatz wegen Nichterfüllung zu leisten. Der Gläubiger wird finanziell so gestellt, als wäre der Vertrag richtig erfüllt worden. Die Rede ist daher auch vom «Erfüllungsinteresse» oder «positiven Vertragsinteresse».

OR 107 Abs. 2 erwähnt das *Verschulden* zwar nicht. In Analogie zu den übrigen Tatbeständen, die eine vertragliche Schadenersatzpflicht begründen, ist jedoch auch hier Schadenersatz nur bei Verschulden zu leisten. Dieses wird vermutet, der Schuldner hat aber die Möglichkeit, sich zu exkulpieren.

Über die Folgen eines gelungenen Exkulpationsbeweises bestehen in der Lehre verschiedene Ansichten. GAUCH/SCHLUEP/EMMENEGGER wollen den Gläubiger insofern wieder in sein Wahlrecht einsetzen, als diesem ein nachträgliches Rücktrittsrecht gewährt werden soll (vgl. ausführlich dazu N 2783 ff.).

Das *positive Vertragsinteresse* («Erfüllungsinteresse») entspricht also im Wesentlichen dem Schadenersatz nach OR 97 Abs. 1 und setzt sich in erster Linie aus dem Wert der ausgebliebenen Leistung sowie aus dem Verspätungsschaden (insb. auch aus entgangenem Gewinn) zusammen (zum Erfüllungsinteresse s. Kap. «Berechnungsweisen», S. 110).

Weil der Vertrag weiterhin besteht, bleibt der Gläubiger grundsätzlich verpflichtet, die eigene Leistung zu erbringen. Die Frage nach der Form, in der das zu geschehen hat, wird unterschiedlich beantwortet:

- Nach der *Austauschtheorie* hat der Gläubiger seine Leistung so zu erbringen, wie sie geschuldet ist. Der Gläubiger eines säumigen Schuldners im Tauschgeschäft muss also seine Sachleistung erbringen und erhält dafür Schadenersatz sowie den Ersatz für den Verspätungsschaden.

- Nach der *Differenztheorie* wandelt sich die Leistungspflicht des Gläubigers ebenfalls in eine Geldschuld um. Es stehen sich zwei Geldforderungen gegenüber und der Gläubiger kann die eigene Leistung behalten. Der Schuldner hat nur noch die Differenz zu bezahlen.

Die Differenztheorie ist grundsätzlich günstiger für den Gläubiger, u.a. weil er seine eigene Leistung behalten und weiterverwenden kann. Verliert dagegen die Leistung des Gläubigers nach dem Vertragsabschluss an Wert, so wird er nach der Austauschtheorie vorgehen wollen (der Gläubiger hat ein *«Spekulationsinteresse»*). Im Allgemeinen wird davon ausgegangen, dass es dem Gläubiger freigestellt sein soll, wie er vorgehen will (*«Drittes Wahlrecht»*; dazu GAUCH/SCHLUEP/ EMMENEGGER, N 2777 ff.).

5.2 Rücktritt und Ersatz des Schadens («negatives Vertragsinteresse»)

Entscheidet sich der Gläubiger dagegen für den Rücktritt, so «hat er Anspruch auf Ersatz des aus dem Dahinfallen des Vertrags erwachsenen Schadens, sofern der Schuldner nicht nachweist, dass ihm keinerlei Verschulden zur Last falle» (OR 109 Abs. 2).

Durch die Rücktrittserklärung des Gläubigers (es handelt sich dabei um die Ausübung eines Gestaltungsrechts) wird der Vertrag in ein *vertragliches Rückabwicklungsverhältnis* umgewandelt. Dessen Zweck ist die Wiederherstellung des Zustands vor dem Vertragsabschluss. Die Parteien sollen mithin so gestellt werden, als hätten sie den Vertrag gar nie geschlossen. Die Entstehung dieses Rückabwicklungsverhältnisses ist von einem Verschulden des Schuldners unabhängig.

Entsprechend können beide Parteien noch nicht Erbrachtes zurückhalten und bereits Geleistetes zurückfordern. Die vertragliche Natur der Rückforderungsansprüche hat insb. zur Folge, dass:

- sie der 10-jährigen Verjährungsfrist aus OR 127 unterliegen;
- die Rückforderung von Sachleistungen dem Vertragsrecht untersteht, diese also rückübereignet werden müssen und somit nicht nach den Regeln über die Vindikation (ZGB 641 ff.) vorzugehen ist;
- für bereits geleistete Dienstleistungen Wertersatz geschuldet ist und
- auf die Rückabwicklung die allgemeinen vertragsrechtlichen Bestimmungen Anwendung finden (insb. auch OR 68 ff., 82 f., 97 ff. sowie 119).

Zu den verschuldensunabhängigen Rückforderungsansprüchen tritt ein Anspruch des Gläubigers auf Ersatz des entstandenen Schadens, sofern sich der Schuldner nicht exkulpieren kann (OR 109 Abs. 2). Dieser Anspruch auf Ersatz des Vertrauensschadens («negatives Vertragsinteresse») ist mithin von einem Verschulden des Schuldners abhängig (zum Vertrauensschaden s. Kap. «Berechnungsweisen», S. 110).

5.3 Abgrenzungen

OR 107–109 sind unter dem Vorbehalt von Spezialregeln grundsätzlich auf alle vollkommen zweiseitigen Verträge anwendbar.

Sonderregeln bestehen insb. in folgenden Fällen (ausführlich dazu BK-WEBER, Art. 107 N 12 ff.):

- Auf *Dauerschuldverhältnisse* sind OR 107–109 nicht anwendbar. Diese sind durch Kündigung (mit Wirkung «ex nunc») zu beenden.
- OR 107–109 sind grundsätzlich auch beim *Teilverzug* auf die noch nicht erhaltene Teilleistung anwendbar. Lediglich in Ausnahmefällen wird der Gläubiger auch das bereits Erhaltene zurückgeben dürfen und auf die ganze Leistung verzichten.
- Der Gläubiger im *Kaufvertrag* kann nach den OR 107–109 vorgehen, sofern nicht die Voraussetzungen des OR 190 (kaufmännischer Verkehr) erfüllt sind.
- Beim *Kreditkauf* ist ein Rücktritt des Verkäufers ausgeschlossen, sofern er sich dieses Recht nicht ausdrücklich ausbedungen hat (OR 214 Abs. 3). Dieses Recht ist im Fall der Konkurseröffnung über den Käufer nicht mehr wirksam (SchKG 212).
- Im *Werkvertrag* hat der Besteller bei Schuldnerverzug des Unternehmers das Recht, zurückzutreten. Das Rücktrittsrecht richtet sich nach OR 107 Abs. 2, falls Verzug des Unternehmers mit der Ablieferung des Werkes vorliegt, oder nach OR 366 Abs. 1 bei Verzug vor Eintritt des Ablieferungstermins (BGE 116 II 452).

K. Gläubigerverzug

1. Begriff

Häufig ist dem Schuldner eine richtige Erfüllung nur möglich, wenn der Gläubiger seinerseits mitwirkt. Man spricht dabei von *Mitwirkungshandlungen*. Die ungerechtfertigte Unterlassung von Mitwirkungshandlungen begründet den Gläubigerverzug.

Die Mitwirkungshandlungen sind aber grundsätzlich keine vertraglichen Pflichten, sondern lediglich (nicht klagbare) *Obliegenheiten* (s. S. 28). Entsprechend ist ihre Unterlassung keine Vertragsverletzung.

Voraussetzung für den Gläubigerverzug sind also:

- ein genügendes Leistungsangebot des Schuldners und
- die ungerechtfertigte Verweigerung notwendiger Mitwirkungshandlungen durch den Gläubiger.

2. Leistungsangebot des Schuldners

Grundsätzlich muss der Schuldner gehörig anbieten (OR 91), d.h., das Leistungsangebot muss vertragsgemäss sein, und zwar hinsichtlich Leistungsgegenstand und -ort. Mit Blick auf den Erfüllungszeitpunkt muss die Leistung mindestens erfüllbar (wenn auch noch nicht fällig) sein (s. S. 94).

Erforderlich ist grundsätzlich ein unbedingtes tatsächliches Angebot («Realoblation»). Ein bloss wörtliches Angebot («Verbaloblation») genügt nur ausnahmsweise, z.B. bei Holschulden oder im Fall antizipierter Annahmeverweigerung durch den Gläubiger.

Bestand für die Leistung ein bestimmter Erfüllungszeitpunkt, den der Gläubiger versäumt hat, kann der Schuldner auf ein Angebot verzichten. Der Gläubigerverzug tritt dann gestützt auf eine analoge Anwendung von OR 102 Abs. 2 von selbst ein.

3. Notwendige Mitwirkungshandlungen des Gläubigers

Die zur richtigen Erfüllung durch den Schuldner notwendigen Mitwirkungshandlungen des Gläubigers sind grundsätzlich *Obliegenheiten*. Den Parteien ist es aber freigestellt, auf dem Weg der Vereinbarung die Mitwirkung des Gläubigers zu einer vertraglichen Pflicht auszugestalten (vgl. dazu S. 128).

Das bedeutet, dass einerseits der Schuldner *keinen klagbaren Anspruch auf Mitwirkung des Gläubigers* hat und dass anderseits die Unterlassung der Mitwirkung *keinen Schadenersatzanspruch des Schuldners* begründet. Es wird lediglich die Rechtsposition des Schuldners verbessert und diejenige des Gläubigers verschlechtert.

3.1 Mitwirkungsformen

In der Lehre werden die folgenden Arten von Mitwirkungsformen unterschieden (vgl. BK-WEBER, Art. 91 N 147 ff. und GAUCH/SCHLUEP/EMMENEGGER, N 2397 ff.):

- *Vorbereitungshandlungen* gehen der schuldnerischen Erfüllung notwendig voran.

Beispiele
- Weisungen zur Fabrikation;
- Treffen der Wahl bei der Wahlobligation;
- Auto muss zur Reparatur dem Garagisten zur Verfügung gestellt werden.

- *Mitwirkungshandlungen:* Die schuldnerische Leistung setzt unmittelbare Mithilfe bei der Erfüllung selbst voraus.

Beispiel
Der Gläubiger holt die vertragsgemäss bereitgestellte Holschuld nicht ab, bzw. er weist die vertragsgemäss zugestellte Bringschuld zurück.

- *Begleithandlungen* sind keine Voraussetzung für die richtige Erfüllung, ermöglichen dem Schuldner aber den Beweis dafür.

Beispiele
Gesetzliche Beispiele:
- Ausstellung einer Quittung bzw. Rückgabe des Schuldscheins (OR 88, s. nachfolgend);
- Auslieferung der Schuldurkunde und Erteilung von Aufschlüssen (OR 170 Abs. 2);
- Herausgabe von Urkunden, Pfändern und Sicherheit sowie Erteilen von Aufschlüssen an befriedigenden Bürgen (OR 503 Abs. 3).

- *Quittung* und *Rückgabe des Schuldscheins* im Besonderen (OR 88 ff.): OR 88–90 sollen dem Schuldner den ihm obliegenden Beweis der Erfüllung (vgl. ZGB 8) erleichtern.

  Dem Gläubiger obliegt die Ausstellung einer Quittung. Verweigert er das, ist der Schuldner berechtigt, seine Leistung zurückzuhalten. Nicht verlangen kann der Schuldner dagegen eine Saldoquittung, die eine negative Schuldanerkennung darstellt.

  OR 89 enthält Tilgungsvermutungen, die zugunsten des Schuldners lauten, wobei dem Gläubiger jeweils der Beweis des Gegenteils offensteht.

Hat der Schuldner einen Schuldschein ausgestellt, so kann er nach vollständiger Tilgung der Schuld dessen Rückgabe verlangen. Behauptet der Gläubiger, dass ihm der Schuldschein abhandengekommen ist, hat er den Schuldschein in einer entsprechenden Erklärung zu entkräften (OR 88 Abs. 1 und 90).

3.2 Ungerechtfertigte Verweigerung

Ungerechtfertigt ist die Verweigerung der Mitwirkung immer dann, wenn das Verhalten des Gläubigers nicht von objektiven Gründen getragen wird, sondern die Folge persönlicher Umstände beim Gläubiger ist. Zweck der Regelung ist die Trennung der Risikosphären: Der Schuldner soll nicht mit Gefahren aus dem Einflussbereich des Gläubigers belastet werden, weshalb es auch nicht auf ein Verschulden des Gläubigers ankommt.

Beispiele Als Beispiele für ungerechtfertigte Verweigerung der Mitwirkung kommen etwa auch Krankheit oder Unfall des Gläubigers oder vertragswidriges Verhalten des Lieferanten des Gläubigers in Betracht.

4. Rechtsfolge: Gläubigerverzug

Der Gläubigerverzug hat auf die Leistungspflicht des Schuldners keinen Einfluss. Der Gläubiger kann die Erfüllung nach wie vor verlangen; die Stellung des Schuldners wird jedoch verbessert. Im Einzelnen (ausführlich GUHL/KOLLER, § 33 N 4 ff.; HUGUENIN, 290 ff.):

■ Der Gläubigerverzug schliesst den Schuldnerverzug (OR 102 ff., s. S. 118 ff.) aus, d.h., der Schuldner eines sich im Verzug befindlichen Gläubigers kann mit der Erfüllung der betreffenden Leistung nicht auch in Verzug geraten.

■ Im synallagmatischen Vertrag kann der sich im Verzug befindliche Gläubiger die Einrede des nicht erfüllten Vertrags (OR 82) nicht erheben.

■ Im vollkommen zweiseitigen Vertrag ist der Gläubiger im Verzug regelmässig gleichzeitig auch im Schuldnerverzug (OR 102 ff.). Die Gegenpartei hat deshalb das Recht, zu wählen, nach welchen Vorschriften sie vorgehen will.

■ Grundsätzlich geht spätestens mit Eintritt des Gläubigerverzugs die Gefahr für den zufälligen Untergang des Leistungsgegenstands auf den Gläubiger über, so z.B. ausdrücklich im Recht des Werkvertrags (OR 376 Abs. 1).

Beim Stückkauf geht die Gefahr bereits im Zeitpunkt des Vertragsabschlusses über (OR 185 Abs. 1). Bei Gattungsschulden nimmt die Lehre in analoger Anwendung von OR 185 Abs. 2 an, die Gefahr gehe bei Gläubigerverzug nur für bereits ausgeschiedene oder versandte Sachen über. Uneinigkeit herrscht über den Gefahrübergang betreffend Geldschulden (vgl. dazu GAUCH/SCHLUEP/EMMENEGGER, N 2440; zur Unterscheidung von Stück- und Gattungsschuld s. S. 91 f.).

■ Der Schuldner einer beweglichen Sache kann sich nach Eintritt des Gläubigerverzugs durch Hinterlegung an einem vom Richter zu bestimmenden Ort befreien (OR 92).

Dem Schuldner einer unbeweglichen Sache räumt das Bundesgericht in analoger Anwendung von OR 95 ein Rücktrittsrecht ein (BGE 111 II 159). Demgegenüber bezeichnen GAUCH/SCHLUEP/EMMENEGGER (N 2454) unter Hinweis auf den Sachcharakter der Immobilie den Selbsthilfeverkauf (OR 93) als die zutreffende Rechtsfolge (gl.M. GUHL/KOLLER, § 33 N 18).

■ Nicht hinterlegungsfähige Sachen mit Markt- oder Börsenpreis können vom Schuldner mit Bewilligung des Richters verkauft werden (OR 93 Abs. 1 und 2). Ist der Leistungsgegenstand eine Sache ohne Markt- oder Börsenpreis, muss der Selbsthilfeverkauf dem Gläubiger ausserdem zuerst angedroht werden; der Verkauf hat auf dem Weg der öffentlichen Versteigerung stattzufinden (OR 93 Abs. 1 und 2). Die Befreiung des Schuldners tritt erst ein mit Aushändigung des Verkaufserlöses an den Gläubiger oder, falls der Gläubiger diesen nicht annimmt, wenn der Schuldner das Geld hinterlegt (dazu BGE 136 III 180 f.).

■ Besteht die Schuldpflicht nicht in einer Sachleistung (sondern z.B. in einer Dienstleistung), so ist der Schuldner zum Rücktritt vom Vertrag berechtigt (OR 95). Der Rücktritt hat nach den Bestimmungen von OR 107–109 zu erfolgen, was insb. bedeutet, dass dem Gläubiger vorgängig eine Nachfrist zur Annahme (OR 107 Abs. 1) anzusetzen ist (vgl. S. 121 ff.).

- OR 96 lässt die Rechtswirkungen von OR 92–95 auch dann eintreten, wenn entweder der Schuldner aus einem anderen (als in OR 91 genannten) vom Gläubiger zu vertretenden Grund oder aber infolge einer nicht vom Schuldner verschuldeten Ungewissheit über die Person des Gläubigers nicht erfüllen kann. Gesetzlicher Anwendungsfall dieser Bestimmung ist die Hinterlegung bei Prätendentenstreit (OR 168), z.B. bei unbekanntem Aufenthaltsort des Gläubigers (s. S. 159 f.).

5. Ausnahme: Verzug des Gläubigers als Vertragsverletzung

Aus Vertrag oder aus den Umständen kann sich eine Pflicht für den Gläubiger zur Annahme der Leistung ergeben.

Dem Wortlaut nach begründet das Gesetz in OR 211 Abs. 1 für den Käufer und in OR 379 Abs. 2 für den Besteller eine Annahmepflicht. Die Lehre ist gespalten in der Frage, ob es sich dabei um eine vertragliche Pflicht (auf deren Verletzung als Folge der Schuldnerverzug eintritt) oder um eine blosse Obliegenheit handelt (ausführlich BSK-KOLLER, Art. 211 N 4 f.). Die h.L. nimmt grundsätzlich eine Obliegenheit an, die aber zur Pflicht wird, wenn die besondere Interessenlage des Gläubigers es rechtfertigt (GUHL/KOLLER, § 41 N 124).

L. Übungen zum 9. Teil

Lösungen S. 179

Übung 34

Primarlehrer P bestellt im Kleidergeschäft G 50 gelbe T-Shirts (Kauf). P und G vereinbaren Lieferung Ende September und Zahlung durch P innert 10 Tagen nach Ablieferung.

a) Von welcher Art ist die Leistungsstörung in den folgenden Fällen?

   aa) Die T-Shirts sind am 5. Oktober noch nicht eingetroffen.

   bb) Bei allen T-Shirts ist der linke Ärmel kürzer als der rechte.

   cc) Die T-Shirts werden vereinbarungsgemäss geliefert, aber P bezahlt nicht.

b) *Variante:* P ist im Organisationskomitee eines am 1. Oktober aus Anlass des Gemeindejubiläums stattfindenden Radrennens. Er braucht die 50 T-Shirts, um die Streckenposten damit einzukleiden, was er G ausdrücklich mitteilt. G liefert nicht rechtzeitig.

Übung 35

Die beiden vermögenden Uhrensammler A und B lernen sich im Spätsommer 2014 anlässlich einer Antiquitätenmesse kennen. Im Gespräch finden sie heraus, dass sie ihre Sammlungen durch gegenseitigen Tausch bestimmter Uhren aufwerten könnten. Die für den Tausch vorgesehenen Uhren sind zwar gleichwertig (je ca. CHF 20'000.–). Der Mehrwert der Sammlung von A wäre nach dem Tausch jedoch erheblich.

Sie vereinbaren den Tausch, wobei A dem B ausdrücklich sagt, er wolle diesen im Hinblick auf die am Donnerstag, 6. November 2014, beginnende Uhrenbörse vollziehen. Weiter teilt er ihm mit, dass er die Uhren mindestens 2 Wochen vorher erhalten müsse, um sie korrekt in seine Sammlung integrieren zu können.

a) Am 22. und 23. Oktober 2014 bietet A dem B seine Uhren an. B dagegen bleibt untätig. Befindet sich B bereits im Verzug?

b) A richtet am Abend des 23. Oktober 2014 ein Schreiben an B und teilt ihm mit, er «erwarte die Uhren bis allerspätestens am 29. Oktober 2014». B macht aber weiterhin keinerlei Anstalten, A die versprochenen Uhren auszuhändigen.

   Am 28. Oktober 2014 trifft bei A ein Angebot des renommierten Sammlers S ein. Dieser offeriert A für die um die von B stammenden Stücke ergänzte Sammlung CHF 250'000.– (in der bisherigen Zusammensetzung wies die Sammlung laut Experten einen Wert von ca. CHF 210'000.– auf). Das Angebot von S steht bis am 1. November 2014.

aa) B hat seine Sammlung trotz des vereinbarten Tausches an D weiterverkauft und diesem die Uhren bereits übergeben.

bb) Es ist zudem davon auszugehen, dass die zum Tausch vorgesehenen Uhren des A nach Vertragsabschluss erheblich an Wert einbüssen.

Welche rechtlichen Möglichkeiten hat A, und welche sollte man ihm empfehlen?

Übung 36

K (Käufer) und V (Verkäufer) vereinbaren den Kauf von nicht kotierten Aktien einer grösseren Unternehmung (U AG). Laut Kaufvertrag sollen die Aktien Zug um Zug gegen Barzahlung am 1. November übergeben werden. Am 31. Oktober ruft K vereinbarungsgemäss bei V an, um den genauen Ort der Übergabe festzulegen. V lässt K ausrichten, er sei «noch einige Tage geschäftlich unterwegs».

K beauftragt seinen Anwalt mit der Wahrung seiner Interessen. Der Anwalt teilt V am 2. November schriftlich mit, er erwarte bis am 7. November zuhanden seines Mandanten genaue Angaben betreffend die Übergabe der Aktien. V lässt sich bis am 7. November nicht vernehmen.

a) Am 6. November wird K von P kontaktiert. P ist daran interessiert, Aktien der U AG zu kaufen. Sein Angebot liegt 10% über dem Preis, den K mit V vereinbart hat.

b) *Variante:* Am 6. November wird anlässlich einer Pressekonferenz der U AG bekannt, dass sich das wirtschaftliche Umfeld in der betreffenden Branche verschlechtert habe. Es würden erhebliche Restrukturierungen notwendig, ausserdem sei mit einer empfindlichen Gewinneinbusse zu rechnen.

Welches Vorgehen ist K jeweils zu empfehlen?

Übung 37

Die A AG kauft von der B AG einen grösseren Posten Kleider zu einem reduzierten Preis. Kurz darauf teilt die A AG der B AG mit, bei einer stichprobeweisen Qualitätskontrolle seien erhebliche Mängel festgestellt worden (vgl. BGE 127 III 83 ff.).

a) Welche Möglichkeiten hat die A AG (das Vorgehen ist nicht im Einzelnen zu beschreiben)?

b) Was ist mit Blick auf das Verhältnis zwischen den verschiedenen Möglichkeiten besonders zu beachten?

Übung 38

Der Schuldner eines zweiseitigen Vertrags befindet sich seit dem 10. Oktober im Verzug. Der Gläubiger hat ihm eine Nachfrist bis zum 18. Oktober angesetzt. Die Nachfrist läuft ab, ohne dass der Schuldner erfüllt hat. Am 7. November erklärt der Gläubiger dem Schuldner den Verzicht auf die vereinbarte Leistung und den Rücktritt vom Vertrag.

Kann er das?

Übung 39

Grossmetzger G erhält monatlich eine Ladung Fleisch von seinem Lieferanten L, die er jeweils innert 30 Tagen bezahlen muss. Er vergisst, seinem Lieferanten die bevorstehenden Betriebsferien im Juli anzukünden. L steht mit der gesamten Ladung vor verschlossener Türe. Er kann weder G noch einen seiner Angestellten erreichen, da alle zur Fortbildung auf einer Ranch in Argentinien weilen.

Welches Vorgehen drängt sich für L auf?

Übung 40

Villenbesitzer V überträgt dem Gärtnermeister G die Pflege seines Gartens. Nach einer Besichtigung des Gartens schickt G seinen langjährigen Angestellten H, um die ersten Arbeiten zu erledigen. H unterläuft beim Rasenmähen eine Fehlmanipulation am Traktor, und er rollt in den verglasten Wintergarten von V. Dabei wird die Scheibe der Schiebetür zerstört.

Welche Ansprüche hat V (ohne Ansprüche aus unerlaubter Handlung)?

Übung 41

Die 18-jährige Doris X. wurde wegen schwerer psychischer Störungen (Depression) in einem privaten Nervensanatorium untergebracht. Dort entwickelte sich ein Liebesverhältnis zwischen ihr und dem 33-jährigen, verheirateten Assistenzarzt Dr. Y. Dem Assistenzarzt wurde deshalb unverzüglich gekündigt. Trotz der Versuche von Doris X., den Arzt zur Scheidung von seiner Frau und zu einer Heirat mit ihr zu überreden, verliess Dr. Y darauf die Schweiz und liess sich mit seiner Familie in Italien nieder. Doris X. verfiel deshalb neuerlich in schwere Depressionen und musste wiederholt in verschiedenen Nervenheilanstalten untergebracht werden. Ihre ursprünglich vorgesehene Ausbildung als Lehrerin kam nicht mehr in Betracht.

Doris X. verklagte in der Folge das Nervensanatorium auf Ersatz des ihr aus dem Verhalten des Assistenzarztes entstandenen Schadens.

Zu Recht? (Ausservertragliche Ansprüche sind nicht zu untersuchen.)

(Vgl. BGE 92 II 15 ff. «Assistenzarzt-Fall»)

Übung 42

Der deutsche Skitourist X verunfallte am 18. Mai 1977 schwer, als er bei einem Ausweichmanöver über eine Schneewächte gegen einen Anbau der Talstation einer Luftseilbahn stürzte. Er zog sich dabei schwere Schädelverletzungen zu, musste in der Folge sein Medizinstudium aufgeben und einen medizinischen Hilfsberuf erlernen. X klagte am 25. April 1984 vor dem Kantonsgericht Wallis gegen die Luftseilbahn AG (L AG) auf Schadenersatz und Genugtuung.

Das Kantonsgericht stellte fest, dass die L AG für den Unfall von X ausservertraglich hafte (OR 41 ff.), schützte jedoch die Verjährungseinrede der L AG (OR 60) und wies die Klage von X ab (vgl. BGE 113 II 246).

Zu Recht?

10. Teil Das Erlöschen der Obligationen

Verwendete Literatur

BUCHER, 389 ff.; GUHL/KOLLER, §§ 37–39; GAUCH/SCHLUEP/EMMENEGGER N 3097 ff.; SCHWENZER, §§ 77–85; ZK-AEPLI, Art. 114–126; BSK-GABRIEL, Art. 114–118; BSK-PETER, Art. 120–126; BSK-DÄPPEN, Art. 127–142.

A. Übersicht

Beendigung von Schuldverhältnissen und Erlöschen von Obligationen	• Möglichkeiten der Beendigung von Schuldverhältnissen • Erlöschen von Obligationen im Allgemeinen
Das Schicksal der Nebenrechte und die einzelnen Erlöschensgründe	• Erlöschen der Nebenrechte (OR 114) • Aufhebungsvertrag (OR 115) • Neuerung (OR 116 f.) • Vereinigung (OR 118) • Verrechnung (OR 120)
Verjährung	• Gegenstand der Verjährung • Verjährungsfristen • Stillstand der Verjährung • Unterbrechung der Verjährung • Wirkungen der Verjährung • Abgrenzung zur Verwirkung

Der dritte Titel des Allgemeinen Teils (OR 114–142) befasst sich mit dem «Erlöschen der Obligationen». Auch beim Erlöschen muss zwischen Schuldverhältnissen und einzelnen Obligationen unterschieden werden (vgl. dazu S. 22).

Dass unter dem dritten Titel das «Erlöschen der Obligationen» behandelt wird, ist insofern ungenau, als einerseits nicht alle Erlöschensgründe aufgeführt sind und andererseits darin auch die Verjährung geregelt wird, die keinen Erlöschensgrund darstellt.

Hauptgrund für das Erlöschen ist die Erfüllung. Die übrigen Erlöschensgründe können danach eingeteilt werden, ob das Vermögen des Gläubigers gleich bleibt, wie wenn erfüllt worden wäre, oder ob es einen Verlust erleidet:

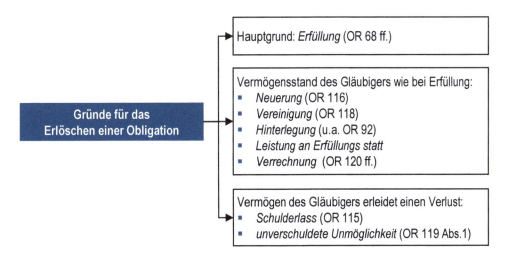

B. Beendigung von Schuldverhältnissen

Besteht ein Schuldverhältnis aus mehr als einer Forderung, so ist die Unterscheidung von einzelner Schuld und dem Schuld- bzw. Vertragsverhältnis als Ganzem auch mit Blick auf die Frage nach dem Erlöschen zu beachten. Der dritte Titel des Allgemeinen Teils enthält keine Bestimmungen zur Beendigung von Schuldverhältnissen, sondern nur für das Erlöschen der einzelnen Forderungen.

Während die einzelne Forderung z.B. durch Tilgung untergeht, erlischt das Schuldverhältnis erst mit der Erfüllung sämtlicher aus ihm fliessenden Pflichten. Dazu können insb. auch Neben- sowie ggf. Rückabwicklungspflichten gehören.

Schuldverhältnisse können namentlich aufgehoben werden:

- durch *Aufhebungsvertrag* (z.B. vereinbaren die Parteien nach Übergabe des Kaufgegenstands und Zahlung des Kaufpreises, dass der Kaufvertrag unter gegenseitiger Rückerstattung des Erhaltenen wieder rückgängig gemacht werden soll; die Parteien kommen überein, das Arbeitsverhältnis «in gegenseitigem Einvernehmen aufzulösen»);
- durch *Kündigung* (z.B. Kündigung eines Mietvertrags nach OR 266a Abs. 1);
- durch *Rücktritt* (z.B. Rücktritt beim Schuldnerverzug im vollkommen zweiseitigen Vertrag nach OR 109 Abs. 1) oder
- aufgrund *gesetzlicher Anordnung* (z.B. Tod des Arbeitnehmers als Auflösungsgrund für das Arbeitsverhältnis nach OR 338 Abs. 1).

C. Erlöschen von Obligationen im Allgemeinen

Nach seinem Wortlaut befasst sich der dritte Titel des Allgemeinen Teils mit dem «Erlöschen der Obligationen», also der einzelnen Forderung. Dies ist aber wie folgt zu präzisieren:

- Der dritte Titel befasst sich nicht mit dem *Erlöschen durch Erfüllung*, dem in der Praxis häufigsten Erlöschensgrund, sondern nur mit dem Erlöschen «in anderer Weise» (vgl. OR 114 Abs. 1). Die Erfüllung ist in OR 68 ff. geregelt (zur Erfüllung s. S. 88 ff.).
- Der dritte Titel ist insofern unvollständig, als er nicht alle Erlöschensgründe ausserhalb der Erfüllung behandelt. So fehlen namentlich Bestimmungen über die Verwirkung (zur Verwirkung s. S. 141).
- OR 114 enthält Bestimmungen zum Schicksal der Nebenrechte beim Untergang der Hauptforderung und stellt somit keinen Erlöschensgrund dar.
- Der dritte Titel enthält Bestimmungen über die *Verjährung* (OR 127 ff.), die keinen Erlöschensgrund darstellt, sondern lediglich die Klagbarkeit einer Forderung einschränkt (zur Verjährung s. S. 138 ff.).

D. Die einzelnen Erlöschensgründe

1. Übersicht

Der dritte Titel des Allgemeinen Teils enthält also die folgenden Erlöschensgründe: Aufhebungsvertrag (OR 115), Neuerung (OR 116 f.), Vereinigung (OR 118), nachträgliche Leistungsunmöglichkeit (OR 119) und Verrechnung (OR 120 ff.). Ausserdem werden das Erlöschen der Nebenrechte (OR 114) sowie die Verjährung (OR 127 ff.) geregelt.

Die systematische Stellung der nachträglichen Leistungsunmöglichkeit nach OR 119 wird als unglücklich bezeichnet. Der Tatbestand der Bestimmung setzt Leistungsunmöglichkeit, und damit eine Erfüllungsstörung, voraus; die Rechtsfolge ist das Erlöschen der Obligation. Mit Blick auf den Tatbestand wird diese Bestimmung deshalb bei den Leistungsstörungen beschrieben (zu den Leistungsstörungen im Allgemeinen s. S. 101 ff., zu OR 119 s. S. 116 ff.).

2. Erlöschen der Nebenrechte (OR 114)

OR 114 enthält keinen Erlöschensgrund für Obligationen, sondern regelt das Schicksal der mit diesen verbundenen Nebenrechte.

■ Mit dem Untergang der Hauptforderung gehen auch die mit ihr verbundenen Nebenrechte unter (OR 114 Abs. 1). Das sind insb. Bürgschaften, Pfand- oder Retentionsrechte, Eigentumsvorbehalte, Zinsen und Konventionalstrafen.

■ Vor dem Untergang aufgelaufene Zinsen können nur dann nachgefordert werden, wenn das besonders verabredet worden oder den Umständen zu entnehmen ist (OR 114 Abs. 2).

■ Bestimmungen über das Grundpfandrecht (ZGB 793 ff.), die Wertpapiere (OR 965 ff.) und den Nachlassvertrag (SchKG 293 ff.) bleiben vorbehalten (OR 114 Abs. 3).

3. Aufhebungsvertrag (OR 115)

Durch übereinstimmende gegenseitige Willenserklärung (Aufhebungs- oder Erlassvertrag) können Schuldner und Gläubiger einer Forderung diese ganz oder teilweise aufheben (OR 115).

Beachtung verdienen insb. die folgenden Punkte:

■ *Gegenstand eines Aufhebungsvertrags* kann jede Forderung sein, ungeachtet ihres Rechtsgrunds oder Inhalts.

■ Der *Aufhebungsvertrag kann formfrei geschlossen* werden, und zwar insb. auch dann, wenn das Rechtsgeschäft, das der aufzuhebenden Forderung zugrunde liegt, formbedürftig war (OR 115).

In einem Spannungsverhältnis dazu steht OR 12, wonach die für ein Rechtsgeschäft gesetzlich vorgeschriebene Form grundsätzlich auch für jede Abänderung einzuhalten ist. Das Problem löst sich, wenn man OR 12 auf die *Abänderung des Vertrags* und OR 115 auf den *Erlass einzelner Forderungen* anwendet. Besteht ein Vertrag nur aus einer einzelnen Forderung, geht OR 115 als «*lex specialis*» vor (strittig, vgl. dazu GAUCH/SCHLUEP/EMMENEGGER, N 3125 ff.).

■ Der Gläubiger kann auf die Forderung nicht einseitig verzichten. Es bedarf der Zustimmung des Schuldners, die jedoch auch stillschweigend möglich ist.

■ Durch den Aufhebungsvertrag geht die Forderung (einschliesslich allfälliger Nebenrechte, OR 114) unmittelbar unter.

■ *Abzugrenzen* ist der Aufhebungsvertrag nach OR 115 u.a. von (weitere Beispiele bei GAUCH/SCHLUEP/EMMENEGGER, N 3132 ff.):

    ▪ der Aufhebung eines ganzen Vertragsverhältnisses;

    ▪ einem «*pactum de non petendo*», wonach der Gläubiger verspricht, er werde eine Forderung nicht geltend machen – der Bestand der Forderung sowie die Nebenrechte aber unberührt bleiben –, und

    ▪ der Stundung, die einen vertraglichen Aufschub der Fälligkeit bewirkt.

4. Neuerung (OR 116 f.)

Neuerung i.S.v. OR 116 ist die Umwandlung eines alten Schuldverhältnisses in ein neues. Dabei entspricht der Verpflichtungsgrund der Schuld nicht demjenigen des alten, sondern besteht im die Neuerung bewirkenden, neuen und selbstständigen Rechtsgeschäft (BGE 60 II 333). Bei der Neuerung wird also die alte Schuld durch Begründung einer neuen getilgt.

```
Voraussetzungen der Novation:
▪ Bestand einer alten Forderung
▪ Abgabe und Annahme eines neuen Leistungsversprechens
▪ Novierungswillen der Parteien
                          |
                          ▼
Rechtsfolge:
Untergang der alten Schuld mit sämtlichen Einreden, Einwendungen und
Nebenrechten (Ausnahme gem. OR 117 Abs. 1: Kontokorrent).
```

4.1 Voraussetzungen der Novation

OR 116 Abs. 1 enthält als Grundsatz eine gesetzliche Vermutung gegen die Novation (s. aber die Ausnahme in OR 117, dazu nachstehend, Kap. «Novation im Kontokorrentverhältnis im Besonderen»). Die Novation ist also vom Behauptenden zu beweisen.

Für eine gültige Novation müssen die folgenden drei Voraussetzungen erfüllt (und bewiesen) sein:

- *Bestand einer alten Forderung,* wobei diese auf einem beliebigen Entstehungsgrund beruhen kann. Eine nicht bestehende Forderung kann nicht noviert werden; ein entsprechender Vertrag wäre deshalb wegen anfänglich objektiver Unmöglichkeit nichtig (OR 20 Abs. 1; a.M. SCHWENZER, N 80.03).

- *Abgabe und Annahme eines neuen Leistungsversprechens,* das eine neue Forderung begründet, wobei die Parteivereinbarung gleichzeitig die Abrede der Aufhebung und der Ersetzung der alten Schuld enthält.

- *Novierungswillen:* Die Parteien müssen sich über die Novationswirkung einig sein.

4.2 Rechtsfolge im Allgemeinen

Sind diese drei Voraussetzungen erfüllt, geht die alte Schuld unter. Während der Schuldner sämtliche Einreden und Einwendungen verliert, die er gegen die alte Forderung hatte, gehen auch alle mit der Forderung verbundenen Nebenrechte unter, die dem Gläubiger zustanden (vgl. OR 114 Abs. 1).

Mit Eintritt der Novation beginnt eine neue (10-jährige) Verjährungsfrist zu laufen.

Zu *OR 116 Abs. 2* vgl. GAUCH/SCHLUEP/EMMENEGGER, N 3154 ff. Zu beachten ist, dass im per 1. Januar 2012 teilrevidierten ZGB bei der Errichtung eines Schuldbriefs im Unterschied zur altrechtlichen Regelung auf eine automatische Novation des zugrunde liegenden Schuldverhältnisses verzichtet wurde (ZGB 842 Abs. 2).

4.3 Novation im Kontokorrentverhältnis im Besonderen

Ein *Kontokorrentvertrag* liegt insb. dann vor, wenn zwei Parteien Forderungen und Gegenforderungen aus dem gegenseitigen Geschäftsverkehr nicht einzeln geltend machen, sondern gegeneinander verrechnen und regelmässig (z.B. monatlich) den Saldo ziehen (BGE 104 II 192, vgl. auch BGE 100 III 83).

Beispiel   Typisches Beispiel ist der Vertrag zwischen einer Bank und einem Bankkontoinhaber.

OR 117 stellt verschiedene Vermutungen gegen und für die Novation im Zusammenhang mit dem Kontokorrentverhältnis auf:

- Die *Einsetzung der einzelnen Posten* in einen Kontokorrent hat keine novierende Wirkung.

Beispiel   Die Verbuchung eines einzelnen Bezugs oder einer einzelnen Einzahlung hat keine novierende Wirkung.

- Dagegen bewirkt die *Saldoziehung und -anerkennung* vermutungsweise eine Novation (OR 117 Abs. 2). Bleibt also z.B. der dem Kunden Ende Monat zugestellte Kontobeleg, auf dem der Kontostand abgedruckt ist, unwidersprochen, so ist von einer Novation auszugehen. Diese bewirkt für den Anerkennenden, dass nur noch der abgedruckte Betrag geschuldet ist. Vorbehalten sind trotz Anerkennung die Berichtigung versehentlicher Buchungen und die Geltendmachung von Willensmängeln (vgl. dazu BGE 104 II 190 ff., 127 III 150 ff.).
- Die Novationswirkungen im Kontokorrentverhältnis sind allerdings insofern eingeschränkt, als bestehende Sicherheiten, die für eine Forderung bestehen, nicht aufgehoben werden (OR 117 Abs. 3).

Beispiel   Wurde für ein Darlehen, das im Kontokorrentverhältnis gewährt wurde, ein Aktienpaket als Sicherheit verpfändet, geht dieses Pfandrecht durch Ziehen des Saldos nicht unter.

5. Vereinigung (OR 118)

Fällt die Schuldner- und die Gläubigerstellung in Bezug auf eine Forderung in derselben Vermögensmasse einer Person zusammen, gilt diese Forderung als erloschen («Konfusion»; OR 118 Abs. 1).

Beispiel   Das Einzelkind hat eine Forderung gegen seine verwitwete Mutter. Stirbt diese, wird das Kind als einziger Erbe zugleich Gläubiger und Schuldner der betreffenden Forderung. Diese erlischt kraft Vereinigung.

Eine weitere Voraussetzung für das Erlöschen einer Forderung durch Vereinigung ist, dass Forderung und Schuld denselben Vermögensmassen zugehören (und nicht verschiedenen Sondervermögen, z.B. Eigengut und Errungenschaft im Ehegüterrecht).

Mit der Forderung erlöschen gem. OR 114 Abs. 1 auch die mit ihr verbundenen Nebenrechte.

Wird die Vereinigung in der Folge rückgängig gemacht, lebt die Forderung einschliesslich der Nebenrechte wieder auf (OR 118 Abs. 2). Ausserdem setzt der während der Schwebezeit aufgehaltene Verjährungsfristenlauf wieder ein.

Ausnahmen gelten für Grundpfandrechte und Wertpapiere (OR 118 Abs. 3) sowie für Rechte Dritter an der Forderung, wie z.B. Nutzniessung oder Pfandrechte.

6. Verrechnung (OR 120 ff.)

6.1 Übersicht

Die Verrechnung wird mit «Tilgung einer fremden Forderung durch Opferung einer eigenen» umschrieben. Das Rechtsinstitut der Verrechnung soll u.a. den Leistungsaustausch vereinfachen, indem der tatsächliche Austausch durch einen gedanklichen ersetzt wird.

Besondere Bedeutung hat die Verrechnung überdies bei der Tilgung bestrittener Forderungen und im Konkurs des Schuldners.

Die Verrechnungslage, d.h., die Situation, in der eine Verrechnung möglich ist, kann wie folgt dargestellt werden:

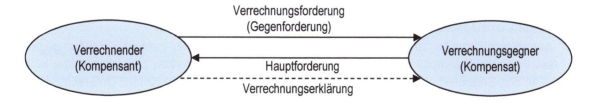

6.2 Voraussetzungen im Allgemeinen

Die Verrechnungslage hat fünf positive und zwei negative Voraussetzungen. Besonderheiten für die Verrechnung ergeben sich im Konkurs des Schuldners. Damit die Wirkungen der Verrechnung eintreten, bedarf es zudem einer Verrechnungserklärung.

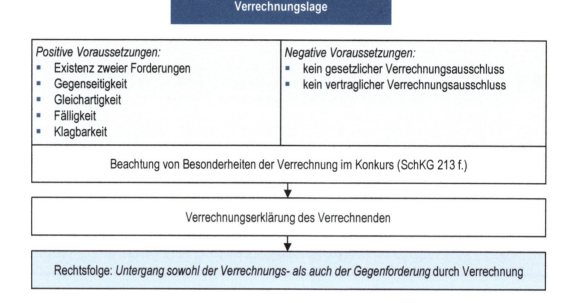

6.3 Existenz zweier Forderungen

Die Verrechnungslage setzt auf jeder Seite eine bestehende Forderung voraus (vgl. OR 120 Abs. 1).

Der Verrechnungsgegner kann die Verrechnung nicht dadurch verhindern, dass er den Bestand der Verrechnungsforderung bestreitet (OR 120 Abs. 2). Will sich also ein Schuldner seiner Zahlungspflicht mit der Einwendung, die Forderung bestehe nicht, entziehen, so kann der Gläubiger bei gegebenen Voraussetzungen durch Verrechnung eine «Zwangstilgung» der Forderung erwirken.

Grundsätzlich ist eine mit Einreden behaftete Forderung nicht verrechenbar. Ausnahmsweise ist aber die Verrechnung einer bereits verjährten Forderung zulässig, und zwar, «wenn sie zur Zeit, wo sie mit der anderen Forderung verrechnet werden konnte, noch nicht verjährt war» (OR 120 Abs. 3). D.h., die Verrechenbarkeit, die einmal bestand, fällt nicht zufolge Verjährung der Forderung wieder weg.

6.4 Gegenseitigkeit

Haupt- und Verrechnungsforderung müssen gegenseitig sein, d.h., die Verrechnungsforderung muss sich gegen den Verrechnungsgegner richten und die Hauptforderung gegen den Verrechnenden.

Schwierigkeiten mit der Identität können sich v.a. in Dreiecksverhältnissen (z.B. Anweisung oder Bürgschaft) und bei gesellschaftsrechtlichen Verhältnissen ergeben. Zu beachten sind insb.:

- *Bürgschaft:* Gem. OR 121 kann der Bürge die Befriedigung des Gläubigers verweigern, soweit der Hauptschuldner das Recht der Verrechnung geltend machen kann.

- *Vertrag zugunsten Dritter:* Der Versprechende kann nicht mit einer Forderung, die ihm gegen den Versprechensempfänger zusteht, verrechnen. Beim echten Vertrag zugunsten Dritter fehlt es an der Gegenseitigkeit, beim unechten ergibt sich das aus OR 122 (zur Unterscheidung zwischen echtem und unechten Vertrag zugunsten Dritter s. S. 149).

- Eine *gesetzliche Ausnahme vom Erfordernis der Gegenseitigkeit* enthält OR 169 bzgl. der Abtretung von Forderungen (s. dazu das Kap. «Abgrenzungen», S. 158).

- OR 573 enthält Regeln zur *Verrechnung bei Personengesellschaften.*

6.5 Gleichartigkeit

Gleichartig nach OR 120 Abs. 1 sind Forderungen, wenn es sich um Geldsummen handelt oder wenn sie im Zeitpunkt der Verrechnung ihrem Gegenstand nach gleichartig sind. Zur Beachtung:

- Die Gleichartigkeit zweier Geldforderungen, die auf *verschiedene Währungen* lauten, ist umstritten, wurde aber vom Bundesgericht bejaht, sofern ein Umrechnungskurs besteht und die Parteien keine Effektivklausel vereinbart haben (BGE 130 III 318; 63 II 383 ff.; ausführlich dazu ZK-AEPLI, Art. 120 N 64 ff.).

- *Stückschulden* sind nie gleichartig. Die vertraglich vereinbarte «Verrechnung» inhaltlich ungleicher Leistungen ist eine Erfüllung an Zahlungs statt.

- Dass die Forderungen gleichartig sein müssen, heisst nicht, dass sie auch gleichwertig oder konnex sein, d.h. aus dem gleichen Rechtsverhältnis stammen müssen.

6.6 Fälligkeit

Nach dem Wortlaut von OR 120 Abs. 1 müssen beide Forderungen fällig sein. Es ist aber unbestritten, dass *Fälligkeit nur für die Verrechnungsforderung* (also die Forderung des Verrechnenden gegen den Verrechnungsgegner) erforderlich ist, während für die Hauptforderung nach den allgemeinen Grundsätzen zur Erfüllung Erfüllbarkeit genügt (vgl. S. 94).

6.7 Klagbarkeit

Die Verrechnungsforderung muss klagbar sein, d.h., es darf sich nicht um eine Naturalobligation (s. Kap. «Unvollkommene Obligation», S. 29) oder – mit Ausnahme der in OR 120 Abs. 3 genannten Fälle – um eine verjährte Forderung handeln.

Ist die Forderung des Verrechnenden bereits verjährt, so kann sie nach OR 120 Abs. 3 gleichwohl durch Verrechnung getilgt werden, wenn die Verrechnungslage schon bestand, bevor die Verjährung eingetreten ist.

Die Hauptforderung braucht nicht klagbar zu sein.

6.8 Kein Verrechnungsausschluss

Die Verrechnung kann gesetzlich oder vertraglich ausgeschlossen werden. Ein solcher Ausschluss hat zur Folge, dass eine Verrechnungserklärung selbst bei Vorliegen aller positiven Voraussetzungen wirkungslos bleibt. Besonderheiten für die Verrechnung ergeben sich ferner aus SchKG 213 f. für die Verrechnung im Konkurs.

- *OR 125* sieht eine Reihe von Fällen vor, in denen «wider den Willen des Gläubigers», also des Verrechnungsgegners, eine Verrechnung nicht möglich ist: Verpflichtungen zur Rückgabe oder zum Ersatz böswillig vorenthaltener Sachen (Ziff. 1); Verpflichtungen, deren besondere Natur tatsächliche Erfüllung verlangt (Ziff. 2; z.B. Unterhaltsansprüche), öffentlich-rechtliche Forderungen des Gemeinwesens (Ziff. 3).

- Nach *OR 126* ist der im Voraus erklärte vertragliche Verrechnungsverzicht des Schuldners grundsätzlich zulässig. Verschiedene Normen sehen aber zum Schutz der schwächeren Vertragspartei vor, dass ein Verrechnungsverzicht im Voraus bei gewissen Rechtsverhältnissen nicht möglich ist, so z.B. OR 265 für die Miete sowie OR 294 für die Pacht.

- Nach *OR 123 Abs. 1* können Gläubiger ihre Forderungen im Konkurs des Schuldners auch dann zur Verrechnung bringen, wenn diese noch nicht fällig sind. Im Übrigen richtet sich die Verrechnung im Konkurs nach den Bestimmungen des SchKG (OR 123 Abs. 2). *SchKG 213* enthält verschiedene Einschränkungen für den Fall, dass sich der Verrechnungsgegner im Konkurs befindet. Sind die Tatbestände des *SchKG 214* erfüllt, so ist die Verrechnung zwar nicht ausgeschlossen, ggf. aber anfechtbar.

6.9 Verrechnungserklärung

Sind sämtliche Voraussetzungen erfüllt, so tritt die Verrechnung nicht von selbst ein. Es bedarf einer (ausdrücklichen oder stillschweigenden) Erklärung des Verrechnenden gegenüber dem Verrechnungsgegner, dass er verrechnen wolle (vgl. OR 124 Abs. 1).

6.10 Wirkungen der Verrechnung

Die gültige Verrechnungserklärung führt zum Erlöschen der Verrechnungs- sowie der Hauptforderung, und zwar nur bis zum Betrag der kleineren Forderung (vgl. OR 124 Abs. 2). Die Wirkungen treten vermutungsweise rückwirkend auf den Zeitpunkt ein, in dem die beiden Forderungen zur Verrechnung geeignet einander gegenüberstanden (OR 124 Abs. 2; anschaulich dazu BGer 4A_17/2013 vom 13. März 2013 E. 3).

Bestehen zwischen dem Verrechnenden und dem Verrechnungsgegner mehrere zur Verrechnung geeignete Forderungen, ist zu entscheiden, welche Forderung verrechnet werden soll. Der Verrechnende (Schuldner) ist diesfalls berechtigt, bei der Verrechnung zu erklären, mit welcher Hauptforderung er verrechnen will (analoge Anwendung von OR 86 Abs. 1; die Frage ist umstritten, vgl. dazu GAUCH/SCHLUEP/EMMENEGGER, N 3254).

E. Verjährung (OR 127 ff.)

1. Allgemeines

Obwohl das Institut der Verjährung systematisch im dritten Titel über das Erlöschen der Obligationen steht, ist eine verjährte Forderung nicht untergegangen. Die Verjährung führt zur «Entkräftung einer Forderung durch Zeitablauf», und zwar insofern, als dem Schuldner die Einrede der Verjährung zusteht.

Dem Schuldner erwächst durch Eintritt der Verjährung ein Leistungsverweigerungsrecht. Die Forderung wird zur Naturalobligation, sie bleibt also erfüllbar, d.h., die Bezahlung einer verjährten Schuld begründet keine Rückforderungsansprüche aus ungerechtfertigter Bereicherung.

Rechtsprechung Anschaulich zum Zweck der Verjährung BGE 90 II 437, wonach das Gesetz «die Verjährung in erster Linie um der öffentlichen Ordnung willen [vorsieht]: das öffentliche Interesse an der Rechtssicherheit und am gesellschaftlichen Frieden verlangt, dass gewöhnliche Forderungen, die nicht geltend gemacht werden, nach einer gewissen Zeit nicht mehr durchgesetzt werden können». Im Weiteren könne der Schuldner nicht beliebig lange im Ungewissen darüber gelassen werden, ob eine Forderung, die längere Zeit nicht geltend gemacht wurde, schliesslich doch noch eingeklagt werde.

2. Gegenstand der Verjährung

Der Verjährung unterliegen grundsätzlich alle *Forderungen*, die ihren Entstehungsgrund im Bundeszivilrecht haben. Die Verjährung richtet sich nach OR 127 ff., sofern das Gesetz nicht etwas anderes vorsieht.

So haben insb. Ansprüche aus Deliktsrecht und ungerechtfertigter Bereicherung zwar eine kurze Verjährungsfrist von nur 1 Jahr (OR 60 und 67), im Übrigen sind aber die allgemeinen Bestimmungen über die Verjährung auch für diese Ansprüche einschlägig.

Folgende Einzelheiten sind zu beachten:

- Durch Faustpfand (ZGB 884 ff.) gesicherte Forderungen können zwar verjähren, der Gläubiger hat aber trotz eingetretener Verjährung die Möglichkeit, das Pfandrecht geltend zu machen (OR 140).
- *Unverjährbar* sind u.a. durch Grundpfand gesicherte Forderungen (ZGB 807), Erbteilungsansprüche (ZGB 604 Abs. 1) und Lidlohnforderungen (ZGB 334bis Abs. 3).
- *Nicht* der Verjährung nach OR 127 ff. unterliegen insb. auch:
  - *Schuldverhältnisse*, die nach den auf sie anwendbaren Regeln aufzulösen sind (z.B. Kündigung);
  - *absolute Rechte* (dingliche Rechte sowie Immaterialgüter- und Persönlichkeitsrechte), die keine Forderungen i.S.v. OR 127 ff. sind, und
  - *Forderungen des öffentlichen Rechts*, auf die die Grundsätze der privatrechtlichen Verjährung ggf. aber analog angewendet werden können.

3. Die Verjährungsfristen

Grundsätzlich gilt eine *10-jährige Verjährungsfrist*: «Mit Ablauf von 10 Jahren verjähren alle Forderungen, für die das Bundeszivilrecht nicht etwas anderes bestimmt» (OR 127).

Für *Schadenersatzansprüche* ist zwischen den Ansprüchen, die an die Stelle der Primärleistung treten, und den Ansprüchen aus positiver Vertragsverletzung oder c.i.c. zu unterscheiden: Die Verjährung beginnt für Erstere mit Fälligkeit der ursprünglichen Leistungspflicht und für Letztere im Zeitpunkt der Pflichtverletzung zu laufen.

Vom Grundsatz der 10-jährigen Verjährungsfrist gibt es verschiedene *Ausnahmen*. An dieser Stelle zu nennen sind die folgenden (weitere Beispiele bei BSK-DÄPPEN, Art. 127 N 14 ff.):

■ Für die aus den in *OR 128* aufgezählten Rechtsverhältnissen stammenden Forderungen gilt eine Verjährungsfrist von *5 Jahren*. Damit von «Handwerksarbeit» i.S.v. Ziff. 3 ausgegangen werden kann, muss die effektiv von Hand ausgeführte Arbeit im Vordergrund stehen (vgl. dazu BGE 123 III 120 ff. = Pra 86 Nr. 106 und BGE 116 II 429 ff.). Umstritten ist, ob die 5-jährige Frist gem. Ziff. 1 auch für die einzelnen Raten beim Abzahlungskauf und beim Sukzessivlieferungsvertrag gilt (dafür BSK-DÄPPEN Art. 128 N 3).

Im Übrigen zu den einzelnen Ziff. vgl. BSK-DÄPPEN, Art. 128 N 2 ff.

■ Für Ansprüche aus *Deliktsrecht (OR 41 ff.)* und aus *ungerechtfertigter Bereicherung (OR 62 ff.)* sieht das Gesetz eine doppelte Verjährungsfrist (eine absolute und eine relative Frist) vor:

  ▪ Die relative Frist, d.h. ab Kenntnis des Anspruchs, beträgt jeweils 1 Jahr (OR 60 Abs. 1 und 67 Abs. 1) und

  ▪ die absolute Frist, d.h. seit dem schädigenden Ereignis bzw. seit Entstehung des Anspruchs, beträgt jeweils 10 Jahre (OR 60 Abs. 1 und 67 Abs. 1; s. dazu auch S. 87).

■ Die Verjährung von Ansprüchen aus *Vertrauenshaftung* und *c.i.c* (s. S 44 f. und 108) richtet sich gemäss Rechtsprechung nach OR 60 (BGE 134 III 395 ff.). Dagegen will der überwiegende Teil der Lehre diese Ansprüche der ordentlichen Verjährungsfrist von OR 127 unterstellen (vgl. dazu BSK-DÄPPEN, Art. 127 N 5c und Art. 60 N 4 f. sowie GAUCH/SCHLUEP/EMMENEGGER, N 3292).

■ Ansprüche aus einem *Versicherungsvertrag* verjähren mit Ablauf von 2 Jahren seit ihrer Entstehung (VVG 46).

Gem. OR 129 sind die im dritten Titel aufgestellten Fristen *unabänderbar*. Gemeint sind damit die Fristen von OR 127 f. Gemäss bundesgerichtlicher Rechtsprechung dürfen diese Fristen aber durch Parteivereinbarungen *verlängert* werden, wenn eine solche Vereinbarung nach Vertragsschluss erfolgt und die ordentliche gesetzliche Frist von 10 Jahren ab dem Zeitpunkt der neuen Vereinbarung nicht überschreitet (BGE 132 III 238 ff. = Pra 2006, Nr. 146, 1010 f.).

Entsprechend dem Wortlaut des Gesetzes sind die Verjährungsfristen ausserhalb des dritten Titels des OR durch Parteivereinbarung abänderbar, sofern sie nicht zwingender Natur sind und eine Frist von 10 Jahren nicht überschritten wird.

Ausführlich dazu GAUCH/SCHLUEP/EMMENEGGER, N 3373 ff.

4. Fristbeginn und -berechnung

Nach OR 130 beginnt der Lauf der Verjährungsfrist grundsätzlich mit Eintritt der Fälligkeit (Abs. 1), für Forderungen, deren Fälligkeit auf Kündigung gestellt ist, mit dem Tag, an dem die Kündigung zulässig ist (Abs. 2).

Die Verjährungsfrist beginnt auch zu laufen, wenn die Beteiligten davon keine Kenntnis haben, ja sogar wenn der Gläubiger von seinem Anspruch nichts weiss (BGE 136 V 78 f.; 119 II 219). Die Tatsache, dass eine Forderung mit Einreden belastet ist, hindert den Lauf der Verjährung bzw. deren Eintritt nicht, es sei denn, dem Schuldner sei Stundung gewährt worden.

Für Ansprüche aus Obligationen, die eine Unterlassung zum Inhalt haben, beginnt der Lauf der Verjährung mit der Zuwiderhandlung.

OR 131 enthält eine Sondervorschrift für Leibrenten und ähnliche periodische Leistungen (vgl. Gesetzestext).

Für die *Berechnung der Frist* sieht OR 132 Abs. 1 vor, dass «der Tag, von dem an die Verjährung läuft, nicht mitzurechnen und die Verjährung erst dann als beendigt zu betrachten [ist], wenn der letzte Tag unbenützt verstrichen ist»; im Übrigen gelten die allgemeinen Grundsätze von OR 77 ff. auch für die Verjährung (OR 132 Abs. 2).

5. Stillstand und Hinderung der Verjährung

In OR 134 Abs. 1 zählt das Gesetz eine Reihe von Konstellationen auf (vgl. dazu den Gesetzestext), die dazu führen, dass eine laufende Verjährungsfrist stillsteht («Stillstand») oder dass sie nicht zu laufen beginnt («Hinderung»).

Rechtsprechung Besondere Beachtung verdient OR 134 Abs. 1 Ziff. 6, wonach die Verjährungsfrist ruht, «solange die Forderung vor einem schweizerischen Gericht nicht geltend gemacht werden kann». In der Lehre ist strittig, was darunter zu verstehen ist.

Nach bundesgerichtlicher Rechtsprechung darf die Voraussetzung «nur dann als erfüllt betrachtet werden, wenn der Gläubiger durch objektive, von seinen persönlichen Verhältnissen unabhängige Umstände daran gehindert ist, in der Schweiz zu klagen, namentlich also dann, wenn ein Gerichtsstand in der Schweiz fehlt» (BGE 90 II 440). Allerdings schliesst die bloss abstrakte Möglichkeit, sich in der Schweiz einen Gerichtsstand zu verschaffen, einen Stillstand der Verjährung nicht grundsätzlich aus (BGE 134 III 290).

6. Unterbrechung der Verjährung (OR 135–138)

Wird die Verjährung unterbrochen, beginnt sie von Neuem (OR 137 Abs. 1). Das Gesetz unterscheidet in erster Linie zwischen Unterbrechungshandlungen seitens des Schuldners und solchen seitens des Gläubigers (vgl. OR 135):

- Der *Schuldner* kann die Verjährung durch Anerkennung der Forderung unterbrechen, und zwar insb. durch Zins- und Abschlagszahlungen sowie durch Pfand- oder Bürgschaftsbestellungen (OR 135 Ziff. 1). Dabei braucht sich der Schuldner der Unterbrechungswirkung seiner Erklärung nicht bewusst zu sein.

- Der *Gläubiger* unterbricht die Verjährung, indem er den Schuldner betreibt, die Forderung klage- oder einredeweise vor Gericht oder Schiedsgericht geltend macht sowie durch Eingabe im Konkurs und durch Ladung zu einem amtlichen Sühneversuch (OR 135 Ziff. 2; zu den einzelnen Unterbrechungshandlungen vgl. u.a. GAUCH/SCHLUEP/EMMENEGGER, N 3344 ff.). Erforderlich ist, dass der Gläubiger die Schuld unter Inanspruchnahme des staatlichen Zwangsapparats geltend macht; private Schritte wie Zustellung einer Rechnung oder Mahnung genügen nicht.

- Die Wirkungen der *Unterbrechung gegenüber Solidarschuldner* (s. S. 144 f.) *und Bürgen* sind in OR 136 geregelt. OR 136 Abs. 1 ist einer der ganz seltenen Fälle, in denen die Unterscheidung zwischen echter (Haftung mehrerer aus gleichem Rechtsgrund, z.B. OR 50) und unechter Solidarität (Haftung mehrerer aus verschiedenen Rechtsgründen, z.B. OR 51) zum Tragen kommt, und zwar insofern, als das Bundesgericht diese Bestimmung nur bei echter Solidarität auf Mitverpflichtete anwenden will (BGE 115 II 46).

  OR 136 Abs. 2 und 3 enthalten spezielle Normen für die Verjährung im Bürgschaftsverhältnis (vgl. Gesetzestext).

Als *Folge der Unterbrechung* beginnt die Verjährung von Neuem zu laufen (OR 137 Abs. 1). Grundsätzlich entspricht die neue Frist der unterbrochenen, es sei denn, die Unterbrechung erfolge durch urkundliche Forderungsanerkennung oder richterliches Urteil, was stets zu einer neuen 10-jährigen Frist führt (OR 137 Abs. 2).

Zur Verjährungsunterbrechung «unter der Hand des Richters» vgl. OR 138 (ausführlich BSK-DÄPPEN Art. 138 N 1 ff.). Zum Beginn der Verjährungsunterbrechung bei mangelhaft eingeleiteten Verfahren vgl. ZPO 63 f. sowie BSK-DÄPPEN Art. 135 N 5b ff.

7. Wirkungen der Verjährung

Wie eingangs erwähnt, bewirkt die Verjährung (trotz ihrer systematischen Stellung im Ge
nicht das Erlöschen der Forderung. Die Verjährung gewährt dem Schuldner ein Leistung
weigerungsrecht, das einredeweise geltend zu machen ist. Im Einzelnen ist zu beachten:

- Nach OR 133 verjähren mit der Hauptforderung auch die mit dieser zusammenhängenden *Nebenrechte*.
- Der Schuldner kann sich nicht im Voraus verpflichten, auf die Einrede der Verjährung zu verzichten (OR 141 Abs. 1).
- Weil die Forderung nicht untergeht, darf auch der Richter die Verjährung nicht von Amtes wegen beachten (OR 142).

8. Abgrenzung zur Verwirkung

Nicht zu verwechseln ist die Verjährung mit der Verwirkung. Der Verwirkung unterliegen v.a. andere Rechte als Forderungen. Die Verwirkung tritt (wie die Verjährung) durch Zeitablauf ein. Zu merken ist insb.:

- Die Verwirkung hat den *Untergang des betroffenen Rechts* zur Folge; entsprechend ist sie vom Richter von Amtes wegen zu beachten.
- Im Unterschied zur Verjährung können Verwirkungsfristen *weder gehemmt noch unterbrochen* werden.
- Gesetzliche Ausübungs- und Klagefristen sind regelmässig Verwirkungsfristen (z.B. OR 31 Abs. 1, 46 Abs. 2, 181 Abs. 2; zahlreiche weitere Beispiele bei GAUCH/SCHLUEP/EMMENEGGER, N 3389).
- Im Gesetz ist verschiedentlich von «Verjährung» die Rede, wo eigentlich Verwirkung gemeint ist (z.B. bei ZGB 521, 533 und 929).

F. Übungen zum 10. Teil

Lösungen S. 184

Übung 43

A findet am 15. Juni 2007 einen Geschenkgutschein, der das Datum vom 18. März 1995 trägt.

a) Kann er den Gutschein noch einlösen?

b) Wie ist die Rechtslage, wenn ein Gutschein vom 31. Mai 2006 den Vermerk «Gültig bis 31. Mai 2008» trägt?

Übung 44

A will von seinem Bekannten C eine teure Hi-Fi-Anlage erstehen. A ist bekannt für seine Zahlungsprobleme. C verlangt deshalb eine Sicherheit. B, Vater des A, verpfändet C darauf seine Rolex (ZGB 884 ff.). Der Kaufvertrag über die Hi-Fi-Anlage kommt zustande und die Anlage wird übergeben. A kann in der Folge tatsächlich nicht bezahlen und C droht mit der Zwangsverwertung der Rolex (ZGB 891 Abs. 1, SchKG 41).

Was ist B zu raten?

Übung 45

Wann beginnt die Verjährung der Forderung auf Rückzahlung eines Darlehens zu laufen, wenn die Parteien nichts vereinbart haben?

Übung 46

Bauunternehmer B hat beim Weinhändler W einen Ausbau vorgenommen. Er hatte kurz zuvor bei W für CHF 25'000.– Wein gekauft, den Kaufpreis aber noch nicht bezahlt.

Was kann W dem B entgegenhalten, wenn B ihm Rechnung in der Höhe von CHF 20'000.– für die Bauarbeiten stellt?

Übung 47

Kleinunternehmer K kauft Mitte Mai beim Händler H einen gebrauchten Kleinlastwagen zum Preis von CHF 24'500.–. Im schriftlich abgefassten Vertrag vereinbaren sie eine erste, bei Übernahme des Fahrzeugs zu leistende Zahlung von CHF 8'500.– und zwei weitere Ratenzahlungen von je CHF 8'000.–, zahlbar nach jeweils 3 Monaten. Ziff. 5 des Vertrags lautet: «Der Käufer verzichtet auf das Recht zur Verrechnung von Forderungen gegenüber dem Verkäufer aus diesem Vertrag.» Der Motor des Fahrzeugs verursacht von Beginn weg erhebliche Probleme, was K dem H umgehend mitteilt. Anfang Juni muss der Motor in einer Garage vollständig überholt werden. Die Rechnung dafür beträgt CHF 4'500.–. Mitte August überweist K dem H lediglich CHF 3'500.–. Zu Recht?

Übung 48

Der wohlhabende Rentner R hatte seit Januar 1987 Anwalt A mit der Wahrung seiner rechtlichen Interessen betraut. A stellte R jährlich Rechnung für seine Bemühungen. Am 5. Januar 1992 kommt es zum Streit und das Mandatsverhältnis wird mit sofortiger Wirkung aufgelöst. Am 3. Januar 2002 bemerkt A anlässlich einer grösseren Buchprüfung, dass er es unterlassen hat, R für das Jahr 1991 Rechnung zu stellen, und holt dies unverzüglich nach.

Variante: R hatte A schon 1992 Rechnung gestellt und ihn 1994 und 1998 betrieben.

Ist die Forderung von A durchsetzbar?

11. Teil Besondere Verhältnisse bei Obligationen

Übersicht

Mehrzahl von Schuldnern (Erscheinungsformen)	▪ Teilschuldner ▪ Gemeinschaftliche Schuldnerschaft ▪ Solidarschuldner ▪ Sonderfall: Schuldnermehrheit bei unteilbarer Leistung
Mehrzahl von Gläubigern (Erscheinungsformen)	▪ Teilgläubigerschaft ▪ Gemeinschaftliche Gläubigerschaft ▪ Solidargläubigerschaft ▪ Sonderfall: Gläubigermehrheit bei unteilbarer Leistung
Beziehungen zu dritten Personen	▪ Eintritt eines Dritten (OR 110) ▪ «Vertrag zulasten eines Dritten» (OR 111) ▪ Vertrag zugunsten eines Dritten ▪ Vertrag mit Schutzwirkung zugunsten Dritter
Bedingungen	▪ Zulässigkeit ▪ Arten von Bedingungen (insb. Suspensiv- und Resolutivbedingungen) ▪ Rechtsfolgen der Bedingungen
Sicherung von Forderungen	▪ Haft- und Reugeld ▪ Konventionalstrafe

Verwendete Literatur

BUCHER, 473 ff.; GUHL/KOLLER, §§ 5 f., 9; GUHL/SCHNYDER, § 56; GAUCH/SCHLUEP/EMMENEGGER, N 3686 ff.; SCHWENZER, §§ 11–13, 71 f., 86–89; BSK-ZELLWEGER-GUTKNECHT, Art. 110; BSK-PESTALOZZI, Art. 111; BSK-ZELLWEGER-GUTKNECHT, Art. 112; BSK-GRABER, Art. 143–150; BSK-EHRAT/WIDMER, Art. 151–163.

A.   Mehrzahl von Schuldnern

1.   Teilschuldner

Jeder Teilschuldner (A, B, C) einer versprochenen Gesamtleistung ist verpflichtet, dem Gläubiger (D) einen Teil zu erbringen, d.h., jeder Schuldner haftet nur für seinen Kopfteil.

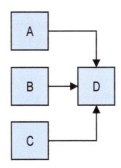

Die Teilschulden haben zwar einen einheitlichen Entstehungsgrund, sind aber nach ihrer Entstehung voneinander unabhängig. Teilschuldnerschaft entsteht durch Gesetz (z.B. OR 148 Abs. 2) oder Vertrag.

2. Gemeinschaftliche Schuldner

Eine gemeinschaftliche Schuld kann nur von allen Schuldnern gemeinsam erbracht werden, entsprechend kann auch der Gläubiger die Leistung nur von allen gemeinsam fordern.

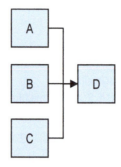

Diese Konstellation wird praktisch kaum je aktuell. Wohl ist die Primärleistung zwar gemeinschaftlich geschuldet, bleibt sie aber aus, so haften die Gesamtschuldner solidarisch (vgl. z.B. ZGB 603 Abs. 1 oder OR 544 Abs. 3).

3. Solidarschuldner

3.1 Übersicht

Haften mehrere Schuldner solidarisch, so kann gem. OR 144 der «Gläubiger ... nach seiner Wahl von allen Solidarschuldnern je nur einen Teil oder das Ganze fordern» (Abs. 1). «Sämtliche Schuldner bleiben so lange verpflichtet, bis die ganze Forderung getilgt ist» (Abs. 2).

Im Folgenden wird die Rechtslage zwischen Schuldnermehrheit und Gläubiger (*Aussenverhältnis*, OR 144–147) von derjenigen innerhalb der Schuldnermehrheit (*Innenverhältnis*, OR 148 f.) zu unterscheiden sein.

Das Bundesgericht unterscheidet zwischen *echter* und *unechter Solidarität*. Im ersten Fall sind die Schuldner aus dem gleichen Rechtsgrund verpflichtet, im zweiten Fall aus verschiedenen Rechtsgründen (vgl. z.B. OR 50 f.). Der einzige nennenswerte Unterschied zwischen den beiden Formen der Solidarität ist, dass die Unterbrechung der Verjährung nur bei der echten Solidarität gegenüber allen Schuldnern wirkt (OR 136 Abs. 1). GAUCH/SCHLUEP/EMMENEGGER (N 3755) bezeichnen die Unterscheidung als «begriffsjuristisch und ohne praktische Konsequenzen».

3.2 Entstehungsgründe

Solidarität unter mehreren Schuldnern entsteht entweder durch Vertrag (OR 143 Abs. 1) oder durch Gesetz (OR 143 Abs. 2).

Für die Entstehung der Solidarität durch *Vertrag* gelten die allgemeinen Grundsätze. Die Solidarität kann also ausdrücklich oder stillschweigend vereinbart werden oder sich aus den Umständen ergeben (BGE 123 III 59). Solidarität kann entweder durch gemeinsamen Vertragsabschluss oder durch nachträglichen Beitritt neuer Schuldner zu einer bereits bestehenden Verpflichtung begründet werden.

Das *Gesetz* sieht in zahlreichen Fällen eine Solidarhaftung mehrerer Schuldner vor (u.a. OR 50 f. und 181 Abs. 2 sowie ZGB 603 Abs. 1; vgl. GAUCH/SCHLUEP/EMMENEGGER, N 3702).

3.3 Aussenverhältnis

Die Verpflichtung eines jeden Solidarschuldners geht auf die ganze Leistung. Der Gläubiger kann nach seiner Wahl gegen einzelne oder auch gegen alle Schuldner zusammen vorgehen. Dabei erhält er aber nicht mehr, als insgesamt geschuldet ist. Es findet also keine Kumulation statt.

Während der Gläubiger von allen Solidarschuldnern nach seiner Wahl bloss eine Teilleistung oder auch die ganze Leistung verlangen kann, ist auch jeder Solidarschuldner berechtigt, die (erfüllbare ganze) Leistung zu erbringen. Die Tilgung der Schuld durch einen der Solidarschuldner bewirkt auch die Befreiung der nicht leistenden Schuldner (OR 147 Abs. 1).

Die Befreiung eines Solidarschuldners ohne Befriedigung des Gläubigers (insb. durch Erlass oder Stundung der Forderung) wirkt grundsätzlich nur für den Einzelnen (vgl. OR 147 Abs. 2). Inwiefern der Vergleich eine Befreiung der nicht am Vergleich beteiligten Solidarschuldner bewirkt, muss durch Auslegung des Vergleichsvertrags ermittelt werden (vgl. dazu BGE 133 III 116 ff.).

Die Solidarschuld ist im Verhältnis zum Gläubiger einerseits nach Gegenstand und Inhalt eine Einheit, aber anderseits auch für jeden Solidarschuldner eine eigene Verpflichtung. Daher kann jeder der Schuldner dem Gläubiger sowohl persönliche als auch gemeinsame Einreden und Einwendungen entgegenhalten (OR 145 Abs. 1).

- *Persönliche Einreden* bestehen nur im Verhältnis zwischen dem Gläubiger und dem einzelnen Schuldner. Schuldner A kann aber nicht die (nur) dem Schuldner B zustehenden Einreden erheben; so kann Schuldner A Verrechnung mit einer eigenen Schuld, nicht aber mit einer Schuld, die B zusteht, erklären.

- *Gemeinsame Einreden* bestehen zwischen allen Schuldnern einerseits und dem Gläubiger anderseits. Steht dem belangten Schuldner gegenüber dem Gläubiger eine gemeinsame Einrede zu, so muss er sie geltend machen, andernfalls er den übrigen Schuldnern verantwortlich wird bzw. sein Regressrecht verliert (OR 145 Abs. 2). Ein Beispiel für eine gemeinsame Einrede wäre etwa die Nichtigkeit des Vertragsverhältnisses, auf dem die Solidarschuld (angeblich) beruht.

Gem. OR 146 kann der einzelne Solidarschuldner die Lage der übrigen nicht erschweren, soweit es nicht anders bestimmt ist. Das bedeutet insb., dass individuelle Vereinbarungen mit dem Gläubiger nur zulasten des betreffenden Schuldners wirken (z.B. betreffend Fälligkeit oder Konventionalstrafe) und dass allfällige Erfüllungsstörungen (insb. nach OR 97 ff. und 102 ff.) nur für den betreffenden Schuldner Wirkungen zeitigen. Eine gesetzliche Ausnahme dazu findet sich in OR 136 Abs. 1, wonach die Unterbrechung der Verjährung gegen einen Solidarschuldner auch gegen die übrigen wirkt (vgl. S. 140).

3.4 Innenverhältnis

Grundsätzlich haften alle Solidarschuldner «nach Köpfen». Sie schulden dem Gläubiger mithin alle gleich viel. Eine andere Verteilung kann sich aus Vereinbarung ergeben. Unter den anderslautenden gesetzlichen Vorschriften sind insb. OR 50 f. zu erwähnen, wo die Haftung mehrerer Personen für einen Schaden geregelt ist. Weitere Beispiele finden sich im Erb- und Sachenrecht, wo die Haftungsquote im Innenverhältnis sich nach den jeweiligen Erb- bzw. Miteigentumsanteilen richtet (ZGB 640 Abs. 2 und 3 sowie 649 Abs. 1).

Bezahlt ein Schuldner mehr als seinen Kopfteil, so kann er für den Mehrbetrag *Rückgriff* («Regress») auf seine Mitschuldner nehmen (OR 148 Abs. 2). Die Rückgriffsschuldner haften dem Berechtigten nicht solidarisch, sondern nur für den sich aus dem internen Verhältnis ergebenden Anteil. Der Rückgriff kann erst geltend gemacht werden, wenn einer der Schuldner den Gläubiger effektiv befriedigt hat (BGE 133 III 12 = Pra 2014, Nr. 104, 690).

Kommt einer der Mitschuldner seiner Zahlungspflicht gegenüber dem Rückgriffsberechtigten nicht nach, so ist der Ausfall von den übrigen, einschliesslich des Rückgriffsberechtigten, gleichmässig zu tragen (OR 148 Abs. 3).

Der Rückgriffsberechtigte tritt insoweit, als er den Gläubiger befriedigt hat, auf dem Weg der Subrogation in die Rechte des Gläubigers ein (OR 149 Abs. 1). Die Forderung geht also durch die Erfüllung nicht unter, sondern einschliesslich bestehender Nebenrechte (z.B. Pfänder oder Bürgschaften) auf den leistenden Schuldner über.

4. Sonderfall: Schuldnermehrheit bei unteilbarer Leistung

Gem. OR 70 Abs. 2 ist im seltenen Fall, da eine unteilbare Leistung von mehreren Schuldnern geschuldet wird und keine Solidarität vorliegt, jeder Schuldner zur ganzen Leistung verpflichtet.

B.   Mehrzahl von Gläubigern

1.   Teilgläubigerschaft

Ist jeder Gläubiger berechtigt, lediglich einen Teil der Leistung zu fordern, liegt Teilgläubigerschaft vor. Die Teilgläubigerschaft ist im Gesetz nicht geregelt.

Der Schuldner kann sich grundsätzlich nur durch Leistung des dem einzelnen Gläubiger jeweils
zustehenden Teils an diesen selbst befreien. Die einzelnen Forderungen haben zwar einen gemeinsamen Entstehungsgrund, sind sonst aber voneinander unabhängig.

Anwendungsfälle der Teilgläubigerschaft sind die Anleihensobligation (OR 1156 ff.) oder der Verkauf einer Liegenschaft im Miteigentum (BGE 140 III 152 ff.).

2.   Gemeinschaftliche Gläubiger

Ist die Gläubigermehrheit in gemeinschaftlicher Gläubigerschaft verbunden, so steht die gesamte
Forderung der Gläubigergesamtheit ungeteilt zu, und der Schuldner kann sich nur durch Leistung
an alle gemeinsam befreien. Das ist regelmässig bei Gesamthandschaften der Fall.

Inwiefern die einzelnen Gläubiger je einzeln oder nur gemeinsam Leistung an alle fordern können, beurteilt sich nach den Bestimmungen über das jeweilige Rechtsverhältnis (z.B. ZGB 227
Abs. 2 für die Gütergemeinschaft, ZGB 602 Abs. 2 für die Erbengemeinschaft, ZGB 646 ff. für
die Miteigentümergemeinschaft, OR 535 für die einfache Gesellschaft).

3.   Solidargläubiger

Die Solidargläubigerschaft ist in OR 150 geregelt und liegt vor, wenn jeder Gläubiger berechtigt
ist, die ganze Leistung an sich selbst zu verlangen, und der Schuldner sich durch Leistung an
einen Solidargläubiger gegenüber allen übrigen befreien kann.

Solidargläubigerschaft entsteht in erster Linie durch ausdrückliche oder stillschweigende Vereinbarung. Typisches Beispiel für Solidargläubigerschaft ist das gemeinschaftliche Konto zweier
Ehegatten bei einer Bank *(«compte-joint»)*. Vereinzelt ergibt sich die Solidargläubigerschaft direkt
aus dem Gesetz (z.B. OR 262 Abs. 3, 399 Abs. 3).

Das *interne Verhältnis* wird vom Gesetz nicht geregelt. Es besteht insb. auch keine Vermutung
zugunsten gleicher Quoten.

Das *Aussenverhältnis* ist dadurch gekennzeichnet, dass jeder der Gläubiger eine selbstständige
Forderung gegenüber dem Schuldner hat. Die verschiedenen Forderungen sind aber dennoch
insofern verbunden, als sich der Schuldner durch gültige Leistung an einen der Gläubiger gegenüber allen übrigen Gläubigern befreien kann (OR 150 Abs. 2). Der Schuldner hat so lange die
Wahl, welchem Gläubiger er leisten will, als er von keinem rechtlich belangt wird (OR 150 Abs. 3).

4.   Sonderfall: Gläubigermehrheit bei unteilbarer Leistung

OR 70 Abs. 1 regelt den Sonderfall, dass einer Gläubigermehrheit eine unteilbare Leistung zusteht,
ohne dass gemeinschaftliche Gläubigerschaft oder Solidargläubigerschaft vorliegt.

Gem. OR 70 Abs. 1 muss der Schuldner in diesem Fall an alle gemeinsam leisten, und jeder Gläubiger kann die Leistung nur an alle gemeinsam fordern.

C. Beziehungen zu dritten Personen

1. Eintritt eines Dritten (OR 110)

Vgl. ausführlich dazu BSK-Zellweger-Gutknecht, Art. 110 N 1 ff.

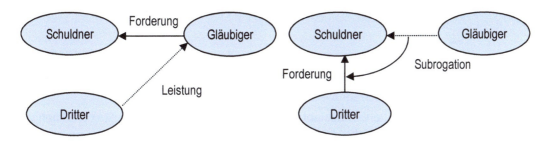

OR 110 regelt insofern einen Sonderfall, als die Erfüllung einer Schuld nicht deren Untergang bewirkt, sondern den Übergang der mit ihr verbundenen Gläubigerrechte auf den Erfüllenden. Dieser Übergang erfolgt auf dem Weg einer gesetzlichen Zession («Legalzession», «Subrogation»).

1.1 OR 110 Ziff. 1

OR 110 Ziff. 1 regelt das Ablösungsrecht des Drittpfandeigentümers.

Das Drittpfand wird begründet, indem der Eigentümer einer Sache diese für eine fremde Schuld verpfändet (vgl. ZGB 824 Abs. 2 und 845). Droht in der Folge die Verwertung der Pfandsache durch den Gläubiger, so kann der Dritte, um sein Eigentum daran nicht zu verlieren, den Gläubiger befriedigen. Die Forderung gegen den Schuldner geht sodann auf den Leistenden über, und er verliert das Eigentum an der Pfandsache nicht. OR 110 Ziff. 1 findet auf Grund- und Fahrnispfänder gleichermassen Anwendung.

OR 110 Ziff. 1 ermöglicht also dem Drittpfandeigentümer den Erhalt seines Eigentums an der für eine fremde Schuld verpfändeten Sache.

1.2 OR 110 Ziff. 2

OR 110 Ziff. 2 regelt die Subrogation aufgrund des Schuldnerwillens. Die Subrogation setzt eine Erklärung des Schuldners voraus. Erklärt der Schuldner dem Gläubiger vor der Befriedigung, dass der Leistende in die Rechte des Gläubigers eintreten solle, findet die Subrogation statt, und die Obligation geht durch die Erfüllung nicht unter.

Ist also ein Schuldner zur Erfüllung (noch) nicht in der Lage, so ermöglicht ihm OR 110 Ziff. 2, einem zahlungswilligen Dritten die mit der Forderung verknüpften Sicherheiten, die ohne die Subrogationswirkung durch Erfüllung untergingen, zu überlassen.

2. «Vertrag zulasten eines Dritten» (OR 111)

Die Bezeichnung in der Marginalie («Vertrag zulasten eines Dritten») ist irreführend. Einen echten Vertrag zulasten Dritter, in dem Sinne, dass zwei Parteien die Leistungspflicht einer dritten Partei vereinbaren könnten, gibt es nicht.

Richtig verstanden hat der Vertrag zulasten eines Dritten die Bedeutung eines *Garantievertrags*. Das bedeutet, dass die eine Partei (Promittent) der anderen (Promissar) verspricht, den Schaden im Fall des Ausbleibens einer von einem Dritten geschuldeten Leistung zu ersetzen.

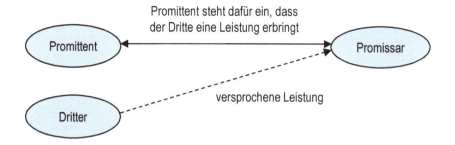

Erfüllt also der Dritte seine Schuldpflicht gegenüber dem Promissar nicht, so hat der Promittent für den daraus entstehenden Schaden einzustehen.

Die Garantiepflicht des Promittenten besteht grundsätzlich selbstständig und ist von keinen weiteren Voraussetzungen (z.B. Verschulden oder vorangehende erfolglose Betreibung des Dritten durch den Promissar) abhängig. Die eingegangene Verpflichtung hat also einschneidenden Charakter.

Der Garantievertrag ist mit der Bürgschaft (OR 492 ff.) verwandt. Die Abgrenzung kann im Einzelfall schwierig sein, ist aber von grosser Bedeutung, weil der Garantievertrag die strengere Verpflichtung darstellt. Hauptabgrenzungsmerkmal ist die Selbstständigkeit des Garantievertrags gegenüber der Akzessorietät der Bürgschaft (die Bürgschaft ist also in ihrem Bestand von der Hauptschuld abhängig). Um den im Bürgschaftsrecht verankerten Schutz des Verpflichteten zu gewährleisten, ist nach der Rechtsprechung im Zweifelsfall Bürgschaft anzunehmen. Hingegen spricht ein erhebliches Eigeninteresse des Promittenten an der Sicherstellung für die Annahme eines Garantievertrags. Zu beachten ist überdies die Formbedürftigkeit der Bürgschaft.

Gute Übersicht zur Abgrenzung bei BSK-PESTALOZZI, Art. 111 N 25 ff., und GUHL/SCHNYDER, § 57 N 9 ff.; ausserdem BGE 113 II 434 ff.).

3.   Vertrag zugunsten eines Dritten

3.1   Übersicht

OR 112 regelt einen weiteren Ausnahmefall: Der Schuldner verspricht dem Gläubiger, an einen Dritten zu leisten.

Ist der Dritte bloss zum Empfang der Leistung ermächtigt, liegt ein *unechter Vertrag zugunsten Dritter* vor (OR 112 Abs. 1), kann er dagegen die Leistung vom Schuldner selbstständig einfordern, spricht man von einem *echten Vertrag zugunsten Dritter* (OR 112 Abs. 2).

Der Vertrag zugunsten Dritter ist also kein eigener Vertragstyp, sondern eine bestimmte Erscheinungsform des Vertrags im Allgemeinen. Es kann z.B. ein Kauf zugunsten eines Dritten oder ein Behandlungsvertrag zugunsten eines Dritten abgeschlossen werden.

Dabei sind die folgenden Rechtsverhältnisse auseinanderzuhalten:

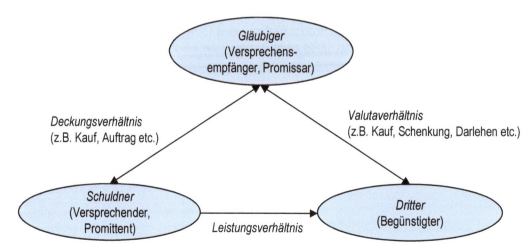

Während das Deckungsverhältnis den Rechtsgrund zwischen dem Schuldner und dem Gläubiger bezeichnet, gibt das Valutaverhältnis den Rechtsgrund zwischen dem Gläubiger und dem Dritten an.

Schliesst der reiche Enkel (Gläubiger) mit einem Altersheim (Schuldner) einen Vertrag zugunsten der mittellosen Grossmutter (Dritte), so liegen im Deckungsverhältnis ein Innominatvertrag («Altersheim-Aufnahmevertrag») und im Valutaverhältnis die Erfüllung einer familienrechtlichen Pflicht (ZGB 328 Abs. 1) vor.

Ob ein unechter oder ein echter Vertrag zugunsten Dritter vorliegt, bestimmt sich nach der Parteivereinbarung oder Übung (OR 112 Abs. 2), kann sich aber auch aus dem Gesetz ergeben (z.B. OR 113, SVG 65 oder VVG 87).

Für die Abgrenzungen des Vertrags zugunsten Dritter von anderen Rechtsverhältnissen vgl. GAUCH/SCHLUEP/EMMENEGGER, N 3900 ff.

3.2 Unechter Vertrag zugunsten Dritter

Der unechte Vertrag zugunsten Dritter wird auch «Vertrag auf Leistung an einen Dritten» genannt.

Nur der *Gläubiger* (und nicht der Dritte) kann die Erfüllung einklagen. Der Gläubiger kann aber nicht Leistung an sich selbst verlangen, sondern ausschliesslich Leistung an den Dritten.

Der *Begünstigte* ist zwar zum Empfang der Leistung berechtigt, kann aber nicht selbstständig die Erfüllung einklagen.

Festzuhalten ist aber, dass der Gläubiger über die Forderung verfügungsberechtigt bleibt. D.h. insb., dass er (vor der Erfüllung) den Schuldner von der Pflicht zur Leistung an den Dritten wieder entbinden kann und Leistung an sich selbst oder an einen anderen Dritten verlangen kann.

3.3 Echter Vertrag zugunsten Dritter

Beim echten Vertrag zugunsten Dritter wird der Dritte ebenfalls Gläubiger, allerdings ohne dass er Vertragspartei ist. Dem Schuldner stehen also zwei Gläubiger gegenüber, wobei im Unterschied zu OR 150 nur an den einen (nämlich den Dritten) geleistet werden darf.

Auch hier kann der *Gläubiger* die Forderung einklagen und Leistung (nur) an den Dritten verlangen.

Weil auch der Dritte Gläubiger (nicht aber Vertragspartei!) wird, kann er selbstständig über die Forderung verfügen und Leistung an sich selbst verlangen (s. hierzu BGer 2C_828/2013 vom 24. März 2014 E. 5.3.1.).

Der Gläubiger bleibt auch hier über die Forderung verfügungsberechtigt, jedoch mit der Einschränkung, dass er dem Schuldner keine Weisungen mehr erteilen kann, sobald der Dritte erklärt, «von seinem Rechte Gebrauch machen zu wollen» (OR 112 Abs. 3).

4. Vertrag mit Schutzwirkung zugunsten Dritter

Dem Vertrag mit Schutzwirkung zugunsten Dritter liegt folgendes Problem zugrunde:

In Erfüllung eines Vertrags schädigt der Schuldner einen Dritten. Da der Dritte am Vertrag nicht beteiligt ist, stehen ihm lediglich Ansprüche aus Delikt zu, die eine ungünstige Hilfspersonenhaftung (vereinfachte Exkulpation, OR 55) und die kurze Verjährungsfrist mit sich bringen (OR 60).

▪ Der Handwerker hat den Vertrag mit dem Vermieter geschlossen und zerstört während der Arbeit ein Bild in der Wohnung des Mieters.
▪ Der Gemischtwarenhändler hat dem Lagerleiter mit Salmonellen verseuchte Eier verkauft. Nach deren Verzehr müssen alle Lagerteilnehmer in Spitalpflege gebracht werden.

Das wird von einem Teil der Lehre als unbillig empfunden. Dem Geschädigten sollten daher über den Vertrag mit Schutzwirkung zugunsten Dritter, auch ohne Vereinbarung der eigentlichen Vertragsparteien (vgl. OR 112), eigene vertragliche Ansprüche gegen den Schädiger eingeräumt werden.

Der geschädigte Dritte könnte sich damit auf die Verschuldensvermutung in OR 97 Abs. 1, die strenge Hilfspersonenhaftung in OR 101 und auf die 10-jährige Verjährungsfrist in OR 127 berufen.

Die aus Deutschland stammende Rechtsfigur wird in der schweizerischen Lehre kontrovers diskutiert (Übersicht bei BSK-ZELLWEGER-GUTKNECHT, Art. 112 N 23). Das Bundesgericht hat dazu bisher nicht klar Stellung bezogen (vgl. zuletzt BGE 130 III 347 f.). Der Vertrag mit Schutzwirkung zugunsten Dritter muss somit als in der Schweiz nicht anerkannt gelten.

D. Die Bedingungen

1. Begriff

Ein Vertrag ist bedingt i.S.v. OR 151 ff., wenn seine Wirksamkeit oder einzelne seiner Wirkungen von einer nach den Vorstellungen der Parteien ungewissen zukünftigen Tatsache abhängen, wenn also die Verpflichtung des Schuldners im Grundsatz und nicht bloss hinsichtlich des Erfüllungszeitpunkts noch ungewiss ist (BGE 122 III 15 f.).

2. Zulässigkeit

Die Wirkungen von Rechtsgeschäften können grundsätzlich vom Eintritt einer Bedingung abhängig gemacht werden. Rechtsgeschäfte sind also i.d.R. *bedingungsfreundlich*.

Die Unzulässigkeit einer Bedingung kann sich entweder aus der bedingungsfeindlichen Natur eines Rechtsgeschäfts oder aus dem Bedingungsverbot des OR 157 ergeben:

- *Bedingungsfeindliche Rechtsgeschäfte* können (aus Gründen der Rechtssicherheit oder um der Sittlichkeit willen) nicht unter einer Bedingung abgeschlossen werden.
  - Beispiele für solche Rechtsgeschäfte finden sich im Familienrecht (Eheschliessung und Adoption), im Erbrecht (Ausschlagung gem. ZGB 566 ff., nicht aber Verfügungen von Todes wegen [vgl. ZGB 482 Abs. 1]) und im Immobiliarsachenrecht (Grundbuchanmeldung).
  - *Gestaltungsrechte* (z.B. Kündigung, Rücktritt vom Vertrag, Verrechnung, Ausübung eines Wahlrechts) sind regelmässig bedingungsfeindlich, es sei denn, der Eintritt der Bedingung sei vom Verhalten des Erklärungsempfängers abhängig.
- Das *Bedingungsverbot (OR 157)* führt zur Nichtigkeit eines Anspruchs, der von einer widerrechtlichen oder einer unsittlichen Handlung abhängig gemacht werden soll.

Beispiel — Nichtig ist ein Versprechen, dessen Einlösung der Versprechende davon abhängig macht, dass der andere eine Straftat begeht.

3. Arten

Im Wesentlichen werden die folgenden Arten von Bedingungen unterschieden (ausführlich dazu BSK-EHRAT, Vorbemerkungen zu Art. 151–157 N 6 ff.):

- *Aufschiebende Bedingung (Suspensivbedingung, OR 151–153):* Das Rechtsgeschäft entfaltet seine Wirkungen mit dem Eintritt der Bedingung.
- *Auflösende Bedingung (Resolutivbedingung, OR 154):* Das Rechtsgeschäft ist zunächst wirksam, wird jedoch mit Eintritt der Bedingung wieder aufgelöst.

Ob einer Bedingung suspensiver oder resolutiver Charakter zukommt, kann im Einzelfall schwierig zu bestimmen sein. Für die Abgrenzung ist in erster Linie auf die Interessenlage der Parteien abzustellen; bei der Auslegung ist ggf. nach dem Vertrauensprinzip vorzugehen.

- *Potestative Bedingung:* Der Eintritt der Bedingung ist vom Willen einer Vertragspartei oder eines Dritten abhängig.
- *Kasuelle Bedingung:* Der Eintritt der Bedingung ist von äusseren Umständen und weder vom Willen einer Vertragspartei noch eines Dritten abhängig.
- *Gemischte Bedingung:* Sie enthält Elemente der potestativen wie auch der kasuellen Bedingung; ihr Eintritt ist also sowohl vom Willen einer Partei oder eines Dritten als auch von äusseren Umständen abhängig.

4. Rechtsfolgen der Bedingungen

Zu unterscheiden sind insb. die Rechtsfolgen der Suspensiv- von denjenigen der Resolutivbedingung. Beide Arten von Bedingungen führen zu *Schwebezuständen*, die jedoch klar auseinanderzuhalten sind.

Für die in OR 155–157 enthaltenen *gemeinsamen Bestimmungen* kann auf den Gesetzestext verwiesen werden (vgl. dazu GAUCH/SCHLUEP/EMMENEGGER, N 4013 ff.).

4.1 Wirkung der Suspensivbedingung

Vom Zeitpunkt der Entstehung des Schuldverhältnisses bis zum Moment, da sich entscheidet, ob die Bedingung eintritt oder nicht, besteht ein Schwebezustand. Geht in der Folge die Bedingung in Erfüllung, wird das Geschäft wirksam.

Während des Schwebezustands besteht zwischen den Parteien bereits ein Schuldverhältnis mit Rechten und Pflichten.

- OR 152 enthält die folgenden Regeln zum Schutz des bedingt Berechtigten:
  - Der bedingt Verpflichtete hat gegenüber dem bedingt Berechtigten eine Schutzpflicht (OR 152 Abs. 1). Handelt er dieser zuwider, wird er schadenersatzpflichtig.
  - Sieht der bedingt Berechtigte seine Rechte gefährdet, so kann er gem. OR 152 Abs. 2 Sicherungsmassregeln verlangen (z.B. Arrest für Geldforderungen nach SchKG 271 Abs. 2 i.V.m. SchKG 271 Abs. 1 Ziff. 1 und 2 oder Vormerkung im Grundbuch nach ZGB 960 Ziff. 1).
  - Der bedingt Verpflichtete unterliegt einer Verfügungsbeschränkung über die geschuldete Leistung (OR 152 Abs. 3). Wegen des Gutglaubensschutzes im Sachenrecht beschränkt sich der Anwendungsbereich der Bestimmung auf das Zessionsrecht (vgl. dazu BSK-EHRAT, Art. 152 N 11; zum Zessionsrecht s. S. 156 ff.).
- Gem. OR 153 Abs. 1 kann der bedingt Berechtigte, dem die versprochene Sache bereits vor dem Eintritt der Bedingung übergeben worden ist, den inzwischen bezogenen Nutzen behalten. Tritt die Bedingung nicht ein, so hat er das Bezogene nach den Regeln über die ungerechtfertigte Bereicherung (OR 62 ff.; s. S. 83 ff.) herauszugeben (OR 153 Abs. 2; zum Verhältnis von OR 153 Abs. 1 und 185 Abs. 3 s. BSK-EHRAT/WIDMER, Art. 153 N 3 ff.).

Ergibt sich nachträglich, dass die Bedingung nicht mehr eintreten kann *(Ausfall der Bedingung)*, so sind die Parteien so zu stellen, als hätten sie sich nie gegenübergestanden. Allfällig erbrachte Leistungen sind nach den Grundsätzen über die ungerechtfertigte Bereicherung zurückzuerstatten (OR 62 ff.; s. S. 83 ff.). Neuere Lehrmeinungen gehen dagegen von einem vertraglichen Rückabwicklungsverhältnis aus (s. GAUCH/SCHLUEP/EMMENEGGER, N 3993 m.w.H.).

4.2 Wirkung der Resolutivbedingung

Ein resolutiv bedingtes Geschäft wird sofort wirksam, fällt aber mit Eintritt der Bedingung ohne Weiteres (*«ipso iure»*) dahin (OR 154 Abs. 1). In der Schwebe ist also nicht der Beginn der rechtlichen Wirkung, sondern deren Fortbestand.

Weil das resolutiv bedingte Rechtsgeschäft von Beginn an wirksam wird, muss der bedingt Verpflichtete leisten wie bei einem unbedingten Geschäft.

Mit Eintritt der auflösenden Bedingung geht eine resolutiv bedingte Forderung unter, resolutiv bedingt übertragenes Eigentum fällt zurück und resolutiv bedingt erlassene Schulden leben wieder auf.

Mit dem Ausfall der Bedingung (also wenn die Bedingung nicht mehr eintreten kann), wird das bedingte Geschäft zu einem unbedingten.

5. Abgrenzungen

Die Bedingungen i.S.v. OR 151 ff. sind abzugrenzen von den *Bedingungen im untechnischen Sinne*, wie z.B. Konditionen, unter welchen ein Vertrag abgeschlossen wird (etwa AGB, S. 45) (vgl. dazu GAUCH/SCHLUEP/EMMENEGGER, N 4024 ff.).

Die *Befristung* zeichnet sich gegenüber der Bedingung dadurch aus, dass sie die Dauer der Bindung festlegt und nicht zeitlich ungewiss ist.

Die *Auflage* ist im Gegensatz zur Bedingung einklagbar (vgl. z.B. ZGB 482 Abs. 1; vgl. BGE 120 II 184).

E. Sicherung von Forderungen

1. Übersicht

Die in OR 158–163 geregelten Institute (Haft- und Reugeld sowie Konventionalstrafe) sind verschiedene Formen von Geldzahlungen im Zusammenhang mit dem Vertragsabschluss oder mit der Vertragsabwicklung.

Während das Haftgeld (OR 158 Abs. 1 und 2) und die Konventionalstrafe die Bindungswirkung von Verträgen verstärken und damit die Gläubigerposition verbessern, wirken das Reugeld (OR 158 Abs. 3) und die «Wandelpön» (OR 160 Abs. 3) schwächend, da sie einer Partei ermöglichen, aus dem Vertragsverhältnis auszuscheiden.

Haft- und Reugeld werden immer schon bei Vertragsabschluss gezahlt, die Konventionalstrafe wird hingegen mit Eintritt eines bestimmten Ereignisses fällig.

2. Haft- und Reugeld

2.1 Haft-, Drauf- und Angeld (OR 158 Abs. 1 und 2)

Das *Haftgeld* wird bei Vertragsabschluss geleistet (OR 158 Abs. 1) und verbleibt im Fall der Nichterfüllung beim Gläubiger. Als *Draufgeld* kommt es zur Forderung des Berechtigten hinzu, als *Angeld* wird es an die geschuldete Leistung angerechnet. Bleibt das Angeld im Fall der Nichterfüllung des Vertrags beim Gläubiger, gilt es als eine im Voraus bezahlte Konventionalstrafe (BGE 133 III 47).

Nach OR 158 Abs. 1 gilt zunächst die Vermutung, dass beim Vertragsabschluss bezahltes Geld Haftgeld ist. Weiter ist zu vermuten, dass die als Haftgeld geltende Bezahlung Draufgeld und nicht Angeld ist (OR 158 Abs. 2). An die Widerlegung der Vermutung zugunsten eines Draufgelds ist aufgrund der veränderten Verkehrsübung keine allzu hohen Anforderungen zu stellen.

2.2 Reugeld (OR 158 Abs. 3)

Ist die beim Vertragsabschluss bezahlte Summe dagegen Reugeld, kann der Geber gegen Zurücklassung des bezahlten und der Empfänger gegen Erstattung des doppelten Betrags vom Vertrag zurücktreten (OR 158 Abs. 3).

Beide Parteien haben also ein vertraglich vereinbartes Rücktrittsrecht, dessen Ausübung zwar in ihrem freien Belieben steht, aber zur Entschädigung der Gegenpartei in der Höhe des Reugelds verpflichtet.

3. Konventionalstrafe

3.1 Übersicht

Die Konventionalstrafe ist die für den Fall der Nicht-, Spät- oder Schlechterfüllung der Hauptschuld versprochene Leistung (vgl. OR 160 Abs. 1). Damit ist sie ein suspensiv bedingtes Leistungsversprechen, d.h., die Konventionalstrafe wird fällig, falls die Hauptschuld nicht richtig erfüllt wird.

Die Konventionalstrafe dient somit einerseits der *Sicherung* einer Hauptschuld, indem der Schuldner unter Erfüllungsdruck gesetzt werden soll. Da anderseits die Konventionalstrafe bei Eintritt der

Bedingung auch geschuldet ist, wenn ein Schaden nicht entstanden oder nur schwer nachweisbar ist, erleichtert sie die Situation des Gläubigers, da sie diesem den *Schadensnachweis erspart* (vgl. OR 161 Abs. 1).

Die *Hauptschuld* kann in einem Tun (Lieferung von 20 Flugzeugen eines bestimmten Typs) oder in einer Unterlassung (zentral: Konkurrenzverbot und Geheimhaltungsvereinbarung) bestehen. Als *Strafe* kann grundsätzlich irgendeine Leistung vereinbart werden, üblicherweise besteht sie aber in einer Geldzahlung. Gemäss bundesgerichtlicher Rechtsprechung und h.L. kann eine Konventionalstrafe sowohl in einer Vermehrung der Passiven wie auch in einer Verminderung der Aktiven bestehen (BGE 135 III 439). Die Strafe kann von den Parteien grundsätzlich in beliebiger *Höhe* festgesetzt werden (OR 163 Abs. 1, beachte aber Abs. 3, s. S. 152).

Die Konventionalstrafe ist ein *akzessorisches Nebenrecht*. Damit setzt sie eine gültige Hauptschuld voraus und teilt deren rechtliches Schicksal. Ist die Hauptschuld also ungültig oder geht sie unter, so gilt das auch für die Konventionalstrafe.

Illustrativ dazu s. BGE 122 III 420 ff.

3.2   Verfall der Konventionalstrafe

Die Konventionalstrafe verfällt beim Eintritt der Bedingung. D.h., der vertraglich vereinbarte Tatbestand wurde erfüllt bzw. die Hauptpflicht nicht oder schlecht erfüllt. Dass dem Gläubiger durch die Nicht- oder Schlechterfüllung ein Schaden entstanden wäre, ist keine Voraussetzung (OR 161 Abs. 1).

Auch wenn die übrigen Voraussetzungen erfüllt sind, kann die Konventionalstrafe nicht gefordert werden, wenn der Schuldner beweist, dass:

■ die Hauptleistung widerrechtlich oder unsittlich ist (OR 163 Abs. 2 Halbsatz 1; s. hierzu BGE 140 III 202 ff. = Pra 2014 Nr. 102) oder

■ die Hauptleistung ohne sein Verschulden nachträglich unmöglich geworden ist (vgl. OR 119), es sei denn, die Parteien hätten etwas anderes vereinbart (OR 163 Abs. 2 Halbsatz 2).

3.3   Erfüllungsanspruch und Konventionalstrafe

Das Gesetz enthält in OR 160 verschiedene Vermutungen zum Verhältnis zwischen Erfüllungsanspruch und Konventionalstrafe, die von den Parteien vertraglich abgeändert werden können.

■ Mangels anderer Abrede kann der Gläubiger nur entweder die Erfüllung oder die Strafe verlangen (*Alternativität*, OR 160 Abs. 1). Er hat aber kein freies Wahlrecht und muss die Hauptleistung (die erbracht werden kann) annehmen, bis feststeht, dass diese nicht erbracht wird (Alternativermächtigung, s. S. 92). Übt er dann sein Wahlrecht aus (Gestaltungsrecht), so verwirkt er den Anspruch auf die Hauptleistung (BGE 63 II 84).

■ Wurde eine Konventionalstrafe für die Nichteinhaltung von Erfüllungszeit oder Erfüllungsort vereinbart, soll der Gläubiger vermutungsweise sowohl die Erfüllung als auch die Strafe verlangen können (*Kumulation*, OR 160 Abs. 2 Halbsatz 1). Diese Vermutung besteht nur so lange, als der Gläubiger nicht ausdrücklich auf die Leistung der Strafe verzichtet oder die Erfüllung vorbehaltlos annimmt (OR 160 Abs. 2 Halbsatz 2). Neben diesen gesetzlichen Anordnungen kann eine Kumulation auch durch (allenfalls stillschweigende) Vereinbarung zwischen den Parteien entstehen (vgl. BGE 122 III 424).

■ Vereinbaren die Parteien, dass dem Schuldner gegen Bezahlung der Konventionalstrafe der Rücktritt freistehen soll, handelt es sich um eine *«Wandelpön»* (OR 160 Abs. 3). Ihre Funktion ist vergleichbar mit derjenigen des Reugelds (OR 158 Abs. 3), sie wird aber im Unterschied zu diesem nicht bereits bei Vertragsabschluss bezahlt. Eine gesetzliche Vermutung zugunsten der «Wandelpön» enthält OR 340b Abs. 2 (Konkurrenzverbot des Arbeitnehmers).

3.4   Konventionalstrafe und Gläubigerschaden

OR 161 Abs. 1 hält den Grundsatz fest, wonach der Verfall der Konventionalstrafe keinen Schaden seitens des Gläubigers voraussetzt. Die Konsequenz für den Gläubiger besteht also insb. darin, dass er lediglich die Nicht- bzw. die Schlechterfüllung durch den Schuldner nachzuweisen hat.

Ist jedoch der erlittene Schaden höher als die vereinbarte Strafe, so kann der Gläubiger den Mehrbetrag geltend machen, wenn er den Schaden und – unüblich im Vertragsrecht! – das Verschulden des Schuldners nachweist (OR 161 Abs. 2).

3.5 Herabsetzung übermässig hoher Konventionalstrafen

Grundsätzlich kann die Konventionalstrafe von den Parteien in beliebiger Höhe festgesetzt werden (OR 163 Abs. 1).

Ist allerdings eine Konventionalstrafe übermässig hoch, kann sie vom Richter nach seinem Ermessen herabgesetzt werden (OR 163 Abs. 3). Übermässig ist eine Konventionalstrafe insb. dann, wenn der Betrag so hoch ist, dass er das vernünftige Mass übersteigt, oder wenn zwischen dem vereinbarten Betrag und dem Interesse des Ansprechers, daran im vollen Umfang festzuhalten, ein krasses Missverständnis besteht (gute Übersicht über die Voraussetzungen der Herabsetzung in BGE 114 II 264 f., 143 III 1 ff. und bei BSK-EHRAT, Art. 163 N 15 ff.).

Zur (in der Lehre umstrittenen) Möglichkeit einer nachträglichen Herabsetzung und Rückforderung einer bereits geleisteten Konventionalstrafe vgl. BGE 133 III 49 ff. und BSK-EHRAT, Art. 163 N 12.

F.   Übungen zum 11. Teil

Lösungen S. 185

Übung 49

S wünscht sich von seiner Mutter zum 18. Geburtstag Auto-Lernfahrstunden. Mutter M erwirbt entsprechende Gutscheine bei Fahrlehrer F.

a) Wie ist das Rechtsverhältnis zwischen M und F zu qualifizieren (ohne Vertragstypenbestimmung)?

b) Kann S etwas unternehmen, wenn Leistungen von F ausbleiben?

Übung 50

X, Hauptaktionär und Verwaltungsrat einer AG, erklärt, für eine Darlehensschuld der Gesellschaft persönlich zu haften (vgl. BGE 101 II 323).

a) Wie ist diese Erklärung rechtlich zu qualifizieren?

b) Die Gesellschaft fällt in Konkurs. Was kann der Darlehensgläubiger Y tun?

Übung 51

Um welche Art von Bedingung handelt es sich in den folgenden Fällen?

a) Kaufvertrag über einen Domain-Namen für CHF 1 Mio. unter der Bedingung, dass der Käufer die erforderlichen Mittel innerhalb von 7 Tagen auftreibt.

b) Ein Vermögensverwalter wird mit der Verwaltung grösserer Finanzmittel betraut unter der Bedingung, dass er nicht wegen eines Vermögensdelikts verurteilt wird.

Übung 52

Schuldner S, der gegenüber G eine Schuld offen hat, stirbt und hinterlässt seine Frau F sowie seine zwei Söhne A und B.

a) Gegenüber wem kann Gläubiger G seine Forderung geltend machen?

A entschliesst sich, G die Forderung zu bezahlen.

b) Welche Ansprüche hat er gegenüber B und F?

c) Ändert sich daran etwas, wenn A übersehen hat, dass die Forderung schon verjährt war?

d) Was gilt, wenn sich B als zahlungsunfähig erweist?

Übung 53

Braut K hat sich im Brautwarengeschäft B zum Kauf eines Hochzeitskleids entschlossen. Gegen Leistung einer Anzahlung wird das Kleid für sie reserviert. Als sie am folgenden Tag in das Geschäft zurückkehrt, gefällt ihr das Kleid nicht mehr. B ist mit ihrem Rücktritt vom Vertrag grundsätzlich einverstanden, beharrt jedoch darauf, dass die Anzahlung damit verfallen sei. K will ihr Geld zurück.

Wie ist die Anzahlung rechtlich zu qualifizieren? Wie ist die Rechtslage?

Übung 54

Im Rahmen von Übernahmeverhandlungen über ein *Hightech-Startup*-Unternehmen wird zwischen den Verhandlungspartnern eine Geheimhaltungsvereinbarung geschlossen. Für den Fall der Verletzung der Vereinbarung wird eine Zahlung von CHF 100'000.– verabredet.

Wie ist diese Klausel rechtlich zu qualifizieren?

12. Teil Abtretung und Schuldübernahme

Verwendete Literatur

BUCHER, 535 ff., 580 ff.; GUHL/KOLLER, §§ 34 f.; GAUCH/SCHLUEP/EMMENEGGER, N 3398 ff.; SCHWENZER, §§ 90 f.; ZK-SPIRIG, Art. 164–174; BSK-GIRSBERGER/HERMANN, Art. 164–174; BSK-TSCHÄNI, Art. 175–183.

A. Übersicht

Abtretung	▪ Abtretung als formbedürftiges Rechtsgeschäft
	▪ Gegenstand und Wirkungen der Abtretung
	▪ Gläubigerwechsel ohne Abtretung
	▪ Kausale oder abstrakte Natur der Abtretung
Schuldübernahme	▪ Interne Schuldübernahme (OR 175)
	▪ Externe Schuldübernahme (OR 176 ff.)
	▪ Schuldbeitritt
	▪ Übernahme eines Vermögens oder Geschäfts (OR 181)
	▪ OR 182 f.

Im Folgenden sind Rechtsgeschäfte zu besprechen, bei denen entweder auf der Gläubigerseite oder auf der Schuldnerseite ein Wechsel in der Rechtszuständigkeit stattfindet.

Grundsätzlich geht es sowohl bei der Abtretung (OR 164 ff.) als auch bei der Schuldübernahme (OR 175 ff.) um die Übertragung einzelner Forderungen und nicht um die Übertragung ganzer Schuldverhältnisse. Die Übertragung von Verträgen ist im Gesetz nicht geregelt, diejenige von ganzen Geschäften und Vermögen als Spezialfall der Schuldübernahme in OR 181.

B. Abtretung von Forderungen

1. Begriff

Abtretung ist die vertragliche Übertragung einer einzelnen Forderung aus einem Schuldverhältnis durch den ursprünglichen Gläubiger *(Zedent)* auf einen Dritten *(Zessionar)*. Der Schuldner *(«debitor cessus»)* ist an diesem Rechtsgeschäft nicht beteiligt und braucht nicht einmal benachrichtigt zu werden (vgl. aber OR 167).

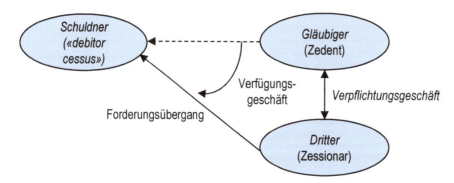

Durch die Abtretung geht die Forderung auf den Dritten über, der nunmehr neuer Gläubiger ist. Der «Altgläubiger» ist an der Forderung nicht mehr berechtigt.

Die Abtretung ist ein *Verfügungsgeschäft*, weil sich durch sie die Rechtszuständigkeit ändert. Dem Verfügungsgeschäft liegt jeweils ein *Verpflichtungsgeschäft* zugrunde (Grundgeschäft *«pactum de cedendo»*), durch das sich der Zedent gegenüber dem Zessionar zur Abtretung verpflichtet.

Als Grundgeschäft kommen u.a. Forderungskauf oder -schenkung sowie auch Übertragung der Forderung an Zahlungs statt oder zahlungshalber infrage.

Die Parteien können die Tilgung einer Kaufpreisschuld durch Abtretung einer Forderung an Zahlungs statt vereinbaren. Erbringt also der Käufer einer Sache den Kaufpreis durch Abtretung einer ihm zustehenden Schuld an den Verkäufer, so bildet die Abrede, den Kaufpreis durch Übertragung einer Forderung zu zahlen, den Rechtsgrund und die Abtretung das Verfügungsgeschäft.

2. Abtretung als formbedürftiges Rechtsgeschäft

Die Abtretung, also das Verfügungsgeschäft, bedarf aus Gründen des Verkehrsschutzes zu ihrer Gültigkeit der schriftlichen Form (OR 165 Abs. 1). Gemeint ist einfache Schriftlichkeit nach OR 13 ff. Entsprechend müssen alle wesentlichen Punkte von der Form gedeckt sein (bestimmbare Forderung und Wille zur Übertragung an den Empfänger, BGE 105 II 84). Mindestens der Zedent muss die Urkunde unterschreiben (vgl. dazu Kap. «Zweck und Arten von Formvorschriften», S. 38 f.).

Ein Verstoss gegen die Formvorschrift hat die Ungültigkeit der Abtretung zur Folge. Immerhin kann eine formungültige Abtretung ggf. in eine Einziehungsermächtigung umgedeutet werden («Konversion», vgl. dazu Kap. «Rechtsfolgen der Formungültigkeit», S. 40 ff.).

Im Gegensatz zum Verfügungsgeschäft kann der Vertrag, in dem sich der Zedent zur Übertragung verpflichtet (Grundgeschäft), formlos begründet werden (OR 165 Abs. 2), falls nicht das Grundgeschäft an sich formbedürftig ist (bspw. Schenkungsversprechen nach OR 243 Abs. 1, vgl. dazu BGE 136 III 145).

3. Gegenstand der Abtretung

3.1 Grundsatz

Grundsätzlich können alle einem Gläubiger zustehenden *Forderungen* Gegenstand einer Abtretung sein, und zwar unabhängig von ihrem Entstehungsgrund (Vertrag, unerlaubte Handlung, ungerechtfertigte Bereicherung oder andere Rechtsgründe). Ausserdem können auch bestrittene, bedingte oder noch nicht fällige Forderungen gültig abgetreten werden.

Künftige Forderungen können unter den allgemeinen Vorbehalten der ZGB 27 Abs. 2 und OR 20 abgetreten werden, sofern die Forderung abtretbar ist und wenn der Schuldner sowie der Rechtsgrund und die Höhe der Forderungen wenigstens bestimmbar sind (BGE 135 V 9; 112 II 243). Die Abtretung einer künftigen Forderung entfaltet ihre Wirkung erst im Zeitpunkt, da die Forderung entsteht, die vorher für eine logische Sekunde dem Zedenten zusteht. Der Zedent muss deshalb im Zeitpunkt der Entstehung noch die Verfügungsmacht über die Forderung besitzen. Gerät der Zedent also vor der Entstehung der Forderung in Konkurs, so fällt die abgetretene Forderung dennoch in die Konkursmasse (BGE 111 III 75 f.; 117 III 52).

Im Rahmen einer *Globalzession* kann der Zedent dem Zessionar eine unbestimmte Vielzahl von bestehenden oder künftigen Forderungen abtreten. Die Abtretung muss allerdings in zeitlicher und gegenständlicher Hinsicht beschränkt sein, ansonsten sie gegen ZGB 27 Abs. 2 verstösst und damit nichtig ist (OR 20 Abs. 1; BGE 112 II 436).

In der Lehre umstritten ist dabei das Kriterium der Bestimmtheit bzw. Bestimmbarkeit der künftigen noch unbekannten Forderungen. Nach bundesgerichtlicher Rechtsprechung genügt es, wenn die Abtretungserklärung alle Elemente enthält, die eine Bestimmung der Forderung bei ihrer künftigen Entstehung erlauben (BGE 135 V 9 f.; 113 II 165 ff.).

Von praktischer Relevanz ist die Abtretung künftiger Forderungen bzw. die Globalzession u.a. beim *Factoring* (ausführlich: BSK-AMSTUTZ/MORIN, Einleitung vor Art. 184 ff. N 93 ff.; HUGUENIN, 1187):

Der Factoringgeber (z.B. ein kleineres Unternehmen) tritt dem Faktor (häufig ein Finanzierungsinstitut) sämtliche künftigen Forderungen aus dem Geschäftsverkehr entgeltlich ab und überlässt ihm das Eintreiben der abgetretenen Forderungen. Dieses Vorgehen ermöglicht es dem Factoringgeber, die administrativen Umtriebe im Zusammenhang mit seinen Debitoren an einen spezialisierten Dritten gegen Bezahlung einer Gebühr auszugliedern.

Von *Kettenzession* ist die Rede, wenn dieselbe Forderung mehrmals hintereinander (d.h. vom Zessionar B auf den Zessionar C und von diesem auf den Zessionar D) übertragen wird. Eine *Mehrfachzession* liegt vor, wenn derselbe Zedent eine (einzige) Forderung auf mehrere Zessionare überträgt.

3.2 Ausnahmen

Ausnahmen der Abtretbarkeit von Forderungen können sich aus Gesetz, Vertrag oder aus der Natur des Rechtsverhältnisses ergeben (OR 164 Abs. 1):

- *Gesetzlicher Ausschluss der Abtretung:* An einigen Stellen sieht das Gesetz Einschränkungen der Abtretbarkeit von Forderungen oder entsprechende Verbote vor, z.B. im Arbeitsrecht in OR 325 Abs. 1 und 2 und 333 Abs. 4. (ausführliche Übersicht bei BSK-GIRSBERGER/HERMANN, Art. 164 N 28).

  Die Abtretung öffentlich-rechtlicher Ansprüche richtet sich nach dem öffentlichen Recht, wobei die Vorschriften des OR analoge Anwendung finden.

- *Vertraglicher Ausschluss der Abtretung:* Gläubiger und Schuldner können die Abtretbarkeit einer Forderung im Voraus oder nachträglich ausschliessen (*«pactum de non cedendo»*).

- *Ausschluss der Abtretung durch die Natur des Rechtsverhältnisses:*

Rechtsprechung	«Durch die Natur der Forderung ist die Abtretung ausgeschlossen, wenn die Leistung an den Zessionar nicht ohne Veränderung ihres Inhalts erfolgen kann oder wenn der Zweck der Forderung durch die Abtretung vereitelt oder gefährdet wäre» (BGE 115 II 266).

Beispiele	Als Beispiele genannt werden etwa der Anspruch des Auftraggebers auf Ausführung des Auftrags gem. OR 398 Abs. 3, oder das Einsichtsrecht des Gesellschafters in die Geschäftsdokumente gem. OR 541 Abs. 1 (weitere Beispiele bei BSK-GIRSBERGER, Art. 164 N 33).

Rechtsfolge: Die Abtretung nicht abtretbarer Forderungen ist ungültig, d.h., der (vermeintliche) Zedent bleibt an der Forderung berechtigt. Verfügungen des (vermeintlichen) Erwerbers über die Forderung bleiben damit wirkungslos, und zwar auch gegenüber Gutgläubigen. Hat der Zedent einem vertraglichen Abtretungsverbot zuwidergehandelt oder war die Zession durch die Natur des Rechtsverhältnisses ausgeschlossen, kann der Schuldner (*«debitor cessus»*) nachträglich zustimmen. Der Verstoss gegen ein gesetzliches Abtretungsverbot ist widerrechtlich und führt zur Nichtigkeit des Geschäfts (OR 20 Abs. 1).

3.3 Abgrenzungen

Keine Forderungen und damit nicht abtretbar i.S.v. OR 164 ff. sind insb. die Gestaltungsrechte, ganze Schuldverhältnisse sowie dingliche Ansprüche:

- *Gestaltungsrechte* sind keine Forderungen und deshalb allein nicht abtretbar (s. aber Kap. «Nebenwirkungen», S. 159, für die mit der Forderung verbundenen Gestaltungsrechte). Das sind insb. Kündigung, Rücktritt, Kaufs-, Rückkaufs- und Vorkaufsrecht sowie die Sachgewährleistungsrechte im Kauf- und im Werkvertrag (BGE 114 II 247; zum Gestaltungsgeschäft s. S. 26 f.).

  Nach einer Minderheitsmeinung sollen allerdings die Sachgewährleistungsrechte des Käufers (also das Recht, Wandelung oder Minderung zu verlangen) aus praktischen Gründen dennoch «im Bündel» abtretbar sein (s. dazu BSK-HONSELL, Art. 205 N 4 und SCHWENZER, N 90.39).

- Die Übertragung eines ganzen *Schuldverhältnisses* (und nicht bloss einzelner Forderungen) geschieht durch Vertrags- oder Geschäftsübernahme, die in OR 181 geregelt sind (s. S. 164 f.).

- *Dingliche Ansprüche* (z.B. der Vindikationsanspruch und die *«actio negatoria»*, ZGB 641 Abs. 2) sind keine Forderungen i.S.v. OR 164 ff. und können damit auch nicht abgetreten werden.

4. Wirkungen der Abtretung

4.1 Hauptwirkung: Forderungsübergang

Die Hauptwirkung einer gültigen Abtretung ist der Übergang der abgetretenen Forderung vom Vermögen des Zedenten in dasjenige des Zessionars. Es findet also ein *Gläubigerwechsel* statt.

4.2 Nebenwirkungen

Zusammen mit der Forderung gehen – vorbehältlich anderslautender Parteivereinbarung – auch die Neben- und Vorzugsrechte über, mit Ausnahme derer, die untrennbar mit der Person des Abtretenden verknüpft sind (OR 170 Abs. 1). Im Einzelnen:

■ *Nebenrechte:* Zu diesen gehören insb. Sicherungsrechte (u.a. Bürgschaft und Pfandrecht), Recht auf künftige Zinsen (für bereits aufgelaufene vgl. OR 170 Abs. 3), Konventionalstrafen, Schiedsabreden und Gerichtsstandsklauseln.

■ *Vorzugsrechte:* Darunter fallen in erster Linie die Privilegien des Gläubigers im Pfändungs- und Konkursverfahren (SchKG 146 ff. und 219 ff. sowie das Prozessführungsrecht nach SchKG 260).

■ Anerkanntermassen gehen auch die *mit der Forderung verbundenen Gestaltungsrechte* über. Das sind u.a. das Wahlrecht nach OR 72, das Kündigungsrecht, das Fälligkeit bewirkt (OR 75) oder die Möglichkeit, die Verjährung zu unterbrechen (ausführliche Aufzählung bei ZK-Spirig, Art. 170 N 49 ff.).

■ Untrennbar mit der Person des Abtretenden verknüpft, und damit vom gesetzlichen Übergang ausgenommen, sind Rechte, die höchstpersönlicher Natur sind, d.h. solche, die dem Gläubiger um seiner Person willen zukommen.

Beispiele
- der Anspruch des Kaufmanns auf Verzugszinsen nach OR 104 Abs. 3;
- das kaufmännische Retentionsrecht nach ZGB 895 Abs. 2.

Der Zedent hat eine allfällige Schuldurkunde sowie alle vorhandenen Beweismittel herauszugeben und dem Zessionar alle «zur Geltendmachung der Forderung nötigen Aufschlüsse zu erteilen» (OR 170 Abs. 2).

Bereits aufgelaufene Zinsen werden vermutungsweise ebenfalls übertragen (OR 170 Abs. 3).

4.3 Verhältnis zwischen Zessionar und Schuldner

Einerseits wird die Stellung des von der Zession betroffenen Schuldners, anderseits aber auch der gute Glauben des Zessionars geschützt.

■ *Schutz des Schuldners*: Durch die Abtretung wird der Zessionar neuer Gläubiger, und zwar ohne Zutun des Schuldners, häufig auch ohne dessen Wissen. Damit dessen Stellung nicht über Gebühr verschlechtert wird, stellt das Gesetz in OR 167–169 Vorschriften zu seinem Schutz auf:

- *Schutz bei Leistung an den Zedenten (OR 167):* Leistet der Schuldner in gutem Glauben an den Zedenten oder an den letzten ihm bekannten Zessionar bei Kettenzessionen, bevor ihm die Abtretung mitgeteilt wurde (sog. Notifikation des Schuldners), so ist er von der Schuld befreit. Daraus ergibt sich für die Parteien des Abtretungsvertrags die Obliegenheit, dem Schuldner die Abtretung anzuzeigen. Gutgläubigkeit des Schuldners liegt vor, wenn dieser von der Abtretung nichts weiss und auch nach den Umständen davon nichts wissen musste (vgl. ZGB 3 Abs. 2).

  Unbestrittenermassen ist der Schuldner auch geschützt, wenn ihm eine ungültige Abtretung angezeigt wurde und er gutgläubig an den Zessionar leistet (im Gesetz nicht geregelt).

- *Prätendentenstreit (OR 168):* Ist unklar, wem eine Forderung zusteht, so ist der Schuldner berechtigt, die Zahlung zu verweigern und sich durch gerichtliche Hinterlegung zu befreien (Abs. 1). Die Vorschrift ist «*lex specialis*» zu OR 96 (vgl. dazu BSK-Girsberger/Hermann, Art. 168 N 2). Leistet der Schuldner trotz Kenntnis des Prätendentenstreits an den materiell Unberechtigten, so setzt er sich der Gefahr aus, ein zweites Mal zahlen zu müssen (Abs. 2). Ist der Prätendentenstreit vor Gericht hängig, so kann jeder der Prätendenten verlangen, dass der Schuldner hinterlege (Abs. 3).

Beispiel Typisches Beispiel: Gültigkeit der Zession ist umstritten, weshalb die Gläubigerschaft nicht klar bestimmt werden kann.

- *Erhalt von Einwendungen und Einreden (OR 169):* Nach Abs. 1 kann der Schuldner diejenigen Einreden, aber auch Einwendungen (s. Kap. «Arten von Rechtsgeschäften und Einrede», S. 26 f.), die ihm gegen den Zedenten zustanden, als er von der Abtretung Kenntnis erhielt, auch gegenüber dem Zessionar geltend machen. Im Fall der Kettenzession findet eine Kumulation der Einreden statt, d.h., dem Schuldner stehen gegen den letzten Gläubiger alle Einreden zu, die er gegenüber allen diesem vorgehenden Gläubigern hatte.

  Aus Abs. 2 ergibt sich einerseits e *contrario,* dass dem Schuldner insb. auch das Recht zur Verrechnung erhalten bleibt, obwohl es an der Gegenseitigkeit der Forderungen fehlt. Anderseits wird das Erfordernis der Fälligkeit eingeschränkt.

- *Schutz des guten Glaubens des Zessionars:* Zwar geht der Zessionar beim Erwerb einer Forderung das Risiko ein, sich Einreden und Einwendungen ausgesetzt zu sehen, deren Existenz er nicht kannte (vgl. OR 169). In zwei Fällen aber schützt das Gesetz den guten Glauben des Zessionars, obwohl er materiell nicht Gläubiger geworden ist:

  - *Anerkennung einer simulierten Schuld (OR 18 Abs. 2):* Hat der Schuldner schriftlich eine nicht bestehende (simulierte) Schuld anerkannt, so muss er sich vom gutgläubigen Dritten darauf behaften lassen. Rechtsgrund für die Entstehung der Forderung ist eine Rechtsscheinhaftung (vgl. dazu BSK-WIEGAND, Art. 18 N 126 ff.; s. S. 47).

  - *Gültige Abtretung trotz «pactum de non cedendo» (OR 164 Abs. 2):* Haben der Schuldner und der Zedent ein Abtretungsverbot vereinbart, ohne dieses auf der Schuldurkunde zu vermerken, so erwirbt der gutgläubige Zessionar die Schuld trotzdem, wenn er sich auf das Fehlen des Abtretungsverbots verlassen hat.

4.4 Verhältnis zwischen Zedent und Zessionar

Hauptwirkung ist der Übergang der Gläubigerposition vom Zedenten auf den Zessionar. Leistet der Schuldner unter den Voraussetzungen von OR 167 mit befreiender Wirkung an den Zedenten, so ist dieser gegenüber dem Zessionar ungerechtfertigt bereichert und zur Herausgabe der Leistung gestützt auf OR 62 ff. verpflichtet (s. S. 83 ff.).

Die *Gewährleistungspflicht des Zedenten* für die abgetretene Forderung ist im Gesetz in den OR 171–173 geregelt. Das ist nach allgemeiner Auffassung systemwidrig, weil sich diese Bestimmungen nicht auf die Abtretung als Verfügungsgeschäft, sondern auf die Haftung des Zedenten aus dem Grundgeschäft (also z.B. dem Kauf oder der Schenkung) beziehen. Diese Haftungsbestimmungen wären also richtigerweise bei den jeweiligen besonderen Rechtsverhältnissen unterzubringen gewesen. OR 171–173 sind denn auch trotz ihrer Stellung im Allgemeinen Teil im Verhältnis zu den Gewährleistungsbestimmungen des Kauf- und Schenkungsrechts *«leges speciales»* und gehen diesen vor.

- Bei der *entgeltlichen Zession,* d.h. in erster Linie beim Forderungskauf, haftet der Zedent für den Bestand der Forderung («Verität»), d.h., dass die Forderung im Moment der Abtretung existent, klagbar und frei von Einreden ist (OR 171 Abs. 1). Für die Zahlungsfähigkeit des Schuldners («Bonität») haftet der Zedent bloss dann, wenn er sich dazu verpflichtet hat. Der Umfang der Haftung richtet sich nach OR 173 Abs. 1, wonach der Zedent nur bis zur Höhe des empfangenen Gegenwerts sowie für die Kosten der Abtretung und diejenigen für erfolgloses Vorgehen gegen den Schuldner einzustehen hat.

- Bei der *unentgeltlichen Zession* haftet der Zedent weder für den Bestand der Forderung noch für die Zahlungsfähigkeit des Schuldners (OR 171 Abs. 3).

- Haben die Parteien keinen Betrag angegeben, zu dem die Forderung angerechnet werden soll, so vermutet das Gesetz, es handle sich um eine *Zession zahlungshalber.* Der Zessionar muss sich nur die Summe anrechnen lassen, die er vom Schuldner erhält oder bei gehöriger Sorgfalt hätte erhalten können (OR 172).

Hat sich der Zessionar die Forderung dagegen zu einem bestimmten Betrag anrechnen zu lassen, liegt *Zession an Zahlungs statt* vor. Der Zedent haftet diesfalls nach OR 171 Abs. 1 und 173 Abs. 1.

4.5 Verhältnis zwischen dem Schuldner und dem Zedenten

Das Verhältnis zwischen dem Schuldner und dem Zedenten betreffend die abgetretene Forderung besteht nach erfolgter Zession nicht mehr.

Ein allfälliges Schuldverhältnis, das der abgetretenen Forderung zugrunde gelegen hat, besteht allerdings weiterhin.

Beispiel Tritt der Vermieter den Anspruch auf die Miete für die Monate August bis Oktober an seinen Gläubiger ab, so besteht der Mietvertrag mit dem Mieter weiterhin.

Zudem kann der gutgläubige Schuldner vor der Notifikation noch immer an den Zedenten leisten und der Schuldner bleibt im Fall eines gerichtlich ausgetragenen Prätendentenstreits verpflichtet, die Leistung auf Verlangen des Zedenten (oder des Zessionars) zu hinterlegen (s. dazu vorne, S. 159 f.).

5. Gläubigerwechsel ohne Abtretung

Namentlich in den folgenden Fällen kann es innerhalb eines Rechtsverhältnisses zu einem Gläubigerwechsel kommen, ohne dass eine Zession nach OR 164 ff. stattfindet (vgl. dazu ausführlich GAUCH/SCHLUEP/EMMENEGGER, N 3543 ff.):

■ *Universalsukzession:* Hauptanwendungsfälle sind der Erwerb einer Erbschaft (ZGB 560) und die Fusion von handelsrechtlichen Körperschaften, Stiftungen und Vereinen.

■ *Vertragsübernahme:* Eine Vertragsübernahme liegt vor, wenn eine Vertragspartei vollständig ausgewechselt wird (also nicht bloss eine einzelne Forderung, sondern das gesamte Rechtsverhältnis mit allen Rechten und Pflichten übergeht). Das Gesetz sieht die Vertragsübernahme im Miet- und Pacht- sowie im Arbeitsrecht ausdrücklich vor (OR 263, 292 und 333 Abs. 1). Es ist aber unbestritten, dass eine Vertragsübernahme auch für andere Rechtsgeschäfte vereinbart werden kann.

■ *Legalzession (OR 166):* Zahlreiche Gesetzesbestimmungen sehen einen Forderungsübergang von Gesetzes wegen vor, ohne dass eine Abtretung erfolgt (u.a. OR 110, 149 Abs. 1 und 401). Auf die Legalzession sind die Bestimmungen über die Abtretung sinngemäss anzuwenden.

■ *Übergang durch Urteil (OR 166):* Ein Übergang durch richterliches Urteil kommt namentlich bei Streitigkeiten über die Zusammensetzung eines Vermögens und bei Zwangsvollstreckung und Konkurs infrage.

6. Kausale oder abstrakte Natur der Abtretung

Die Frage, ob die Zession kausal oder abstrakt vom Grundgeschäft zwischen Zedent und Zessionar ist, ist in der Lehre umstritten. Das Bundesgericht ging lange von der Abstraktheit der Zession aus, liess die Frage dann aber ausdrücklich offen (BGE 95 II 112; ausführlich dazu GAUCH/SCHLUEP/EMMENEGGER, N 3514 ff.).

■ Nach der *kausalen Konzeption* hängt die Verfügung vom gültigen Grundgeschäft ab. Ist also das Grundgeschäft ungültig, zeitigt auch die Verfügung keine Wirkung, und der Zedent bleibt Forderungsinhaber. Das hat insb. bei Kettenzessionen erhebliche Auswirkungen: Ist die erste Zession ungültig, bewirkt das die Unwirksamkeit aller folgenden (im Übrigen eigentlich gültigen) Zessionen.

■ Folgt man dagegen der *abstrakten Konzeption*, so ist die Wirksamkeit der Verfügung vom Grundgeschäft unabhängig. Im Fall eines ungültigen Grundgeschäfts bleibt die erfolgte Zession gültig, der Zedent hat aber einen Anspruch aus ungerechtfertigter Bereicherung gegenüber dem Zessionar (s. S. 83 ff.).

- Zusätzlich wird das Konzept der *beschränkten Kausalität* vorgeschlagen. Danach soll die Abtretung grundsätzlich kausal sein. Die daraus folgende Unwirksamkeit der Abtretung bei ungültigem Grundgeschäft soll aber geheilt werden, sobald Gründe des Gutglaubensschutzes oder des Verkehrsschutzes das verlangen (vgl. VON DER CRONE HANS CASPAR, Zession: kausal oder abstrakt?, in: SJZ 1997, 249 ff.).

C. Schuldübernahme

1. Übersicht

Gemeinsam ist der Zession und der Schuldübernahme, dass sich das Schuldverhältnis als solches trotz Gläubiger- bzw. Schuldnerwechsel nicht verändert. Während es aber für den Schuldner grundsätzlich unerheblich ist, an welchen Gläubiger er zu leisten hat, ist die Zahlungsfähigkeit und damit die Person des Schuldners für den Gläubiger von grösstem Interesse. Deshalb kann bei der Zession die Mitwirkung des Schuldners unterbleiben, bei einer Schuldübernahme ist aber die Zustimmung des Gläubigers erforderlich.

2. Interne Schuldübernahme nach OR 175

Der Tatbestand des OR 175 wird interne Schuldübernahme genannt. Ein Schuldnerwechsel findet dabei jedoch nicht statt, weshalb auch die Rede von der «uneigentlichen» Schuldübernahme ist.

Es liegt vielmehr ein Vertrag vor, in dem ein Dritter (Schuldübernehmer) dem Schuldner verspricht, diesen von seiner Verpflichtung gegenüber dem Gläubiger zu befreien («Befreiungsversprechen»).

2.1 Voraussetzungen

Die interne Schuldübernahme setzt einen Vertrag zwischen dem Schuldner und einem Schuldübernehmer voraus.

Dieser Vertrag ist grundsätzlich formfrei gültig (OR 11 Abs. 1), und zwar auch dann, wenn das der übernommenen Schuld zugrunde liegende Rechtsgeschäft formbedürftig war

Beispiel So ist das Versprechen, eine Schuld aus einem Grundstückkaufvertrag zu übernehmen, formfrei gültig.

Erfolgt das Übernahmeversprechen hingegen schenkungshalber, liegt also ein Schenkungsversprechen vor, so bedarf der Vertrag zwischen dem Schuldübernehmer und dem Schuldner der einfachen Schriftlichkeit (OR 243 Abs. 1).

Gegenstand der Schuldübernahme kann grundsätzlich jede Schuld sein. Unzulässig ist jedoch die Übernahme einer Busse aus einer strafbaren Handlung (BGE 79 II 151 ff. = Pra 1953 Nr. 131); nichtig ist die Übernahme einer inexistenten Schuld (OR 20 Abs. 1).

2.2 Rechtswirkungen

Durch den Schuldübernahmevertrag entsteht für den Schuldübernehmer die Verpflichtung, den Schuldner beim Gläubiger zu befreien. Im Einzelnen:

- Gem. OR 175 Abs. 1 kann die Befreiung des Schuldners entweder durch *Befriedigung des Gläubigers* geschehen oder dadurch, dass der Schuldübernehmer sich anstelle des Schuldners mit Zustimmung des Gläubigers selbst zum Schuldner macht (*externe Schuldübernahme*, OR 176).
- OR 175 Abs. 2 gewährt dem Schuldübernehmer die *Einrede des nicht erfüllten Vertrags* (vgl. OR 82).
- Befriedigung des Gläubigers durch Leistung kann der Schuldner erst verlangen, wenn die übernommene Schuld fällig ist. Vorher kann der Schuldner zwar verlangen, dass der Schuldübernehmer ihn durch externe Schuldübernahme (vgl. OR 176) befreie. Da dies aber die Zustimmung des Gläubigers voraussetzt, ist dieser Anspruch nicht durchsetzbar. OR 175 Abs. 3 gewährt dem Schuldner daher einen *Anspruch auf Sicherstellung durch den Schuldübernehmer*.

Der Gläubiger ist am Vertrag zwischen Schuldner und Schuldübernehmer nicht beteiligt. Es entstehen für ihn daraus weder Verpflichtungen noch Ansprüche, insb. muss er auch nicht hinnehmen, dass der Schuldübernehmer die Forderung anders als durch Erfüllung tilgt.

3.   Externe Schuldübernahme (OR 176 ff.)

Durch die externe Schuldübernahme vereinbaren der Gläubiger und der Schuldübernehmer, dass Letzterer an die Stelle des Schuldners treten solle. Sie wird daher auch «privative Schuldübernahme» genannt.

Der Eintritt in das vom Gesetz erwähnte «Schuldverhältnis» (OR 176 Abs. 1) ist nicht gleichbedeutend mit dem Eintritt in den Vertrag bzw. mit der Vertragsübernahme.

3.1   Voraussetzungen

Die externe Schuldübernahme erfolgt durch einen Vertrag zwischen Gläubiger und Schuldübernehmer. Dieser Vertrag bedarf weder der Mitwirkung noch der Zustimmung des Schuldners.

Wenn auch eine vorangehende interne Schuldübernahme (OR 175) die Regel sein wird, so ist eine solche nicht Voraussetzung der externen Schuldübernahme.

Der die externe Schuldübernahme begründende Vertrag ist sowohl Verpflichtungs- als auch Verfügungsgeschäft. Der Schuldübernehmer verpflichtet sich zur Leistung und der Gläubiger verfügt zugunsten des Schuldners über die Schuld, weshalb der Schuldübernehmer geschäftsfähig und der Gläubiger über die Forderung verfügungsberechtigt sein muss.

Entsprechend den allgemeinen Regeln des Vertragsrechts liegt auch dem Vertrag über die externe Schuldübernahme ein Antrag und dessen Annahme zugrunde. OR 176 f. enthalten dazu verschiedene Bestimmungen:

- OR 176 Abs. 2 stellt die Vermutung auf, dass die Mitteilung der internen Schuldübernahme, sei dies durch den Schuldner oder durch den Schuldübernehmer, als Antrag des Schuldübernehmers an den Gläubiger gilt.

  Nach OR 176 Abs. 3 kann die Annahme entsprechend den allgemeinen Regeln ausdrücklich oder stillschweigend erfolgen, insb. durch Zustimmung zu einer schuldnerischen Handlung seitens des Schuldübernehmers.

- Die Annahme des Antrags kann gem. OR 177 Abs. 1 in Abweichung von den allgemeinen Grundsätzen zur Annahme eines Antrags (OR 4 f.) grundsätzlich jederzeit erfolgen, wobei dem Gläubiger sowohl vom Schuldner als auch vom Schuldübernehmer für die Annahme eine Frist gesetzt werden kann.

  Wird vor der Annahme durch den Gläubiger zwischen dem Schuldner und einem weiteren Schuldübernehmer eine neue interne Schuldübernahme vereinbart und dem Gläubiger ein neuer Antrag gestellt, so ist der erste Schuldübernehmer an seinen Antrag nicht mehr gebunden (OR 177 Abs. 2).

3.2   Rechtswirkungen

Hauptwirkung der externen Schuldübernahme ist der Schuldnerwechsel. Die Schuld geht so auf den Schuldübernehmer über, wie sie im Zeitpunkt der Übernahme war (Prinzip der «Identität der Schuld»). Daraus ergibt sich Folgendes:

- Die mit der übernommenen Schuld verbundenen *Nebenrechte* bleiben grundsätzlich unberührt (OR 178 Abs. 1). D.h., dass der Gläubiger insb. Zinsansprüche und verfallene Konventionalstrafen nunmehr gegen den Schuldübernehmer geltend machen kann und dass Sicherheiten, die der bisherige Schuldner bestellt hat, bestehen bleiben.

- *Ausnahmen* davon sind Nebenrechte, die mit der Person des Schuldners untrennbar verknüpft sind (OR 178 Abs. 1), sowie von Dritten bestellte Pfänder und Bürgschaften, deren Übergang noch von der Zustimmung des Verpfänders oder Bürgen abhängig ist (OR 178 Abs. 2).

- *Einreden und Einwendungen* des Schuldners gegenüber dem Gläubiger gehen auf den Schuldübernehmer über (OR 179 Abs. 1). *Persönliche Einreden* des Schuldners gehen auf den Schuldübernehmer aber nur dann über, wenn der Gläubiger und der Schuldübernehmer das vereinbart haben (OR 179 Abs. 2). *Einreden und Einwendungen aus der internen Schuldüber-nahme*, also dem Verhältnis zwischen dem Schuldner und dem Schuldübernehmer, können dem Gläubiger gegenüber nicht geltend gemacht werden (OR 179 Abs. 3).

■ Bei einem *nachträglichen Dahinfallen des Übernahmevertrags* (z.B. aufgrund einer Anfechtung wegen Willensmangels oder bei Rücktritt vom Vertrag) lebt die Verpflichtung des Schuldners mit allen Nebenrechten wieder auf (OR 180 Abs. 1). Trifft den Schuldübernehmer am Dahin-fallen des Vertrags ein Verschulden, so hat er dem Gläubiger das negative Vertragsinteresse zu ersetzen (OR 180 Abs. 2).

4. Schuldbeitritt (kumulative Schuldübernahme)

Die kumulative Schuldübernahme ist im Gesetz nicht ausdrücklich geregelt. Sie entsteht ent-weder, indem der Gläubiger mit dem Beitretenden einen Vertrag schliesst, worin sich der Beitre-tende verpflichtet, die Verpflichtung des Schuldners zu erfüllen, allerdings ohne dass der Schuld-ner befreit werden soll. Oder sie erfolgt durch Vertrag des Beitretenden mit dem Schuldner, wobei dann ein Vertrag zugunsten Dritter (OR 112; s. S. 148 f.) vorliegt.

Es findet kein Schuldnerwechsel statt. Mit dem Schuldbeitritt begründet der Beitretende eine zur Verpflichtung des Schuldners hinzutretende, selbstständige Verpflichtung. Der Beitretende haftet also solidarisch neben dem Schuldner. Das hat eine Stärkung der Gläubigerstellung zur Folge.

Der Schuldbeitritt stellt also ein Sicherungsmittel dar und kann formlos vereinbart werden. Dadurch unterscheidet er sich von der Bürgschaft (OR 492 ff.).

5. Übernahme eines Vermögens oder Geschäfts

Vor dem Inkrafttreten des FusG (2004) fand OR 181 seine Hauptbedeutung in den Fällen von Unternehmenskäufen, auf die nicht die Sonderbestimmungen über die Kapitalgesellschaften anwendbar waren (z.B. beim Kauf der Aktiven und Passiven einer Einzelfirma).

Die praktische Umsetzung einer Übernahme nach OR 181 gestaltet sich schwerfällig, insb. weil sie nicht auf dem Weg der Universalsukzession erfolgt (s. nachstehend, Kap. «Rechtswirkun-gen»). Deshalb wurde OR 181 im Rahmen der Einführung des FusG den Bedürfnissen der Praxis angepasst. Neu wurde die Übernahme des Vermögens oder des Geschäfts von im Handelsre-gister eingetragenen Betrieben dem Rechtsinstitut der Vermögensübertragung gem. FusG 69 ff. unterstellt (OR 181 Abs. 4) und der Anwendungsbereich von OR 181 auf die Übernahme von nicht im Handelsregister eingetragenen Betrieben eingeschränkt. Bei Letzteren gilt, was folgt:

5.1 Voraussetzungen

Die Übernahme eines Vermögens oder Geschäfts nach OR 181 erfolgt in einem Übernahmever-trag, worin der Übernehmende erklärt, er wolle die Aktiven und Passiven des Geschäfts überneh-men.

Damit die Wirkungen des Übernahmevertrags eintreten können, muss die Übernahme den bis-herigen Gläubigern mitgeteilt oder in öffentlichen Blättern ausgekündet worden sein (OR 181 Abs. 1).

5.2 Rechtswirkungen

Der Übernahmevertrag begründet einerseits die Verpflichtung des Veräusserers zur Übertragung des Geschäfts und bewirkt andererseits einen Übergang der übernommenen Schulden sowie eine zeitlich beschränkte Solidarhaftung der Vertragsparteien dafür. Im Einzelnen:

■ Der *Veräusserer wird verpflichtet, die von der Übernahme betroffenen Aktiven auf den Über-nehmer zu übertragen*. Da die Übernahme nach OR 181 keine Universalsukzession (wie beim Erbgang oder bei der Fusion von Handelsgesellschaften) zur Folge hat, müssen alle Vermö-genswerte einzeln formrichtig übertragen werden (also insb. durch Abtretung, Besitzübertra-gung oder Anmeldung zur Grundbucheintragung).

- Die *übernommenen Schulden gehen von Gesetzes wegen auf den Erwerber über*, sobald die Übernahme den Gläubigern mitgeteilt oder in öffentlichen Blättern ausgekündigt worden ist (OR 181 Abs. 1; vgl. zu den Einzelheiten GAUCH/SCHLUEP/EMMENEGGER, N 3629 ff.).

- Trotz Übergang der Schulden bleibt der *Veräusserer* noch *während 3 Jahren Solidarschuldner*. Diese (Verwirkungs-)Frist beginnt für die fälligen Schulden mit der Kundgabe und für die bereits existierenden, aber noch nicht fälligen Schulden mit Eintritt der Fälligkeit zu laufen (OR 181 Abs. 2).

Auf die Übernahme eines Geschäfts nach OR 181 sind die allgemeinen Bestimmungen über die Schuldübernahme (OR 176 ff.; s. S. 163 f.) ebenfalls anwendbar (OR 181 Abs. 3).

6. OR 182 f.

OR 182 wurde mit Inkrafttreten des FusG im Jahr 2004 aufgehoben. Die zuvor in OR 182 geregelte «Vereinigung und Umwandlung von Geschäften» richtet sich nun ebenfalls nach FusG 69 ff. über die Vermögensübertragung.

OR 183 enthält einen Vorbehalt zugunsten der Sonderbestimmungen des ZGB über die Schuldübernahme bei der Erbteilung und der Veräusserung verpfändeter Grundstücke.

D. Übungen zum 12. Teil

Lösungen S. 187

Übung 55

A ist Gläubiger von B und Schuldner von C. Die Forderung von A gegen B beträgt CHF 20'000.–. Die Forderung von C gegen A beträgt CHF 25'000.–.

A gerät in einen Liquiditätsengpass. Deshalb überträgt er seine Forderung gegen B auf C, ohne B darüber zu unterrichten.

a) Ist das zulässig?

b) Zu welchem Betrag muss sich C die übertragene Forderung anrechnen lassen?

c) B ist zahlungsunfähig. Hat C gegen A deshalb einen Ersatzanspruch?

Übung 56

Student S kauft vom befreundeten Nachbarn N ein Fernsehgerät. Die Zahlung des Kaufpreises wird auf später verschoben. S realisiert, dass er den Kaufpreis so bald wohl nicht wird bezahlen können. Sein Vater erfährt von seinen Schwierigkeiten und übergibt ihm zum Geburtstag einen Gutschein, worin der Vater sich verpflichtet, dem Nachbarn den geschuldeten Kaufpreis zu bezahlen. Der Gutschein ist unterschrieben.

a) Was liegt vor (der Kauf ist nicht zu beurteilen)?

b) Nach der Übergabe des Gutscheins ruft der Vater den Nachbarn an und teilt diesem mit, er werde für die Schuld seines Sohns aufkommen. Der Nachbar ist einverstanden. Was liegt vor?

c) Der Vater ist entsetzt über das Ausmass des Fernsehkonsums seines Sohns. Mit der Begründung, das habe er nicht gewusst und er denke nicht daran, solcherlei auch noch zu unterstützen, verweigert er die Zahlung an den Nachbarn. Welches sind die Ansprüche von S und N?

Übung 57

Der Grossverteiler G will einen Dorfladen (im Handelsregister nicht eingetragene Einzelfirma) übernehmen. Worauf ist bei der Transaktion in Bezug auf die Übertragung der Aktiven insb. zu achten?

Lösungen

Für weitere Übungen s. FEIT/PEYER/STAUBER, Übungsbuch Obligationenrecht Allgemeiner Teil.

Lösungen zum 1. Teil

Übung 1

In beiden Fällen wurde die Erklärung Ms nicht so verstanden, wie dieser sie gemeint hatte. Seine Willenserklärung ist daher nach dem Vertrauensprinzip auszulegen. Danach gelten Willenserklärungen so, wie sie vom Empfänger in guten Treuen verstanden werden durften und mussten, wobei der Standpunkt des betreffenden Empfängers und nicht derjenige eines abstrakten Dritten massgebend ist.

a) Malermeister M gibt seit Langem halbjährlich die gleiche Bestellung auf. Ausserdem kennt er den Inhaber des Farbengeschäfts aus der gemeinsamen Lehrzeit. I durfte deshalb nicht davon ausgehen, dass M tatsächlich Autolack meint. Nach dem Prinzip von Treu und Glauben (ZGB 3 Abs. 1) wäre er verpflichtet gewesen, noch einmal nachzufragen, ob M tatsächlich Autolack meint oder ob er nicht vielmehr die übliche Bestellung für Dispersionsfarbe aufgeben wollte.

Der Vertrag ist nicht zustande gekommen.

b) Der Farbenhersteller kann nicht wissen, ob M tatsächlich Autolack meint. Er darf deshalb die (scheinbar) eindeutige Bestellung als solche für Autolack entgegennehmen. Der Vertrag kommt somit zustande, und zwar über den Kauf von Autolack. Möglicherweise kann sich M aber auf einen Erklärungsirrtum (vgl. OR 24 Abs. 1 Ziff. 2) berufen und den Vertrag anfechten.

Übung 2

Zunächst ist festzuhalten, dass sich die Frage nach der konstitutiven Wirkung des kaufmännischen Bestätigungsschreibens von S nicht stellt, da D umgehend reagiert hat und das Schreiben somit nicht unwidersprochen geblieben ist.

Das Zustandekommen eines Vertrags setzt übereinstimmende Willensäusserungen über die wesentlichen Vertragspunkte voraus. Objektiv wesentliche Punkte des Kaufvertrags sind die Kaufsache und der Kaufpreis (vgl. OR 184 Abs. 1).

Vorliegend konnten sich die Parteien zwar über die Kaufsache (Stangen-Hanf aus Manila) einigen. Weil sie aber in der Frage, ob das Original- oder das Effektivgewicht des Hanfes für den Kaufpreis massgebend sei, nicht übereinstimmten, blieb ein objektiv wesentlicher Punkt des Kaufvertrags, nämlich eine Komponente zur Bestimmung des Preises, offen.

Ein Vertrag ist folglich nicht zustande gekommen.

Übung 3

Haben sich die Parteien über alle wesentlichen Punkte geeinigt, so wird vermutet, dass der Vorbehalt von Nebenpunkten die Verbindlichkeit des Vertrags nicht hindern solle (OR 2 Abs. 1).

Vorliegend sind sich die Parteien in den wesentlichen Punkten einig: F überlässt dem Verlag seine Bilder gegen eine pauschale Abgeltung. Das Format des Druckwerks stellt einen Nebenpunkt dar. Wer aber einen Nebenpunkt (also einen objektiv unwesentlichen Punkt) als Bedingung für seinen Vertragswillen ansieht, muss das deutlich zu erkennen geben (BGE 118 II 34).

Weder hat F vorliegend klargemacht, dass ein bestimmtes Format für ihn eine Bedingung für den Vertragsabschluss ist, noch hätte der Verlag das erkennen müssen. Die Einigung fehlt demnach bloss in einem Nebenpunkt, der subjektiv unwesentlich war.

Der Vertrag ist zustande gekommen.

Übung 4

Die Auslage von Waren mit Angabe des Preises gilt gem. OR 7 Abs. 3 grundsätzlich als Antrag. Die Annahme des Kunden – und damit der Vertragsabschluss – erfolgt erst mit der Präsentation der ausgewählten Artikel an der Kasse. Da sich der Kunde vorliegend erst auf dem Weg zur Kasse befand, ist davon auszugehen, dass der Vertrag noch nicht geschlossen war.

Ein vertraglicher Anspruch ist somit nicht gegeben.

Zu prüfen ist ein Anspruch aus Delikt (OR 41 ff.): Gem. OR 41 Abs. 1 ist zum Ersatz des Schadens verpflichtet, wer diesen einem anderen widerrechtlich sowie mit Absicht oder aus Fahrlässigkeit zufügt. Die *Widerrechtlichkeit* liegt in der Sachbeschädigung begründet, der Kunde hat dem Laden einen *Schaden* (mindestens) in der Höhe des Verkaufspreises des Joghurts zugefügt, zwischen dem Verhalten des Kunden und dem Schaden besteht ein *adäquater Kausalzusammenhang* und schliesslich trifft den Kunden ein *Verschulden*, weil er fahrlässig gehandelt hat.

Der Ladeninhaber kann seinen Anspruch somit auf OR 41 ff. stützen.

Zu prüfen ist weiter eine Haftung aus c.i.c.: Der Gang zur Kasse stellt im Selbstbedienungsladen wohl eine Form des «Vertragsverhandlungsverhältnisses» dar. Indem der Kunde beim Transport des Joghurtglases nicht die nötige Sorgfalt walten lässt und dieses deshalb zerbricht, fügt er dem Ladeninhaber *in Verletzung seiner Sorgfaltspflicht (Verschulden)* einen *Schaden* zu. Der *adäquate Kausalzusammenhang* ist ebenfalls gegeben. Die c.i.c. kennt – wie das Vertragsrecht – eine Verschuldensvermutung. Vorliegend obliegt also dem Kunden der Exkulpationsbeweis, wobei dessen Gelingen wenig wahrscheinlich erscheint.

Die Voraussetzungen einer Haftung aus c.i.c. sind somit erfüllt.

Die Ersatzpflicht aus c.i.c. kann neben einer solchen aus OR 41 ff. bestehen und insb. dazu dienen, Nachteile der deliktsrechtlichen Bestimmungen (hier v.a. den Verschuldensbeweis durch den Ladeninhaber) auszugleichen (vgl. dazu GAUCH/SCHLUEP/SCHMID, N 981).

Zusammenfassend ist festzuhalten, dass dem Ladeninhaber sowohl aus OR 41 ff. wie auch aus c.i.c. ein Anspruch zusteht. Da ihm die c.i.c. eine Verschuldensvermutung gewährt, wird er sich wohl auf c.i.c. stützen wollen.

Übung 5

Wird ein unter Anwesenden gestellter Antrag ohne Bestimmung einer Frist nicht sogleich angenommen, so bleibt der Antragsteller nicht weiter gebunden (OR 4 Abs. 1).

Das Angebot von H, den alten Computer zu CHF 200.– an den Kaufpreis anzurechnen, stellt fraglos einen Antrag unter Anwesenden dar. S lehnt diesen ab und verlässt den Laden, womit gem. OR 4 Abs. 1 einerseits für H die Bindungswirkung und andererseits für S die Möglichkeit, den Antrag anzunehmen, entfallen. H ist also am nächsten Tag nicht mehr *verpflichtet*, den Computer zu CHF 200.– an den Kaufpreis anzurechnen.

Er ist aber dazu *berechtigt*, stellt doch die Aussage von S, er sei nun doch einverstanden, einen neuen Antrag i.S.v. OR 4 Abs. 1 dar.

Übung 6

Wer durch Auslobung für eine Leistung eine Belohnung aussetzt, hat diese seiner Auskündung gemäss zu entrichten (OR 8 Abs. 1).

Die aufgehängten Plakate beinhalten die öffentliche Erklärung, dass derjenige, der eine bestimmte Leistung (das Wiederauffinden der Katze) erbringt, eine Belohnung (CHF 500.–) erhält. Die Voraussetzungen für eine Auslobung sind erfüllt. N findet die Katze, womit er die Leistung zwar grundsätzlich erbracht hat, zweifellos aber nicht mit dem von A erwarteten Erfolg.

Auch wenn auf den Plakaten nicht ausdrücklich vom Wiederauffinden der *lebenden* Katze die Rede war, darf dieser Umstand als stillschweigend in der Auslobung enthaltene Bedingung betrachtet werden. Die Belohnung ist also nicht geschuldet.

Übung 7

Indem K die Buchhändlerin anhält, das Buch speziell für ihn zu bestellen, und verspricht, es in der folgenden Woche abzuholen, hat er eine Offerte zum Abschluss eines Kaufvertrags abgegeben. Die Buchhändlerin hat diese Offerte durch Ausführung der Bestellung stillschweigend akzeptiert. Durch die übereinstimmenden gegenseitigen Willensäusserungen ist der Kaufvertrag nach OR 1 zustande gekommen. Die Buchhändlerin hat daher einen Anspruch auf Erfüllung «Zug um Zug», d.h. auf Erstattung des Kaufpreises gegen Übereignung des bestellten Buchs.

Übung 8

Nach der Vermutung von OR 16 Abs. 1 darf vorliegend davon ausgegangen werden, dass die Parteien die Schriftform als Gültigkeitserfordernis des Vertrags betrachteten («Abschlussform»). Der Kaufvertrag zwischen K und V ist somit durch Antrag und Annahme unter Abwesenden (OR 5) zustande gekommen. Die Wirkungen des unter Abwesenden geschlossenen Vertrags beginnen in dem Zeitpunkt, da die Annahme zur Absendung abgegeben wurde (OR 10 Abs. 1). Nach OR 185 Abs. 1 gehen Nutzen und Gefahr grundsätzlich im Moment des Vertragsabschlusses auf den Käufer über. Hinweise auf anderweitige Abreden, insb. einen Versendungskauf (OR 185 Abs. 2), enthält der Sachverhalt nicht. Die Gefahr ging somit am Samstagmorgen, als K die Annahme der Post übergab, auf ihn über.

Das Auto wurde in der Nacht auf Sonntag aus der verschlossenen Garage entwendet und zerstört. Es ist somit nachträglich untergegangen, wobei V den Untergang nicht zu vertreten hat.

Nach OR 119 Abs. 3 i.V.m. OR 185 Abs. 1 behält V den Anspruch auf den vollen Kaufpreis, obwohl er lediglich das Autowrack liefern kann und muss. Immerhin steht K eine allfällige Versicherungsleistung zu (stellvertretendes *Commodum*).

Diese – dem Wortlaut des Gesetzes entsprechende – Lösung ist freilich umstritten: Anderer Ansicht sind u.a. BK-Kramer/Schmidlin, Art. 8 N 26 ff., die es als «bedenklich» bezeichnen, den Käufer die Preisgefahr schon in einem Zeitpunkt tragen zu lassen, da der Verkäufer noch nicht einmal weiss, ob er den Gegenstand zu liefern haben wird oder nicht.

Übung 9

Massgebend sind die *übereinstimmenden (wirklichen) Willen der Parteien* und nicht die übereinstimmenden Äusserungen (vgl. OR 18 Abs. 1). Der Vertrag ist deshalb zustande gekommen, und zwar mit dem Kaufpreis von CHF 600'000.–. Da ein Grundstückkaufvertrag aber der öffentlichen Beurkundung bedarf (OR 216 Abs. 1 i.V.m. ZGB 657) und die Einhaltung der Form eine Gültigkeitsvoraussetzung darstellt, ist der zustande gekommene Vertrag formungültig und damit nichtig. Der verurkundete Vertrag mit dem Kaufpreis von CHF 450'000.– dagegen ist nicht zustande gekommen, weil die Parteien keinen entsprechenden Willen hatten.

Zur Lösung des Problems bestehen im Wesentlichen zwei Ansätze:

- Das *Bundesgericht* geht von einer grundsätzlich absoluten Nichtigkeit des Vertrags aus, die von Amtes wegen zu beachten ist. Wird aber der nichtige Vertrag im Wissen um den Formmangel und freiwillig in der Hauptsache erfüllt, so ist die Berufung auf den Formmangel rechtsmissbräuchlich (vgl. ZGB 2 Abs. 2). Der Vertrag wird unter den Parteien so behandelt, wie wenn er gültig wäre (BGE 98 II 316).

- Die *h.L.* hält den in dieser Weise formungültigen Vertrag ebenfalls für grundsätzlich unwirksam. Die Unwirksamkeit soll jedoch nicht von Amtes wegen zu beachten sein: Bei irrtumsfreier und freiwilliger Erfüllung soll von einer Heilung des formungültigen Vertrags auszugehen sein.

Vorliegend haben sowohl V wie K in Kenntnis des Mangels (irrtumsfrei) und freiwillig in der Hauptsache erfüllt. Nach der einen wie nach der anderen Theorie ist also der Vertrag so gültig, wie die Parteien ihn gewollt haben und nicht so, wie er verurkundet wurde.

V hat daher Anspruch auf Bezahlung der Restzahlung in Höhe von CHF 150'000.– durch K.

Lösungen zum 4. Teil

Übung 10

Ein Vertrag, der gegen die guten Sitten verstösst, ist nichtig (OR 20 Abs. 1). Abmachungen über bezahlte Beihilfe zu Erbschleicherei sind sittenwidrig und damit nichtig. Die Eheleute E und R hatten zwar übereinstimmende Willen und der Vertrag ist somit zustande gekommen. Er ist aber zufolge Sittenwidrigkeit nichtig und damit absolut unwirksam. R hat gegenüber den Eheleuten E keinen Anspruch.

Übung 11

Gemäss Sachverhalt hatten die Parteien übereinstimmende Willen und verstanden sich auch richtig. Der Vertrag ist somit grundsätzlich zustande gekommen. Allerdings sind gem. OR 20 Abs. 1 Verträge mit einem widerrechtlichen Inhalt nichtig. Als widerrechtlich gilt der Inhalt eines Vertrags u.a. dann, wenn sein eigentlicher Inhalt (i.c. die Gewährung eines Darlehens) zwar erlaubt ist, der damit verfolgte Zweck (i.c. die Ermöglichung eines Einbruchs) jedoch geltendes Recht verletzt. Der Vertrag ist also widerrechtlich i.S.v. OR 20 Abs. 1 und damit nichtig und unwirksam. A hat demzufolge gegen B keinen vertraglichen Anspruch.

Zu prüfen bleibt ein Anspruch aus ungerechtfertigter Bereicherung (OR 62 ff.): Danach hat, wer in ungerechtfertigter Weise aus dem Vermögen eines andern bereichert worden ist, die Bereicherung zurückzuerstatten. Das ist u.a. dann der Fall, wenn jemand eine Zuwendung ohne jeden gültigen Grund erhalten hat (OR 62 Abs. 1 und 2). Wie gezeigt, bestand für die Zuwendung (die Übergabe der CHF 5'000.– von A an B) kein gültiger Grund (der Vertrag war nichtig). Grundsätzlich hätte A also einen Anspruch gegen B auf Rückerstattung des übergebenen Geldes.

Da aber die Zuwendung mit der Absicht, einen rechtswidrigen Erfolg (nämlich den Einbruch) herbeizuführen, erfolgte, kann das Geld nicht zurückgefordert werden (OR 66; sog. «Gaunerlohn»). A hat gegenüber B keinen Anspruch.

Übung 12

Da der Sachverhalt keine gegenteiligen Hinweise enthält, ist davon auszugehen, dass die Willensäusserungen der Parteien übereinstimmend waren und der Vertrag somit zustande gekommen ist.

Es bleibt zu prüfen, ob der Vertrag gültig ist. Gem. OR 20 Abs. 1 ist ein Vertrag mit widerrechtlichem Inhalt nichtig. Dabei kann sich die Widerrechtlichkeit sowohl aus dem öffentlichen Recht als auch aus einer zwingenden Norm des Privatrechts ergeben. Die Nichtigkeit des Vertrags tritt aber bei widerrechtlichem Inhalt nicht automatisch ein, sondern nur dann, wenn diese Rechtsfolge vom Gesetz ausdrücklich vorgesehen wird oder sich aus dem Sinn und Zweck der verletzten Norm ergibt.

Die Einstellung eines Arbeitnehmers, der über keine Arbeitsbewilligung verfügt, verstösst gegen geltendes Recht und ist somit grundsätzlich widerrechtlich. Die Nichtigkeit des entsprechenden Arbeitsvertrags kann aber insb. aus Gründen des Arbeitnehmerschutzes nicht die Folge einer derartigen Rechtsverletzung sein (vgl. dazu BGE 114 II 279 ff. = Pra 78 Nr. 37).

Der Vertrag zwischen D und E ist deshalb gültig zustande gekommen.

Übung 13

Der Kaufvertrag über die Sammlung ist zustande gekommen, weil die Parteien diesbezüglich übereinstimmende Willen hatten.

Zu prüfen ist, ob S den Vertrag anfechten kann. Im Vordergrund steht der Tatbestand der Übervorteilung (OR 21 Abs. 1). Die Übervorteilung setzt drei Elemente voraus: Leistung und Gegenleistung müssen in einem *offenbaren Missverhältnis* stehen, die benachteiligte Partei muss durch

Notlage, Unerfahrenheit oder Leichtsinn zum Vertragsabschluss veranlasst worden sein, und schliesslich muss eine *Ausbeutung* ebendieser Schwäche durch die Gegenpartei vorliegen.

Wann ein offenbares Missverhältnis vorliegt, lässt sich nicht abstrakt bestimmen, sondern ist eine jeweils im Einzelfall zu entscheidende Ermessensfrage. Vorliegend beträgt der Marktwert der Sammlung das Doppelte dessen, was dem S von H geboten wird. Es erscheint somit gerechtfertigt, von einem offenbaren Missverhältnis auszugehen.

Von einer Notlage kann schon dann gesprochen werden, wenn sich eine Partei bei Vertragsabschluss in so starker Bedrängnis sieht, dass es ihr zur Vermeidung drohender Nachteile noch als das kleinere Übel erscheint, den für sie ungünstigen Vertrag abzuschliessen. S kann sich laut Sachverhalt aus beruflichen Gründen keine Betreibungen leisten. Die ihm drohende Bank bringt ihn somit in eine Notlage im soeben dargestellten Sinne.

Dass H diese Notlage ausnützt, um den für ihn günstigen Vertrag abzuschliessen, steht ausser Zweifel.

Die Voraussetzungen der Übervorteilung gem. OR 21 Abs. 1 sind somit erfüllt. Der Kaufvertrag ist für S unverbindlich; er kann innerhalb eines Jahres erklären, dass er den Vertrag nicht halte (OR 21 Abs. 1).

Übung 14

Daran, dass der Vertrag zustande gekommen ist, können aufgrund des Sachverhalts keine Zweifel bestehen. Zu prüfen ist jedoch, ob M sich möglicherweise auf einen Willensmangel berufen kann. Nach OR 23 ist ein (zustande gekommener) Vertrag für denjenigen unverbindlich, der sich beim Abschluss in einem wesentlichen Irrtum befunden hat. Als wesentlich gelten insb. die in OR 24 Abs. 1 aufgezählten Irrtumsfälle.

Ziff. 1–3 dieser Bestimmung kommen vorliegend nicht infrage (vgl. den Gesetzestext). Zu prüfen ist jedoch, ob M sich auf einen Grundlagenirrtum (OR 24 Abs. 1 Ziff. 4) berufen kann.

Der Tatbestand von OR 24 Abs. 1 Ziff. 4 setzt voraus, dass der Irrende (in subjektiver Hinsicht) den irrtümlich vorgestellten Sachverhalt als notwendige Grundlage des Vertrags betrachtet und ihn (in objektiver Hinsicht) nach Treu und Glauben als notwendige Grundlage im Geschäftsverkehr betrachten darf. Vorliegend handelt es sich überdies um einen Irrtum über ein zukünftiges Ereignis. Ein solcher kann jedenfalls dann wesentlich sein, wenn beide Vertragsparteien die Verwirklichung des vorgestellten Ereignisses als sicher angesehen haben (vgl. dazu BGE 118 II 297 ff.).

Im zu beurteilenden Fall kann ohne Weiteres davon ausgegangen werden, dass der Kaufpreis nur im Hinblick auf die erwartete familiäre Verbindung zwischen den Parteien niedrig gehalten wurde (subjektives Element). Weiter kann nicht infrage stehen, dass M diesen Umstand als notwendige Grundlage für den geschlossenen Vertrag betrachten durfte (objektives Element). Schliesslich lässt sich aus dem Sachverhalt ableiten, dass beide Parteien das zukünftige Ereignis, nämlich die Hochzeit, als sicher angesehen haben.

Damit sind alle Voraussetzungen für die Annahme eines wesentlichen Irrtums über ein zukünftiges Ereignis erfüllt. Der Vertrag ist für M unverbindlich; er kann S binnen eines Jahres seit der Entdeckung des Irrtums erklären, dass er den Vertrag nicht halten werde (OR 31 Abs. 1 und 2).

Übung 15

a) Für sämtliche Varianten gilt, dass der Vertrag zufolge übereinstimmender Willenserklärungen zustande gekommen ist. Zu prüfen ist jeweils, ob ein Willensmangel vorliegt.

    aa) Gem. OR 28 Abs. 1 ist ein Vertrag für denjenigen, der durch eine absichtliche Täuschung des Vertragspartners zum Abschluss desselben verleitet worden ist, unverbindlich. Die Veränderung des Kilometerstands am Auto stellt eine Täuschung dar, durch die H den K zum Abschluss des Vertrags verleitet hat. Der Vertrag ist für K daher mit einem Willensmangel behaftet, und zwar auch «wenn der erregte Irrtum kein wesentlicher war» (OR 28 Abs. 1).

        K kann erklären, dass er den Vertrag nicht halten wolle (OR 31 Abs. 1).

bb) H lässt die Revision des Autos durch A ausführen. A ist Angestellter von H und damit dessen Hilfsperson i.S.v. OR 101. H muss sich die Täuschungshandlungen von A als eigenes Verhalten anrechnen lassen. Hinzuweisen ist darauf, dass A nicht Dritter i.S.v. OR 28 Abs. 2 ist.

Die Beurteilung des Sachverhalts entspricht somit derjenigen unter aa).

cc) Gem. OR 31 Abs. 1 hat der Getäuschte binnen Jahresfrist zu erklären, dass er den Vertrag nicht halten wolle. Die Frist beginnt mit Entdeckung des Irrtums zu laufen (OR 31 Abs. 2). Vorliegend hat K im Herbst 2001 erfahren, dass er getäuscht wurde. Die Jahresfrist läuft mithin erst im Herbst 2002 ab.

K kann gegenüber H nach wie vor erklären, dass er den Vertrag nicht halten wolle, und die Rückabwicklung des Geschäfts verlangen.

dd) P hat den Kilometerstand nicht selbst verändert, weshalb die Anwendung von OR 28 Abs. 1 ausscheidet. Die Täuschung wurde von einem Dritten (B) verursacht. Laut Sachverhalt war aber P selbst Opfer der Täuschung und wusste somit nichts davon. Als Bankangestellter musste er die Täuschung nicht bemerken. Weil P die Täuschung durch den Dritten weder kannte noch kennen musste (vgl. OR 28 Abs. 2), ist der Sachverhalt nach den Bestimmungen über den Irrtum (OR 23 ff.) zu beurteilen.

Im Vordergrund steht vorliegend der Grundlagenirrtum (OR 24 Abs. 1 Ziff. 4). Von einem Grundlagenirrtum ist auszugehen, wenn sich der Irrtum auf einen bestimmten Sachverhalt bezieht und dieser (subjektiv) vom Irrenden als notwendige Grundlage des Vertrags betrachtet wird. Ausserdem ist (objektiv) erforderlich, dass nach Treu und Glauben im Geschäftsverkehr der Irrende diesen Sachverhalt als Grundlage des Vertrags betrachten darf.

Kauft jemand, ohne es zu wissen, ein Auto mit einem manipulierten Kilometerstand, so ist dies ein Grundlagenirrtum. Der Vertrag ist mit einem Willensmangel behaftet. K kann sich auf den Grundlagenirrtum berufen und erklären, dass er den Vertrag nicht halte.

b) Das Bundesgericht folgt der «Ungültigkeitstheorie» (vgl. dazu insb. BGE 114 II 131 ff., «Picasso-Entscheid»). Die «Anfechtungstheorie» wurde in diesem Entscheid ausdrücklich verworfen.

Gemäss der Ungültigkeitstheorie ist der mit einem Willensmangel behaftete Vertrag von Anfang an ungültig und entfaltet keinerlei Vertragswirkungen. Diese Ungültigkeit ist jedoch bloss einseitig und darf nicht von Amtes wegen beachtet werden. D.h., es kann sich lediglich der Getäuschte (bzw. der Irrende [OR 24 Abs. 1] und der Bedrohte [OR 29]) darauf berufen, nicht aber sein Vertragsgegner.

Kommt es zu einer Berufung auf den Willensmangel, so können bereits erbrachte Leistungen zurückgefordert werden (Sachleistungen gestützt auf die Vindikation und Geldleistungen gestützt auf die Bestimmungen über die ungerechtfertigte Bereicherung).

Die Unterscheidung zwischen der Ungültigkeits- und der Anfechtungstheorie kann mit Blick auf die absolute Verjährung der Rückforderungsansprüche von Bedeutung sein.

Übung 16

a) A ist beim Kauf des Weins einem Irrtum im Beweggrund zum Vertragsabschluss erlegen. Er hat den Wein gekauft, weil er sich vorgestellt hat, sein Bruder wünsche sich den entsprechenden Jahrgang.

Ist der Irrtum, dem A unterlegen ist, als wesentlich einzustufen, so wäre der Vertrag für ihn gem. OR 23 unverbindlich. A könnte ihn folglich anfechten.

OR 24 Abs. 2 bestimmt, dass ein Irrtum, der sich nur auf den Beweggrund zum Vertragsabschluss bezieht, grundsätzlich nicht wesentlich ist (blosser Motivirrtum). Wesentlich ist nur der qualifizierte Motivirrtum gem. OR 24 Abs. 1 Ziff. 4 (Grundlagenirrtum).

Die qualifizierenden Merkmale des Grundlagenirrtums sind die subjektive und die objektive Wesentlichkeit. Subjektive Wesentlichkeit liegt vor, wenn der irrtümlich vorgestellte Sachverhalt für den Irrenden «conditio sine qua non» für den Vertragsabschluss bildet. Objektive

Wesentlichkeit liegt vor, wenn es bei objektiver Betrachtung gerechtfertigt erscheint, dass der Irrende den vorgestellten Sachverhalt als notwendige Vertragsgrundlage ansieht.

Vom Vorliegen subjektiver Wesentlichkeit wird nachfolgend ausgegangen. A hätte den Kaufvertrag nicht abgeschlossen, hätte er gewusst, dass sich sein Bruder einen anderen Jahrgang wünscht. Die objektive Wesentlichkeit des Irrtums ist dagegen eher zu verneinen. Objektiv wesentlich wäre der Irrtum wohl, wenn zwischen dem effektiv gekauften und dem gewünschten Jahrgang ein erheblicher Qualitäts- und auch Marktpreisunterschied bestünde. Sofern A für den Wein (der ihm z.B. von seinem Bruder angepriesen worden war, er sich jedoch den genannten Jahrgang falsch eingeprägt hatte) aufgrund seines Irrtums einen überhöhten Preis gezahlt hätte, beträfe der Irrtum aber das Verhältnis Qualität/Preis und nicht die Wunschvorstellung des Bruders.

Zusammenfassend handelt es sich um einen blossen Motivirrtum. Der Vertrag ist nicht anfechtbar.

b) Es gilt vorerst zu untersuchen, ob der Kaufvertrag infolge absichtlicher Täuschung gem. OR 28 unverbindlich ist. Als erste Voraussetzung für das Vorliegen einer absichtlichen Täuschung ist eine Täuschungshandlung erforderlich. Gemäss Sachverhalt hat A die Flaschen aus dem Nachlass eines Weinsammlers, mithin von der Erbengemeinschaft erworben (ZGB 560 und 602). Der Sachverhalt enthält keine Hinweise darauf, dass die Erben die fraglichen Etiketten selbst auf den Flaschen angebracht haben.

Es kommt folglich eine Täuschung durch Schweigen in Betracht, sofern die Erben von der Unrichtigkeit der Angaben auf den Etiketten wussten. Eine entsprechende Aufklärungspflicht würde sich aus Treu und Glauben ergeben, da die Echtheit des Weins für den Entschluss zum Vertragsabschluss erkennbar von wesentlicher Bedeutung war.

Wussten die Erben hingegen nichts von der Falschetikettierung – wovon hier ausgegangen wird, da der Sachverhalt keine entsprechenden Hinweise enthält –, liegt eine Täuschung durch Dritte gem. OR 28 Abs. 2 vor. Die Täuschung durch Dritte hindert die Verbindlichkeit des Vertrags für den Getäuschten nur, wenn der andere zur Zeit des Vertragsabschlusses die Täuschung gekannt hat oder hätte kennen müssen. Da der Erblasser als Weinsammler gegenüber seinen Erben wahrscheinlich einen erheblichen Informationsvorsprung aufwies, durften diese in guten Treuen davon ausgehen, dass sich in der Sammlung nur richtig etikettierte Weine finden würden. Eine Anfechtung des Vertrags aufgrund absichtlicher Täuschung fällt gegenüber der Erbengemeinschaft unter vorstehenden Annahmen ausser Betracht.

Hingegen ist das Vorliegen eines Grundlagenirrtums (OR 24 Abs. 1 Ziff. 4) zu bejahen. A hat die vermeintlichen Bordeaux-Flaschen teuer bezahlt, in der irrigen Annahme, es handle sich um ein echtes Produkt. In diesem Fall ist nicht nur die subjektive Wesentlichkeit des Irrtums (vorgestellter Sachverhalt als «conditio sine qua non» für den Vertragsabschluss), sondern auch die objektive Wesentlichkeit (A durfte den vorgestellten Sachverhalt nach Treu und Glauben als notwendige Vertragsgrundlage betrachten) gegeben.

A kann den Kaufvertrag folglich anfechten.

c) Die Anfechtung des Vertrags aufgrund absichtlicher Täuschung scheidet aus denselben Gründen wie vorstehend unter b) aus.

Im Unterschied zu Variante b) scheidet hier aber auch die Berufung auf einen Grundlagenirrtum aus. Bei Zweifeln an der Richtigkeit der eigenen Vorstellung kommt ein Irrtum nicht in Betracht.

d) Nach OR 31 Abs. 1 hat die Anfechtung innerhalb eines Jahres zu erfolgen, ansonsten der Vertrag als genehmigt gilt. Die Anfechtungsfrist beginnt in Fällen des Irrtums mit dessen Entdeckung (OR 32 Abs. 2). Der Irrtum gilt erst bei sicherer Kenntnis des Willensmangels als entdeckt.

Übung 17

Die Offerte von M enthält einen Rechnungsfehler, der sich aus den einzeln aufgeführten Berechnungselementen ergibt. Da die Offerte V vor Vertragsabschluss schriftlich vorgelegen hat, sind die Berechnungselemente Vertragsbestandteil geworden. Es liegt mithin ein blosser Rechnungsfehler i.S.v. OR 24 Abs. 3 vor, der die Verbindlichkeit des Vertrags zwar nicht hindert, aber zu berichtigen ist.

Geschuldet ist daher der korrekt addierte Betrag von CHF 534.80.

Übung 18

Es ist zu untersuchen, ob ein Fall der Furchterregung gem. OR 29 f. vorliegt. Unter Furchterregung oder Drohung ist das In-Aussicht-Stellen eines künftigen Übels zu verstehen. M droht S damit, die Steuerhinterziehungen von S bei der zuständigen Steuerbehörde anzuzeigen. Da S sich durch die Ankündigung von M in seinem Vermögen und seiner Ehre bedroht fühlen darf, ist die Furcht eine «gegründete» i.S.v. OR 30 Abs. 1. Für die Begründung der Anfechtbarkeit des Vertrags nach OR 29 Abs. 1 muss die Drohung zudem widerrechtlich sein. Die Drohung mit einer Strafanzeige oder einem Strafantrag wird immer dann als widerrechtlich angesehen, wenn kein innerer Zusammenhang mit dem angestrebten Zweck besteht.

Dies ist vorliegend der Fall. Die Drohung mit der Anzeige wegen Steuerhinterziehung weist keinen inneren Zusammenhang mit dem Vertragsabschluss zwischen M und S auf.

S kann den Vertrag folglich anfechten.

Übung 19

A ist im vorliegenden Fall als Handlungsbevollmächtigter gem. OR 462 zu betrachten. Es darf gemäss der gesetzlichen Vermutung (OR 462 Abs. 1) davon ausgegangen werden, dass sich die Vollmacht von A auf den Abschluss von Kaufverträgen mit Kunden im Namen des Baufachmarkts erstreckt. Sein Handeln führt folglich zu einer Vertretungswirkung zwischen E und dem Inhaber des Baufachmarkts. Der Kaufvertrag ist folglich zwischen E und dem Baufachmarkt zustande gekommen. Da A innerhalb seiner Vertretungsmacht handelt, muss der Baufachmarkt sämtliche mit dem Vertragsabschluss zusammenhängende Handlungen von A gegen sich gelten lassen.

Allenfalls liegt ein Fall der Täuschung gem. OR 28 vor, weshalb E den Kaufvertrag bei gegebenen Voraussetzungen anfechten könnte. E ist beim Abschluss des Kaufvertrags einem Motivirrtum unterlegen. Er ging irrtümlich von einem falschen Umstand aus (dass die Farbe «beständig gegen Wind und Wetter» sei), der für seinen Geschäftswillen bedeutsam ist. Der durch absichtliche Täuschung hervorgerufene Motivirrtum berechtigt gem. OR 28 auch dann zur Anfechtung, wenn er nicht wesentlich i.S.v. OR 23 ist.

A hat E mit seiner unqualifizierten Aussage objektiv falsche Tatsachen vorgespiegelt. Er hat diese Täuschung zwar nicht direkt vorsätzlich verübt, für die Täuschungsabsicht genügt jedoch schon Eventualvorsatz. Eine Anfechtung kommt folglich auch infrage, wenn jemand, ohne Kenntnis des betreffenden Sachverhalts, unrichtige Angaben macht. Dies ist vorliegend gegeben. Der durch die Täuschung hervorgerufene Irrtum war zudem kausal für die Abgabe der Willenserklärung von E, hätte er doch die betreffende Farbe im Wissen um deren Untauglichkeit für einen Aussenanstrich nicht gekauft.

E kann den Vertrag folglich wegen absichtlicher Täuschung anfechten.

Ob E ausserdem einem Grundlagenirrtum erlegen ist und deshalb den Vertrag überdies gestützt auf OR 24 Abs. 1 Ziff. 4 anfechten könnte, kann daher offenbleiben. Der Grundlagenirrtum wäre aber wohl zu bejahen.

Zu prüfen ist ausserdem, ob die gekaufte Farbe mangelhaft i.S.v. OR 197 Abs. 1 ist. Die Farbe wurde als «beständig gegen Wind und Wetter» verkauft, was sie aber in Wirklichkeit nicht ist. Weil ihr damit eine zugesicherte Eigenschaft (OR 197 Abs. 1) fehlt, ist sie mit einem Mangel behaftet. E kann sich demnach auch auf die Sachgewährleistung berufen.

Zu beachten ist vorliegend insb. OR 203, wonach bei «absichtlicher Täuschung durch den Verkäufer eine Beschränkung der Gewährleistung wegen versäumter Anzeige» nicht stattfindet. D.h., E muss die kurze Rügefrist von OR 201 nicht einhalten.

E kann sich also sowohl auf absichtliche Täuschung wie auch auf den Sachmangel wegen Fehlens einer zugesicherten Eigenschaft berufen.

Lösungen zum 5. Teil

Übung 20

Schliesst der Vertreter im Namen des Vertretenen einen Vertrag, so wird der Vertretene und nicht der Vertreter verpflichtet (vgl. OR 32 Abs. 1). Die gesetzliche Formulierung bedeutet nicht, dass der Name bzw. die Identität des Vertretenen bekannt gegeben werden muss.

Nach OR 32 Abs. 2 genügt es bereits, dass der Verhandlungspartner aus den Umständen auf das Vertretungsverhältnis schliessen muss, auch wenn dieses nicht aufgedeckt wird. Umso mehr können also die Vertretungswirkungen eintreten, wenn zwar das Vertretungsverhältnis als solches, nicht aber die Identität des Vertretenen bekannt gegeben wird.

Anders ist die Rechtslage jedoch, wenn sich bei formbedürftigen Rechtsgeschäften der Formzwang auch auf die Vertragsparteien erstreckt. Allfällige Vertretungsverhältnisse sind diesfalls offenzulegen (vgl. BGE 112 II 330 ff.).

Übung 21

V agiert als echter Stellvertreter des A gem. OR 32 ff. Er verhandelt im Auftrag des A (folglich mit dessen Ermächtigung) und in dessen Namen. Als Rechtsfolge der direkten Stellvertretung treten sämtliche Rechtswirkungen der Handlungen des Vertreters beim Vertretenen (A) und beim Dritten (G) ein. Auch ein Willensmangel des Vertreters wird dem Vertretenen zugerechnet, weshalb ihn Letzterer geltend machen kann und muss.

V offeriert G in seinem zweiten Brief den Kauf der Eisenplastik zum Preis von CHF 75'000.–, und G akzeptiert dieses Angebot. Es kommt objektiv zu übereinstimmenden gegenseitigen Willensäusserungen der Parteien (OR 1). Vorausgesetzt, G hat Vs Versehen nicht erkannt und auch nicht erkennen müssen, ist der Kaufvertrag zwischen A und G über die Eisenplastik zum Preis von CHF 75'000.– zustande gekommen.

Der Vertrag leidet jedoch an einem Willensmangel, da V einen Preis offeriert hat, der nicht seinem wirklichen Willen entsprach. Zu untersuchen ist daher, ob der Vertrag an einem wesentlichen Willensmangel leidet und daher gem. OR 23 für A einseitig unverbindlich ist.

Die fehlerhafte Offerte beruht auf einem Versehen von Vs Sekretärin, die jedoch lediglich als Erklärungsbotin zu betrachten ist. Sie macht nicht eine eigene Willenserklärung, sondern übermittelt lediglich jene von V. Es liegt ein Fall des Übermittlungsirrtums vor, für welchen gem. OR 27 die Vorschriften über den Irrtum Anwendung finden.

Durch die fehlerhafte Übermittlung hat V eine grössere Leistung versprochen, als es sein Wille war. Dies entspricht dem in OR 24 Abs. 1 Ziff. 3 als wesentlich bezeichneten *«error in quantitate»*, der jedoch nur dann wesentlich ist, wenn die irrtümlich versprochene Leistung einen erheblich grösseren Umfang aufweist als tatsächlich gewollt, was nach Ermessen zu entscheiden ist. Da V versehentlich über $1/3$ höher offeriert hat als beabsichtigt, ist die Erheblichkeit des Erklärungsirrtums zu bejahen.

A kann gegenüber G den Kaufvertrag folglich anfechten.

Übung 22

Die Errichtung eines Testaments gem. ZGB 498 ff. ist ein absolut höchstpersönliches Rechtsgeschäft, bei dem *jede Vertretung* ausgeschlossen ist.

M kann seinen Berater durchaus beauftragen, ihm für die inhaltliche Ausgestaltung des Testaments (z.B. in Steuerfragen) Hinweise zu geben. Geht es jedoch um den Akt des Verfügens selbst, kann M nicht vertreten werden. Das durch den Wirtschaftsberater erstellte Testament wäre daher nichtig, d.h. gänzlich unbeachtlich.

Übung 23

H ist vertraglich gebunden, wenn S den Vertrag im Namen von H als Fremdgeschäft abgeschlossen hat und dazu bevollmächtigt war (OR 32 Abs. 1), wenn die U AG aus seinem Verhalten nach Treu und Glauben auf eine solche Vollmacht schliessen durfte (OR 33 Abs. 3) oder wenn H den Vertrag nachträglich genehmigt hat (OR 38 Abs. 1).

Eine ausdrückliche Bevollmächtigung von S liegt nicht vor. Ebenso wenig hat H den Vertrag genehmigt. Zu prüfen ist daher, ob die U AG Schutz ihres guten Glaubens beanspruchen kann, mit H einen Vertrag geschlossen zu haben. Der Vertretene ist nach OR 33 Abs. 3 auf einer bestimmt gearteten Äusserung zu behaften, wenn der gutgläubige Dritte, demgegenüber der Vertreter ohne Vollmacht handelt, sie in guten Treuen als Vollmachtskundgabe verstehen durfte und darauf vertraute (Rechtsscheinsvollmacht).

Angestellte in einem Betrieb, wie vorliegend S, verfügen häufig und typischerweise über eine bestimmte Vollmacht, da ansonsten die mit der Anstellung verbundenen Aufgaben gar nicht ordnungsgemäss erfüllt werden könnten. Vermutungsweise heisst dies aber gleichzeitig, dass diese Vollmacht inhaltlich auf die mit der Anstellung verbundenen Aufgaben beschränkt ist. Der loyale Geschäftspartner darf nicht ohne zusätzliche Umstände von einer weiter reichenden Vertretungsmacht ausgehen. Es ist davon auszugehen, dass derjenige, der in einem Laden angestellt ist, bloss zu Rechtshandlungen ermächtigt gilt, die in einem derartigen Laden gewöhnlich vorzunehmen sind (vgl. OR 462 Abs. 1). Der so begründete Rechtsschein deckt daher allein die branchenüblichen Geschäfte des jeweiligen Handelsgewerbes. Die Bestellung einer Ladeneinrichtung zum Preis von ca. CHF 200'000.– für ein Verkaufsgeschäft der Sportbranche liegt jedoch klar ausserhalb dieses üblichen Geschäftsgangs und ist daher durch die allgemeine Rechtsscheinsvollmacht des Angestellten nicht gedeckt.

H ist daher nicht an den Vertrag gebunden.

Lösung zum 6. Teil

Übung 24

Der Sachverhalt lehnt sich an BGer 4C.120/1999 vom 25. April 2000 an.

Zwischen M und der V AG ist ein Vertrag zustande gekommen. Ein Widerrufsrecht nach OR 40 ff. würde insb. voraussetzen, dass dem Vertragsschluss ein Überraschungsmoment innewohnte. Ausschlaggebend ist, ob sich M unbeeinflusst und frei von zeitlichem oder psychischem Druck für die Aufnahme von Vertragsverhandlungen entscheiden konnte, die schliesslich zum Kauf geführt haben.

Vorliegend konnte sich M aus freien Stücken entscheiden, ob er den Anruf eines Spezialisten der V AG wünsche. Er konnte insb. auch das Datum des Anrufs selber wählen. M hatte somit die Möglichkeit, sich auf das Telefonat vorzubereiten und auf seine Anfrage zurückzukommen. Eine Überrumplung, die ihn möglicherweise in seiner Entscheidungsfreiheit hätte beeinträchtigen können, ist aus dem Sachverhalt nicht ersichtlich. M kann sich somit nicht auf das Widerrufsrecht nach OR 40 ff. berufen.

Lösungen zum 7. Teil

Übung 25

M und V stehen in keiner vertraglichen Beziehung. Ein vertraglicher Anspruch von M käme nur infrage, wenn V gegen ihm aus dem Vertragsverhandlungsverhältnis zufallende Pflichten verstossen hätte. Die Angaben im Sachverhalt genügen für die Annahme einer entsprechenden Pflichtverletzung nicht. Ein allfälliger Anspruch von M müsste sich daher auf ungerechtfertigte Bereicherung (OR 62 ff.) stützen. Nach OR 62 Abs. 1 ist der Tatbestand der ungerechtfertigten Bereicherung erfüllt, wenn jemand in ungerechtfertigterweise aus dem Vermögen eines anderen bereichert worden ist. Diese Voraussetzungen sind vorliegend erfüllt. Das Vermögen von V ist durch die Zahlung von M vergrössert worden (Bereicherung). Der Vorteil stammt aus dem Vermögen von M (Entreicherung) und ist ungerechtfertigt, d.h., es besteht kein Rechtsgrund, der den Vermögensvorteil von V zulasten von M rechtfertigt.

Vorliegend hat die ungerechtfertigte Bereicherung ihre Ursache in einer Zuwendung «aus einem nicht verwirklichten … Grund» (OR 62 Abs. 2). Im Unterschied zu einer Leistung «ohne jeden gültigen Grund» (Nichtschuld) weiss der Leistende, dass keine Leistungspflicht vorliegt. Die Leistung erfolgt jedoch im Hinblick auf einen erwarteten Grund (Abschluss des Mietvertrags), der später nicht eintritt, bzw. um den Leistungsempfänger zu einem bestimmten Verhalten zu bewegen.

Gem. OR 63 Abs. 1 kann, wer eine Nichtschuld freiwillig bezahlt, das Geleistete nur dann zurückfordern, wenn er nachzuweisen mag, dass er sich über die Schuldpflicht im Irrtum befunden hat. Auf Zuwendungen aus einem nicht verwirklichten Grund findet OR 63 Abs. 1 jedoch keine Anwendung (BGE 52 II 232; 115 II 29 f.). Der Anspruch auf Rückforderung besteht also auch, wenn wie vorliegend der Leistende im Bewusstsein des fehlenden (aber zu erwartenden) Rechtsgrunds freiwillig leistet.

M kann sein Geld folglich zurückfordern.

Übung 26

M und das Elektrizitätswerk stehen in keiner vertraglichen Beziehung mehr. Zu prüfen ist daher, ob M gegen das Elektrizitätswerk einen Anspruch aus ungerechtfertigter Bereicherung hat (OR 62).

Durch die zweimalige Bezahlung der Rechnung ist das Elektrizitätswerk bereichert, M hingegen entreichert. Die nochmalige Bezahlung einer schon beglichenen Rechnung stellt eine Zuwendung «ohne jeden gültigen Grund» dar (OR 62 Abs. 2). Die Bereicherung des Elektrizitätswerks ist insofern ungerechtfertigt.

Das Elektrizitätswerk hat daher die ungerechtfertigt empfangene Bereicherung grundsätzlich zurückzuerstatten (OR 62 Abs. 1).

Wer eine Nichtschuld freiwillig bezahlt, kann das Geleistete allerdings nur dann zurückfordern, wenn er nachzuweisen vermag, dass er sich über die Schuldpflicht in einem Irrtum befunden hat (OR 63 Abs. 1). Hat der Leistende die Schuld in Kenntnis ihres Nichtbestehens oder sogar nur im Zweifel über ihren Bestand – wie vorliegend M – erfüllt, so fehlt es am Irrtum (kontrovers, vgl. dazu GAUCH/SCHLUEP/SCHMID, N 1533 ff.) und der Bereicherungsanspruch entfällt.

M kann die Zahlung folglich nicht zurückfordern.

Lösungen zum 8. Teil

Übung 27

Gem. OR 68 ist der Schuldner grundsätzlich nur dann zu persönlicher Erfüllung verpflichtet, wenn es bei der Leistung auf seine Persönlichkeit ankommt. Vorliegend ist dies der Fall. R hat das Porträt bei M gerade wegen seiner Bekanntheit bestellt. Er muss es daher grundsätzlich nicht dulden, dass M sich nur «um den letzten Schliff» kümmert, den grössten Teil der Arbeit aber seinem Assistenten überlässt. Anders ist zu entscheiden, wenn M – obwohl er sich nur «um den letzten Schliff» kümmert – dennoch das materielle (hier künstlerische) Hauptgewicht der Leistung erbringt. Diesfalls wäre M trotz der Verpflichtung zu persönlicher Leistungserbringung befugt, den Assistenten für künstlerisch untergeordnete Vorarbeiten beizuziehen.

Übung 28

Nach OR 84 Abs. 2 kann der Schuldner einer in der Schweiz zu erfüllenden Fremdwährungs- schuld die geschuldete Summe in CHF bezahlen, wobei der Umrechnungskurs im Zeitpunkt der Fälligkeit massgebend ist. Die Parteien können dieses Recht ausschliessen («Effektivklausel»).

Der Sachverhalt enthält keine Hinweise auf eine derartige Klausel. K wird sich deshalb vermut- lich vor der erwarteten Abwertung mit Schweizer Franken eindecken und den Kaufpreis im Zeit- punkt der Fälligkeit zum damaligen (für ihn günstigeren) Kurs umrechnen und in CHF bezahlen.

Im Zeitpunkt des Vertragsabschlusses erhält K für EUR 50'000.– CHF 74'000.–. Im Zeitpunkt der Bezahlung des Kaufpreises (nach Abwertung des EUR) erhält er für den gleichen Betrag noch CHF 70'000.–. Kauft K also vor der Abwertung CHF 74'000.– für EUR 50'000.– und bezahlt den Kaufpreis (unter Berufung auf OR 84 Abs. 2 in CHF) danach, bleiben ihm CHF 4'000.–.

Übung 29

a) Aus Spiel und Wette entsteht keine klagbare Forderung (der Wortlaut von OR 513 Abs. 1 ist allerdings unpräzise). Spielschulden sind Naturalobligationen. Naturalobligationen sind zwar *erfüllbar*, nicht aber *klagbar*. Eine Klage auf Erfüllung wird folglich nicht geschützt. Eine (frei- willig) bezahlte Spielschuld kann nicht kondiziert werden (s. aber OR 514 Abs. 2).

b) Die Präzisierung betrifft einerseits OR 515 Abs. 1, wonach aus Lotterie- und Ausspielge- schäften eine Forderung entsteht, wenn die Unternehmung über eine behördliche Bewilligung verfügt. Anderseits entstehen gem. OR 515a klagbare Forderungen aus Glücksspielen in be- hördlich bewilligten Spielbanken.

Übung 30

a) Ob im Einzelfall eine Stück- oder eine Gattungsschuld vorliegt, ist nach dem Willen der Par- teien zu beurteilen und ergibt sich nicht aus der Natur der Sache («relativer Gattungsbegriff»). Während die *Stückschuld* eine vertraglich individualisierte Sache ist, wird die *Gattungsschuld* nach einheitlichen Qualitätsmerkmalen und nach Mass, Zahl oder Gewicht (Quantität) be- stimmt. Entsprechend darf bei der Gattungsschuld mangels anderer Abrede keine Ware unter mittlerer Qualität geliefert werden (OR 71 Abs. 2).

b) Die Unterscheidung von Stück- und Gattungsschuld ist insb. mit Blick auf die *Abgrenzung von Nicht- und Schlechterfüllung* wichtig. Fehlt es der Lieferung eines Gattungsschuldners an geforderten Gattungsmerkmalen, so hat der Schuldner nicht erfüllt (sondern etwas anderes, ein *«aliud»*, geliefert). Es kommen OR 97 ff. zur Anwendung. Hingegen hat der Schuldner einer Stückschuld bei Lieferung einer mangelhaften Sache zwar erfüllt, kann aber ggf. aus Gewähr- leistungsrecht (OR 197 ff.) in Anspruch genommen werden.

Geht also ein Käufer fälschlicherweise davon aus, die mangelhafte Leistung stelle eine Nicht- erfüllung (ein *«aliud»*) dar, und wählt er deshalb (zu Unrecht) den Weg nach OR 97 ff., so verpasst er u.U. die kurze Rügefrist von OR 201 Abs. 1. Das kann zur Verwirkung der Mängelrechte führen (OR 201 Abs. 2).

c) Die Unterscheidung zwischen Gattungs- und Stückschuld ergibt sich, wie gesagt, nicht aus der Natur der Sache, sondern bestimmt sich nach dem Willen der Parteien. Grundsätzlich können die Fälle aber wie folgt beurteilt werden:

aa) Gattungsschuld; der Käse muss aber mindestens von mittlerer Qualität sein (OR 71 Abs. 2);

bb) Stückschuld; Armierungseisen weisen i.d.R. spezifische Eigenschaften auf, weil sie mit Blick auf einen bestimmten Verwendungszweck geformt werden (vgl. BGE 103 II 36 ff., bei dem es um die Eintragung eines Bauhandwerkerpfandrechts ging);

cc) begrenzte Gattungsschuld; Milch ist grundsätzlich eine Gattungsschuld; begrenzt ist sie aber, weil nur die Milch eines bestimmten Hofes gemeint ist.

Übung 31

Gefragt ist nach dem *Erfüllungsort*. Dieser ergibt sich mangels Parteiabrede oder gesetzlicher Sondervorschriften aus OR 74 Abs. 2.

a) Ist eine bestimmte Sache geschuldet, so ist diese da zu übergeben, wo sie sich zur Zeit des Vertragsabschlusses befand (OR 74 Abs. 2 Ziff. 2). Der Sachverhalt enthält keine Angaben über den Aufenthaltsort des Pferdes im Zeitpunkt des Vertragsabschlusses. Sollte es sich in Pontresina befunden haben, wäre es daselbst zu übergeben.

b) Geldschulden sind Bringschulden, sie sind am (Wohn-)Sitz des Gläubigers zu zahlen (OR 74 Abs. 2 Ziff. 1). Erfüllungsort für die Zahlung des Kaufpreises ist somit Pontresina.

Übung 32

Nein, OR 69 Abs. 1 bestimmt, dass der Gläubiger eine Teilzahlung nicht anzunehmen braucht, wenn die gesamte Schuld feststeht und fällig ist.

Übung 33

G erhebt sinngemäss die Einrede des nicht (gehörig) erfüllten Vertrags gem. OR 82. Nach dieser Bestimmung darf im vollkommen zweiseitigen Vertrag eine an sich fällige Leistung zurückbehalten werden, wenn die andere Partei ihre Leistung nicht gehörig erbringt oder mindestens anbietet.

Die Einrede ist an die folgenden Voraussetzungen geknüpft:

■ Es liegt ein vollkommen zweiseitiger Vertrag vor.

■ Es besteht keine Vorleistungspflicht des Schuldners.

■ Beide Leistungen sind fällig.

■ Der fordernde Gläubiger hat seine Leistung weder erbracht noch genügend angeboten.

Die Pflichten der Parteien müssen ihre Grundlage in einem einheitlichen Rechtsverhältnis haben und überdies in einem Austauschverhältnis stehen. Beim Bierlieferungsvertrag, einem Sukzessivlieferungsvertrag, stehen die Bierlieferung und die Bezahlung in einem Austauschverhältnis. Beim Sukzessivlieferungsvertrag handelt es sich um ein einheitliches Rechtsverhältnis. Eine Partei kann mithin (auch bei Bestehen einer allfälligen Vorleistungspflicht) weitere Leistungen verweigern, wenn die andere Partei sich mit einer Teilleistung in Verzug befindet.

Dem Sachverhalt lässt sich entnehmen, dass sowohl die Bierlieferung als auch die Rechnung für den vergangenen Monat fällig sind. Da die B AG das Bier nicht zum vereinbarten Zeitpunkt liefert, darf G die Leistung der fälligen Zahlung verweigern. Durch die Einrede des nicht erfüllten Vertrags ist der Bestand des Anspruchs nicht berührt, die Erfüllung jedoch aufgeschoben. Sobald die Brauerei liefert, muss G die fällige Rechnung bezahlen.

Lösungen zum 9. Teil

Übung 34

a) Es handelt sich um Verzug und um Sachmängel:

aa) Die Parteien haben Lieferung per Ende des Monats und damit einen Verfalltag vereinbart. Nach der gesetzlichen Vermutung von OR 76 Abs. 1 ist damit der 30. September gemeint. G befindet sich deshalb ab dem 1. Oktober im Verzug, und zwar auch ohne Mahnung seitens von P (OR 102 Abs. 1 und 2). Vorliegend geht es um einen Kauf, mithin um einen vollkommen zweiseitigen Vertrag. Neben den Ansprüchen, die sich aus den allgemeinen Verzugsfolgen ergeben (OR 103 ff.), stehen P die Wahlrechte gem. OR 107–109 zu. Will er diese wahrnehmen, muss er wie folgt vorgehen:

P muss G eine angemessene Nachfrist zur nachträglichen Erfüllung ansetzen (OR 107 Abs. 1). Die Angemessenheit der Dauer der Nachfrist ist ein Ermessensentscheid (reiche Kasuistik bei BK-WEBER, Art. 107 N 70 ff.). Vorliegend wäre wohl eine Frist von wenigen Tagen angemessen.

Liefert G bis zum Ablauf der Nachfrist nicht, so steht P ein erstes Wahlrecht zu (OR 107 Abs. 2): Er kann einerseits auf Erfüllung nebst Ersatz eines allfälligen Schadens klagen, d.h. auf der Lieferung der T-Shirts bestehen. Anderseits kann er auf die Erfüllung (und somit auf die T-Shirts) verzichten und – in Ausübung des zweiten Wahlrechts – entweder Ersatz des aus der Nichterfüllung entstandenen Schadens (positives Vertragsinteresse) verlangen oder aber vom Vertrag zurücktreten (OR 107 Abs. 2). Tritt er vom Vertrag zurück, ist er vermögensmässig so zu stellen, wie wenn er den Vertrag nie geschlossen hätte (negatives Vertragsinteresse; OR 109 Abs. 1 und 2).

bb) Bei den T-Shirts handelt es sich um eine *Gattungsschuld*. Diese muss mindestens «mittlere Qualität» aufweisen (OR 71 Abs. 2). Weist die vom Schuldner gelieferte Ware nicht «mittlere Qualität» auf, liegt ein Sachmangel vor, und der Gläubiger kann sich auf die Schlechterfüllungsregeln (OR 197 und 206) berufen. Liefert der Schuldner hingegen Ware einer anderen Gattung, liegt kein Qualitätsmangel, sondern ein *«aliud»* («etwas anderes») vor. Diesfalls gelangen die Regeln über die Nichterfüllung (OR 97 ff.) zur Anwendung.

Im Zweifel über die rechtliche Qualifikation der Lieferung ist auf die Verkehrsauffassung und den Verwendungszweck abzustellen. Ein *«aliud»* ist jedenfalls nur bei krassen Abweichungen anzunehmen (z.B. Lieferung von Sommer- statt Winterweizen, sodass die Saat nicht aufgeht [vgl. BSK-HONSELL, Art. 206 N 2]).

Vorliegend muss folglich davon ausgegangen werden, dass die T-Shirts zwar gattungsgemäss, wegen der zu kurzen Ärmel aber mangelhaft sind. Trotz der unterschiedlich langen Ärmel lassen sich die T-Shirts grundsätzlich ihrem vorgesehenen Zweck entsprechend verwenden. G hat somit erfüllt, die Leistung ist aber mit einem Mangel behaftet.

P hat deshalb nach den Vorschriften über Gewährleistung wegen Mängeln der Kaufsache (OR 197 ff.) vorzugehen, wobei er insb. die kurze Rügefrist von OR 201 Abs. 1 beachten muss. Auf ein Verschulden des Verkäufers kommt es nicht an.

Beim Kauf einer mit Sachmängeln behafteten Sache sind auch die Vorschriften von OR 97 ff. anwendbar. Zu beachten ist jedoch, dass die Rechtsfolgen von OR 97 ff. verschuldensabhängig sind.

Sind die Voraussetzungen sowohl von OR 97 ff. wie auch von OR 197 ff. erfüllt, besteht Anspruchskonkurrenz.

Zur Erinnerung: Die Rechtsprechung verlangt die Einhaltung der Fristen von OR 201 und 210 auch bei einem Vorgehen nach OR 97 ff.

cc) P befindet sich mit der Leistung des Kaufpreises im Verzug. Die Ausführungen unter aa) gelten entsprechend.

b) G befindet sich mit der Lieferung der T-Shirts im Verzug. Der Fall ist insofern besonders, als die T-Shirts für P nach dem 1. Oktober nutzlos sind. Er kann deshalb auf die Ansetzung einer Nachfrist verzichten (OR 108 Ziff. 2) und die Wahlrechte nach OR 107 und 109 bereits mit Eintritt des Verzugs ausüben.

Übung 35

a) Wurde für die Erfüllung ein bestimmter Verfalltag verabredet, so kommt der Schuldner mit Ablauf des Verfalltags in Verzug (OR 102 Abs. 2).

A hat B wissen lassen, dass er die Uhren mindestens 2 Wochen vor dem 6. November 2014 haben müsse. Nach der Vermutung von OR 77 Abs. 1 Ziff. 2 fiel die Fälligkeit damit auf Donnerstag, den 23. Oktober 2014.

B befindet sich deshalb auch ohne As Mahnung mit Ablauf des 23. Oktober 2014 im Verzug.

b) Wie gezeigt, befindet sich B ab 23. Oktober 2014 im Schuldnerverzug. Bei der laut Sachverhalt angesetzten Frist bis am 29. Oktober 2014 handelt es sich um eine Nachfrist i.S.v. OR 107 Abs. 1. Mit Ablauf des 29. Oktober 2014 hat A die Möglichkeit, durch unverzügliche Erklärung die ihm gem. OR 107–109 zustehenden Wahlrechte auszuüben. Was als «unverzüglich» i.S.v. OR 107 Abs. 2 zu gelten hat, ist im Einzelfall zu bestimmen. Vorliegend dürfte eine Wahlerklärung innerhalb weniger Tage als rechtzeitig gelten (vgl. dazu auch Übung 38).

- *Erstes Wahlrecht nach OR 107 Abs. 2* (Bestehen auf der Lieferung der Uhren oder Verzicht darauf):

  - Nach OR 107 Abs. 2 kann A an der Erfüllung des Vertrags durch B festhalten und *weiterhin die Lieferung der Uhren verlangen*. Gleichzeitig hat ihm B einen allenfalls entstandenen Verspätungsschaden zu ersetzen.

  - A kann *auf die Lieferung der Uhren verzichten*. Diesfalls steht ihm die Ausübung des zweiten Wahlrechts zu.

- Zweites Wahlrecht nach OR 107 Abs. 2 i.V.m. OR 109 (Festhalten am Vertrag oder Rücktritt):

  - A kann sich für den Verzicht auf die Uhren unter *Festhalten am Vertrag* entscheiden. Der Schadenersatz ist diesfalls so zu berechnen, wie wenn der Vertrag von B richtig erfüllt worden wäre (positives Vertragsinteresse). Nach allgemein anerkannter Lehre steht diesfalls A das dritte Wahlrecht zu, das im Gesetz jedoch nicht erwähnt ist.

  - Entscheidet sich A dagegen für den *Rücktritt vom Vertrag*, wird er so gestellt, als hätte er mit B nie einen Vertrag geschlossen (negatives Vertragsinteresse).

- *Drittes Wahlrecht* (Vorgehen nach der Differenz- oder nach der Austauschtheorie):

  - Will A nach der *Differenztheorie* vorgehen, wird auf die Schadenersatzforderung der Wert der ersparten Eigenleistung angerechnet. D.h., A fordert nur mehr die Differenz zwischen der Schadenersatzforderung und dem Wert der Eigenleistung.

  - Bei einer Schadensberechnung nach der *Austauschtheorie* bleibt A zur Erbringung der eigenen Leistung verpflichtet, während die Gegenleistung in eine Ersatzleistung umgewandelt wird, die dem Wert der Leistung entspricht, auf die der Gläubiger verzichtet hat.

  aa) A sollte am Vertrag festhalten und nach der *Differenztheorie* vorgehen. Das erlaubt es ihm, seine Uhren zu behalten und Ersatz für den durch die Nichterfüllung entstandenen Schaden zu verlangen («positives Vertragsinteresse»). Der Verspätungsschaden ist auf die Höhe des entgangenen Gewinns aus dem Geschäft mit S zu beziffern. Dieser beträgt CHF 40'000.–. Da die beiden Leistungen laut Sachverhalt gleichwertig sind, besteht der Schaden lediglich aus dem entgangenen Gewinn.

  bb) Weil die Uhren von A nach Abschluss des Tauschvertrags an Wert eingebüsst haben, wird er erst recht ein Interesse daran haben, diese loszuwerden. A wird deshalb nach der Austauschtheorie vorgehen. Danach kann A seine Uhren B übergeben und Schadenersatz für die unmöglich gewordene Leistung sowie für den entgangenen Gewinn verlangen. Der Schaden besteht also aus dem entgangenen Gewinn in der Höhe von CHF 40'000.– und dem Wert der zum Tausch vorgesehenen Uhren (CHF 20'000.–), insgesamt CHF 60'000.–.

Übung 36

Die Mithilfe bei der Bestimmung des Ortes für die Übergabe der Aktien ist vorliegend eine Obliegenheit beider Parteien. Durch deren ungerechtfertigte Verweigerung gerät V grundsätzlich in Gläubigerverzug (OR 91 ff.). Weil die Parteien aber Leistung Zug um Zug vereinbart haben, gerät V mit Ablauf des von den Parteien vereinbarten Verfalltags auch in Schuldnerverzug (vgl. OR 102 Abs. 2). K kann deshalb mit Ablauf des 1. Novembers nach den OR 107–109 vorgehen.

Das im Sachverhalt erwähnte Schreiben des Anwalts vom 2. November enthält eine Nachfristansetzung i.S.v. OR 107 Abs. 2. Da V sich bis am 7. November nicht vernehmen (und damit die Nachfrist ungenutzt verstreichen) lässt, kann K die ihm zustehenden Wahlrechte ausüben. (Für eine detaillierte Beschreibung der Wahlrechte vgl. die Lösung zu Fall 35.)

a) K ist zu empfehlen, auf der nachträglichen Erfüllung des Vertrags zu bestehen. Er kann gestützt auf den Kaufvertrag die Übergabe der Aktien Zug um Zug gegen Zahlung des Kaufpreises verlangen. Zudem kann er den Verspätungsschaden geltend machen. Dieser besteht vorliegend insb. aus den Anwaltskosten.

b) Die Aktien verlieren durch die Ankündigung des Gewinnrückgangs an innerem Wert. K wird deshalb gut daran tun, auf die Lieferung der Aktien zu verzichten und V den Rücktritt vom Vertrag zu erklären.

Bemerkung: Gerät der Verkäufer im kaufmännischen Verkehr in Verzug, so ist die Rücktrittsvermutung von OR 190 Abs. 1 zu beachten. Sollte i.c. kaufmännischer Verkehr vorliegen, so bleiben K die Wahlrechte erhalten, weil sein Anwalt dem V unverzüglich erklärt hat, K bestehe auf der Lieferung (vgl. OR 190 Abs. 2).

Übung 37

a) Der Käufer hat bei sachlich mangelhafter Erfüllung durch den Verkäufer die Wahl, ob er gem. OR 197 ff. auf Gewährleistung, alternativ auf Schadenersatz gem. OR 97, klagen oder den Vertrag wegen eines Willensmangels i.S.v. OR 23 ff. anfechten will.

b) Der Käufer hat sich bei seinem Entschluss für einen der ihm zur Verfügung stehenden Rechtsbehelfe behaften zu lassen. So ist insb. zu beachten, dass eine Entscheidung für die Gewährleistung die Genehmigung des Vertrags i.S.v. OR 31 Abs. 1 mit sich bringt, da das Vorgehen nach den Bestimmungen über die Sachmängel einen bestehenden Vertrag voraussetzt.

Übung 38

OR 107 Abs. 2 verlangt, dass der Verzicht auf die Leistung «unverzüglich» zu erklären ist. Welcher Zeitraum als «unverzüglich» i.S. der genannten Bestimmung gilt, ist im Einzelfall festzulegen. Zu berücksichtigen ist einerseits, dass der Schuldner Aufschluss darüber erhalten soll, ob er sich weiterhin um die Erbringung der Leistung bemühen soll. Anderseits muss dem Gläubiger genügend Zeit zur Verfügung stehen, um entscheiden zu können, ob er auf die Realerfüllung verzichten will.

Vorliegend hat der Gläubiger 20 Tage gewartet, was nicht mehr «unverzüglich» i.S.v. OR 107 Abs. 2 ist (14 Tage wurden in BGE 44 II 174 als zu spät, in BGE 76 II 304 jedoch als rechtzeitig bezeichnet; vgl. dazu BK-WEBER, Art. 107 N 145).

Anstelle der «unverzüglichen» Ausübung der Wahlrechte kann der Gläubiger auch eine neue Nachfrist setzen. Will er das nicht tun, bleibt er auf den Anspruch beschränkt, Realerfüllung nebst Verspätungsschaden zu verlangen.

Übung 39

Es liegt ein Fall des Gläubigerverzugs gem. OR 91 vor. L bietet seine Leistung gehörig an, G «verweigert» jedoch die Annahme auf ungerechtfertigte Weise. Die Annahmeverweigerung wäre nur durch objektive Gründe zu rechtfertigen, nicht durch persönliche Gründe beim Gläubiger. Ein Verschulden des Gläubigers ist nicht Voraussetzung für den Verzug, vorliegend jedoch gegeben (G hätte L über seine Betriebsferien orientieren müssen).

Da L gemäss Sachverhalt vorleistungspflichtig ist, also die Leistung nicht «Zug um Zug» gegen Bezahlung zu erbringen ist, fällt ein Vorgehen gegen G nach den Regeln des Schuldnerverzugs (insb. OR 107) ausser Betracht.

L kann die Ware nicht gem. OR 92 hinterlegen, da das Fleisch dem Verderben ausgesetzt, mithin nicht zur Hinterlegung geeignet ist. Bei nicht hinterlegungsfähigen Sachen kommt der Selbsthilfeverkauf gem. OR 93 infrage. Mit dem Selbsthilfeverkauf wird eine hinterlegungsfähige Leistung geschaffen (Erlös), mit deren Hinterlegung sich der Schuldner befreien kann. Der Selbsthilfeverkauf ist grundsätzlich ein Recht des Schuldners. Ausnahmsweise besteht jedoch eine *Pflicht*, die geschuldete Sache zu verkaufen, insb. wenn sonst eine erhebliche Schädigung des Gläubigers eintreten würde. Das ist vorliegend der Fall. L darf die Lieferung nicht einfach vor verschlossener Türe abladen und ihrem Schicksal überlassen. Er muss sich daher einen Selbsthilfeverkauf richterlich bewilligen lassen. Da es sich bei dem Fleisch um Ware handelt, die einen Marktpreis hat, muss der Verkauf nicht öffentlich sein und kann vom Richter auch ohne vorgängige Androhung bewilligt werden (OR 93 Abs. 2).

Mit dem durchgeführten Selbsthilfeverkauf wandelt sich die ursprüngliche Sachschuld in eine Geldschuld um. G hat also einen vertraglichen Anspruch auf den Verkaufserlös. Da L gegenüber G aufgrund der Kaufpreisforderung für das bestellte Fleisch ebenfalls eine Geldforderung hat, kann er diese mit dem Verkaufserlös verrechnen, wodurch er befreit wird.

Übung 40

V steht mit G in einer Vertragsbeziehung. Zu untersuchen sind folglich vertragliche Anspruchsgrundlagen, d.h., ob V einen Anspruch gegen G aus OR 97 hat.

OR 97 erfasst über den Wortlaut hinaus jede fehlerhafte Vertragserfüllung («positive Vertragsverletzung») und den daraus entstandenen Schaden und begründet bei gegebenen Voraussetzungen eine Schadenersatzpflicht des Verletzers.

Die Schadenersatzpflicht nach OR 97 ist an die folgenden Voraussetzungen geknüpft: Vertragsverletzung, Schaden, adäquater Kausalzusammenhang zwischen Vertragsverletzung und Schaden sowie Verschulden des Schuldners.

V hat mit G einen Vertrag über die Pflege seines Gartens abgeschlossen. Als Nebenpflicht aus dem Vertrag treffen G auch Schutz- und Obhutspflichten, d.h., er hat im Rahmen der Vertragserfüllung darum besorgt zu sein, dass die Rechtsgüter von V keinen Schaden erleiden. Die Beschädigung des Wintergartens ist daher eine Vertragsverletzung.

Da nicht G selbst, sondern der Angestellte H den Schaden verursacht hat, muss geprüft werden, ob G nach OR 101 (Hilfspersonenhaftung) für das Verhalten seines Angestellten haftet. H ist Gehilfe von G i.S. des Gesetzes. Er hat den Schaden am Wintergarten beim Rasenmähen aufgrund einer fehlerhaften Manipulation am Traktor verursacht, mithin bei einer für die Erfüllung des Vertrags notwendigen Handlung («in Ausübung der Verrichtung»). G muss daher grundsätzlich für das Verhalten von H einstehen.

Das Vorliegen eines Schadens ist zu bejahen (zerstörte Scheibe).

Zwischen der Vertragsverletzung und dem Schaden besteht ein adäquater Kausalzusammenhang.

Für eine Haftung von G muss schliesslich ein Verschulden vorliegen. Gem. OR 97 Abs. 1 wird das Verschulden vermutet, wobei G jedoch der Beweis des Gegenteils offensteht. Entscheidend für das Vorliegen eines Verschuldens ist im Rahmen der Hilfspersonenhaftung, ob das Verhalten der Hilfsperson auch dem Schuldner selbst vorzuwerfen wäre, hätte er die Handlung selbst vorgenommen («hypothetische Vorwerfbarkeit»).

Es gibt im Sachverhalt keine Anhaltspunkte dafür, dass G die Exkulpation gelingen könnte. Das Verhalten von H würde auch ein Verschulden von G begründen, d.h., die Handlung von H wäre auch dem G vorzuwerfen, hätte er sie selbst vorgenommen.

G haftet V folglich für den am Wintergarten entstandenen Schaden.

Übung 41

Das Rechtsverhältnis zwischen Doris X und dem Sanatorium ist als Hospitalisierungsvertrag zu qualifizieren. Das Sanatorium verpflichtete sich, der Patientin einerseits Unterkunft und Verpflegung zu gewähren und sie andererseits ärztlich zu behandeln (und wenn möglich zu heilen).

Zu überprüfen ist, ob Doris X gegenüber dem Sanatorium über vertragliche Schadenersatzansprüche (OR 97 ff.) verfügt.

Voraussetzungen für eine Haftung nach OR 97 sind das kumulative Vorliegen einer Vertragsverletzung, eines Schadens, eines adäquaten Kausalzusammenhangs zwischen Vertragsverletzung und Schaden sowie eines Verschuldens (keine Exkulpation).

Das Nervensanatorium hat den bei ihm angestellten Dr. Y als Hilfsperson i.S.v. OR 101 zur Erfüllung seiner Pflichten aus dem mit Doris X abgeschlossenen privatrechtlichen Vertrag beigezogen und muss daher für sein Verhalten einstehen, soweit er nicht nur bei Gelegenheit, sondern in Ausübung seiner Verrichtungen gehandelt hat.

Damit angenommen werden kann, die Hilfsperson habe in Ausübung ihrer Verrichtungen gehandelt, genügt nicht jeder zeitliche oder räumliche Zusammenhang zwischen der Verrichtung und der Schädigung des Vertragspartners des Geschäftsherrn. Es bedarf vielmehr eines *funktionellen Zusammenhangs*, und zwar in dem Sinne, dass die schädigende Handlung zugleich eine Nichterfüllung oder schlechte Erfüllung der Schuldpflicht des Geschäftsherrn aus seinem Vertrag mit dem Geschädigten darstellt. Trifft dies zu, so hat er auch für das Verhalten der Hilfsperson einzustehen und kann sich von der Schadenersatzpflicht nur durch den Nachweis befreien, dass auch ihm selbst, wenn er gleich gehandelt hätte wie die Hilfsperson, kein Verschulden vorgeworfen werden könnte (hypothetische Vorwerfbarkeit).

Es handelt sich vorliegend – wie gesagt – um einen Hospitalisierungsvertrag. Das Sanatorium verpflichtete sich, der Patientin Unterkunft und Verpflegung zu gewähren und sie ärztlich zu behandeln. Im Rahmen dieser ärztlichen Behandlung waren *positiv* die nach anerkannten medizinischen Grundsätzen gebotenen therapeutischen Massnahmen zu treffen. *Negativ* hatte alles zu unterbleiben, was den Erfolg der Behandlung gefährden konnte.

Es ist selbstverständlich, dass der behandelnde Arzt durch die Anknüpfung eines unter den gegebenen Umständen aussichtslosen Liebesverhältnisses mit der depressiven Patientin das mit der Behandlung angestrebte Resultat nicht förderte, sondern im Gegenteil stark gefährdete. Sein Verhalten verletzte somit eine vertragliche Unterlassungspflicht und stellte deshalb eine Schlechterfüllung der Schuldpflicht dar. Das Sanatorium muss sich deshalb nach den vorne dargelegten Grundsätzen das Handeln des Arztes wie ein eigenes anrechnen lassen. Der Exkulpationsbeweis wird dem Sanatorium misslingen.

Das Vorliegen des behaupteten Schadens sowie des rechtserheblichen Kausalzusammenhangs zwischen dem Verhalten des Arztes und dem Schaden wird vorausgesetzt.

Doris X hat folglich Anspruch auf Schadenersatz.

Übung 42

Gefragt ist, ob die L AG neben der vom Kantonsgericht festgestellten unerlaubten Handlung auch eine Vertragsverletzung (OR 97 ff.) begangen hat. Bejahendenfalls käme die allgemeine Verjährungsregel von OR 127 zur Anwendung. Die Ansprüche von X wären folglich noch nicht verjährt. Zwischen der vertraglichen Haftung und der Haftung aus unerlaubter Handlung besteht Anspruchskonkurrenz, d.h., X könnte sich auf beide Haftungsgründe berufen.

Für eine Haftung gem. OR 97 sind neben dem Vorliegen einer Vertragsverletzung als weitere Voraussetzungen ein Schaden, ein adäquater Kausalzusammenhang zwischen Vertragsverletzung und Schaden sowie ein Verschulden der L AG (Misslingen des Exkulpationsbeweises) erforderlich.

Fraglich ist nach der Schilderung im Sachverhalt lediglich das Vorliegen einer Vertragsverletzung, weshalb sich die nachfolgenden Ausführungen auf dieses Problem beschränken.

X erwarb von der L AG ein Abonnement, das ihn zu unbeschränkten Bahnfahrten berechtigte (Transportvertrag). Ein vertraglicher *Anspruch auf Pistensicherung* müsste sich aus einer *Nebenpflicht* zu diesem Transportvertrag ergeben.

Aus Treu und Glauben folgt, dass der Schuldner alles tun muss, um die richtige Erfüllung der Hauptleistung und die Verwirklichung des Leistungserfolgs zu sichern. Im Vordergrund stehen dabei die Schutzpflichten, die namentlich dazu bestimmt sind, Leben und Gesundheit des Vertragspartners zu wahren. Die allgemeine Schutzpflicht dessen, der einen Gefahrenzustand schafft (sog. «Gefahrensatz»), wird zur vertraglichen Nebenpflicht, wenn die Gefährdung mit der Abwicklung des Vertrags im Zusammenhang steht.

Auf dieser Grundlage ist zu untersuchen, ob die Pistensicherung als vertragliche Nebenpflicht des mit einer Bergbahn abgeschlossenen Transportvertrags zu betrachten ist.

In Skigebieten besteht ein enger Zusammenhang zwischen dem Bergtransport mit der Bahn und der Abfahrt auf Skiern. Nach dem Prinzip von Treu und Glauben darf der Benützer einer Seilbahn sich darauf verlassen, dass diese nicht nur die Hauptleistung des Transports erfüllt, sondern auch als Nebenleistung für Pistensicherheit und Rettungsdienst sorgt.

Die L AG haftet X demnach nicht nur aus unerlaubter Handlung, sondern auch aus Vertrag. Die eingeklagten Forderungen waren nach der damit massgebenden 10-jährigen Frist nicht verjährt. Wie gesagt ist davon auszugehen, dass die übrigen Voraussetzungen der vertraglichen Haftung erfüllt sind.

Die Klage von X hätte folglich gutgeheissen werden müssen.

Lösungen zum 10. Teil

Übung 43

a) Ein Gutschein räumt dem Besitzer i.d.R. eine Forderung auf Bezug von noch zu bestimmenden Waren oder Dienstleistungen ein. Forderungen unterliegen der 10-jährigen Verjährungsfrist von OR 127. Die Forderung ist somit verjährt.

b) Nach OR 129 können die Verjährungsfristen des dritten Titels (OR 127–142) zwar nicht abgeändert werden. Der Vermerk hat aber die Bedeutung einer vertraglichen Befristung der Forderung. Eine solche ist den Parteien unbenommen. Der Vermerk ist gültig und der Gutschein somit am 31. Mai 2008 abgelaufen.

Übung 44

B sollte C den Kaufpreis für die Hi-Fi-Anlage entrichten und seine Rolex damit einlösen (vgl. ZGB 889 Abs. 1). Gem. OR 110 Ziff. 1 geht die Forderung, die C gegen A hatte, damit von Gesetzes wegen auf B über. B kann sich darauf an seinen Sohn halten.

Übung 45

Grundsätzlich beginnt die Verjährung einer Forderung mit Eintritt der Fälligkeit zu laufen (OR 130 Abs. 1). Die Verjährung von Forderungen, für deren Fälligkeit eine Kündigung notwendig ist, beginnt am Tag, da die Kündigung erstmals zulässig ist (OR 130 Abs. 2). Haben die Parteien nichts vereinbart, so beträgt die Kündigungsfrist für das Darlehen 6 Wochen (OR 318). Entsprechend beginnt die Verjährung der Forderung auf Rückzahlung der Darlehenssumme 6 Wochen nach deren Ausbezahlung.

Nach dieser Lösung (so z.B. BSK-DÄPPEN, Art. 130 N 15) kann die Forderung auf Rückzahlung eines Darlehens schon vor ihrer Fälligkeit verjähren. Die Lösung wird daher in der Lehre kritisiert.

Übung 46

W hat die Möglichkeit, nach OR 120 Abs. 1 Verrechnung zu erklären.

W ist in Bezug auf die Kaufpreisforderung für den Wein Gläubiger von B, B hingegen ist in Bezug auf die Forderung für die ausgeführten Bauarbeiten Gläubiger von W. Die Voraussetzung der Gegenseitigkeit der zu verrechnenden Forderungen ist somit erfüllt. Da beide Forderungen auf

Geld in schweizerischer Währung lauten, ist auch dem Erfordernis der Gleichartigkeit der zu verrechnenden Forderungen Genüge getan. Die Verrechnungsforderung (Kaufpreis Wein) ist zudem mangels anderer Abrede der Parteien gem. OR 75 fällig. Sie ist auch noch nicht verjährt, d.h. klagbar. Die Verrechnung wurde durch die Parteien nicht vertraglich ausgeschlossen (OR 126) und es liegt auch kein gesetzlicher Ausschluss (OR 125) vor.

Macht W gegenüber der Forderung von B Verrechnung geltend, so geht Bs Forderung von CHF 20'000.– unter, während die Forderung von W im Umfang von CHF 5'000.– bestehen bleibt.

Übung 47

K stellt sich auf den Standpunkt, er habe gegenüber H eine Forderung in Höhe der Rechnung der Garage aus Sachmängelhaftung (OR 197 ff.). Er will diese deshalb mit der Forderung von H auf Zahlung der nächsten Rate des Kaufpreises verrechnen (OR 120 ff.).

Unabhängig vom Bestand der Forderung von K aus Sachmängelhaftung ist vorauszuschicken, dass er im Kaufvertrag auf das Recht zur Verrechnung verzichtet hat, was nach OR 126 zulässig ist. Ein Verrechnungsverzicht erstreckt sich auch auf Forderungen aus Sachmängelhaftung, weshalb K keine Verrechnung erklären konnte.

K bleibt verpflichtet, die Mitte August fällig werdende Kaufpreisrate vollständig zu bezahlen, und muss seine Forderung gesondert geltend machen.

Übung 48

R kann die Leistung verweigern, da die Forderung von A nach OR 128 Ziff. 3 verjährt ist. Die Forderung besteht zwar noch, sie ist aber nicht mehr durchsetzbar. Würde A Klage auf Leistung gegen R erheben, könnte R die Verjährung einredeweise geltend machen.

Variante: Die Forderung ist noch nicht verjährt und daher noch durchsetzbar. Durch die Schuldbetreibungen in den Jahren 1994 und 1998 hat A die Verjährung gem. OR 135 Ziff. 2 jeweils unterbrochen. Nach OR 137 Abs. 1 beginnt mit der Unterbrechung die Verjährungsfrist von Neuem. A wird seine Forderung erfolgreich geltend machen können.

Lösungen zum 11. Teil

Übung 49

a) Es handelt sich um einen Vertrag zugunsten eines Dritten nach OR 112. Die Mutter hat sich eine Leistung zugunsten des Sohns versprechen lassen.

b) Ob dem Dritten ein selbstständiges Forderungsrecht eingeräumt wird, mithin ein echter Vertrag zugunsten Dritter besteht, bestimmt sich gem. OR 112 Abs. 2 nach den Parteiwillen oder der Übung. Vorliegend darf man wohl davon ausgehen, dass es der Absicht der Parteien entsprach, dem Sohn ein selbstständiges Forderungsrecht einzuräumen.

Übung 50

a) X verspricht dem Darlehensgläubiger die Leistung einer Drittpartei (der AG). Es handelt sich mithin um die Sicherung einer fremden Leistung. Zu untersuchen ist, ob es sich dabei um einen Garantievertrag («Vertrag zulasten eines Dritten», OR 111), einen Bürgschaftsvertrag (OR 492 ff.) oder um eine kumulative Schuldübernahme (Schuldbeitritt oder Schuldmitübernahme, im Gesetz nicht geregelt) handelt. Die Abgrenzung kann im Einzelfall schwierig sein.

In erster Linie ist zu entscheiden, ob die Parteien eine *Bürgschaftsverpflichtung*, die akzessorischer Natur ist (d.h. von der Hauptverpflichtung abhängig) und bei natürlichen Personen der öffentlichen Beurkundung bedarf, oder ein *selbstständiges Schuldversprechen*, d.h. eine Garantieerklärung oder eine *Schuldmitübernahme,* beabsichtigt haben.

Dem im *Bürgschaftsrecht* angestrebten Schutz des Verpflichteten entsprechend, besteht nach bundesgerichtlicher Rechtsprechung eine Vermutung, wonach im Zweifel ein Bürgschaftsvertrag anzunehmen ist (BGE 113 II 437 f.). Diese Vermutung gilt jedoch nur für den Fall, dass weder aus dem Wortlaut noch aus dem Zweck des Vertrags und den gesamten Umständen ein sicherer Schluss gezogen werden kann. Ist, wie vorliegend, dem Wortlaut eines Vertrags nicht zu entnehmen, welche Art der Verpflichtung die Parteien beabsichtigt haben, muss dies durch Auslegung ermittelt werden. Dabei sind die gesamten Umstände zu berücksichtigen, unter denen die Erklärung abgegeben worden ist. X hat durch seine Stellung in der Gesellschaft als Hauptaktionär und Verwaltungsrat ein erhebliches eigenes Interesse daran, dass der Darlehensvertrag zwischen der Gesellschaft und dem Darlehensgläubiger Y zustande kommt. Ein unmittelbares eigenes Interesse des Verpflichteten bildet einen gewichtigen Anhaltspunkt dafür, dass keine akzessorische, sondern eine selbstständige Verpflichtung vorliegt. Der Bürgschaftsvertrag kann somit ausgeschlossen werden.

Im Unterschied zum Garantievertrag besteht bei der *kumulativen Schuldübernahme*, bei der sich der Schuldübernehmer zu einer eigenen Leistung verpflichtet, zwischen Schuldner und Übernehmer ein Solidarschuldverhältnis. Y könnte gem. OR 144 Abs. 1 nach seiner Wahl die Rückzahlung des Darlehens entweder von der Gesellschaft oder von X verlangen. Eine Auslegung der Willenserklärung von X nach ihrem Wortlaut ergibt, dass er eher nicht eine eigene Leistung verspricht, sondern die Leistung der Gesellschaft. Mit seiner Erklärung will sich X folglich nicht als Solidarschuldner verpflichten, sondern nur subsidiär für den Fall, dass die Leistung durch die AG nicht erfolgt.

Im vorliegenden Fall ist das Verhältnis zwischen X und Y daher als *Garantievertrag* zu qualifizieren.

b) X hat sich im Garantievertrag gegenüber dem Darlehensgläubiger verpflichtet, beim Ausbleiben der Leistung der Gesellschaft (Rückzahlung des Darlehens) Ersatz für den aus der Nichtleistung entstandenen Schaden zu leisten (positives Vertragsinteresse). Diese Schadenersatzpflicht entsteht unmittelbar, d.h., ohne dass der Gläubiger zuerst die Gesellschaft rechtlich belangen muss. Y kann sich daher mit seiner Forderung an X halten.

Übung 51

a) Es handelt sich um eine Suspensivbedingung (OR 151 ff.).

b) Es handelt sich um eine Resolutivbedingung (OR 154).

Übung 52

a) Gem. ZGB 603 Abs. 1 werden die Erben für die Schulden des Erblassers solidarisch haftbar. Es handelt sich hierbei um einen vom Gesetz bestimmten Fall der Solidarschuldnerschaft nach OR 143 Abs. 2. Für G bedeutet das, dass er nach OR 144 Abs. 1 die geschuldete Leistung nach seiner Wahl ganz oder teilweise von jedem einzelnen Erben oder gleichzeitig von mehreren oder allen Erben einfordern kann, sobald die Forderung fällig ist. Er kann vorliegend wählen, ob er z.B. F zur Zahlung der ganzen Forderung anhalten will oder alle Erben je zur Zahlung eines Teils.

b) Jeder Solidarschuldner ist berechtigt, die geschuldete Leistung zu erbringen, sobald die Forderung erfüllbar ist. OR 148 Abs. 1 enthält die Regel, wonach grundsätzlich jeder Solidarschuldner von der an den Gläubiger geleisteten Zahlung einen gleichen Teil zu übernehmen hat. A hat daher gem. OR 148 Abs. 2 Anspruch darauf, dass ihm F und B je 1/3 des an G bezahlten Betrags vergüten (Rückgriffsrecht).

c) Gem. OR 145 Abs. 2 verfällt das Regressrecht von A, sofern er die mögliche Einrede der Verjährung gekannt hat oder hätte kennen müssen.

d) F und B haften A für den Rückgriffsanspruch grundsätzlich nicht solidarisch. Gem. OR 148 Abs. 3 ändert sich dies jedoch teilweise, wenn ein Rückgriffsschuldner nicht leisten kann. Da B zahlungsunfähig ist, haben A und F seinen Anteil gleichmässig zu tragen.

Übung 53

Das Gesetz stellt in OR 158 Abs. 1 die Vermutung auf, dass die bei Vertragsabschluss geleistete Zahlung («Handgeld») als Haftgeld gilt. Das Haftgeld stellt insofern eine «vorweggenommene Konventionalstrafe» dar, als es der Gläubiger bei Nichterfüllung der Vertragsschuld behalten darf. Ist der Vertrag jedoch ungültig, wird er durch Parteiübereinkunft aufgehoben oder wird er durch den Empfänger des Haftgelds nicht erfüllt, kann das Haftgeld zurückgefordert werden.

Vorliegend ist der Vertrag weder ungültig noch durch B nicht erfüllt. Auch eine Aufhebung des Vertrags durch Parteiübereinkunft ist auszuschliessen. Das Verhalten des Brautwarengeschäfts ist so zu deuten, dass es am Vertrag festhalten und das Haftgeld aufgrund Ks Nichterfüllung einbehalten will. K hat keinen Anspruch auf Rückerstattung. Das Haftgeld ist kumulativ neben einer allfälligen Schadenersatzpflicht wegen Nichterfüllung des Vertrags geschuldet.

Das bisher Gesagte ist wie folgt zu ergänzen: Die gesetzliche Vermutung von OR 158 Abs. 1 gilt nur, sofern nicht feststeht, dass die Parteien tatsächlich ein Reugeld vereinbart haben oder ihre Willenserklärungen nach dem Vertrauensprinzip entsprechend auszulegen sind.

Die Vereinbarung eines Reugelds ermöglicht es nach OR 158 Abs. 3 beiden Parteien, vom Vertrag zurückzutreten, wobei die Gegenpartei in der Höhe des Reugelds zu entschädigen ist (Geber durch Zurücklassung des bezahlten und Empfänger durch Erstattung des doppelten Betrags). K hätte diesfalls das Recht, einseitig vom Vertrag zurückzutreten, aber nur unter Belassung des Reugelds als Entschädigung. Sie hätte folglich auch hier keinen Anspruch auf Rückerstattung.

In der Praxis freilich wird der Verkäufer wohl aus Kulanz einen Gutschein über den bezahlten Betrag ausstellen.

Übung 54

Bei dieser Klausel handelt es sich um eine Konventionalstrafe gem. OR 160 ff. Sie stellt ein bedingtes Leistungsversprechen dar, da sie nur für den Fall versprochen wird, dass die vertragliche Hauptverpflichtung (i.c. die Einhaltung der Schweigepflicht) nicht oder nicht richtig erfüllt wird.

Lösungen zum 12. Teil

Übung 55

a) Gem. OR 164 Abs. 1 kann der Gläubiger eine ihm zustehende Forderung auch ohne Einwilligung des Schuldners an einen anderen abtreten, soweit der Abtretung nicht Gesetz, Vereinbarung oder Natur des Rechtsgeschäfts entgegenstehen. Materiell-rechtlich wird C auch dann neuer Gläubiger von B, wenn B nichts von der Abtretung weiss.

b) Wird eine Forderung zum Zweck der Zahlung zediert, so können die Parteien vereinbaren, dass dies entweder *an Zahlungs statt* (Zession tilgt die Schuld des Zedenten) geschehe oder *zahlungshalber* (nur was der Zessionar vom Schuldner tatsächlich erhält oder bei gehöriger Sorgfalt hätte erhalten können, wird angerechnet).

OR 172 stellt die widerlegbare Vermutung auf, dass im Zweifel die Zession zahlungshalber vereinbart worden ist. Diese Vermutung ist jedoch hinfällig, wenn die Zession unter Angabe eines Nominalbetrags erfolgt ist, was ausdrücklich oder stillschweigend geschehen kann.

Demnach gilt Folgendes: Steht nicht fest, dass A und C bei der Zession tatsächlich einen Nominalbetrag angegeben haben, und führt auch eine Auslegung der Willenserklärungen nach dem Vertrauensprinzip nicht zu diesem Schluss, so ist Zession zahlungshalber anzunehmen. C müsste sich somit gem. OR 172 nur denjenigen Betrag anrechnen lassen, den er von B erhält oder bei gehöriger Sorgfalt hätte erhalten können.

c) Hier ist wiederum von Bedeutung, ob die Zession an Zahlungs statt oder lediglich zahlungs-halber erfolgt ist:

- Liegt Zession an Zahlungs statt vor, so haftet A gem. OR 171 Abs. 1 C zwar für den Bestand der Forderung zur Zeit der Abtretung (Verität), nach OR 171 Abs. 2 mangels anderer Abrede aber nicht für die Zahlungsfähigkeit des Schuldners (Bonität). Die Schuld von A gegenüber C würde daher trotz Zahlungsunfähigkeit von B nur noch CHF 5'000.– betragen.

- Liegt hingegen Abtretung zahlungshalber vor (was, wie ausgeführt, gesetzlich vermutet wird), so muss sich C auf seine Forderung gegen A nichts anrechnen lassen, wenn er, auch bei gehöriger Sorgfalt, von B nichts hätte erhalten können. A würde C folglich trotz der Zession immer noch CHF 25'000.– schulden.

Übung 56

a) Die Übergabe des Gutscheins stellt einen internen Schuldübernahmevertrag nach OR 175 Abs. 1 vor (Befreiungsversprechen). Der Schuldübernehmer (Vater) verspricht dem Schuldner (S), dessen Schuld zu übernehmen. Da es sich um einen Vertrag handelt, wird die Zustimmung des Schuldners zum Befreiungsversprechen vorausgesetzt. Wird die Befreiung wie vorliegend unentgeltlich versprochen (Schenkungsversprechen), bedarf das Versprechen der Schriftform, damit der Vertrag gültig ist (OR 243 Abs. 1). Der unterschriebene Gutschein wird dem gerecht.

b) Der Vater offeriert N einen externen Schuldübernahmevertrag, wonach er i.S.v. OR 176 Abs. 1 in das Schuldverhältnis eintritt. Mit dem Einverständnis von N kommt der externe Schuld-übernahmevertrag zustande. Damit tritt der Vater mit befreiender Wirkung an die Stelle von S.

c) Der Vater macht sinngemäss geltend, der *externe Schuldübernahmevertrag* zwischen ihm und N leide an einem Willensmangel i.S.v. OR 23 ff. Der Vertrag ist jedoch nicht anfechtbar, da es sich um einen blossen Motivirrtum nach OR 24 Abs. 2 handelt. Es mangelt dem Irrtum an den qualifizierenden Eigenschaften des Grundlagenirrtums gem. OR 24 Abs. 1 Ziff. 4. Da der Vertrag gültig ist, kann N vom Vater die Zahlung des Fernsehgeräts verlangen.

Daran würde auch eine allfällige Ungültigkeit des internen Schuldübernahmevertrags nichts ändern, da der externe Schuldübernahmevertrag das Bestehen eines internen nicht voraus-setzt.

Auch beim *internen Schuldübernahmevertrag* ist das Vorliegen eines qualifizierten Motivirr-tums eher zu verneinen, obwohl hier eine abweichende Argumentation denkbar ist. Auch S kann von seinem Vater die Zahlung an N verlangen (OR 175 Abs. 2), da die Befreiung unent-geltlich versprochen wurde.

Übung 57

OR 181 ordnet den Übergang der Passiven bei Übernahme eines Vermögens oder Geschäfts. Nicht geregelt wird hingegen die Übertragung der das Vermögen oder das Geschäft bildenden Aktiven, sondern lediglich der Passiven. Daraus folgt, dass die Aktiven nach den für sie jeweils geltenden Vorschriften übertragen werden müssen. Es gilt das Prinzip der Singularsukzession.

Beispiele

- Für die Übertragung von Grundstücken bedarf es der Eintragung in das Grundbuch (ZGB 656.).
- Die Übereignung von beweglichen Sachen erfordert die Übergabe des Besitzes (ZGB 714).
- Die Zession von Forderungen hat schriftlich zu erfolgen (OR 165 Abs. 1).

Hinweis

Ein Aktienkauf ist keine Geschäftsübernahme i.S.v. OR 181.

Stichwortverzeichnis

A

Absichtliche Täuschung 67, siehe auch
   Willensmangel
Abstraktes Schuldbekenntnis 45
Abtretung 156
- Gegenstand 157
- Kausale oder abstrakte Natur 161
- Wirkungen 159
Abweichung von Wille und Erklärung 46
Adäquater Kausalzusammenhang siehe
   Kausalzusammenhang
AGB (Allgemeine Geschäftsbedingungen) 45
Aktive Stellvertretung 74
Akzept siehe Annahme
Akzessorietät
- der Bürgschaft 148
- der Konventionalstrafe 153
- der Zinspflicht 98
Aliud 92
Allgemeine Vertragsbedingungen siehe AGB
Alternativvermächtigung 92
Alternativität, von Konventionalstrafe und
   Erfüllung 153
Änderungsfreiheit 55
Andeutungstheorie 52
Anfechtungstheorie 70
Angeld 152
Annahme (Akzept) 35
Annahmeverweigerung durch den Gläubiger siehe
   Gläubigerverzug
Annuität 98
Anspruch, Begriff 22
Anspruchskonkurrenz 107
Antizipierter Vertragsbruch 119
Antrag
- unter Abwesenden 33
- unter Anwesenden 33
Antrag (Offerte) 33
Äquivalenzstörung, Geringfügigkeit siehe
   Vertragsanpassung
Aufhebungsfreiheit 55
Aufhebungsvertrag 133
Aufklärungspflicht 67
Auflage 152
Ausbeutung 59
Auskündung 34

Auslegung von Verträgen 50
Auslegungsmittel 51
Auslegungsregeln 51
Auslobung 43
Aussonderungsrecht des Fiduzianten 48
Austauschtheorie 124

B

Bargeldlose Erfüllung siehe Erfüllung, bargeldlose
Bedingung 150
- auflösende 150
- aufschiebende 150
Bedingungsfeindliche Rechtsgeschäfte 150
Bedingungsfreundlichkeit 150
Bedingungsverbot 150
Begleithandlung 126
Begrenzte Gattungsschuld 91
Bemessung des Ersatzes siehe Schadenersatz,
   Bemessung
Bereicherung 84
Beschluss 26
Bestätigungsschreiben 42
Bestimmbarkeit von künftigen Forderungen bei der
   Globalzession 157
Bestimmtheit
- des Antrags 33
- von künftigen Forderungen bei der
   Globalzession 157
Bestimmungsort 93
Bevollmächtigung 76
Beweisform 37
Beweislast für das Verschulden 112
Beweislast, Umkehr bei OR 17 45
Beweislastverteilung bei OR 97 107
Billigkeitshaftung 113
Bindungswirkung des Antrags 33
Bonität 160
Bote 74
Bringschuld 93
Buchgeld siehe Giralgeld
Bürgschaft, Abgrenzung vom Garantievertrag 148

C

Causa 85
Clausula rebus sic stantibus 53
Clearing-Konto 98
Clearing-System 98

Compte-joint 146

Conditio sine qua non 65

Culpa in contrahendo 44

D

Damnum emergens siehe Schaden, positiver

Dauerschuldverhältnis 31

Dauervertrag siehe Dauerschuldverhältnis

Debitor cessus 156

Deckungsverhältnis 149

Delikt siehe Unerlaubte Handlung

Differenztheorie 124

Direkte Stellvertretung 75

Diskrepanz siehe Abweichung

Dispositives Recht 59

Dissens 36

Dissimuliertes Rechtsgeschäft 47

Distanzkauf 93

Doppelvertretung 78

Draufgeld 152

Drittpfand 147

Drittschaden 109

Drohung 68

Dulden 22

E

Echte Solidarität 140

Echte Stellvertretung 75

Echter Vertrag zugunsten Dritter 149

Effektivklausel 98

Einfache Schriftlichkeit 38

Eingeschriebener Brief, Zugang siehe Zugangsprinzip

Eingriffskondiktion 85

Einladung zur Offertstellung 34

Einrede 27

Einredebelastete Forderung 29

Einseitige Unverbindlichkeit 68

Einseitiger Schuldvertrag 30

Einseitiger Vertrag 30

Einseitiges Rechtsgeschäft siehe Rechtsgeschäft, einseitiges

Einwendung 27

Einzelvollmacht 77

Einziehungsvollmacht siehe Inkassovollmacht

Elektronische Erklärung siehe E-Mail

E-Mail 34

Empfänger
- bei der Erfüllung 90
- beim Vertrauensprinzip 27
- beim Zugangsprinzip 25

Empfangsbedürftige Willenserklärung 25

Empfangsbote siehe Bote

Entgangener Gewinn 109

Entreicherung 84

Entstehungsgründe der Obligation 23

Erfüllbarkeit 94

Erfüllung
- an Erfüllungs statt siehe Leistung an Erfüllungs statt
- bargeldlose 98
- Begriff 88
- Erfüllungshalber siehe Leistung erfüllungshalber
- Rechtsnatur 89
- Übersicht 88
- Zug um Zug 95

Erfüllungsgehilfe siehe Hilfspersonenhaftung

Erfüllungsinteresse 110

Erfüllungsort 93

Erfüllungssurrogat 92

Erfüllungszeit 94
- Bestimmung 94

Erfüllungszeitpunkt bei bargeldloser Zahlung 98

Erfüllungszwang 106

Ergänzende Auslegungsmittel 51

Erkenntnisverfahren 106

Erklärung siehe auch Willenserklärung
- mittelbare 25
- unmittelbare 25

Erklärungsirrtum
- Begriff 63
- unwesentlicher 63
- wesentlicher 63

Erklärungsvorgang 25

Erlassvertrag siehe Aufhebungsvertrag

Erlöschen der Obligation 131

Ermächtigung 75

Error
- in negotio 63
- in objecto vel in persona 63
- in quantitate 64

Ersatzvornahme 106

Ersetzungsbefugnis siehe Alternativermächtigung

Ersparnisbereicherung 84

Essentialia negotii siehe auch Objektiv wesentliche Vertragspunkte

Eventualvorsatz 111

Ex nunc 31

Ex tunc 58

Exkulpationsbeweis 107

Externe Schuldübernahme 163

F

Factoring 157

Fahrlässigkeit 111
- normative 105, 111
- objektivierte 105, 111

Faktisches Vertragsverhältnis 25

Fälligkeit 94

Falsa demonstratio non nocet 46

Falschbeurkundung siehe Formungültigkeit

Falscherklärung 64

Fiduzia 47

Fiduziant 47

Fiduziar 47

Fiduziarisches Rechtsgeschäft siehe
    Rechtsgeschäft, fiduziarisches

Fixgeschäft
- absolutes 123
- relatives 123

Forderung 22

Forderungskauf 160

Form der Verträge
- Übersicht 37
- Umfang des Formzwangs 40
- Zweck und Arten 38

Formbedürftige Rechtsgeschäfte siehe Form der
    Verträge

Formfreiheit 38

Formmangel bei Grundstückkäufen 41

Formungültigkeit
- Haftung für Schaden wegen 42
- Konversion 41
- Rechtsfolge 40

Formvorbehalt siehe Gewillkürte Formvorschriften

Formvorschriften siehe Form der Verträge

Freiwillige Bezahlung einer Nichtschuld 86

Freizeichnung siehe Wegbedingung der Haftung

Frist, Begriff 94

Frustrationsschaden 109

Funktioneller Zusammenhang 115

Furchterregung 68

Fusion 161

G

Garantie, Abgrenzung von der Bürgschaft 148

Garantievertrag siehe Vertrag zulasten eines Dritten

Gattungsbegriff
- abstrakter 92
- relativer 92

Gattungsschuld 91

Gattungsvollmacht 77

Gaunerlohn 87

Gefahrübergang
- beim Gläubigerverzug 127
- beim Kaufvertrag 118

Gefälligkeitsverhältnis 29

Gegenseitige Willensäusserung 33

Gegenseitigkeit der Leistungen, beim vollkommen
    zweiseitigen Vertrag 31

Gegenseitigkeit von Forderungen bei der
    Verrechnung 136

Gegründete Furcht 69

Gehilfe siehe Hilfspersonenhaftung

Geldschuld 97

Geldsortenschuld 97

Gemeinsamer Irrtum 46

Gemeinschaftliche Gläubigerschaft 146

Gemeinschaftliche Schuldnerschaft 144

Gemischte Bedingung 150

Genehmigung des Vertrags
- bei der vollmachtlosen Stellvertretung 80
- beim Willensmangel 70

Generalvollmacht 77

Geschäftsfähigkeit siehe Handlungsfähigkeit

Geschäftsführung ohne Auftrag 24

Geschäftsherr siehe Hilfspersonenhaftung
- im Deliktsrecht 114

Gesetzliche Anpassungsregeln siehe
    Vertragsanpassung

Gestaltungsgeschäft 26

Gestaltungsrecht
- Begriff 26
- Keine Abtretbarkeit 158

Gewährleistung
- aus Kaufvertrag 107
- aus Werkvertrag 107
- Verhältnis zum Grundlagenirrtum 65

Gewährleistungspflicht des Zedenten 160

Gewillkürte Formvorschriften 42

Gewillkürte Stellvertretung siehe Echte
    Stellvertretung

Giralgeld 97

Gläubiger, Begriff 22

Gläubigerverzug 125

Gläubigerwechsel
- bei der Abtretung 159
- ohne Abtretung 161

Gleichartigkeit der Forderungen bei der
    Verrechnung 137

Globalzession 157

Globalzustimmung siehe AGB

Grundlagenirrtum 65

Grundstückkauf, Formvorschriften 40

Gültiges Zustandekommen des Vertrags 32
Gültigkeitsform 37

H

Haftgeld 152
Haftung
- Anspruchskonkurrenz 107
- Beschränkung nach OR 100 113
- Freizeichnung 113
- für Zufall 120
- Mass 112
- ohne eigenes Verschulden 112
- Schuldhaftung 28
- Solidarhaftung 144
- Voraussetzungen nach OR 97 106
Handeln im eigenen Namen siehe Unechte Stellvertretung
Handeln im fremden Namen siehe Echte Stellvertretung
Handgeschäft 31
Handlungsfähigkeit 33
Handlungsunfähigkeit
- des urteilsfähigen Vertreters 76
- Kein gesetzlicher Gutglaubensschutz 33
Handwerksarbeit 139
Hauptforderung 135
Hauptpunkte siehe Objektiv wesentliche Vertragspunkte
Haustürgeschäft 82
Hausüberweisung 98
Heilung
- bei der Abtretung 162
- des Vertrags, bei Formungültigkeit 41
Herabsetzung
- des Schadenersatzes 113
- von Konventionalstrafen 154
Hilfsperson im Deliktsrecht 114
Hilfspersonenhaftung 114
Hinderung der Verjährung 140
Hinterlegung
- bei gültiger Leistung an Dritten 90
- beim Gläubigerverzug 127
- beim Prätendentenstreit 159
Holschuld 93
Hypothetische Vorwerfbarkeit 115
Hypothetischer Kausalzusammenhang siehe Kausalzusammenhang
Hypothetischer Parteiwille 52

I

Immaterialgüterrechte 22
Inhaltsfreiheit 55
Inhaltsirrtum 63
Inhaltsmangel 56
Inkassovollmacht 42
Innominatvertrag 30
Insichgeschäft 78
Interbankbuchung 98
Interne Schuldübernahme 162
Invitatio ad offerendum 34
Irrtum
- Abgrenzung Erklärungs-/Grundlagenirrtum 62
- Begriff 62
- Erkennbarkeit für die Gegenpartei 65
- Grundlagenirrtum 65
- Motivirrtum 64
- über einen zukünftigen Sachverhalt 65
- Übermittlungsirrtum 63
- unwesentlicher (Schema) 62
- Verhältnis zur Sachgewährleistung 65
- wesentlicher 62

K

Kauf
- Forderungskauf 160
- Gefahrübergang 118
- Gewährleistung 107
- Nebenpunkte 37
- Objektiv wesentliche Vertragspunkte 37
- Verpflichtungs-/Verfügungsgeschäft 26
Kaufmännische Vollmachten 77
Kaufmännisches Bestätigungsschreiben siehe Bestätigungsschreiben
Kaufsrecht
- als Option 43
- Keine Abtretbarkeit 158
Kausalzusammenhang
- adäquater 110
- hypothetischer 111
- Überprüfung als Tatfrage 111
- zwischen Furchterregung und Vertragsabschluss 68
- zwischen Verzug und Schaden 120
Kettenüberweisung 98
Kettenzession 158
Klagbarkeit
- bei der Verrechnung 137
- keine bei der Naturalobligation 29
- von Nebenpflichten 106
Knebelungsvertrag 57
Kollektivvollmacht 77

Kompensation siehe Verrechnung

Kondiktion 83

Konfusion 135

Konkludentes Verhalten 25

Konkurrenz siehe Anspruchskonkurrenz

Konsens 35

Konsensstreit 50

Konstitutive Wirkung des
  Bestätigungsschreibens siehe
  Bestätigungsschreiben

Kontokorrentverhältnis 134

Kontrahierungspflicht 56

Konventionalstrafe 152

Konversion 41

Kumulation 144

Kumulative Schuldübernahme 164

Kündigung 125

L

Legalzession 147, 161

Leistung an Erfüllungs statt 92

Leistung erfüllungshalber 93

Leistung, Begriff 22

Leistungskondiktion 85

Leistungsmissverhältnis bei der Übervorteilung 59

Leistungsort siehe Erfüllungsort

Leistungspflicht, Begriff 22

Leistungsstörung siehe Erfüllungsstörung

Leistungsunmöglichkeit siehe Unmöglichkeit der
  Leistung

Leistungsverweigerungsrechte (OR 82 f.) 95

Leistungszeit siehe Erfüllungszeit

Letztwillige Verfügung
  ▪ als einseitiges Rechtsgeschäft 24
  ▪ Auslegung 28
  ▪ Qualifizierte Schriftlichkeit 39

Lücke des Vertrags siehe Vertragsergänzung

Lucrum cessans siehe Entgangener Gewinn

M

Mahnung 119

Mängel beim Vertragsabschluss siehe
  Vertragsabschluss: Mängel

Mängelhaftung siehe Gewährleistung aus
  Kaufvertrag

Mängelrüge als Obliegenheit siehe Obliegenheit

Mehrfachzession 158

Mehrzahl
  ▪ von Gläubigern 146
  ▪ von Schuldnern 143

Mentalreservation 48

Miete
  ▪ als Dauerschuldverhältnis 31
  ▪ faktische 25
  ▪ Gesetzliche Anpassungsregeln 53

Minderung 158

Missverhältnis zwischen Leistung und
  Gegenleistung siehe Leistungsmissverhältnis bei
  der Übervorteilung

Missverständnis 64

Mittlere Qualität 91

Mitwirkungshandlung 125, 126

Modifizierte Teilnichtigkeit 59

Motivirrtum 64

Mutmasslicher Parteiwille siehe Hypothetischer
  Parteiwille

N

Nachfrist
  ▪ Angemessenheit 122
  ▪ Ansetzung 122

Naturalobligation 29

Naturalrestitution 86

Natürlicher Konsens siehe Konsens

Nebenpflichten 105

Nebenpunkte 36

Nebenrecht 133

Negatives Interesse siehe Vertrauensschaden

Neuerung 134

Nicht empfangsbedürftige Willenserklärung 26

Nicht gehörige Erfüllung siehe Positive
  Vertragsverletzung

Nicht richtige Erfüllung siehe Positive
  Vertragsverletzung

Nichterfüllung siehe Unmöglichkeit der Leistung

Nichtigkeit des Vertrags siehe auch Modifizierte
  Teilnichtigkeit
  ▪ bei Formungültigkeit, absolute 40
  ▪ bei Formungültigkeit, relative 41
  ▪ bei Inhaltsmangel (OR 20) 58
  ▪ Teilnichtigkeit 58

Nichtigkeitsabrede 59

Nominatvertrag 30

Normative Willenserklärung 27

Normativer Fahrlässigkeitsbegriff siehe
  Fahrlässigkeit, objektivierte

Normativer Konsens siehe Konsens

Notifikation 159

Notlage 59

Novation siehe Neuerung

O

Obhutspflicht 106
Objektiv wesentliche Vertragspunkte
- Begriff 36
- Formzwang 40
- Vertragsergänzung 52
Objektive Unmöglichkeit 56
Objektiver Sinn der Erklärung 27
Objektivierte Fahrlässigkeit siehe Fahrlässigkeit, objektivierte
Oblation siehe Real-/Verbaloblation
Obliegenheit 28
Obligation, Begriff 22
Offener Dissens 36
Öffentliche Beurkundung 39
Offerte siehe Antrag
Option 43
Organ der juristischen Person 114
Ort der Erfüllung siehe Erfüllungsort

P

Pacta sunt servanda 53
Pactum de non petendo 133
Partnerwahlfreiheit 55
Peius 92
Personenschaden 109
Persönliche Leistungspflicht
- aus Gesetz, Vertrag oder Umständen 89
- grundsätzlich keine 89
Persönliches Recht siehe Relatives Recht
Persönlichkeitsrecht 22
- Verstoss dagegen als Fall von OR 19 f. 57
Positive Vertragsverletzung 105, siehe auch Erfüllungsstörung
- Anspruchskonkurrenz 107
Positiver Schaden siehe Schaden, positiver
Positives Interesse siehe Erfüllungsinteresse
Postanweisung 98
Postcheckguthaben 97
Prätendentenstreit 159
Preisausschreiben 43
Privatautonomie 54
Privative Schuldübernahme 163
Promissar 147
Promittent 147

Q

Qualifikation des Vertrags, falsche 46
Qualifizierte Schriftlichkeit 39
Quittung 126

R

Realhaftung 28
Realoblation 126
Rechnungsfehler, blosser 66
Recht
- absolutes 22
- objektives 22
- relatives 22
- subjektives 22
Rechtsgeschäft
- Arten 26
- Begriff 25
- einseitiges 24
- fiduziarisches 47
- formbedürftiges siehe Form der Verträge
- Formbedürftigkeit 157
- mehrseitiges 26
Rechtsscheinhaftung 160
Rechtssicherheit
- als Grund für Bedingungsverbot 150
- als Grund für die Verjährung 138
- als Zweck der Formvorschrift 38
Reduktion siehe auch Herabsetzung
- geltungserhaltende 58
Regress 145
Relativierung des traditionellen Schadensbegriffs 109
Rente 98
Resolutivbedingung siehe Bedingung, auflösende
Reugeld 152
Richterliche Vertragsanpassung siehe Vertragsanpassung
Richterliche Vertragsergänzung siehe Vertragsergänzung
Richtige Erfüllung siehe Erfüllung, Übersicht
Rückabwicklung des Vertrags
- Anwendbarkeit von OR 82 96
- nach Berufung auf Willensmangel 67
- nach Rücktritt 124
Rückerstattung
- Anspruch im Fall von OR 119 117
- bei der ungerechtfertigten Bereicherung 86
Rückgriff siehe Regress
Rücktritt
- als Folge von positiven Vertragsverletzungen 113
- Recht dazu als Folge des Verzugs im synallagmatischen Vertrag 124
Rückzession 86
Ruhen der Verjährung siehe Stillstand der Verjährung

S

Sachgewährleistung siehe Gewährleistung

Sachleistung 91

Sachschaden 109

Saldoquittung 126

Schaden
- Arten 109
- Ausweitung des Begriffs 109
- Begriff 109
- Berechnungsweisen 110
- Drittschaden 109
- Elemente 109
- Entgangener Gewinn 109
- ökonomisch messbarer 109
- positiver 109
- Verhältnis zur Konventionalstrafe 152
- Voraussetzungen der Ersatzpflicht 106
- Zeitpunkt der Berechnung 110

Schadenersatz
- Bemessung 112
- Umfang 112

Schadenersatzanspruch
- Verjährung 139
- vertraglicher, Voraussetzungen 106

Schadensberechnung siehe Schaden, Berechnung

Schadensschätzung 112

Schadenszins 99, 112

Scheingeschäft siehe Simulation

Scherzerklärung 48

Schickschuld siehe Versendungsschuld

Schlechtleistung siehe Positive Vertragsverletzung

Schriftlichkeit 38

Schuld
- Abgrenzung von der Obliegenheit 28
- Arten 91
- Begriff 28
- Schuldhaftung 28

Schuldanerkennung siehe auch Abstraktes Schuldbekenntnis
- negative 126

Schuldbeitritt 164

Schuldbekenntnis siehe Abstraktes Schuldbekenntnis

Schulderlass siehe Aufhebungsvertrag

Schuldner, Begriff 22

Schuldnerverzug 118

Schuldnerwechsel 163

Schuldübernahme 162
- externe 163
- interne 162
- kumulative 164

Schuldverhältnis, Begriff 22

Schuldvertrag, Arten 30

Schutzpflicht 106

Schwebezustand
- bei vollmachtloser Stellvertretung 80
- beim bedingten Vertrag 151

Schweigen auf einen Antrag 35

Selbsteintritt siehe Selbstkontrahieren

Selbstkontrahieren 78

Sicherung von Forderungen 152

Sicherungsfiduzia 47

Simulation 47

Sittenwidriger Vertrag 57

Solidargläubiger 146

Solidarhaftung 144

Solidarität 144

Solidarschuldner 144

Sondervermögen 135

Sorgfalt siehe Fahrlässigkeit, Verschulden

Spekulationsinteresse 124

Spezialvollmacht 77

Spielschuld 29

Statusvertrag 30

Stellverteter siehe Vertreter

Stellvertretendes Commodum 118

Stellvertretung 74

Stellvertretung ohne Ermächtigung siehe Vollmachtlose Stellvertretung

Stiftungsgeschäft 24

Stillschweigende Willenserklärung siehe Konkludentes Verhalten

Stillstand der Verjährung 140

Stückschuld 91

Stundung 133

Subjektiv wesentliche Vertragspunkte 37

Subjektive Unmöglichkeit
- als Fall des Verzugs 104
- nachträgliche 104
- ursprüngliche 104

Submission 43

Subordinationsverhältnis 114

Subrogation 147

Substitut
- Abgrenzung von der Hilfsperson 116
- Begriff 116

Sukzessivlieferungsvertrag
- Anwendbarkeit von OR 82 96
- Verjährung 139

Suspensivbedingung siehe Bedingung, aufschiebende

Synallagmatischer Vertrag siehe Vollkommen zweiseitiger Vertrag

T

Tatsächlicher Konsens siehe Konsens, natürlicher

Täuschung siehe Absichtliche Täuschung

Teilgläubigerschaft 146

Teilleistung 92

Teilnichtigkeit 58

Teilunmöglichkeit 105

Teilverzug 125

Teilzahlung siehe Teilleistung

Telefax 34

Telefon, Antrag unter Anwesenden 33

Termin 94

Treu und Glauben, Verstoss gegen 66

Treuhänder 47

Treuhandgeschäft siehe Rechtsgeschäft,
    fiduziarisches

Tun als Gegenstand der Forderung 22

Typenfreiheit 55

U

Übereinstimmende Willensäusserung 33

Übermittlungsirrtum 63

Übernahme eines Vermögens oder Geschäfts 164

Übernahmeverschulden 111

Überschiessende Rechtsmacht des Fiduziars 47

Überschreitung der Vollmacht siehe Vollmachtlose
    Stellvertretung

Übervorteilung 59

Umdeutung siehe Formungültigkeit: Konversion

Unbestellte Sache, Zusendung 34

Unechte Geschäftsführung ohne Auftrag 24

Unechte Solidarität 140

Unechte Stellvertretung 74

Unechter Vertrag zugunsten Dritter 148

Uneingeschriebener Brief, Zugang siehe
    Zugangsprinzip

Unerlaubte Handlung
- Allgemein 24
- Anspruchskonkurrenz 107

Ungewöhnlichkeitsregel 45

Ungültigkeit des Vertrags siehe Formungültigkeit

Ungültigkeitsgründe beim Vertragsabschluss 33

Ungültigkeitstheorie 70

Universalsukzession 161

Unmöglichkeit der Leistung
- Begriff 103
- dauernde 105
- gänzliche 105
- nachträgliche 104
- rechtliche 104
- Schema 103
- tatsächliche 104
- teilweise 105
- unverschuldete 104
- ursprüngliche 104
- verschuldete 104
- vorübergehende 105

Unrichtige Bezeichnung 46

Unterbrechung der Verjährung 140

Unterlassen als Gegenstand der Forderung 22

Unterschrift, per Fax 39

Unterzeichnung eines Schriftstücks 38

Unverbindlichkeit des Vertrags
- bei Übervorteilung 59
- beim Willensmangel 66

Unverjährbare Forderung 138

Unvertretbare Sache 91

Unvollkommen zweiseitiger Vertrag 31

Unvollkommene Obligation 29

Unwiderruflichkeit von Gestaltungserklärungen 27

V

Venire contra factum proprium 66

Veränderte Umstände, Vertragsanpassung 50

Verbaloblation 126

Verfalltag 119

Verfügungsgeschäft 26

Verfügungsmacht 33

Verität 160

Verjährung 138
- Fristen 139
- Gegenstand 138
- Hinderung 140
- Stillstand 140
- Unterbrechung 140
- Wirkungen 141

Vermögensschaden 109

Verpflichtungsgeschäft 26

Verrechnender 135

Verrechnung 135

Verrechnungserklärung 135

Verrechnungsforderung 135

Verrechnungsgegner 135

Verrechnungslage 135

Verschulden 111

Verschuldensformen 111

Verschuldensgrad 111

Verschuldensvermutung 112

Versendungsschuld 93

Verspätungsschaden 120

Versteckter Dissens 36

Vertrag 30
- einseitiger 30
- sittenwidriger Inhalt 57

- unmöglicher Inhalt 56
- widerrechtlicher Inhalt 56
- zweiseitiger 30

Vertrag mit Schutzwirkung zugunsten Dritter 149
Vertrag zugunsten Dritter 148
Vertrag zulasten eines Dritten 147
Vertragauslegung siehe Auslegung von Verträgen
Vertragsabschluss
- Mängel 61
- Sondertatbestände 42
- Übersicht 32

Vertragsanpassung 53
Vertragsarten 30
Vertragsergänzung 52
Vertragslücke siehe Vertragsergänzung
Vertragsparteien 32
Vertragsverhandlungsverhältnis 44
Vertragsverletzung siehe Erfüllungsstörung
Vertragswirkung
- als Folge der gültigen Annahme 33
- als Folge des gültigen Vertrags 32
- und Konsensprinzip 55
- und Verfügungsmacht 33

Vertrauenshaftung 108
Vertrauensprinzip 27
Vertrauensschaden 110
Vertretbare Sache 91
Vertretener 74
Vertreter 74
Vertretung siehe Stellvertretung
Vertretungsfeindliche Rechtsgeschäfte 76
Vertretungsmacht 75
Verwirkung 141
Verwirkungsfrist 141
Verzug
- des Gläubigers siehe Gläubigerverzug
- des Schuldners siehe Schuldnerverzug

Verzugsschaden siehe Verspätungsschaden
Verzugszins 121
Viehhandel 65
Vindikation
- Anspruch nicht abtretbar 158
- keine nach Rücktritt vom Vertrag 125
- Rechtsfolge bei nichtigem Vertrag 58
- und Vertretung ohne Vollmacht 80
- verdrängt den Bereicherungsanspruch 86

Vollkommen zweiseitiger Vertrag 31
- Verzugsfolgen 121, siehe auch Wahlrechte

Vollmacht
- Begriff 76
- Dauer und Untergang 77
- Form 76
- Umfang 76
- und Grundverhältnis 76

Vollmachtlose Stellvertretung 79
Vollstreckung nach OR 106
Voraussehbarkeit, als Ausschlussgrund für die Vertragsanpassung 53
Vorbereitungshandlung 126
Vorleistungspflicht 96
- beständige 96
- unbeständige 96

Vorratsschuld 91
Vorsatz 111
Vorteilsanrechnung 110
Vorvertrag 60

W

Wahlobligation 91
Wahlrecht
- als Verzugsfolge im vollkommen zweiseitigen Vertrag 123
- bei der Wahlobligation 91
- drittes 124
- erstes 123
- Übersicht 123
- zweites 124

Wandelpön 153
Wandelung 158
Wegbedingung der Haftung 113
Wertersatz
- als Gegenstand des Bereicherungsanspruchs 86
- für geleistete Dienstleistungen 125

Wesentliche Vertragspunkte 36
Wettbewerb 43
Wettschuld 29
Widerrechtlichkeit
- der Furchterregung 68
- der unerlaubten Handlung 24
- des Vertragsinhalts 56

Willensäusserung 24
- gegenseitige 33
- übereinstimmende 33

Willenserklärung 25
Willenserklärung, empfangsbedürftige siehe dort
Willensmangel siehe Vertragsabschluss, Mängel
WIR-Geld 97
Wortlaut des Vertrags 51

Z

Zahlstelle 90
Zahlungsmittel 97
Zedent 156
Zeit der Erfüllung siehe Erfüllungszeit
Zession siehe Abtretung

Zessionar 156
Zessus siehe Debitor Cessus
Zins siehe Schadenszins, Verzugszins, Zinspflicht
Zinseszins 121
Zinspflicht 98
Zufall, Begriff 120
Zufallshaftung siehe Haftung, für Zufall
Zufallskondiktion 85
Zug um Zug siehe Erfüllung, Zug um Zug

Zugangsprinzip 25
Zurückbehaltungsrecht 95
Zusendung unbestellter Sachen siehe Unbestellte
    Sachen, Zusendung
Zwangslage siehe Notlage
Zwangstilgung durch Verrechnung 136
Zweiseitiger Vertrag 31
Zweiseitiges Rechtsgeschäft 31